Dr. Marie-Louise von Franz, geboren 1915 in München, lebt seit 1918 in der Schweiz, wo sie 1932 eingebürgert wurde. Sie promovierte in klassischer Philologie in Zürich und arbeitete 28 Jahre mit C. G. Jung zusammen. Seit 36 Jahren ist sie als Analytikerin in einer Privatpraxis und als Trainingsanalytikerin am C. G. Jung-Institut in Zürich tätig. International wurde sie durch ihre Bücher zu Themen der Jungschen Psychologie bekannt.

Von Marie-Louise von Franz sind außerdem erschienen:

»*Die Suche nach dem Selbst*« (Band 4020)
»*Traum und Tod*« (Band 4021)
»*Psychologische Märcheninterpretation*« (Band 4022)

Vollständige Taschenbuchausgabe Mai 1991
Droemersche Verlagsanstalt Th. Knaur Nachf., München
© 1974 Marie-Louise von Franz
© für die deutschsprachige Ausgabe 1985 Kösel-Verlag GmbH, München
Titel der amerikanischen Originalausgabe »Shadow and Evil in Fairytales«
Umschlaggestaltung Manfred Waller
Umschlagillustration C. Offterdinger/AKG, Berlin
Druck und Bindung brodard & taupin
Printed in France 5 4 3 2 1
ISBN 3-426-04019-0

Marie-Louise von Franz:
Der Schatten und das Böse im Märchen

Aus dem Amerikanischen von Gisela Schöller

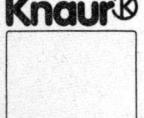

Inhalt

Vorwort zur deutschen Ausgabe 7

Erster Teil
Das Problem des Schattens im Märchen

1 Schatten und Märchen 9
2 Absetzung oder Erneuerung des Königs 27
3 Das erneuerte herrschende Bewußtsein 43
4 Anima und Erneuerung 59
5 Die Unterwerfung des Ich 74
6 Die Rückkehrschwierigkeiten 90
7 Die Große Mutter und die Einheit 102

Zweiter Teil
Das Böse im Märchen

8 Verschiedene Ebenen des Bösen 127
9 Besessenheit durch das Böse 152
10 Begegnung mit den Mächten des Bösen 177
11 Das heiße und das kalte Böse 198
12 Die Suche nach dem geheimen Herzen 224
13 Der Zauberwettkampf 256
14 Der Kern der Psyche 272

Register 296

Vorwort zur deutschen Ausgabe

Über zwanzig Jahre ist es her, daß ich die in diesem Buch zusammengefaßten beiden Vorlesungsreihen am C. G. Jung Institut Zürich auf Englisch frei gehalten habe. Sie wurden durch die unermüdliche Arbeit von Frau Una Thomas vom Tonband transkribiert.
Damals wie heute sehe ich Märchen als archetypische Grundmuster allgemein menschlichen Verhaltens an, als bestes Mittel, gewisse psychologische Probleme zu erläutern. Das Vortragen individueller Fälle ist nämlich immer leicht irreleitend, weil die Leute individuelle Elemente darin als allgemein ansehen und umgekehrt.
Der Umgang mit dem Bösen und der dunklen Seite des menschlichen Charakters ist ein alltägliches Anliegen der psychologischen Praxis, und immer ergeben sich die Probleme, wo man Verständnis aufbringen soll (tout comprendre c'est tout pardonner) und wo Grenzen gesetzt werden müssen. Ich glaube, daß es keine Analyse gibt, für deren Verlauf das ethische Verhalten des Analysanden nicht entscheidend ist. Ein gewisser christlicher Optimismus und später, viel fataler, ein falscher aufgeklärter Fortschrittsoptimismus haben uns für den Umgang mit dem Bösen hilflos gemacht. Heute aber ist das Böse eine so aktuelle Wirklichkeit, daß sich auch der sentimentalste Narr nicht mehr davor verschließen kann. Und in diesem Licht betrachtet, scheint es mir wichtig zu sehen, was die realistische Weisheit des Märchens aller Länder zu diesem Problem beitragen könnte.
Mit dem Problem des Bösen nicht umgehen zu können sind wir heute besonders dadurch gefährdet, daß an entscheidenden Stellen in Wirtschaft und Politik das intellektuelle Wissen überschätzt wird und die Statistik Triumphe feiert. Das Problem von Gut und Böse ist aber ein *Gefühls*problem. Intellektuell gibt es

für fast alle Handlungen ein Pro und Kontra. Nur das individuelle Gefühl oder Gewissen des einzelnen kann darum wesentliche Entscheidungen treffen. Durch die Überbevölkerung und die uns dadurch drohende Vermassung scheint die individuelle Verantwortlichkeit immer mehr bedroht, und dabei ist die ethische Entscheidung des einzelnen das geheimnisvolle Element, von dem letzten Endes das Weltenschicksal abhängt.

Die klassische chinesische Philosophie hat das von jeher klarer gesehen. Es gibt eine Unteilbarkeit des Universums und des einzelnen, und darum sind wir nicht Skrupulanten, wenn wir uns im Alltag immer wieder das Problem stellen, ob wir in kleinen Dingen richtig oder falsch gehandelt haben. Und doch gibt es auch ein falsches schlechtes Gewissen und tausend Möglichkeiten des Selbstbetrugs. Das Märchen kann diese Probleme nicht lösen, aber es offenbart Dimensionen, die uns der individuellen Lösung näherbringen können.

Für die ausgezeichnete Übersetzung von Frau Gisela Schoeller möchte ich mich hier bedanken. Ich habe den deutschen Text durchgesehen und teilweise leicht gekürzt. Ebenfalls bedanke ich mich für die freundschaftliche Hilfe von Frau Dr. Hildegard Milberg, ohne die in einer Zeit von Streß die deutsche Ausgabe gar nicht hätte erscheinen können.

Küsnacht, im Januar 1985   Marie-Louise von Franz

Erster Teil
Das Problem des Schattens im Märchen

1 Schatten und Märchen

Bevor wir an das Thema herangehen, müssen wir die psychologische Definition des Schattens näher ansehen, sie ist nämlich nicht so einfach, wie wir oft annehmen. In der Jungschen Psychologie definieren wir den »Schatten« gewöhnlich als die Personifizierung gewisser Aspekte der unbewußten Persönlichkeit, die an den Ich-Komplex angegliedert werden *könnten*, es aber aus den verschiedensten Gründen nicht sind. Daher können wir sagen: Der Schatten ist eine ungelebte und unterdrückte Seite des Ich-Komplexes, aber auch das stimmt nur zum Teil. C. G. Jung, der es nicht leiden konnte, wenn seine Schüler zu buchstabengläubig eingestellt waren und sich an seine Konzepte klammerten, um ein System daraus zu machen und ihn zu zitieren, ohne genau zu wissen, was sie sagten, warf eines Tages in einer Diskussion über den Schatten dies alles über den Haufen, indem er sagte: »Das ist alles Unsinn! Der Schatten ist ganz einfach das gesamte Unbewußte.« Dann machte er uns klar, daß wir vergessen hätten, wie diese Erkenntnisse zuerst entdeckt und wie sie von den Individuen erfahren worden seien, und daß es notwendig sei, immer die Lage eines Patienten im jeweiligen Augenblick zu berücksichtigen.

Wenn jemand, der nichts von Psychologie versteht, zu einer Analysestunde kommt und man versucht, ihm zu erklären, daß im Hintergrund seiner Aufmerksamkeit gewisse Prozesse ablaufen, deren er sich nicht bewußt ist, dann ist vorläufig das für ihn der Schatten. So ist auf der ersten Stufe der Annäherung an das Unbewußte der Schatten ein »mythologischer« Name für alles Psychische in mir, das ich nicht direkt wissen kann. Nur wenn wir tiefer in diesen Schattenbereich einzudringen beginnen, um dessen verschiedene Aspekte zu erforschen, erscheint nach einiger Zeit in den Träumen eine weitere Personifikation des Unbewußten, die das andere Geschlecht als der Träumer hat. So entdeckt man, daß es in diesem unbekannten Innenraum noch eine andere Macht gibt, »Anima« (oder »Animus«) genannt, die Gefühle, Stimmungen, Ideen usw. vertritt; außerdem sprechen wir noch vom Begriff des »Selbst«. Für die Praxis hielt Jung es nicht für erforderlich, über diese drei Stufen hinauszugehen, aber es gibt da noch weitere typische Figuren des Unbewußten.

Die meisten Menschen sind überrascht, daß es eine Frage der Praxis und nicht nur der Theorie ist, Anima oder Animus zu integrieren. Es ist ein Meisterstück, und niemand kann beanspruchen, das ganz erreicht zu haben. Wenn wir vom »Schatten« sprechen, müssen wir deshalb einerseits die persönliche Situation, aber auch die besondere Bewußtseinslage und die innere Bewußtheit des jeweiligen Analysanden beachten. Wir können also auf der Anfangsstufe den Schatten als all das bezeichnen, über das er unbewußt ist. Während der weiteren Untersuchung entdecken wir dann gewöhnlich auch noch, daß er teils aus persönlichen, teils aus kollektiven Elementen besteht.

Der Schatten entsteht also durch Verdrängung gewisser Eigenschaften. Um es an einem Beispiel zu verdeutlichen: Jemand stammt von Eltern ab, die charakterlich völlig verschieden sind, und er erbt von beiden bestimmte Eigenschaften, die sich »chemisch« nicht gut mischen lassen. Ich hatte z. B. einmal eine Analysandin, die ein feuriges und brutales Temperament von ihrem Vater geerbt hatte und eine übersensitive Empfindlichkeit von ihrer Mutter. Wie sollte sie beide Eltern zugleich sein? Wenn jemand sie ärgerte, erlebte sie in sich zwei völlig gegensätzliche Reaktionen, Wut einerseits, gekränkte Fluchtreaktionen andererseits. Im Laufe der Entwicklung wird im allgemeinen eine Wahl getroffen, so daß eine Seite mehr oder weniger ausgeprägt wird. Dann fügen Erziehung und Gewohnheit noch einiges hinzu, was in die gleiche Richtung geht, und wenn immerzu eine bestimmte Haltung bevorzugt wird, wird sie zur »zweiten Natur«, während die andere Eigenschaft unter den Tisch gefegt wird, aber nach wie vor existiert. Aus diesen unterdrückten Eigenschaften, die nicht zugelassen oder angenommen wurden, weil sie mit den gewählten unverträglich waren, baut sich der Schatten auf. Mit einem gewissen Grad an Einsicht und mit Hilfe der Träume ist es relativ leicht, diese Elemente zu erkennen, d. h. den Schatten bewußt zu machen. Im allgemeinen endet damit die Analyse. Jedoch ist das noch keine besondere Leistung, denn dann kommt ein viel schwierigeres Problem, mit dem die meisten Menschen sich sehr schwer tun: sie kennen zwar ihren Schatten, aber sie können ihn nicht gut in ihr Leben *integrieren*. Verständlicherweise mögen die Menschen in der unmittelbaren Umgebung nicht, daß sich ein Mensch ändert, darum müssen die Betreffenden sich wieder in der alten Art anpassen. Eine Familie wird einfach wütend, wenn ein bisher sanftes und lammfrommes Familienmitglied plötzlich aggressiv wird und zu ihren Forderungen nein sagt. Das führt zu Kritik, und da der betreffende Mensch beides nicht mag, kann die Schattenintegration mißlingen, und das ganze Problem stagniert wieder.

Eine Eigenschaft bei sich selbst zu akzeptieren, die man nicht mag, und nach eigener Wahl durch viele Jahre hindurch unterdrückt hat, ist ein Verhalten, das sehr viel Mut erfordert. Aber wenn man sie nicht annimmt, wirkt sie hinter dem eigenen Rücken. Den Schatten zu sehen und sich zuzugeben, ist ein Teil des Problems, aber das größte ethische Problem beginnt dort, wo man beschließt, den Schatten bewußt zu äußern. Das erfordert große Sorgfalt und Selbstreflexion.

Auf der Anfangsstufe ist der Schatten also das gesamte Unbewußte – ein Ansturm von Gedanken, Emotionen, Urteilen usw. Wenn man Ausbrüche untersucht, kann man aber unterscheiden zwischen der Gestalt, die wir »Schatten« nennen, und der Urteilsfähigkeit, die bei einer Frau »Animus« genannt wird.

Nach einiger Zeit entdecken die Menschen diese negativen Eigenschaften bei sich selbst, und es gelingt ihnen, sie nicht nur zu sehen, sondern auch zum Ausdruck zu bringen und damit gewisse Ideale und Normen aufzugeben. Das erfordert viel Überlegung und Bedachtsamkeit, um nichts in der Umgebung zu zerstören.

Da wir außerdem in Träumen, die vom Schatten handeln, Dinge entdecken, die nicht persönlicher Herkunft sind, müssen wir annehmen, daß der Schatten teils aus persönlichem, teils aus unpersönlichem und kollektivem Material besteht.

Alle Zivilisationen, besonders die christliche, haben ihren eigenen Schatten. Das ist eine banale Feststellung, denn wenn man andere Zivilisationen untersucht, kann man sehen, worin sie uns übertreffen. Die Inder sind uns z. B. weit voraus in ihrer spirituellen und philosophischen Haltung im allgemeinen, aber ihr soziales Verhalten war früher in unseren Augen schockierend. Wenn man durch die Straßen von Bengalen geht, sieht man eine große Zahl von Menschen, die offensichtlich verhungern. Sie sind am Ende, aber niemand nimmt Notiz davon, denn das ist ihr »Karma«, und die Menschen müssen auf ihre eigene Rettung schauen. Sich um andere zu sorgen, würde bedeuten: sich in weltliche Nichtigkeiten einzulassen. Für uns Europäer entstellt eine solche Haltung das ganze Land, denn wir finden es empörend, Mitmenschen hungern, und trotzdem unbeachtet zu lassen. Wir würden diese Haltung einen Schatten der indischen Zivilisation nennen. Ihre Extraversion liegt unterhalb der Grenze, ihre Introversion oberhalb. Es könnte sein, daß die helle Seite sich der dunklen nicht bewußt ist, während diese Angehörigen einer anderen Zivilisation offensichtlich erscheint.

Wenn jemand ganz allein leben würde, wäre es praktisch unmöglich, daß er seinen Schatten sehen könnte, weil niemand da wäre, der ihn von außen anschauen kann. Es braucht einen Beobachter. Wenn wir die Reaktion des Beobachters mitberücksichtigen, könnten wir von einem Schatten der verschiedenen Kulturen sprechen. So denken z. B. die meisten östlichen Völker, daß unser Gruppenverhalten absolut unbewußt ist in bezug auf gewisse metaphysische Tatsachen, und daß wir völlig naiv in Illusionen befangen sind. So erscheinen wir ihnen, aber wir merken es selbst nicht. Wir haben also einen Schatten, den wir noch nicht erkennen und dessen wir noch unbewußt sind. Der kollektive Schatten ist zudem besonders schlimm, weil Völker sich gegenseitig in ihrer Blindheit anfeinden. In Kriegen oder im Haß gegen andere Nationen enthüllt sich ein Aspekt des kollektiven Schattens.

Der kollektive Schatten erscheint auch noch in einer anderen Form: gewisse Eigenschaften in uns treten zurück, wenn wir in einer kleinen Gruppe oder alleine sind, werden aber plötzlich stärker, sobald wir in einer größeren Gruppe sind. Dieses kompensatorische Phänomen kann man in typischer Weise bei zurückgezogenen Introvertierten beobachten, die dann plötzlich ein großes Bedürfnis haben, in einer Menge zu brillieren und ein »großes Tier« zu sein. Beim Extravertierten ist es umgekehrt. Wenn er allein ist, sagt der Introvertierte, er sei nicht ehrgeizig und habe kein Bedürfnis nach ehrgeizigen Umtrieben, er wolle nur wirklich er selbst sein und zufrieden in seiner Introversion. Aber sobald er sich inmitten vieler ehrgeiziger Extravertierter befindet, wird er sofort infiziert. Das ist vergleichbar der Frau, die zu einem Geschäft eilt, um etwas Billiges zu kaufen, und alle anderen Frauen rennen hinter ihr her, und wenn sie dann wieder nach Hause kommen, sagen sie: »Warum in aller Welt habe ich das gekauft?«

Wenn jemand nur dann von Ehrgeiz ergriffen wird, wenn er in einer Gruppe ist, könnte man sagen: da befällt ihn der kollektive Schatten. Manchmal fühlt man sich völlig stimmig, aber sobald man in eine Gruppe kommt, wo der Teufel los ist, wird man ganz verstört, wie es manchen Deutschen bei Nazitreffen ging. Wenn sie zu Hause darüber nachdachten, waren sie gegen die Nazis, aber wenn sie zu den Versammlungen gingen, geschah eine Umschaltung in ihnen, und sie wurden, wie ein Mann mir sagte, »wie vom Teufel besessen«. Sie waren zeitweise eher vom kollektiven als vom persönlichen Schatten besessen.

Der kollektive Teufel wird auch bei uns im religiösen System personifiziert durch den Glauben an den Teufel oder an böse Dämonen. Ein Mensch des Mittelalters, der von einem solchen Treffen zurückkäme, würde sagen, der Teufel hätte ihn »gehabt«, und jetzt sei er wieder frei. Wir müssen jedoch wissen, daß wir, solange kollektive Dämonen uns besitzen können, etwas davon in uns haben, sonst könnten sie uns nicht packen. Denn dann wäre unsere psychische Tür nicht offen für Infektionen. Wenn Teile des persönlichen Schattens nicht genügend integriert sind, kann sich der kollektive Schatten durch diese Tür einschleichen. Folglich müssen wir uns bewußt sein, daß diese beiden Aspekte existieren, denn dies ist ein ethisches, praktisches Problem, das sich uns dauernd stellt.

Nehmen wir an, ein Analysand verhält sich innerhalb einer Gruppe abscheulich. Wenn wir ihm klarmachen wollen, das sei alles ein Fehler, ist er allzu sehr bedrückt, und objektiv gesehen wäre das auch nicht richtig, denn ein Teil davon war der Gruppenschatten. Er bekäme sonst ein zu großes Schuldgefühl, und es gibt eine Art geheime innere Norm, wieviel an Schatten ein Mensch verkraften kann. Es ist ungesund, ihn nicht zu sehen, aber ebenso ungesund, zuviel davon auf sich zu nehmen. Dann kann man psychologisch nicht mehr funktionieren. Aber das Schlimme ist, daß man oft nicht sieht, wo mein Gewissen ist. Es wird ausgelöscht, wenn man aus zu großer Nähe auf den Schatten schaut, und dann wird das Problem äußerst subtil.

In der Schweizer Armee spricht man vom »Kompanie-Kalb«, das unbewußt von einer Kompanie zum Sündenbock gemacht wird. Der Auserwählte ist gewöhnlich jemand mit einem schwachen Ichkomplex, der den kollektiven Schatten unter Zwang ausagiert. Das kann eine sehr tragische Konstellation ergeben. Dasselbe Muster sehen wir im »schwarzen Schaf« innerhalb einer Familie, das gezwungen wird, den Schatten der anderen zu tragen.

Ich sage das alles, um deutlich zu machen, daß es bei dem, was wir »Schatten« nennen, einen persönlichen individuellen und ebenso einen kollektiven Aspekt, den Gruppenschatten, gibt. Letzterer wäre natürlich in einer Weise die Summe der Schatten der Gruppenmitglieder; außerdem gibt es innerhalb der Gruppe etwas, was die Gruppe selbst nicht stört und nur Außenstehenden auffällt.

Wenn z. B. drei oder vier typische Intellektuelle mit denselben intellektuellen Interessen zusammen sind, werden sie sagen, sie hätten einen wunderschönen Abend mit intellektuellen Diskussionen verbracht und nicht merken, daß der Gefühlskontakt schlecht war. Käme ein Bauer dazu, würde er sagen, es sei ein schrecklicher Abend gewesen. Wenn alle die gleichen Interessen oder das gleiche Problem haben, fühlt es sich wunderbar an. Wahrscheinlich haben alle Europäer Eigenschaften, die wir nicht bemerken, weil sie für uns normal sind. Das ist eine normale Unbewußtheit bei Individuen und Gruppen.

Noch einen Punkt möchte ich erwähnen. Ich sagte an anderer Stelle, daß eine Gruppe nur dann ihren Schatten erkennt, wenn sie mit einer anderen Gruppe im Kampf liegt. Aber das war nicht ganz so, da es in manchen Kulturen religiöse Riten gibt, die dazu dienen sollen, einer Gruppe ihren Schatten bewußt zu machen. In unserer christlichen Kultur würde das den »schwarzen Messen« entsprechen, wo man den Namen Christi verflucht, im Namen des Teufels ein Tier auf sein Hinterteil küßt usw., und der Sinn all dessen wäre, genau das Gegenteil von dem zu tun, was man für heilig hält. Diese gegen-religiösen Feiern sind bei uns ausgestorben, aber sie waren ein Versuch, der Menge ihren Schatten zu zeigen. In manchen Kulturen, z. B. bei den Sioux-Indianern, gibt es eine Gruppe von Clowns, die stets das Gegenteil der Gruppenregeln tun müssen. Sie lachen, wenn man ernst sein sollte, weinen, wenn andere lachen, usw. Sie sind auserwählt, in ritueller Weise schockierende Dinge auszuführen, die den Gruppennormen entgegenstehen. Dort besteht anscheinend die vage Ahnung, daß die andere Seite auch offengelegt werden sollte. Es ist ein Schatten-Reinigungsfest. Wenn man unverfälschte Überreste solcher Bräuche in der Schweiz finden will, muß man zur Basler Fasnacht gehen. Dort kann man miterleben, wie Gruppen ihren Gruppenschatten zum Ausdruck bringen, und das in einer echten und wunderschönen Weise.

Soweit der Schatten. Schauen wir jetzt auf ein weiteres Problem: Was stellen Märchen überhaupt dar und was nicht, und wieweit können wir sie als psychologisches Material für die Erkenntnis des Schattens betrachten? Zum besseren Verständnis müssen wir uns nach dem wahrscheinlichen Ursprung von Märchen fragen und nach ihrer Funktion innerhalb unserer Gesellschaft.

Bis ungefähr ins 17. Jahrhundert waren Märchen nicht nur für Kinder reserviert, sondern sie wurden unter den Erwachsenen der unteren Volksschichten erzählt – unter Holzfällern und Bauern. Die Frauen erfreuten sich beim Spinnen mit Märchen. Es gab auch (in einigen wenigen Schweizer Dörfern gibt es das noch) Märchenerzähler von Beruf, die immer wieder gebeten wurden, ein paar Geschichten zu erzählen. Solche Erzähler sind manchmal »Originale« und etwas unausgeglichene, neurotische Individuen, andere dagegen sind besonders gesund und normal. Wenn man sie fragt, warum sie das tun, antworten einige, sie hätten diese Funktion geerbt, andere, sie hätten es von jemand gelernt oder es sei Tradition, die von einem zum anderen überliefert worden sei. Wir wissen, daß es Märchen von kollektiver Art gibt, die, wie alte Traditionen, von einer Generation zur anderen überliefert wurden, wie eine Art Allgemeinwissen, das sich auf inneren Erlebnissen aufbaut oder von echten »Dichtern« geschaffen wird. Den Ursprung des Märchens kann man an folgendem typischen Beispiel erkennen:

In einer Schweizer Familie gab es zu Zeiten Napoleons eine Familienchronik, nach der ein Müller auszog, um einen Fuchs zu schießen, der dann zu sprechen begann und sagte, der Müller solle ihn nicht töten, denn er habe ihm bei der Mühle das Rad drehen geholfen. Als der Müller nach Hause kam, entdeckte er, daß die Mühle sich von allein drehte. Kurze Zeit danach starb er. Vor kurzem ging ein Student der Volkskunde in dieses Dorf und fragte die alten Leute dort, ob sie etwas über die Mühle wüßten. Dabei erfuhr er verschiedene Versionen der alten Geschichte. Einer erzählte die gleiche Geschichte, sagte aber, der Fuchs sei kreuzweise durch die Beine des Müllers hindurchgelaufen, wodurch er eine lebensgefährliche Infektion und Entzündung der

Haut bekommen habe. Nun vermutet man in dieser Gegend tatsächlich, daß Füchse solche Krankheiten verursachen. Es wurde also zur ursprünglichen Geschichte etwas Neues hinzugefügt. Eine andere Variante hieß, daß der Müller zu einem Mittagessen gegangen sei, wo sein Weinglas zerbrach, und dann habe man gewußt, daß der Fuchs die Hexenseele einer verstorbenen Tante gewesen sei. (Hexenseelen sollen in den Seelen von Füchsen umherstreifen.) So hatte sich die Geschichte mit anderem archetypischen Material erweitert – genauso wie es bei Gerüchten geschieht.

Daran kann man erkennen, wie eine Geschichte entsteht: immer gibt es als Kern eine parapsychologische Erfahrung oder einen Traum. Wenn er ein Motiv enthält, das sich dazu in mythischer Verwandtschaft befindet, dann besteht die Tendenz, ihn damit zu amplifizieren. Wir haben also die Geschichte vom Müller, der von einer früheren Hexe gejagt wurde, die er beinah erschoß, und dann tötete die Hexe ihn. Das ist kein Märchen, aber genau der Anfang einer Lokalsage. Der Name des Müllers blieb unverändert überliefert. Aber nehmen wir an, die Küchenmagd erzählt die Geschichte in einem anderen Dorf, dann kann der Müller einen anderen Namen erhalten, oder er wird einfach *der* Müller. Alle Elemente, die für dieses Dorf nicht interessant sind, werden fallengelassen, und nur was an der Geschichte archetypisch ist, bleibt in Erinnerung. Ich bin immer fasziniert von der Tatsache, daß ich archetypisches Material besser behalten kann als andere Dinge – es macht eine Art »ewigen« Eindruck, so daß man es erinnert. Ein junger Lehrer machte hierzu ein Experiment: er erzählte seiner Klasse zwei Geschichten, von denen nur eine mythologische Elemente enthielt, und ließ seine Schüler beide drei Tage später aufschreiben. Es war offensichtlich, daß die mythologische Erzählung besser erinnert wurde.

Solange diese Bevölkerungsschichten keine Radios und Zeitungen hatten, besaßen die Geschichten ihr großes Interesse. Ich verwerfe allerdings nicht die Theorie, daß die Märchen manchmal Überreste einer entarteten Literatur sind. So kann man z. B. die verwässerte Geschichte des Heraklesmythos im modernen

Griechenland finden. Sie ist reduziert auf ihre Grundstruktur, und das archetypische Material bleibt erhalten, und es sind diese Elemente religiöser Formen der Vergangenheit, die im Märchenmaterial wiedererscheinen. Verschiedene Elemente kommen zusammen, und die Geschichten werden erzählt, weil sie immer noch interessant und aufregend sind, auch wenn sie nicht mehr verstanden werden. Daß wir sie heutzutage den Kindern zugewiesen haben, zeigt eine typische Haltung – man könnte auch von einer Definition unserer Gesellschaft sprechen – nämlich: man betrachtet das archetypische Material als infantil. Wenn meine Entstehungstheorie stimmt, würden die Märchen die am meisten grundlegenden Strukturen des Menschen spiegeln, und zwar in einem größeren Ausmaß als Mythen und literarische Produkte. Jung sagte einmal, wenn man Märchen untersuche, könne man die vergleichende Anatomie des Menschen kennenlernen. Mythen sind im allgemeinen mehr in die bewußte Kultur der Gesellschaft eingebettet. Man kann sich das Gilgamesch-Epos nicht ohne die babylonisch-sumerische Kultur vorstellen und die Odyssee nicht ohne die griechische. Das Märchen dagegen kann besser wandern, weil es so elementar ist und so reduziert auf die grundlegenden Strukturelemente, daß es jeden anspricht.

Märchen sind auch bis zu einem gewissen Grad von der Kultur beeinflußt, in der sie zuerst auftauchten, aber viel weniger als Mythen, weil sie mehr von der bloßen Grundstruktur aufweisen. Sie sind die Verhaltensmuster des Menschen an sich. Verhaltensforscher haben festgestellt, daß gewisse Riten im Leben der Tiere grundlegende Strukturelemente enthalten. Alle Entericharten führen vor der Paarung einen bestimmten Tanz auf, der aus unveränderlichen Bewegungen von Kopf und Flügeln und verschiedenen anderen kleinen Bewegungen besteht. Es ist die rituelle Form, um ein Weibchen zu werben. Konrad Lorenz fragte sich, ob es mit den Genen zu tun haben könnte, und es gelang ihm, verschiedene Entenarten zu kreuzen zu einer neuen Art und zu beobachten, wie sie sich verhielt. Dabei entdeckte er, daß manchmal das alte, ursprüngliche Ententanz-Ritual angenommen wurde, welches nicht zu einer der gekreuzten Arten gehörte, oder daß der Ententanz von einem der Partner in einer reduzierten Form wiederholt wurde, oder daß sich eine Kombination aus zwei Formen ergab. Gewisse Strukturelemente im Tanz des Enterich waren immer vorhanden, während andere variierten.

Wenn wir das auf den Menschen übertragen, könnten wir sagen, daß es gewisse Grundstrukturen psychologischen Verhaltens gibt, die zur menschlichen Rasse im allgemeinen gehören, und andere, die bei einer Gruppe oder Nation mehr entwickelt sind, in einer anderen dagegen weniger hervorstechen. Märchen sind also in ihrer Struktur sehr allgemeinmenschlich. An ihnen kann man die grundlegendsten Verhaltensstrukturen studieren und entwickelt so die Fähigkeit, zu sehen, was an einem Fall individuell ist und was nicht. Wenn man z. B. den Mythos des Mutterkomplexes studiert, d. h. die Zuneigung und das Instinktverhalten des männlichen Kindes in bezug auf seine Mutter, wie es in den Mythen gespiegelt wird, dann kann man typische Züge unterscheiden. Das männliche Kind neigt in einem solchen Fall dazu, die Züge des Helden zu entwickeln, eines eher weiblichen jungen Mannes vom Typ eines Attis, Adonis oder Baldur, der jung stirbt und die Neigung hat, sich dem Leben zu verweigern, besonders dessen dunkler Seite. Diesen Mythen zufolge wurde im Mythos der junge Mann, der seine Mutter liebte, von einem dunklen, chthonischen männlichen Wesen getötet. Das bedeutet, daß der entscheidende Augenblick für einen jungen Mann in der Situation liegt, wenn er entweder psychologisch vom »wilden Eber« getötet oder aber, falls er sich weigerte, seinen Schatten anzunehmen, in unserer modernen Zeit wahrscheinlich ein Pilot oder Bergsteiger werden und abstürzen wird.

In einem Fall, in dem kein mythisches Material auftaucht, sondern die Träume persönlich sind, lassen sich trotzdem dahinter die mythologischen Züge erkennen, so z. B. wenn ein solcher junger Mann träumt, sein Freund sei wie Mars. Er wird einen persönlichen Namen besitzen, aber es läßt sich ein Grundmuster erkennen sowie eine mögliche Lösung und Entwicklung – falls man den Mythos kennt. Man muß ihn nicht lehren, das hieße jemandem eine mythologische Idee überstülpen, aber man hat selbst ein besseres Hintergrundverständnis. Eventuell kann man den Mythos erzählen und erwähnen, daß man an Attis-Adonis erinnert sei und damit die ganze Lösung skizzieren. Dann bekommt ein solcher Mann das Gefühl, daß sein Problem nicht einzigartig und unlösbar ist, sondern daß es bereits Dutzende von Malen auf verschiedene Weisen gelöst wurde. Außerdem reduziert es die Selbstüberschätzung, weil der Betreffende merkt, daß er sich in einer ganz allgemeinen Situation befindet und nicht in einer einzigartigen Neurose. Der Mythos hat außerdem einen magischen Einfluß auf Schichten des Menschen, die mit intellektueller Rede nicht erreicht werden. Er verleiht das Gefühl eines »déjà vu« und ist doch immer neu.

Die Betrachtung des Schattens im Märchen kann sich also nicht auf den persönlichen, sondern nur auf den kollektiven und auf den Gruppenschatten konzentrieren. Deshalb können wir nur eine allgemeine Sicht der Verhaltensweise des Schattens aufzeigen, aber das ist meiner Meinung nach auch schon wertvoll. Die Menschen sind geneigt, an *mein* Ich zu denken und nicht zu berücksichtigen, daß sogar das Ich eine allgemeine Struktur und ein Archetyp ist. Es hat eine Grundstruktur, in der eine grundlegende, eingeborene Veranlagung mitgegeben ist, ein Ich zu entwickeln und bestimmte typische Reaktionen und Vorstellungen zu produzieren. Man könnte sagen, daß in den meisten Kulturen diese Tendenz, einen Ichkomplex zu entwickeln, in unterschiedlichem Grad ausgeprägt ist. Was als »Ich« bekannt ist, ist eine allgemeine, angeborene menschliche Disposition. In den frühen Phasen der Kindheit wird eine Menge von Energie aufgeboten, um den Ichkomplex aufzubauen, und wo es Störungen in der Umgebung gibt, wird auch der Entwicklungsprozeß gestört, und diese Bedrängnis kann unter anderem auch einen extremen Egoismus (Autismus) verursachen. Die angeborene Tendenz wäre der nicht-persönliche Aspekt des Komplexes; aber es gibt noch eine andere angeborene Neigung, auch wenn sie weniger stark ist, nämlich daß das Ich gewisse Aspekte von sich abspaltet. Dies verursacht die Existenz des Schattens. Nur diese allgemeinen Strukturen spiegeln sich in Märchen, und sie können außerdem von den Kulturen beeinflußt werden, in denen die Märchen entstehen.

Das erste Märchen, das uns hier beschäftigen soll, stammt von den Brüdern Grimm. Es heißt »Die beiden Wanderer«.

Die beiden Wanderer

Berg und Tal begegnen sich nicht, wohl aber die Menschenkinder, zumal gute und böse. So kam auch einmal ein Schuster und ein Schneider auf der Wanderschaft zusammen. Der Schneider war ein kleiner hübscher Kerl und war immer lustig und guter Dinge. Er sah den Schuster von der andern Seite herankommen, und da er an seinem Felleisen merkte, was für ein Handwerk er trieb, rief er ihm ein Spottliedchen zu. Der Schuster aber konnte keinen Spaß vertragen, er verzog ein Gesicht, als hätte er Essig getrunken und machte Miene, das Schneiderlein am Kragen zu packen. Der kleine Kerl fing aber an zu lachen, reichte ihm seine Flasche und sprach: »Es ist nicht bös gemeint, trink einmal und schluck die Galle hinunter.« Der Schuster tat einen gewaltigen Schluck und schlug vor, zusammen zu wandern. »Mir ist's recht«, antwortete der Schneider, »wenn du nur Lust hast in eine große Stadt zu gehen, wo es nicht an Arbeit fehlt.«

Weil der Schneider so frisch und munter aussah und so hübsche rote Backen hatte, so gab ihm jeder gern Arbeit, und ebenso des Meisters Tochter unter der Haustüre noch einen Kuß auf den Weg. Wenn er mit dem Schuster wieder zusammentraf, hatte er immer mehr in seinem Bündel. Der griesgrämige Schuster hatte nicht so viel Glück. Aber der Schneider fing an zu lachen und zu singen und teilte alles, was er bekam, mit seinem Kameraden. Als sie eine Zeitlang gewandert waren, kamen sie an einen großen Wald, durch den der Weg nach der Königsstadt ging. Es führten aber zwei Fußsteige hindurch, davon war der eine sieben Tage lang, der andere nur zwei Tage, aber niemand von ihnen wußte, welcher der kürzere Weg war. Die zwei Wanderer setzten sich unter einen Eichenbaum und ratschlagten, wie sie sich vorsehen und für wie viele Tage sie Brot mitnehmen wollten. Der Schuster wollte genug Brot für sieben Tage mitnehmen, aber der Schneider verließ sich auf Gott und auf sein Glück.

Es war ein langer Weg. Am dritten Tag hatte der Schneider sein Brot verzehrt, aber der Schuster war ohne Barmherzigkeit. Am fünften Tag war der Schneider so hungrig, daß er den Schuster um Brot bat, denn er war ganz erschöpft und blaß. Da sagte der Schuster zu ihm: »Ich will dir heute ein Stück Brot geben, aber dafür will ich dir dein rechtes Auge ausstechen.«

Der unglückliche Schneider, der doch gerne sein Leben erhalten wollte, konnte sich nicht anders helfen, und der Schuster, der ein Herz von Stein hatte, stach ihm das rechte Auge aus. Aber am nächsten Tag meldete sich der Hunger aufs neue, und am siebten Morgen konnte der Schneider vor Erschöpfung nicht aufstehen. Da sagte der Schuster, daß er Barmherzigkeit üben und ihm nochmals Brot geben wolle, dafür müsse er aber auch das andere Auge bekommen. Da erkannte der Schneider sein leichtsinniges Leben, bat Gott um Verzeihung und sagte zum Schuster, daß er eine solche Behandlung durch ihn nicht verdient habe. Immer habe er alles mit ihm geteilt. Ohne seine Augen könne er nicht mehr nähen und müsse betteln. Und er bat darum, daß der Schuster ihn ohne Augenlicht nicht allein liegen lassen solle, weil er sonst zugrunde gehen müsse. Der Schuster aber, der Gott aus seinem Herzen vertrieben hatte, nahm das Messer und stach ihm auch das linke Auge aus. Dann gab er ihm ein Stück Brot zu essen, reichte ihm einen Stock und führte ihn hinter sich her.

Als die Sonne unterging, kamen sie aus dem Wald, und vor dem Wald auf dem Feld stand ein Galgen. Dahin leitete der Schuster den blinden Schneider, ließ ihn dann liegen und ging seiner Wege. Vor Müdigkeit, Schmerz und Hunger schlief der Unglückliche ein und schlief die ganze Nacht. Als der Tag dämmerte, erwachte er, wußte aber nicht, wo er lag. An dem Galgen hingen zwei arme Sünder, und auf dem Kopfe eines jeden saß eine Krähe. Da fing die eine an zu sprechen und sagte, daß der Tau, der heute nacht über sie vom Galgen herabgefallen sei, jedem, der sich damit wäscht, die Augen wiedergebe. Als der Schneider das hörte, nahm er sein Taschentuch, drückte es auf das Gras, und als es mit dem Tau befeuchtet war, wusch er seine Augenhöhlen damit, und schon hatte er wieder zwei gesunde Augen.

Es dauerte nicht lange, da sah der Schneider die Sonne aufsteigen, und vor ihm lag die große Königsstadt mit ihren prächtigen Toren und hundert Türmen. Er unterschied jedes Blatt an den Bäumen, erblickte die Vögel, die vorbeiflogen, und die Mücken, die in der Luft tanzten. Er holte eine Nähnadel aus der Tasche, und als er den Zwirn einfädeln konnte, so gut als er es je gekonnt hatte, da sprang sein Herz vor Freude. Er kniete nieder und dankte Gott für die erwiesene Gnade. Dann nahm er sein Bündel auf den Rücken, vergaß bald das ausgestandene Leid und ging unter Singen und Pfeifen weiter.

Das erste, was ihm begegnete, war ein braunes Füllen, das frei im Felde herumsprang. Er packte es an der Mähne, wollte sich aufschwingen und in die Stadt reiten. Das Füllen aber bat um seine Freiheit: »Ich bin noch zu jung«, sagte es, »auch ein leichter Schneider wie du bricht mir den Rücken entzwei, laß mich laufen bis ich stark geworden bin. Es kommt vielleicht eine Zeit, wo ich dir's lohnen kann.« So ließ der Schneider es laufen.

Aber er hatte seit gestern nichts gegessen. Er sah einen Storch, packte ihn am Bein und wollte ihm den Kopf abschneiden, um endlich etwas zu essen zu haben. »Tue das nicht«, antwortete der Storch, »ich bin ein heiliger Vogel, dem niemand ein Leid zufügt, und der den Menschen großen Nutzen bringt. Läßt du mir mein Leben, so kann ich dir's ein andermal vergelten.« So ließ der Schneider ihn ziehen.

Dann sah er auf einem Teich ein paar junge Enten daherschwimmen. Er packte eine davon und wollte ihr den Hals umdrehen. Da schwamm die alte Ente mit aufgesperrtem Schnabel herbei und bat ihn flehentlich, sich ihrer kleinen Kinder zu erbarmen. »Denkst du nicht«, sagte sie, »wie deine Mutter jammern würde, wenn dich einer wegholen und dir den Garaus machen wollte.« Der gutmütige Schneider sagte, sie solle ihre Kinder behalten, und setzte die Gefangenen wieder ins Wasser.

Als er sich umkehrte, stand er vor einem alten Baum, der halb hohl war, und sah die wilden Bienen aus- und einfliegen. »Da finde ich gleich den Lohn für meine gute Tat« sagte der Schneider. Aber die Königin kam heraus, drohte und sprach: »Wenn du mein Volk anrührst und mein Nest zerstörst, so sollen dir unsere Stacheln wie zehntausend glühende Nadeln in die Haut fahren. Läßt du uns aber in Ruhe und gehst deiner Wege, so wollen wir dir ein andermal dafür einen Dienst leisten.«

So ging der Schneider weiter und kam hungrig in der Stadt an. Da es eben Mittag war, ging er in ein Gasthaus und aß. Dann suchte er nach einer Arbeit und fand auch bald ein gutes Unterkommen. Da er aber sein Handwerk von Grund aus gelernt hatte, so dauerte es nicht lange, er ward berühmt, und jeder wollte einen Rock von dem kleinen Schneider gemacht haben. Endlich bestellte ihn der König zu seinem Hofschneider.

Aber wie's in der Welt geht. An demselben Tag war sein ehemaliger Kamerad, der Schuster, auch Hofschuster geworden. Als dieser den Schneider erblickte und sah, daß er wieder zwei gesunde Augen hatte, peinigte ihn das Gewissen. Er plante, dem Schneider eine Grube zu graben, ehe dieser seine Geschichte erzählen konnte. Nach Feierabend schlich er sich zum König und erzählte ihm, daß der Schneider ein übermütiger Mensch sei, der sich gerühmt hätte, die goldene Krone wieder herbeizuschaffen, die vor alten Zeiten verlorengegangen war. Der König ließ den Schneider am anderen Morgen kommen und befahl ihm, die Krone wieder herbeizuschaffen oder für immer die Stadt zu verlassen. Der unglückliche Schneider schnürte also sein Bündel, als er aber aus dem Tor heraus war, tat es ihm doch leid, daß er sein Glück aufgegeben und die Stadt, in der es ihm so wohl gegangen war, verlassen sollte. Er kam zu dem Teich, wo er mit den Enten Bekanntschaft gemacht hatte, da saß gerade die Alte, der er die Jungen gelassen hatte, am Ufer und putzte sich mit dem Schnabel. Der Schneider erzählte ihr sein Schicksal. »Wenn's weiter nichts ist«, sagte die Ente. »Die Krone ist ins Wasser gefallen und liegt unten auf dem Grund. Breite nur derweil dein Taschentuch am Ufer aus.« Sie tauchte mit ihren zwölf Jungen unter und nach fünf Minuten war sie wieder oben und saß mitten in der Krone, die auf ihren Fittichen ruhte, und die zwölf Jungen schwammen rund herum, hatten ihre Schnäbel untergelegt und halfen tragen. Der Schneider band sie in sein Tuch und trug sie zum König, der in einer Freude den Schneider mit einer goldenen Kette belohnte.

Als der Schuster sah, daß sein Streich mißlungen war, trat er wieder vor den König und sagte, daß der Schneider geprahlt hätte, er könne das ganze königliche Schloß mit allem was darin ist in Wachs abbilden. Der König ließ den Schneider kommen und befahl ihm das zu tun, und wenn nur ein Nagel an der Wand fehle, solle er zeitlebens unter der Erde gefangen sitzen. Der Schneider dachte: »Es kommt immer ärger, das hält kein Mensch aus«, warf sein Bündel auf den Rücken und wanderte fort. Als er an den hohlen Baum kam, flog die Bienenkönigin heraus und fragte ihn, ob er einen steifen Hals hätte, weil er den Kopf so schief hielt. Der Schneider erzählte die ganze Geschichte. Die Bienen begannen untereinander zu summen und zu brummen, und die Königin sagte, er solle nur nach Hause gehen und am nächsten Tag mit einem großen Tuch wiederkommen. Als der Schneider am folgenden Morgen kam, hatten die Bienen das ganze prächtige Gebäude aufs genaueste nachgebildet. Der König aber konnte sich nicht genug verwundern und schenkte dem Schneider dafür ein großes steinernes Haus.

Der Schuster aber ließ nicht nach, ging zum drittenmal zum König und sagte, daß der Schneider so vermessen war zu behaupten, er könne mitten im Schloßhof Wasser springen lassen, mannshoch und so hell wie Kristall. Dem Schneider wurde aufgetragen, dies zu tun, sonst würde er einen Kopf kürzer gemacht werden. Der arme Schneider eilte wieder zum Tor hinaus, und die Tränen rollten ihm die Backen herab. Aber das Füllen kam herangesprungen und sagte, es wüßte schon, was los sei. Er solle nur aufsitzen. Und das Pferd rannte in vollem Lauf zur Stadt hinein und geradezu auf den Schloßhof. Da jagte es dreimal rund herum, schnell wie der Blitz, und beim drittenmal stürzte es nieder. In dem Augenblick aber krachte es furchtbar: ein Stück Erde sprang in der Mitte des Hofes wie eine Kugel in die Luft und über das Schloß hinaus und gleich dahinterher erhob sich ein Strahl von Wasser so hoch wie Mann und Pferd, und das Wasser war so rein wie Kristall. Als der König das sah, umarmte er den Schneider vor allen Menschen.

Aber das Glück dauerte nicht lang. Der König hatte Töchter genug, eine immer schöner als die andere, aber keinen Sohn. Da begab sich der boshafte Schuster zum viertenmal zum König und sagte, daß der Schneider damit geprahlt hätte, er könne dem König durch die Lüfte einen Sohn herbeitragen lassen. Der König ließ den Schneider rufen und sprach: »Wenn du binnen neun Tagen einen Sohn bringen läßt, so sollst du meine älteste Tochter zur Frau haben.« Der Schneider ging nach Haus und bedachte sich, was zu tun wäre. Da ihm nichts einfiel, schnürte er sein Bündel und ging mit den Worten: »Ich will fort, hier kann ich doch nicht in Ruhe leben.« Als er auf die Wiesen kam, erblickte er seinen alten Freund, den Storch, der ihn begrüßte. Der Schneider erzählte ihm seine Geschichte. »Laß dir darüber keine grauen Haare wachsen«, sagte der Storch. »Schon lange bringe ich die Wickelkinder in die Stadt, da kann ich auch einmal einen kleinen Prinzen aus dem Brunnen holen. Geh heim und verhalte dich ruhig. Heut über neun Tage begib dich in das königliche Schloß, da will ich kommen.« Der Schneider ging nach Haus und war zu rechter Zeit in dem Schloß. Nicht lange, so kam der Storch herangeflogen und klopfte ans Fenster. Der Schneider öffnete ihm, und Vetter Langbein stieg vorsichtig herein und ging mit gravitätischen Schritten über den glatten Marmorboden; er hatte aber ein Kind im Schnabel, das schön wie ein Engel war, und seine Händchen nach der Königin ausstreckte. Er legte es ihr auf den Schoß, und sie herzte und küßte es, und war vor Freude außer sich. Und der Schneider heiratete die älteste Tochter.

Der Schuster mußte die Schuhe machen, in welchen der Schneider auf dem Hochzeitsfest tanzte, hernach wurde ihm befohlen, die Stadt auf immer zu verlassen. Der Weg nach dem Wald führte ihn zu dem Galgen. Von Zorn, Wut und der Hitze des Tages ermüdet, warf er sich nieder. Als er die Augen zumachte und schlafen wollte, stürzten sich die beiden Krähen von den Köpfen der Gehenkten mit lautem Geschrei herab und hakten ihm die Augen aus. Unsinnig rannte er in den Wald und muß darin zugrunde gegangen sein, denn es hat ihn niemand wieder gesehen oder etwas von ihm gehört.

2 Absetzung oder Erneuerung des Königs

Auf den ersten Blick könnte man sagen, daß in »Die beiden Wanderer« der optimistisch-nette Schneider die bewußte Seite, also gleichsam das Ich, darstellt und der Schuhmacher seinen Schatten, die kompensatorische Seite, und tatsächlich entspricht das einer Interpretation vieler, die mit Märchen arbeiten. Sie nehmen das Märchen als eine typische Geschichte, die Ich und Schatten darstellt. In gewisser Hinsicht scheint mir das richtig, meiner Erfahrung nach bleibt man jedoch damit irgendwann stecken, wenn man gleich mit einer solchen Hypothese beginnt. Deshalb möchte ich davor warnen, Jungsche Begriffe zu nehmen und sie mythischen Figuren überzustülpen, indem man sagt: dies ist das Ich, dies der Schatten, das die Anima, usw. Denn wir werden sehen, daß dies nur bis zu einem gewissen Grad funktioniert, und dann entstehen die Widersprüche und schließlich sogar Verzerrungen, wenn jemand versucht, die Figuren der Geschichte in eine solche festgelegte Form zu pressen. Statt vorschnelle Schlußfolgerungen zu ziehen, ist es weit besser, die beiden Figuren und ihre Funktionen innerhalb der Geschichte selber anzuschauen, ebenso die Art, in der sie zu anderen Charakteren in Beziehung gesetzt werden, sowie der Regel zu folgen, nicht jede archetypische Figur zu interpretieren, bevor wir nicht auch den ganzen Kontext angeschaut haben. Dann werden wir zu etwas anderen Schlußfolgerungen kommen, als wenn wir sie von vornherein als Ich und Schatten betrachten.

Der Schneider ist eine wohlbekannte Märchenfigur. In der berühmten Geschichte vom »Tapferen Schneiderlein« gibt es gewisse Ähnlichkeiten, denn der Schneider in jener Geschichte ist ebenfalls gutgelaunt und unternehmungslustig, von schlanker, leichter Statur. Er besiegt aber dennoch durch List einen Riesen und überlistet ein wütendes Einhorn. Aus dieser Amplifikation können wir erschließen, daß der Schneider etwas mit dem Archetyp des Tricksters zu tun hat, der seine Feinde mit Hilfe seiner Intelligenz und seines schnellen Witzes überwindet.

Entsprechend den mittelalterlichen Vorstellungen waren die meisten Handwerkskünste mit bestimmten Planeten verbunden, und jeder Planet beschützte bestimmte Künste, so z. B. Merkur unter anderen die Köche und Schneider. Wir haben also hier folgende Verbindung: Der Schneider ist Hermes, d. h. Merkur, dem Trickster-Gott, zugehörig mit all seinen Eigenschaften einer flexiblen Intelligenz, schnellen Witzes und der Fähigkeit zur Wandlung. In jener Zeit war das Gewerbe der Schneider eine weise Wahl für kleine, eher weibliche Männer, die ihre Schwäche mit Hilfe von Schlauheit und Geschicklichkeit kompensieren konnten.

Der Schneider macht unsere Kleider. Im allgemeinen interpretieren wir Kleidung oft als »Persona«, als unsere soziale Maske oder Rolle, und bis zu einem gewissen Grad ist das korrekt, denn wir bedecken mit ihnen die »nackte Wahrheit« unserer Persönlichkeit und zeigen der Umwelt eine anständigere Fassade – schöner, als wir in Wirklichkeit sind. Die Vorstellung von Kleidung als Persona wird sehr gut in Andersens Märchen »Des Kaisers neue Kleider« illustriert. Der Kaiser verspricht dem, der die besten Kleider für ihn machen kann, eine große Belohnung, und ein gewitzter kleiner Schneider geht zu ihm hin und sagt ihm, er könne ganz besondere, auserlesene und wunderschöne Kleider machen, welche die magische Eigenschaft hätten, daß nur ehrenhafte und anständige Menschen sie sehen könnten. Der Kaiser bestellt diese Kleider. Er kann sie nicht sehen, gibt sich aber keine Blöße, und in der Stadt verbreitet sich das Gerücht, daß er in seinen neuen magischen Kleidern erscheinen werde. Jeder bewundert ihn, bis ein kleines Kind ausruft: »Aber er hat ja gar nichts an!« Und dann beginnen alle zu lachen. Hier ist wiederum der Schneider der Trickster, welcher die Dummheit der Persona des Kaisers offenbar macht.

Andererseits sehen wir, wenn wir z. B. an die Mysterienkulte der späten Antike sowie an die Initiationen und Riten mancher

Völker denken, daß Menschen auch Kleider anziehen, um eine innere Haltung nach außen auszudrücken, nicht um eine Persona (Maske) darzutun. In den Taufzeremonien der frühen Christen z. B. wurden die Menschen völlig untergetaucht und erhielten dann weiße Kleider, um ihre neu erlangte unschuldige Verfassung auszudrücken. Auch in den Mithras-Einweihungen und den Isismysterien trugen die männlichen Initianden bestimmte Kleidung, um den Sonnengott zu symbolisieren und die innere Verwandlung des Mysten den anderen Menschen anzuzeigen. In einem alchemistischen Gleichnis ist der Geist Merkurs als der »Schneider von Menschen« beschrieben. Da er eine Schere besitzt und die Menschen in ihre rechte Gestalt hineinschneidet, gestaltet er auch die Menschen selbst, nicht nur ihre Kleidung, und ist somit ein Verwandler der Menschen, eine Art Psychotherapeut, der Menschen in ihre wahre und richtige Gestalt verwandelt.

Von daher können wir sagen, daß der Schneider etwas zu tun hat mit einer archetypischen Macht, die fähig ist, den Menschen zu verwandeln und ihm eine neue Haltung zu verleihen, eine Macht, die mit Intelligenz zu tun hat und der Fähigkeit, andere zu überlisten.

Riesen, die für ihre hervorstechende Dummheit bekannt sind, symbolisieren im allgemeinen mächtige Emotionen: sobald man nämlich von einem Affekt gepackt wird, wird man dumm. Mythologisch gesehen, sind Riesen mit Erdbeben und Naturkatastrophen in Verbindung. Das Einhorn mit seinem spitzen Horn stellt eine aggressive Haltung dar, und der Schneider weiß damit umzugehen. Er symbolisiert die typisch menschlichen psychologischen Eigenschaften von Witz und Intelligenz, mit welchen sich primitive Emotionen überwinden und höhere Bewußtheit erreichen lassen.

Der Schneider in »Die beiden Wanderer« ist überdies ein frommer Mann, denn in jeder schwierigen Lage betet er zu Gott um Hilfe. Daraus können wir entnehmen, daß die menschliche Weise, Affekte mit Witz und Intelligenz zu überwinden, hier mit der christlich-religiösen Haltung verbunden ist, der christlichen Weltanschauung.

Der Schuhmacher hat ebenfalls mit unserer Bekleidung zu tun, aber nur in bezug auf die Füße, und deshalb muß der Unterschied zwischen Kleidung im allgemeinen und Schuhen im besonderen beachtet werden. Wenn Kleidung gewisse psychologische Haltungen symbolisiert, dann muß ihre Interpretation sich entsprechend dem Körperteil, den sie bedeckt, ändern. Man kann z. B. sagen, daß Hosen mit sexueller Einstellung zu tun haben und der Büstenhalter mit mütterlichen Impulsen. Ein deutsches Sprichwort sagt, daß das Hemd eines Menschen ihm näher sei als sein Rock. Das Hemd ist näher an der Haut und stellt daher eine intimere Haltung dar. F. Aigremont schrieb ein Buch über die Symbolik der Schuhe aus Freudscher Sicht, aber ich kann seinen Schlußfolgerungen nicht zustimmen, daß der Fuß ein phallisches Symbol sei, wofür es insofern eine Bestätigung gibt, als der Schuh das weibliche Organ repräsentieren könnte, das den Fuß umschließt.[1]

Dieser sexuelle Aspekt ist bereits im Symbol des Schuhs enthalten, ist jedoch kein besonders hervorstechender Aspekt. Wenn wir in Betracht ziehen, daß der Schuh einfach jenes Kleidungsstück ist, das den Fuß bedeckt und mit dem wir auf der Erde stehen, dann bedeutet der Schuh den *Standpunkt oder die Haltung gegenüber der irdischen Realität*. Dafür spricht sehr viel. Wenn jemand erwachsen wird, sprechen Deutsche davon, daß er seine »Kinderschuhe ablegt«, und wir Schweizer sagen oft, daß der Sohn »die Schuhe seines Vaters anzieht« oder »den Fußstapfen seines Vaters folgt« – er übernimmt die gleiche Haltung. Es gibt darin auch eine Verbindung mit dem Machtkomplex, denn »man stampft mit dem Fuß auf«, wenn man seine Macht behaupten möchte, so wie der siegreiche Soldat seinen Fuß auf den Nacken seines besiegten Feindes stellte, um darzutun, daß er jetzt die Macht habe. Im Deutschen gibt es den Ausdruck: »Pantoffelheld« für einen Mann, der unter der Herrschaft seiner Frau steht – sie stampft mit dem Fuß auf, und er ist ihr im Haus untergeordnet.

---

[1] F. Aigremont: Fuß- und Schuhsymbolik und Erotik. Deutsche Verlags AG. Leipzig 1909.

Von daher können wir sagen, daß unser Standpunkt in bezug auf die konkrete Realität immer auch mit unserer Selbstbehauptung zu tun hat. So würde der Schuhmacher eine archetypische Figur darstellen, die derjenigen des Schneiders ähnlich ist, aber sich besonders auf den Standpunkt gegenüber der Realität bezieht.

Das Gewerbe eines Schuhmachers wird als einer der einfachen Berufe angesehen, einfacher als der des Schneiders, obwohl keiner von beiden gesellschaftlich hohes Ansehen genießt. So gibt es viele Legenden und Geschichten, die mit der einfachen Ebene des Schuhmachers zu tun haben. Nach einer Legende soll z. B. der hl. Antonius, als er einen Engel Gottes sah, sich eingebildet haben, daß er nun etwas erreicht habe und ein großer Heiliger würde. Aber eines Tages sagte ihm der Engel, daß es einen noch heiligeren Mann in Alexandria gebe. Antonius verspürte Eifersucht und wollte diesen Mann sehen. Der Engel führte ihn zu einem Elendsviertel von Alexandrien zu einem armseligen Häuschen, wo ein alter Schuhmacher mit seiner Frau saß und Schuhe machte. Antonius war erstaunt, aber er sprach mit dem Mann, da er herausfinden wollte, in welcher Weise er heiliger als er sei. Er fragte ihn nach seinen religiösen Ansichten und nach seiner Haltung gegenüber der Religion. Aber der Schuhmacher schaute ihn nur an und sagte, er mache nur Schuhe, um Geld für Frau und Kinder zu verdienen. Daraufhin wurde Antonius erleuchtet. Die Geschichte zeigt, wie der Schuhmacher mit dem Realitätsstandpunkt zu tun hat, im Gegensatz zu Antonius, der immer geistiger und immer heiliger werden wollte. Der Schuhmacher hatte einen völlig menschlichen und demütigen Kontakt mit der Realität. Genau der fehlt vielen Heiligen und sollte Antonius vom Engel beigebracht werden. Es gibt ein Sprichwort: »Schuhmacher, bleib bei deinem Leisten!« Wenn er diesen nämlich verläßt, läuft alles schief, was mit dem Realitätsbezug zu tun hat, denn wir müssen ganz realistisch und innerhalb unserer Grenzen bleiben.

Nachdem wir die beiden Aspekte unserer beiden Figuren herausgestellt haben, müssen wir den Zusammenhang ansehen, in dem sie auftreten.

Nach einigem Umherwandern werden der Schneider und der Schuhmacher am entscheidenden Punkt beide Diener des Königs, und der Schuhmacher beginnt seine Intrigen, der Schneider heiratet am Schluß die Prinzessin. In anderen Märchen, in denen ein einfacher Mann eine Prinzessin heiratet, wird meistens angedeutet, daß er der neue König werden soll, aber hier bringt der Storch dem König einen Sohn, der wahrscheinlich sein Erbe werden wird (nicht der Schneider), was dem Märchen-Habitus nicht entspricht. Darum sollten wir uns zuerst fragen, was es *im allgemeinen* heißt, wenn ein einfacher Mann, wie ein Bauer oder ein Narr, ein Schneider oder Schuhmacher oder das einzige Kind einer Witwe, die Prinzessin heiratet und damit künftiger König wird. Wir müssen also in die Symbolik des Königs einsteigen.

Es wäre unkorrekt, wenn wir sagten, der Schneider verkörpere die bewußte Seite und der Schuhmacher den Schatten. Ebensogut könnten wir nämlich sagen, beide seien ein Schatten des Königs. *In Märchen ist jeder jedermanns Schatten,* die gesamte Gruppe der Figuren ist miteinander verbunden, und alle haben eine kompensatorische Funktion. Deshalb muß man das Wort »Schatten« cum grano salis benutzen.

Zur Symbolik des Königs verweise ich auf C. G. Jungs »Mysterium Coniunctionis«, wo man die ausführlichsten Belege findet. Auf einer primitiven Stufe ist der König der Träger der mystischen Lebenskraft einer Nation oder eines Stammes, weshalb in vielen primitiven Kulturen die Gesundheit sowie die physische und geistige Kraft des Königs die Macht eines Stammes garantieren. Wenn er krank oder ohnmächtig wird, muß er getötet werden, oder er wird nach einer bestimmten Reihe von Jahren abgesetzt, weil der Träger dieser Kraft immer jung sein muß. Er ist *die inkarnierte Gottheit,* die Lebenskraft des Stammes. Bei den Shilluks am Oberlauf des Weißen Nil wird dies sehr deutlich ausgedrückt durch die Tatsache, daß der alte König zu dem Zeitpunkt, wenn er getötet werden muß, mit einer unberührten Jungfrau zusammen in eine Hütte eingeschlossen wird und mit ihr den Hungertod stirbt. Der sogenannte »Thron« (ein primitiver kleiner Stuhl) steht vor der Hütte, und sein Nachfolger sitzt darauf. Im Augenblick des Todes geht der Lebensgeist des alten Königs in den Körper des neuen Königs über. Von da an ist er König und Träger dieses Prinzips.

Wenn wir daraus Schlußfolgerungen ziehen wollten, könnten wir sagen, daß der König alle Aspekte des Selbst besitzt, aber das ist in der Tat zu allgemein und ungenau formuliert, obwohl der König tatsächlich das Lebensprinzip, das Gottesbild, das Zentrum aller physischer und geistiger Natur ist und in diesem Sinn die Projektion des Selbst trägt, des regulierenden Zentrums des Ganzheitsaspektes. Doch das stimmt insofern nicht, als der Archetyp des Selbst unserer Erfahrung nach nicht an die Zeit gebunden ist wie der König. Außerdem paßt das Bild des sterbenden, kranken oder alten Königs, der abgesetzt werden muß, nicht zur Idee des Selbst als regulierender Mitte der Psyche, die nie abgesetzt werden kann. Ist er also einerseits das Selbst und andererseits nicht? Die Antwort ist im bereits beschriebenen Ritual des Shilluks gegeben. *Der König ist nicht das Selbst, aber ein geoffenbartes Symbol des Selbst.* Das bedeutet: Der König unserer Kultur ist Christus, er ist ein Symbol des Selbst, sein ausdrücklich erklärter Aspekt und sein beherrschender Inhalt, als »König der Könige«. In buddhistischen Kulturen würde ihm nach meiner Meinung Buddha entsprechen. Der König ist also nicht der Archetyp des Selbst, sondern ein *Symbol* des Selbst, das in einer bestimmten Kultur eine zentrale stellvertretende Rolle innehat.

Nun scheint es ein archetypisches Gesetz von allgemeiner Gültigkeit zu sein, daß jedes Symbol, das im kollektiven Menschheitsbewußtsein Gestalt angenommen hat, sich nach einiger Zeit abnutzt und, aufgrund einer gewissen Bewußtseinsträgheit widersteht es der Erneuerung. Die meisten inneren Erfahrungen verlieren nach zehn bis zwanzig Jahren an Kraft, und besonders im Kollektiv tendieren die religiösen Symbole dazu, sich in ihrer gegebenen Form abzunutzen. Denken wir doch an all die Menschen, die offiziell Christen sein sollten und schon mit sechs Jahren durch die christliche Lehre eher gelangweilt sind und ihr inneres Ohr verschließen, weil »christlich« für sie schon ein Art Slogan geworden ist, der ihnen keinen Sinn mehr vermittelt, der seine numinosen Qualitäten und seinen Wert verloren hat. Auch Pfarrer und Priester haben mir schon gebeichtet, daß es praktisch unmöglich ist, Predigten zu schreiben, in die sie sich ganz hineingeben können, weil es unvermeidlich auch Tage gibt, an denen er müde ist oder Streit mit jemandem hat. Wenn Christus für ihn wirklich ein Numinosum wäre, würde das nicht geschehen. Es scheint eine tragische Tatsache, daß das menschliche Bewußtsein dazu neigt, einseitig und eingleisig zu werden, nicht immer angepaßt an den inneren Prozeß, so daß bestimmte Wahrheiten für eine längere Zeit festgehalten werden, als ihnen zukommt.

Das gleiche trifft für die innere Entwicklung des Individuums zu: Jemand hat eine innere Erfahrung und lebt sie eine Zeitlang, aber dann ändert sich das Leben, und die Einstellung sollte sich mitverändern; das wird jedoch nicht bemerkt, bis Träume zeigen, daß eine Neuanpassung notwendig ist. In der Lebensmitte z. B. neigt das Bewußtsein dazu, bei manchen zu jugendlichen Verhaltensweisen zu verharren, und merkt nicht schnell genug, daß mit Veränderung der inneren Erfahrung auch das Bewußtsein sich ändern sollte, weil der Tod in größere Nähe rückt. Auch religiöse Inhalte verlieren ihre unmittelbare Frische und Numinosität, sobald sie bewußt und ausgesprochen werden, weshalb die großen religiösen Systeme immer wieder Erneuerungsbewegungen erleben, eine völlige Veränderung und Erneuerung oder eine neue Interpretation wird gesucht, so daß das System wieder Unmittelbarkeit und seine ursprüngliche Bedeutung erhält. Der »alternde König«, der durch einen neuen ersetzt werden muß, drückt dieses psychologische Gesetz aus. Alles, was eine allgemeine Anerkennung erlangt hat, ist in gewisser Hinsicht bereits dem Tode geweiht. Es wäre weise, das zu wissen und immer bereit zu sein, seine Einstellung zu ändern. Aber ebenso wie der Einzelmensch in seiner alten Anschauung verharrt, tut es das Kollek-

tiv, und zwar in viel größerem Ausmaß. Darauf bezieht sich das Geheimnis der Erneuerung des Königs im Märchen.
Der König hat auch noch einen anderen Aspekt: er ist nicht nur die tiefste Selbstoffenbarung einer Kultur, sondern zur gleichen Zeit auch ihr religiöser Stellvertreter. Es wurden Anstrengungen unternommen, um der unvermeidbaren Tragödie, daß der König sterben muß, zu entgehen, indem man von Zeit zu Zeit die Macht verdoppelte und außer dem König einen Medizinmann hatte. Dieser ist nicht so in die irdischen Aktivitäten der Organisation verwickelt, da es seine Aufgabe ist, es mit der Unmittelbarkeit religiöser Erfahrung aufzunehmen. Daher gibt es in manchen primitiven Stämmen eine Uneinigkeit zwischen König und Medizinmann, der die »Graue Eminenz« hinter dem König darstellt oder vom Absolutheitsanspruch des Häuptlings niedergedrückt wird. Ein solcher Streit wurde in unserer eigenen Geschichte ausgetragen, als die Kirche versuchte, Macht über den König auszuüben, oder als einige Könige den Papst abzusetzen oder zu beherrschen und das religiöse Leben der Kirche zu regeln versuchten. Hinter der Machtteilung steht die Idee, beide voneinander zu trennen, damit der religiöse Aspekt die Möglichkeit der Erneuerung hat und die äußere Organisation sich um ihre eigenen Aufgaben kümmert. Dann wäre es vielleicht möglich, die Gegensätze im Gleichgewicht zu halten: die Neigung zur Beständigkeit des Bewußtseins einerseits und die Notwendigkeit ständiger innerer Erneuerung andererseits.
In Märchen ist es oft der einfachste Mensch, der nach vielen inneren Prozessen und Verwicklungen der künftige König wird. Wir müssen untersuchen, was das bedeutet. Wenn der Prinz König wird, ist er vom Erbgesetz her die richtige Person. Das würden wir eine Erneuerung innerhalb desselben Machtbereichs nennen, wie diejenige des Ordens vom hl. Franz innerhalb der Kirche. Es gab ein Gefahrenmoment, als der Orden des hl. Franz sich anschickte, eine eigene Bewegung zu bilden, aber indem er innerhalb der Kirche blieb, brachte er eine Verjüngung des geistlichen Lebens und des gleichen herrschenden Prinzips. Das würde dem entsprechen, daß der Prinz König wird. Wenn jedoch

das Märchen berichtet, daß eine völlig unbekannte und unerwartete Person König wird, erfolgt die Erneuerung des herrschenden kollektiven Bewußtseins aus einer Ecke, aus der sie am wenigsten erwartet wurde, sowohl soziologisch wie archetypisch. Das Dogma der Himmelaufnahme Mariä stellt ein solches Beispiel dar, denn in manchen Kreisen der Theologen wurde dieses neue Dogma eher mit Herablassung und Mißtrauen angesehen. Der Papst betonte, daß es allgemeiner Wunsch sei, es zu formulieren, aber er traf auf große Abwehr. Er bezog sich auf die Visionen von Fatima, denn die Idee der körperlichen Aufnahme der Jungfrau Maria in den Himmel beruht mehr auf einer Gefühlsbewegung unter den einfachen Leuten als auf theologischen Erwägungen. Der Papst selbst soll Gesichte gehabt haben (obwohl es nicht offiziell bestätigt ist). Von einer unerwarteten Ecke aus, wie sie z. B. das Unbewußte des Papstes darstellt, kam diese Sache ans Licht: die Erneuerung nahm ihren Ausgang von einem unerwarteten Bereich her.

Ganz allgemein können wir den Schluß ziehen, daß ein Märchen dann, wenn es uns berichtet, ein einfacher Mann König werde, einen Erneuerungsprozeß des kollektiven Bewußtseins beschreibt, der von einem unerwarteten und offiziell wenig beachteten Teil der Psyche ausgeht und auch sozial vom einfachen Menschen; denn innerhalb einer Bevölkerung leiden die einfachen Leute in einer bestürzenden Weise mehr als die gebildeten Menschen an den Unterströmungen einer archetypischen Entwicklung. So wird z. B. in Universitäten und allen gebildeten Kreisen erörtert, daß es im Leben des modernen Menschen zu viel Technik und nicht genügend Bezug zur Natur gibt. Die herrschenden Klassen wissen das, aber ein einfacher Bauernjunge, der sein Dorf verläßt, um in einer Fabrik zu arbeiten, hat keine bewußte Ahnung davon, sondern leidet daran viel unmittelbarer, wird verzweifelter und haßt vielleicht seine Kollegen, ohne zu wissen, daß er an einem Zeitübel leidet. Vielleicht versucht er seinen Kummer dadurch zu überwinden, daß er zur Versammlung einer Erneuerungsbewegung geht, weil er die Dinge auf einer primitiven Ebene sieht und seine Krankheit auf diese Weise heilen möchte. Solch unklares Leiden kann sich in ihm lösen in einer symbolisch ausgedrückten Form, oder er kann das Gefühl bekommen, sein Leben sei sinnlos, und sich zu Tode trinken.

Man könnte deshalb sagen, daß die Stimmungen, geheimen Sehnsüchte und Nöte der einfachen Leute innerhalb eines Volkes besonders deutlich die Nöte unserer Zeit zum Ausdruck bringen. Wenn ich Menschen dieser Schichten analysiere, bin ich immer über das archetypische Material in ihren Träumen erstaunt, das viel mehr mit dem Problem unserer Zeit im Zusammenhang zu stehen scheint als die Träume gebildeter Menschen. Ein armes Mädchen, das voll von Furcht und Ängsten ist und dessen Horizont bewölkt ist, sieht nicht, daß sie vielleicht ein Opfer der Zeit ist, aber sie kann in einer klaren und erstaunlichen Weise von unserem Gegenwartsproblem träumen. Man könnte solche Träume Visionen von unserer Zeit nennen. Man kann viel lernen, wenn man eine Putzfrau oder einen Schwachsinnigen analysiert. Ich möchte dies an Beispielen verdeutlichen:

Eine Lehrerin hatte folgende Vision: Sie ging in die benachbarte Stadt und nahm an einer anthroposophischen Zusammenkunft in einer weltberühmten Kathedrale teil. Sie verließ dann das Versammlungshaus, in dem der Pastor eine Konferenz abhielt, und sah dunkle Wolken und ein Erdbeben, als sei das Ende der Welt gekommen. Auf dem Turm der Kathedrale, auf der äußersten Spitze, sah sie eine Bronzefigur des Todes auf einem Pferd, und eine Stimme sagte: »Komm und sieh, der Tod ist los.« Die Amplifikation hierzu war, daß es viele Tode geben würde durch Krankheit und Krieg. Als sie aber zurückblickte, sah sie, daß – nachdem der Tod herabgesprungen war – der Turm wiederhergestellt wurde, und nun war ganz oben eine schöne weibliche Figur aus Stein, die ihr mehr Vertrauen gab.

Man kann den Traum aus persönlicher Sicht verstehen: Sie hatte eine sehr christliche Einstellung mit Vorstellungen von Selbstabtötung, gönnte sich selbst nie etwas und hatte den geheimen Wunsch, zu sterben. Da sie der Auffassung war, sie selbst zähle nicht, entschloß sie sich, anderen zu helfen, und gab ihr eigenes

Leben vollständig auf, um es auf dem Prinzip des Todes wieder neu zu errichten. Das Ergebnis war, daß sie sich psychisch und physisch ruinierte.

Soweit der persönliche Aspekt der Vision, wonach das oberste Prinzip die christliche Haltung der Selbstaufgabe ist, die letztlich dem Tod statt dem Leben dient. In einem solchen Fall muß das Todesprinzip durch eine weibliche Gottheit ersetzt werden.

Auf der anderen Seite zeigt die Vision das Problem unserer Zeit mit all seinen Implikationen, einschließlich des Dogmas von der Himmelfahrt Mariens. Die Frau hat ein kollektives Schicksal, und das kollektive Unbewußte erscheint in ihrem Unbewußten völlig nackt. Dieselbe Frau träumte, daß sie einmal draußen saß und ein summendes Geräusch hörte und eine riesige runde Scheibe am Himmel sah – eine metallene Spinne voll von Menschen. Innen in dieser Spinne erklang, sich wiederholend, ein Gesang oder Gebet: »Halte uns unten auf der Erde, führe uns hinauf in den Himmel.« Und die Spinne fuhr weiter, sich über ein Parlamentsgebäude erhebend, etwa wie ein UFO, und die Leute darin waren so erschreckt, daß sie ganz rasch einen Friedensvertrag unterzeichneten. Diese Frau hatte eine schizoide Disposition, aber obendrein haben wir hier eine Illustration der Situation unserer Zeit.

Ich habe auch einmal eine Putzfrau eines ziemlich suizidalen Typs analysiert, die fest überzeugt war, daß ihre Visionen religiöse Offenbarungen seien, die in unserer Zeit bekanntgemacht werden müßten. Sie verfaßte einen Text, den sie an Walt Disney schickte, und was sie da geschrieben hatte, war keineswegs Unsinn, es hätte nur völlig neu bearbeitet werden müssen, denn ihre Visionen wären durchaus geeignet, unsere gegenwärtigen Schwierigkeiten zu heilen. Das Problem hier war, daß diese Frau nicht die Vorbildung hatte, um diese Inhalte angemessen zu gestalten, daß aber auch eine entsprechende Fortbildung nicht in Frage kam, weil ihr die dafür notwendige Vitalität fehlte. Es hat in der Geschichte aber solche einfachen Menschen gegeben, die erfolgreich waren. Man denke an Jakob Böhme, der ein Schuhmacher war und der religiöse Offenbarungen niederschrieb, die auf Visionen beruhten. Man kann erkennen, daß auch ihm die formalen Voraussetzungen im Grunde fehlten. Er hatte aber eine große Wirkung auf seine Zeit, und seine inneren Erfahrungen wurden bedeutsam für andere. Solche latenten »Jakob Böhmes« gibt es mehr, als wir wissen.

Wenn daher solche Konstellationen in der Gesellschaft stark genug sind, können Dinge geschehen, wie z. B. in der christlichen Religion, als über Nacht und durch die unteren Bevölkerungsschichten eine völlig neue religiöse Einstellung aufkam. Das Christentum erreichte zuerst nicht die oberen Schichten der römischen Gesellschaft, es begann unter den Sklaven. Menschen hatten zu dieser Zeit Christus-Visionen und eine sehr persönliche Beziehung, die sich wie ein Feuer unter den einfachen Leuten verbreitete und ihr Bedürfnis nach Befreiung aus der Sklaverei ausdrückte und ihnen ein neues Ziel wies: daß es Erneuerung von unten geben würde. Der König war ersetzt worden durch einen Arbeiter oder einen Sklaven, und das wurde das herrschende Symbol. Dies findet sogar buchstäblich Ausdruck in der Beschreibung Christi als des Königs der Könige und zugleich des Dieners der Menschen.

Ich möchte annehmen, daß der König das herrschende kollektive Symbol unseres Zeitalters, d. h. des Christentums, repräsentiert, obwohl ich nicht sagen könnte, welchen Jahrhunderts, ob des 16., 17. oder 18. Die Periode ist in den Märchen schwer abzuschätzen. Hier könnten wir sagen: Der König stellt das vorherrschende christliche Verhalten dar in einem Zustand, in dem es noch nicht völlig sinnentleert ist, aber auch nicht mehr stark. Zwei archetypische Faktoren erheben sich, zwei Götter: Merkur und Saturn. Sie haben sich am Hof konstelliert, und es ist die Frage, wer gewinnen wird. In Märchen, in denen es keinen persönlichen Schatten gibt, verdoppelt sich die archetypische Figur, wobei eine den Schatten der anderen darstellt. Alle Komplexe und allgemeinen Strukturen, d. h. kollektive Komplexe, die wir Archetypen nennen, haben eine helle und eine dunkle Seite und sind ein polares System. Man kann sagen, daß das Modell eines Archetyps aus zwei Sphären besteht, einer hellen und einer dunklen. Beim Archetyp der Großen Mutter sehen wir einerseits die Hexe, die teuflische Mutter, andererseits die wunderbare weise alte Frau und die Göttin der Fruchtbarkeit. Beim Archetyp des Geistes gibt es den weisen alten Mann und den destruktiven oder dämonischen Magier, wie er in manchen Mythen dargestellt wird. Der Archetyp des Königs kann Fruchtbarkeit anzeigen und die Stärke eines Stammes oder einer Nation, aber auch den alten Patriarchen, der das neue Leben erstickt und der abgesetzt werden sollte. Der Held kann die Erneuerung des Lebens bedeuten oder ein großer Zerstörer sein oder beides. *Jede archetypische Figur hat ihren eigenen »Schatten«.* Ist dieser Schatten ein ursprüngliches Phänomen, oder ergibt er sich aus der Art, wie wir es anschauen? Wir wissen nicht, wie ein Schatten im Unbewußten aussieht, aber sobald er die Bewußtseinsschwelle übertritt, wie im Traum, der eine halbbewußte Erscheinung ist, zeigt er seinen doppelten Aspekt. Nur wenn Licht auf etwas fällt, wirft es einen Schatten.

Vielleicht sind Komplexe im Unbewußten neutral – eine complexio oppositorum – und dann haben sie die Neigung, sich in Ja und Nein zu spalten, ein Plus und Minus, das sich dem Bewußtsein verdankt, das auf einen Gegenstand fällt. Das Zwillingsmotiv in der Mythologie zeigt, daß es immer ein Doppeltes gibt: einen mehr Introvertierten und einen Extravertierten, einen männlichen und einen weiblichen, einen mehr geistigen und einen mehr tierhaften – aber keiner ist moralisch besser als der andere. Außerdem gibt es Mythen, in denen einer gut und einer böse ist. Wo es eine ethische Haltung im Bewußtsein gibt, ist sie auch im Unbewußten angesprochen, andernfalls nicht. Die jüdisch-christliche Haltung verschärfte den ethischen Konflikt des Menschen, daher gibt es in unserer Kultur eine Tendenz, so zu urteilen und die Dinge nicht in ihrer moralischen Unschärfe zu belassen. Wenn eine archetypische Figur sich verdoppelt, erscheint sie nicht nur als gut und böse, sondern auch als hell und weniger hell – das liegt an der Verschärfung der ethischen Antwort durch unser religiöses System.

Auch der Kontrast zwischen introvertiert und extravertiert wird

durch Schuhmacher und Schneider dargestellt. Ersterer besorgt sich Brot für sieben Tage, weil er hungrig werden könnte. Der Schneider hat eher eine extravertierte, leichtsinnige Einstellung, die von einer Lage in die andere überwechselt, ohne sich vorher viel Gedanken zu machen. In dieser speziellen Weise sind sie einander gegenübergestellt. Wenn wir das in Bezug setzen zum König als dem christlichen Herrscher, sind zwei Gestalten konstelliert: die eine neigt zu übellaunischer Introversion, die andere zu gedankenloser Extraversion.
Phantasieren wir, oder hat das Christentum uns wirklich ein solches Problem auf den Tisch gelegt? Ich denke ja. Die christliche Symbolik vertritt – vor allem in ihren amerikanischen Verzweigungen (die durch eine gewisse Steigerung eines extravertierten Zuges gekennzeichnet sind) – eine optimistische Lebenssicht, ein großes Gottvertrauen – den grundlegenden christlichen Optimismus. Und das ist eine Art christlicher Einstellung, die Gott als nur gut und das Böse nur als Nicht-Existenz des Guten beurteilt, womit eine Haltung von Vertrauen in sich selbst und in Gott geschaffen wird, eine Neigung, die Realität des Bösen in einem selbst und in andern nicht zu beachten und nicht überzubewerten, außerdem eine Haltung der Hilfsbereitschaft. Die gegensätzliche Entwicklung sehen wir beim Calvinismus und anderen pessimistischen christlichen Sekten, deren spezifische Haltung durch einen Krämergeist, eine ganz unchristliche, unnachsichtige Strenge ethischer Verhaltensweisen gekennzeichnet ist, ein dunkles melancholisches Temperament, das sich in gewissen Verzweigungen christlichen Denkens findet. Das würde dem Schuhmacher entsprechen, der aber ein Auge für die Härten der Realität behält. Wenn man solche »strengen« Bewegungen innerhalb des Christentums erforscht, sieht man keine Lebensfreude bei ihnen: Die Menschen müssen traurig sein, ihre Sünden bereuen, dürfen sich nicht an gutem Essen freuen, denn das würde Jesus Christus mißfallen. Solche Menschen sind wohlhabend, haben ihre Füße fest auf dem Boden, sind skeptisch, realistisch und mißtrauisch, mehr in der Dunkelheit dieser Welt verwurzelt als die anderen. Die optimistischen Menschen neigen

dazu, Schwierigkeiten nicht zu sehen, und erhalten daher gleichsam einen Schuß von hinten, entweder von andern oder von ihrem eigenen destruktiven Schatten.

Wir können also den Schneider als eine Personifikation einer naiven Haltung innerhalb der christlichen Welt – mit einem hoffnungsvollen Ausblick und Gottvertrauen – bezeichnen und den Schuhmacher als den »Schatten« dieser Einstellung.

3 Das erneuerte herrschende Bewußtsein

In »Mysterium Coniunctionis« von C. G. Jung wird der König als Herrscher des kollektiven Bewußtseins dargestellt, als ein Symbol des Selbst, das innerhalb einer Gemeinschaft sichtbar und verehrt wurde. Jedes machtvolle Symbol des Selbst verbindet die seelischen Gegensätze. Aber wenn es seine Stärke verliert, kann es diese Art der Funktion nicht mehr ausüben, und die Gegensätze beginnen dann, auseinanderzufallen. Wäre der König unseres Märchens ganz und gar machtvoll – was er jedoch nicht ist – könnte er Schuhmacher und Schneider versöhnen und würde so weiterregieren, daß sie es sich nicht leisten könnten, miteinander in Streit zu geraten, sondern zusammenarbeiten müßten. Daß sie in Gegensatz zueinander geraten, verdeutlicht die Schwäche des Königs. Einmal schenkt er dem Schuhmacher Vertrauen und leiht sein Ohr den bösen Einflüsterungen, die den Schneider in Schwierigkeiten stürzen. Der König ist also nicht »gerecht« und regiert nicht mehr, wie es ihm zukäme, sondern hört auf böses Geschwätz. Zwar geht es am Ende gut aus, aber nicht so, wie man es erwartet. Wir könnten sagen, daß hier ein hoch machtvolles herrschendes kollektives Bewußtsein gemeint ist, daß dieses jedoch seine Kraft verloren hat, die nötig wäre, um die Gegensätze in geeigneter Weise wieder zu vereinen, so daß sie auseinanderzufallen und sich gegenseitig auszuspielen beginnen. Diese Erschlaffung würde einer Situation in unserer Kultur entsprechen, wo die Gegensätze sich bekämpfen. Das läßt sich mit folgendem Diagramm illustrieren:

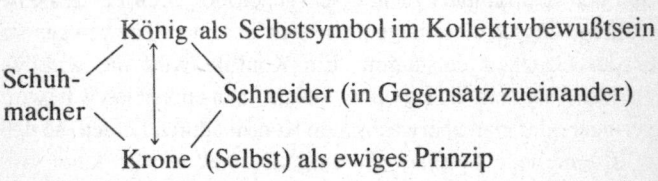

```
              König als Selbstsymbol im Kollektivbewußtsein
    Schuh-   ╱  ↑  ╲
    macher  ╱      ╲  Schneider (in Gegensatz zueinander)
          ╲    ↓    ╱
            Krone (Selbst) als ewiges Prinzip
```

Wenn der König die Krone verliert, verstärkt sich die Achse der Gegensätze, die Spannung verfestigt sich, und der König schwankt zwischen beiden hin und her, indem er zuerst dem einen, dann dem anderen Vertrauen schenkt. Infolgedessen wird das vereinigende Symbol geschwächt. Das würde ich nicht auf eine persönliche Psychologie beziehen, aber es gibt eine Analogie zur individuellen Entwicklung, d. h. solange die Einstellung des Ich sich stark für das Leben einsetzt und in Übereinstimmung mit seinen Instinkten lebt, kann es die Gegensätze zusammenhalten. Es gibt immer Phasen, in denen der Mensch vom Leben erfüllt ist und das Gegensatzproblem sich ihm nicht akut stellt. Man weiß, daß man einen Schatten besitzt und daß es immer ein Plus und ein Minus gibt, aber irgendwie belästigen einen die Gegensätze nicht.
Aus irgendeinem Grund kann nun aber das Ich plötzlich steckenbleiben, es verliert seine Möglichkeiten und seine kreative Fähigkeit, und dann fallen die Gegensätze auseinander, und es entstehen alle Arten von Konflikten. Das Ich, das – wie der König – zwischen beiden hin- und herschwankt, strebt danach, sich mit der einen oder anderen Seite zu identifizieren. Es kann keine mittlere Position mehr aufrechterhalten, sondern leiht Einflüsterungen sein Ohr und ergreift Partei.
Das ist typisch für eine neurotische Situation, aber es entspricht auch einem normalen Prozeß im Leben, wenn das Ich nicht mit den tieferen Schichten seiner eigenen Instinktwelt in Einklang steht, denn dann wird es zwischen den Gegensätzen zerrissen. Wenn das Ich direkt zum Selbst oder einem vereinigenden Symbol Beziehung aufnehmen könnte, würde der Konflikt abnehmen und das Ich wieder innerhalb der Ganzheit funktionieren. Das ist der normale Weg, wie die Gegensätze funktionieren, und der Hauptimpuls richtet sich gegen den Fluß des Lebens, während das Ich diesem dient und sich an seiner Seite bewegt, da er der Ganzheit entstammt. Ein Konflikt wird nie wirklich »gelöst«, sondern die Emotion, welche in ihn investiert war, wird geringer oder man überwächst den Konflikt durch Leiden, so daß er in eine neue Lebensweise aufgenommen werden kann, mit

dem Ergebnis, daß man aus einem anderen Blickwinkel unparteiisch auf ihn zurückschauen kann.
Schneider und Schuhmacher ziehen des Wegs daher, der Schneider fröhlich, der Schuhmacher einsam und neidisch, mit dem Ergebnis, daß die Tragödie beginnt, sobald sie durch die Wälder gehen und der Schuhmacher seine Rache am Schneider ausspielt. Er hat die introvertierten Saturnqualitäten eines Prometheus. Er schaut voraus und nimmt mehr Brot mit als der Schneider, der – wie Epimetheus – nur durch Erfahrung lernt. Darin besteht der Unterschied zwischen Introversion und Extraversion: Der Introvertierte quält sich durchs Leben, schaut immer voraus und unterliegt dabei der Gefahr, sauer zu werden, während der Extravertierte zuerst hüpft und springt und erst hinterher die Augen aufmacht, wenn er entdeckt, daß er in ein Loch gefallen ist, aus dem er mit aller Anstrengung herauszukommen sich müht, und sagt, er habe es nie gesehen. Selbstverständlich sind beide Haltungen destruktiv, wenn sie zu einseitig werden. Im Märchen verlieren sich also beide in den Wäldern, sind hungrig, aber der Schuhmacher hat Brot, das er dem Schneider zum Preis seiner Augen verkauft, d. h. er versucht, die Schönheit des Schneiders, auf die er eifersüchtig ist, zu zerstören.
Man könnte buchstäblich sagen, daß die Gegentendenz des Unbewußten, die melancholische, argwöhnische, introvertierte Haltung die andere Seite »blendet« und deren Fähigkeit raubt, die Dinge zu sehen. Um das an einem Beispiel zu verdeutlichen: Ein erfolgreicher Geschäftsmann mit einem stark extravertierten Zug bekommt allmählich ein argwöhnisches Wesen, das durch die Vernachlässigung seiner introvertierten Seite hervorgerufen wurde. Wenn er sich der Schattenseite nicht zuwendet und sich bemüht, nachzuschauen, woher seine Stimmungen entspringen, wird er »blind« und begeht eine Fehlleistung nach der anderen, denn der Schatten wird ihn zwingen, seine Haltung zu ändern – wenn nicht willentlich, dann gegen seinen Willen. Es wird Mißerfolge im Geschäft geben, oder er wird krank werden und so gezwungen sein, die andere Seite zu entwickeln. Ich erinnere mich an einen sehr extravertierten Juristen, der in seiner extraver-

tierten Haltung zu Erfolg gekommen war, aber er begann, Anfälle von unglücklichen und negativen Stimmungen zu bekommen. Eines Tages sagte ich ihm, es täte ihm gut, für sich allein einen Ferientag zu nehmen und die andere Seite zu beachten. Aber er verwarf meinen Vorschlag mit dem Einwand, daß er im Alleinsein melancholisch würde und die Depression ihn überfiele. Dann hatte er einen bösen Unfall, brach seine Hüfte und lag acht Monate im Krankenhaus, so daß er seine einsamen Ferien hatte, denen er zwangsläufig nicht entrinnen konnte – die andere Seite hat sich ihm aufgezwungen. Dieser Mechanismus spielt sich zwischen solchen Gegensätzen wie Schuhmacher und Schneider ab und endet damit, daß ersterer den Schneider blind unterm Galgen zurückläßt.

Der Galgen mit den beiden daran hängenden armen Teufeln ist ein Motiv, das beachtet werden sollte. Die Gewohnheit, böse Kriminelle durch Aufhängen an Bäumen zu töten, ist archaisch. Ursprünglich wurde dies als ein Opfer vollzogen. Die alten Germanen z. B. hängten Menschen auf als Opfer an Wotan. Sie hängten nicht nur Kriminelle, sondern auch Kriegsgefangene. Der Sieger pflegte zu seinem Gefangenen zu sagen: »Nun werde ich dich Wotan weihen.« Wotan selbst ist ja auch der Gott, der selber am Baum hängt, denn er hing neun Tage und Nächte an der Eiche Yggdrasil, danach fand er die Runen und erlangte geheime Weisheit. Es ist eine alte germanische Vorstellung, daß Hängen am Baum ein Opfer an diesen Gott ist. Im Christentum treffen wir auf diese archetypische Vorstellung in der Form der Kreuzigung Christi, und im Gebiet von Kleinasien wurde Attis, an einer Fichte aufgehängt, verehrt. Er wird getötet, und sein Bild wird an eine Fichte gehängt, und bei den Frühlingsfesten wird das Bild des aufgehängten Attis gezeigt. Es ist vorchristlich und findet sich in germanischen wie in mittelmeerischen mythologischen Kreisen. Jeder Gekreuzigte oder Erhängte ist eigentlich einem Gott geweiht.

Wir haben uns zu fragen, was hinter dieser Vorstellung steht, einen Feind nicht aus sozialer Rache oder im Urteilsspruch, sondern in der mehr archaischen Form eines Opfers an die Götter zu töten. Meiner Meinung nach liegt darin eine viel tiefere und bedeutungsvollere Idee als die der bloßen Verurteilung. Wenn man gegen das Dämonische in einem Menschen kämpfen muß, macht es einen besonders betroffen, wenn ein solcher Mensch ernsthaft destruktiv ist (d. h. nicht nur in Gestalt kleiner Verfehlungen wie Faulheit und Mogelei usw., was bei jedem Menschen vorkommt), dann ist unsere unmittelbare Reaktion die, daß wir das als unmenschlich empfinden, *vor allem bei psychotischen Zuständen,* bei denen man manchmal auf derart kalte, unmenschliche und dämonische Destruktivität trifft und sie dabei zugleich als so »göttlich« empfindet, daß man überwältigt wird. Es läßt einen schrecklichen, kalten Schauer über den Rücken laufen, mit dem man nicht umgehen kann – es ist zu schrecklich, zu schokkierend, und es ist diese Art innerer Dämonie, die Menschen befähigt, kaltblütigen Mord zu begehen.

Ich hatte nie mit jemand zu tun, der tatsächlich einen Mord beging, aber ich traf Menschen, die es gekonnt hätten, und das läßt einen erschauern, so daß man denkt: »Hände weg!« Doch zur gleichen Zeit hat man das Gefühl, daß es irgend etwas Gottähnliches, nicht mehr Menschliches ist. Wir benutzen da das Wort »unmenschlich«, aber wir könnten ebensogut »dämonisch« oder »göttlich« sagen. Die primitive Vorstellung, daß jemand, der einen Mord oder ein außergewöhnliches Verbrechen begeht, nicht wirklich er selbst ist, sondern etwas ausführt, was nur ein Gott tun könnte, drückt die Situation sehr gut aus. In dem Augenblick, in dem jemand einen Mord begeht, ist er identisch mit der Gottheit und nicht menschlich. Menschen werden so zu Instrumenten der Finsternis. In dem Moment sind sie besessen oder vollkommen identifiziert damit. Gerade die Tatsache, daß jemand sich vorstellt, er könnte einen Mitmenschen töten, jemand, der mit ihm gleichen Wesens ist – und das ist ja unter Warmblütern nicht normal –, übersteigt die menschliche Natur, und insofern hat die Tat diese dämonische oder göttliche Qualität. Deshalb finden wir auch in den rituellen Hinrichtungen bei primitiven Stämmen, wenn sie den Kriminellen töten, kein Element einer moralischen Verurteilung. Der Kriminelle trägt, indem er stirbt, einfach die Folgen seiner eigenen Taten. Der Primitive sagt: wenn ein Mensch durch das Göttliche handelt, dann leidet er auch das Schicksal eines Gottes, wird behandelt wie ein Gott und gehängt, getötet, zerstückelt usw. Man kann eben nicht in der menschlichen Gesellschaft leben und sich wie ein göttliches Wesen benehmen, das nach Belieben töten kann.

Jemand vermittelte mir einen Bericht über die Hinrichtung eines Mitglieds eines nordamerikanischen Indianerstammes. Ein Medizinmann beging die Verfehlung, zu hohe Gebühren von den Leuten zu verlangen und mit dieser Gewohnheit solchen Mißbrauch zu treiben, daß er unmenschlich wurde. Er nahm z. B. einer Witwe alles, was sie hatte, und ließ sie ruiniert zurück – er ging also über die menschlichen Grenzen hinaus. Diese Handlungsweisen riefen bei dem Stamm Mißtrauen wach, aber es dauerte nicht lange, und der Verdacht verschwand wieder unter der Oberfläche. Der Medizinmann blieb bei seiner Verhaltensweise und wurde immer fordernder, da er die Kritik in seiner Umgebung spürte – vermutlich, um die eigene Unsicherheit zu kompensieren. Er erhob den Anspruch, der beste Medizinmann zu sein, und das Geflüster innerhalb des Stammes, daß er vom Bösen besessen sein müsse, wurde immer lauter.

Eines Tages teilten ihm die Ältesten des Stammes mit, daß der Stamm überzeugt sei, er sei vom Bösen besessen. Da der Medizinmann es nicht leugnete, führten sie ihn in die Wüste, um durch die Prüfung eines Gottesurteils herauszufinden, ob es wahr sei. Sie machten Sandzeichnungen, und alle Medizinmänner riefen die Geister an, denen sie sagten, der Medizinmann sei besessen von bösen Dämonen und daß diese ihn retten wollten. Der angeklagte Medizinmann betete mit den anderen. Da keine Antwort kam, wurde er hingerichtet – von vier Pferden geviertteilt. *Er selbst stimmte zu*. Für ihn war es nicht eine Frage moralischer Verurteilung, sondern daß er unausweichlich den Göttern des Bösen anheimgefallen war und seine Menschlichkeit verloren hatte. Er war im Frieden mit sich selbst. Dies ist das natürliche Verhalten gegenüber den bösen Kräften im Menschen, welches sehr eindrücklich und nahe der psychologischen Wahrheit solcher Gegebenheiten zu sein scheint. Dies enthüllt vermutlich den Sinn, warum Kriminelle oft in einer Weise hingerichtet werden, durch die sie – mythologisch gesehen – mit einem Gott identifiziert werden. Man anerkennt, daß sie in die Hände einer dunklen Gottheit gefallen sind und daher ihr bitteres Schicksal erleiden müssen.

Die Symbolik des erhängten Gottes, des Galgens und des Kreuzes sollten deshalb hier kurz betrachtet werden. Zunächst müssen wir uns die Symbolik des Baumes anschauen. Jung zeigt in seinen »Alchemistischen Studien« (im Kapitel über den »Philosophischen Baum«), daß der Baum menschliches Leben, menschliche Entwicklung und den inneren Prozeß der Bewußtwerdung im Menschen symbolisiert. Man könnte sagen, daß er dasjenige in der Psyche verbildlicht, was in ihr wächst und sich ungestört entwickelt, ohne Rücksicht darauf, was das Ich tut. Es ist der Drang nach Individuation, der sich entfaltet und fortsetzt, ohne sich auf das Bewußtsein zu beziehen. Wenn ein Kind geboren wird, wird deshalb zur gleichen Zeit ein Baum gepflanzt, und er wird sterben, wenn der Mensch stirbt. Es gibt die seltsame Idee, daß der Baum eine Analogie zum menschlichen Leben darstellt. Oft trägt er Lichtsymbole, wie die Lichter am Weihnachtsbaum, oder man glaubt, daß die Sonne sich aus der Spitze des Baumes erhebt. Es gibt viele mythologische Schriften, die den Baum mit dem Menschen vergleichen, oder in denen der Baum als ein Menschen-Baum erscheint. Das Selbst ist der Baum – dasjenige im Menschen, was größer ist als sein Ich.

In manchen Mythologemen wird das größere menschliche Selbst, der Anthropos, auch mit einem Baum verglichen. Der Mensch erscheint an dem Baum aufgehängt, weil uns das bewußte Menschsein ständig wegdrängt, im Versuch, sich zu befreien und frei und bewußt zu handeln, und dann wird man schmerzlich zurückgestoßen auf seinen inneren Prozeß. Dieser Kampf enthüllt eine tragische Konstellation, wenn er in dieser schmerzlichen Form dargestellt wird. Deshalb hat die gesamte christliche Religion eine tragische Lebenssicht: um Christus nachzufolgen, müssen wir Selbstverleugnung üben und ein bestimmtes natürliches freies Handeln unterdrücken. Die Grundidee dabei ist, daß menschliches Leben auf Konflikt beruht und nach Vergeistigung strebt, die nicht von selbst erfolgt, sondern nur unter Schmerzen geboren wird. Dieselbe Vorstellung drückt sich in mehr archaischer Form im Mythos von Wotan aus – Wotan, am Baum hängend. Er ist der ewige Wanderer, der über die ganze Erde zieht, der Gott der Impulsivität, der Wut, der dichterischen Inspiration, jenes Element im Menschen, das sich in ständiger Ruhelosigkeit befindet und in Affekte ausbricht. War nun dieser Gott neun Tage und neun Nächte lang am Baum aufgehängt, so entdeckt er folgerichtig die Runen der Schrift, durch welche die Kultur, die sich auf das geschriebene Wort gründet, entstanden ist.

Wann immer die bewußte Persönlichkeit in Konflikt mit dem inneren Wachstumsprozeß gerät, erleidet sie eine Kreuzigung. Sie ist dann in der Situation des am Baum hängenden Gottes und ist gegen ihren Willen an eine unbewußte Entwicklung angenagelt, aus der sie ausbrechen möchte, aber nicht kann. Wir alle kennen die Zustände, in die wir geraten, wenn wir an etwas festgenagelt sind, was größer ist als wir selbst und uns nicht erlaubt, uns zu bewegen, uns aber auch überwächst.

Der Attis-Mythos, der älter ist als der Mythos des gekreuzigten Gottes im Christentum, stellt das in einer spezifischen Weise dar. Attis, der geliebte Sohn der Großen Mutter und selbst eine Art göttliches Wesen, das nicht zu Alter und Verfall gelangt, stellt das Muster des »Puer aeternus« dar, des ewig jungen Gottes, ewig schön, eine Gestalt, die keine Traurigkeit, menschliche Beschränkung, Krankheit, Häßlichkeit und Tod erleiden kann. Wie dieser Gott fühlen die meisten jungen Männer, die einen ausgesprochenen Mutterkomplex haben, zu irgendeinem Zeitpunkt in ihrem Leben, daß der Prozeß des Lebens es nicht erlaubt, ewig in einem solchen Zustand zu bleiben. Er muß sterben. In der Fülle des Lebens liegt das Leben in seiner Bedeutung und seinem Glanz vor uns, aber wir wissen, daß dies nie andauert. Es wird immer zerstört von der anderen Seite des

Lebens. Darum stirbt dieser junge Gott immer früh, an einen Baum genagelt, der eigentlich die Mutter ist. Das mütterliche Prinzip, das ihm Leben gab, schluckt ihn zurück in die negative Form, und Häßlichkeit wie auch Tod ereilen ihn.

Manchmal erlebt man so etwas am Beispiel eines jungen Mannes, der heiraten oder einen Beruf ergreifen sollte oder der entdeckt, daß die Fülle seiner Jugend ihn verläßt und er das allgemeinmenschliche Schicksal annehmen muß. An diesem Punkt ziehen einige es vor, durch einen Unfall oder im Krieg zu sterben, statt alt zu werden. In der kritischen Zeit, zwischen dreißig und vierzig, steht ihre innere Entwicklung nicht mehr in Übereinstimmung mit der bewußten Einstellung, sondern wächst ihr entgegen, und in diesem Augenblick müssen sie eine Art konkreten oder symbolischen Tod erleiden. Dieser sollte eine Änderung der Einstellung bedeuten, kann aber auch wirklichen, physischen Tod bedeuten, eine Art Selbstmord, weil das Ich nicht bereit ist, seine Haltung aufzugeben. Das ist der entscheidende Augenblick, in dem sie von einem Prozeß der inneren Entwicklung her geopfert werden, der sich gegen sie gewendet hat. Wenn das innere Wachstum zum Feind des Bewußtseins wird, möchte etwas im Mann über ihn hinauswachsen, dem er nicht zu folgen vermag, weshalb er sterben muß. Denn der Eigenwille der bewußten Persönlichkeit muß sterben und sich dem Prozeß des inneren Wachstums unterwerfen. Christus wurde gekreuzigt, weil dies im Römischen Reich die übliche und demütigendste Weise war, weggelaufene Sklaven und Kriminelle zu bestrafen. Dieses Symbol hat stets hinter dem christlichen Kreuz-Motiv gestanden.

Ein anderer Aspekt des Aufhängens, um jemanden hinzurichten, ist der, daß in den meisten mythologischen Systemen die Luft jener Raum ist, in dem Geister und Seelen umherschwirren, wie Wotan und sein Heer von Totenseelen, die durch die Luft fliegen, vor allem in stürmischen Nächten, und mit den Toten jagen. Wenn man daher jemanden aufhängt, macht man ihn gleichsam zu einem Geist, er muß von da an mit den anderen Toten und Wotan durch die Luft reiten. Im Dionysoskult wurden Geschenke an den Gott auf Schaukeln an Bäume gehängt, mit der Vorstellung, Dionysos sei ein Geist und würde sie dort sehen; die Geschenke wurden auf diese Art in die Luft erhoben und den dort lebenden geistigen Wesen übergeben. Ein Ausdruck erläutert diese Situation unter einem bestimmten Gesichtspunkt: Wir sprechen von Suspension. Wenn ein innerer psychologischer Konflikt zu schlimm wird, »hängt das Leben in der Luft«. Die beiden Gegensätze Ja und Nein sind gleich stark, das Leben geht nicht mehr weiter. Man möchte mit dem rechten Bein vorwärtsgehen, aber das linke verweigert den Dienst und umgekehrt. Dann haben wir die Situation des »In-der-Luft-Hängens«, die eine völlige Stagnation im Fluß des Lebens bedeutet und ein unerträgliches Leiden. Steckenbleiben in einem sterilen Konflikt, nichts geschieht – das ist die schmerzlichste Form des Leidens!

Daß der Schuhmacher den Schneider geblendet hatte – an dem Ort, wo die beiden Verbrecher hingen –, könnten wir als Darstellung einer Konfliktsuspension ansehen, bei der der Lebensprozeß steckengeblieben ist. Die Gegensätze sind aufeinandergestoßen, und das Leben stagniert. Die beiden toten Menschen am Galgen spiegeln den Schuhmacher und den Schneider selber im Zustand eines sterilen In-der-Luft-Hängens wider.

Während der Schneider unter dem Galgen weilt, sitzt auf den Köpfen eines jeden der am Galgen Hängenden eine Krähe, und diese beiden beginnen zu sprechen. Die erste sagt, daß der Tau, welcher in dieser Nacht auf sie gefallen sei, das Augenlicht eines jeden erneuern würde, der sich damit wasche. Wenn die Blinden das wüßten, könnten manche von ihnen, die es nicht für möglich hielten, ihr Augenlicht wieder erhalten. Hier taucht eine allgemeine und archetypische Vorstellung auf, die sich in vielen Kulturen und religiösen Überzeugungen findet: die Reliquien eines hingerichteten Verbrechers sind mächtige Medizin. Das verstärkt die Deutung von der Hinrichtung als einer Vergöttlichung. Was destruktiv war im menschlichen Zustand, wird wieder konstruktiv, wenn es an den ihm zugehörigen Platz zurückgekehrt ist. Die tatsächliche Macht hinter dem Göttlichen und Menschlichen wird aber wieder in ihre Rechte eingesetzt, und dadurch entsteht eine heilende Medizin, so daß das Seil, an dem das menschliche Wesen hing, für Heilungszwecke benutzt wurde.

Die Vögel, die in der germanischen Mythologie Wotan zugehören und in der mittelmeerischen Apollo, stellen die Fähigkeit zur Weissagung dar. Apoll ist der Inhaber des delphischen Orakels und der Enthüller der Wahrheit, und das gleiche gilt für Wotan. Raben und Krähen gelten als fähig, Zukünftiges vorauszuwissen und verborgene Wahrheit zu künden. Das entwickelte sich zum Teil dadurch, daß Raben und Krähen sich oft dort versammeln, wo Kriege stattfinden, oder auf einem Haus, wo jemand im Sterben liegt. Wenn Krähen oder Raben sich häufig an einer Stelle versammeln, sagen die Menschen, daß jemand sterben wird, und daß die Krähen dies wissen. Das ist der Haken, an dem sich die Projektion aufhängt, sie wüßten die Wahrheit und die Zukunft. Wotan besaß zwei Raben, Hugin und Munin, seine Quellen geheimer Information. Vögel symbolisieren im allgemeinen Intuition: Geschöpfe, die in der Luft fliegen, im Bereich der geistigen Welt, und die daher mit geheimen Ahnungen zu tun haben, den unfreiwilligen Gedanken, die sich uns als wahr enthüllen. Am Schluß endet der Schuhmacher unter dem Galgen, und die Vögel picken seine Augen aus. Sie stellen jene unsichtbare Wahrheit des Unbewußten dar, die sich selbst verwirklicht: Der Schuhmacher endet nicht durch menschliche Gewalt, sondern zerbricht an der Wahrheit des Unbewußten.

Wenn wir unbewußte Prozesse beobachten, sehen wir, daß böse Taten nicht durch andere Menschen gerächt werden müssen, denn sie werden beim Täter von innen her bestraft. *Letztlich tötet der Mörder sich selbst*. Das ist eine schreckliche Wahrheit, die sich immer wieder bestätigt. Häufig ist jemand schockiert von der Ungerechtigkeit menschlichen Lebens, wenn z. B. die »Bösen« erfolgreich sind und die Guten nicht, aber aus psychologischer Sicht stimmt das nicht, und manchmal läßt es einen erschaudern, wenn man sich vergegenwärtigt, was Menschen wagen. Sie mögen in der Außenwelt erfolgreich sein, aber sie begegnen einer schrecklichen psychologischen Strafe im Innern.

Jung berichtete eines Tages von einer Frau, die einen Mord begangen hatte. Sie mischte Gift in die Suppe einer anderen Frau, die in ihren eigenen Liebhaber verliebt war, und sie wurde nicht entdeckt. Sie kam völlig verstört zur Beichte: sie fühlte sich abgeschnitten, weil die Menschen begonnen hatten, sie zu meiden, obwohl sie nicht wußten, warum. Sie verlor alle Dienstmädchen und Diener, und niemand wollte in ihrer Nähe leben. Sie lebte ganz allein. Jeden Tag ritt sie, aber dann begann das Pferd wegzulaufen und wollte sie nicht tragen; als sie eines Morgens ihren Hund rief und dieser seinen Schwanz zwischen die Beine klemmte und davonschlich, brach sie zusammen. Sie wurde langsam und grausam von innen her zermürbt. Diese geheime Wahrheit, das Gesetz der inneren Wahrheit, wird hier durch die Krähen ausgedrückt, die der Geist der Wahrheit sind und außerdem mit Heilkraft zu tun haben. Es sind die Krähen, welche die Aufmerksamkeit des Schneiders auf die Heilung für seine Augen lenken.

Tau trägt im allgemeinen die Projektion, einen Akt göttlicher Gnade sichtbar zu machen. In der Bibel findet sich die Geschichte vom Vlies Gideons, auf das der Tau fällt, wodurch Gott seine Gnade anzeigt. Dies wurde im Mittelalter auch als Vorwegnahme des Heiligen Geistes gedeutet, der auf die Jungfrau Maria fiel. In nordamerikanischen Kulturen sind Tau und Regen die großen Segnungen Manitus, von denen die Fruchtbarkeit der Erde abhängt. Man muß wirklich einmal in einem solchen Land gelebt haben, um das Gefühl zu kennen, daß Tau oder Regen als göttliche Gnade erfahren werden, denn durch sie gewinnt alles Leben. – Nachdem diese Sünder für ihre Sünden bezahlt haben, fällt die göttliche Gnade wieder auf sie. Im Jenseits gibt es eine Wiederversöhnung der Gegensätze, darum hat der Tau heilende Kraft.

Kehren wir zum Höhepunkt des Konfliktes zurück. Wir erwähnten dort einen Zustand dieses Hängenbleibens, der Suspension, in dem alles festgefahren ist, wo das Ich sich gleichzeitig in einem Zustand von Ja und Nein befindet, und genau an dieser Stelle entsteht die Qual stehengebliebenen Lebens und der Unfruchtbarkeit. In einem solchen Augenblick gibt dann das Ich auf und sagt, der Konflikt sei unlösbar – denn *es* kann ihn nicht lösen – und unterwirft sich einer objektiven Gegebenheit, einem Zeichen, das deutlich wird. Wir sagen z. B.: wir unterwerfen uns der Aussage unserer Träume. Weder Analytiker noch Analysand können irgendwie weiter, in den Träumen aber bringt die objektive Psyche irgendeine Art Material oder ein Zeichen hervor, die weiterführen. Nur Täume und Phantasien bleiben übrig, und sie stellen darum jenen Tau dar, eine objektive, lebendige Offenbarung, die aus der Tiefe der Seele kommt, sie erneuert das Augenlicht, die Sicht des Bewußtseins. Wenn man dann die geheimen Winke versteht, die in einem Traum enthalten sind, werden »einem die Augen geöffnet«, man entdeckt das Leben wieder und findet es auf einer neuen Ebene. Nur die Führung des Unbewußten kann in einem solchen Augenblick helfen und den heilenden Tau beschaffen. Der Schneider nutzt den Tau und kann mit geheilten Augen weitergehen, er dankt Gott und geht zur Stadt des Königs.

Dann folgen die vier Prüfungen, in denen der Schneider das Roß schont, indem er es nicht reitet, den Storch und die Enten, indem er sie nicht ißt, und die Bienen, indem er ihre Nester nicht ausraubt. Danach wird er königlicher Hofschneider, wobei der Schuhmacher ihn derart verleumdet, daß er gezwungen wird, die goldene Krone zu finden, welche die Enten ihm vom Grund des Sees bringen, einen Brunnen zu graben, den ihm das Pferd aus dem Boden stampft, eine Nachbildung des Königsschlosses zu bauen, welche die Bienen aus Wachs gestalten. Und schließlich bringt der Storch dem König, der nur Töchter hat, einen Sohn. Vier Aufgaben – die typische Zahl der Ganzheit! Wenn man viele Märchen kennt, weiß man, daß dies nicht üblich ist, weil es im allgemeinen nur drei Aufgaben gibt. Jedoch gibt es dann immer etwas Viertes, was sich ereignet – ein Geschehnis, keine Aufgabe. Hier sind es vier Aufgaben und kein weiteres Ereignis, das weitere Ereignis wäre, daß der Schneider König würde.

Das Pferd stampft das Wasser für einen Brunnen aus dem Grund, es stellt eine Art gezähmter vitaler Energie dar, die den Quell des Unbewußten ans Licht bringen kann. Nur wenn wir unsere ganze instinktive Energie einsetzen, beginnt das Unbewußte, sein »Lebenswasser« hervorzubringen. Es gibt Menschen, die z. B. gern über ein Thema schreiben möchten, aber sagen, es sei langweilig und inspiriere sie nicht, aber nachdem sie einige Energie hineingesteckt haben, entdecken sie dann, daß das Wasser fließt. Manche faulen Menschen warten auf eine Eingebung, bis sie achtzig sind, und es kommt keine. Es gibt eben Situationen, in denen man nicht warten kann, wo man den ersten Schritt tun und die eigene vitale Kraft in die Aufgabe hineinstecken muß, bevor diese zurückzahlt, wie hier die Enten, die die Krone vom Boden des Sees hochholen. Die Ente ist ein Wasser- und Landtier und stellt hier den der Ganzheit dienenden Instinkt dar.

Der König muß erneuert werden, und die Krone ist das Symbol seiner Ganzheit, das heraufgebracht werden muß. Es gibt zwei Enten, zwei Galgen, zwei Augen und dann zwei neue Augen, immer eine Dualität. Da der Schneider die Dualität *erleidet*, statt zu kämpfen, beendet er das In-der-Luft-Hängen der königlichen Macht. Eine erneuerte gesunde Beziehung zu den Dualitäten des Unbewußten läßt die vitalen Lebensprozesse neu fließen.

Das Motiv des Modellschlosses ist seltsam, aber wenn wir es bedenken, müssen wir sagen, daß Bienen, wie auch Termiten, dem Menschen schon immer durch ihr organisatorisches Verhalten aufgefallen sind. Bienen praktizieren eine unglaubliche unbewußte Zusammenarbeit mit der ganzen Gruppe, obwohl wir sie als grundsätzlich unbewußt ansehen und sie nur ein sympathisches Nervensystem besitzen. Karl von Frisch beschreibt sehr erstaunliche Experimente mit Bienen. Sie können Farben unterscheiden und einander zeigen, wo man Nahrung findet. Eine Biene fliegt in einem großen Kreis und findet Honig, muß aber nicht in der gleichen Weise zurückfliegen, sondern kann geradeaus heimfliegen und durch bestimmte Bewegungen von Rücken und Flügeln den anderen zeigen und mitteilen, wie sie direkt zum Honig fliegen können. Man hat entdeckt, daß ihr Orientierungssystem mit der Polarisation des Sonnenlichtes zu tun hat. Der unbewußte Instinkt der Bienen dominiert, und daher stehen sie für ein harmonisches Funktionieren in der Gruppe ohne rationale Organisation.

Je mehr ein System nur anerzogen ist, um so mehr Mitarbeit muß durch rationale Organisation erzwungen und eingesetzt werden. Das gilt in der kollektiven Situation ebenso wie für das Individuum. Solange das Bewußtsein des Einzelmenschen vom Unbewußten getragen ist, braucht es keinerlei Zwang, er handelt aus Freude und impulsiv und benötigt keinen Wecker. Auf Rationalisierung müssen wir immer dann zurückgreifen, wenn wir nicht in Einklang mit uns selbst sind. Wenn das Leben wieder fließt, kann all diese Disziplin aufgegeben werden. Instinktive Einheit mit der eigenen Aufgabe und der Umgebung ist ein idealer Zustand, in dem ein Archetypus die Menschen zusammenhält, so daß sie auf einer natürlichen Ebene zusammenarbeiten. Diese Art zu leben haben Menschen immer wieder verloren und gesucht – man findet sie heute bei fast allen jugendlichen Gemeinschaften. Im Zen-Buddhismus und in Mysterienkulten der Antike gab es solche Gruppen, die durch ein gleiches Lebenssymbol ergriffen waren. Es waren starke, soziale Gruppen, die ohne viel äußere Regelungen funktionieren. Wir sehen das z. B. bei der Einweihung des Apuleius in die Isismysterien. Er sollte in eine höhere Stufe eingeweiht werden, hatte aber kein Geld. Dann sagte der Gott Osiris ihm im Traum, er solle zum Priester gehen und ihn um die Initiation bitten, und der Priester hatte auch einen Traum, der ihm sagte, er solle die Gebühr reduzieren. *Der Gott organisierte also die Gruppe*, und sowohl Priester wie Mitarbeiter unterwarfen sich dem archetypischen Wink der Tiefe. Solange eine Gemeinschaft in dieser Weise funktioniert, bestehen wirkliche Freiheit des Menschen und echtes kulturelles Leben.

Wir können daher sagen, daß der Bau des Schlosses durch die Bienen ein Modell für die Wiederaufbau-Funktion in einem Staat bietet. Dann bringt der Storch, der »fromme Vogel« (wie die jüdische Tradition sagt) das Kind, den Thronfolger. In Jungs »Alchemistischen Studien« steht viel über den Storch. Jung erörtert dort das alchemistische Bild des Lebensbaumes, auf dessen höchsten Ästen der Storch nistet. Die geheimnisvolle mythologische Bedeutung des Storches in der jüdischen Tradition geht zurück auf Jeremia 8,7: »Selbst der Storch am Himmel droben kennt seine Zeiten, und Turteltaube und Schwalbe und Kranich halten die Zeit ihrer Wiederkunft ein. Aber mein Volk kennt nicht das Recht Jahwes.«

Der Storch steht für etwas, was göttliche Orientierung von oben erhält, von der es nicht abweichen kann. In der östlichen Mythologie tragen die Wildgänse die gleiche Projektion. Das Benehmen dieses Vogels vermittelt den Eindruck, daß es einem geheimen Befehl gehorcht, geheimes Wissen besitzt und weiß, wie es sich zu verhalten hat. Unsere Störche leben im Winter in Nordafrika. Sie fliegen die ihnen zukommende Route, gemäß ihrem inneren Verhaltensmuster, sogar allein ohne Gefährten, da sie von einem inneren Drang geführt werden. Solche Beobachtungen ließen die Vorstellungen entstehen, daß es »fromme« Vögel sind, die ihren eigenen Gesetzen folgen, ohne Ich-Urteil, und darum symbolisieren sie das Funktionieren in Übereinstimmung mit der inneren Wahrheit und dem inneren Wesen. Aus diesem Grund, und weil man außerdem glaubte, der Storch verabscheue und töte Schlangen, wurde der Storch auch zum Symbol Christi. Er verkörpert die transzendente Funktion, jene Tendenz des Unbewußten, die danach strebt, das vereinigende Symbol, den Bringer des Kindes und der Wiedergeburt, auf den Plan zu rufen. In unserem Fall hat er die Aufgabe, eine erneuerte Form des herrschenden Bewußtseins, den neuen König, zu bringen.

4 Anima und Erneuerung

Unser nächstes Märchen, »Ferenand getrü und Ferenand ungetrü«, greift das gleiche Thema wie »Die zwei Wanderer« auf. Hier charakterisieren die zwei Hauptakteure die ethischen Gegensätze noch deutlicher. Seine Zusammenfassung lautet folgendermaßen:

Ferenand getrü und Ferenand ungetrü

Ein armer Mann und eine arme Frau konnten lange keine Kinder haben. Schließlich bekamen sie doch einen kleinen Jungen, konnten aber keinen Paten für ihn finden. Da sagte der Mann, daß er einmal in den anderen Ort gehen und dort sehen wolle, ob er einen bekommen könne. Auf dem Weg traf er einen armen alten Mann, der fragte, wohin er denn gehe. Und er antwortete, daß er einen Paten für sein Kind suche, und weil sie so arm seien, könne er keinen finden. »Oh«, sagte der arme Mann, »ihr seid arm, und ich bin arm, ich will gerne euer Gevatter werden; aber ich bin zu arm, ich kann dem Kind nichts geben.« Als sie das Kind zur Taufe in die Kirche brachten, war der alte Mann schon drinnen, und er gab dem Kind den Namen »Ferdinand getreu«.
Als sie die Kirche verließen, sagte der Bettler: »Nun geht mal nach Hause, ich kann euch nichts geben, und ihr sollt mir auch nichts geben.« Aber er gab einen Schlüssel, der sollte verwahrt werden, bis der Junge vierzehn Jahre alt wäre, und dann würde er auf der Wiese ein Schloß sehen, und mit dem Schlüssel könne er es öffnen, und alles, was darinnen wäre, würde ihm gehören. Als das Kind nun sieben Jahre alt war, spielte es mit anderen Kindern, die alle Geschenke von ihren Paten bekommen hatten. Da ging der Junge nach Hause, und fragte seinen Vater, ob er denn überhaupt nichts von seinem Paten bekommen hätte. »Oh ja«, sagte der Vater, »du hast einen Schlüssel bekommen, und wenn auf der Wiese ein Schloß zu sehen ist, dann kannst du es mit ihm öffnen«. Der Junge schaute

nach, aber es war kein Schloß zu sehen. Sieben Jahre später ging er wieder schauen, und diesmal stand ein Schloß da, und darin war ein Pferd. Und der Junge war so voller Freude, ein Pferd zu haben, daß er sich draufsetzte und zu seinem Vater ritt und sagte, er werde nun reisen.

Als er unterwegs war, sah er auf dem Weg eine Schreibfeder liegen, er hob sie aber nicht auf, weil er bei sich dachte, daß er ja immer eine haben könne, wenn er eine brauche. Aber als er wegritt, hörte er eine Stimme, die sagte: »Nimm sie mit«. Und er nahm sie mit. Als er etwas weiter geritten ist, kam er an einem Wasser vorbei, und am Ufer lag ein Fisch, der nach Luft schnappte. Da warf er ihn ins Wasser zurück. Und der Fisch steckte den Kopf aus dem Wasser und sagte: »Da du mich gerettest hast, will ich dir eine Flöte geben. Wenn du irgendwann in Not bist, dann flöte darauf, und ich werde dir helfen. Und wenn du mal etwas ins Wasser hast fallen lassen, so flöte, und ich werde es dir wieder herausreichen.« Er ritt weiter und traf einen Mann, der ihn fragte, wohin er wolle und wie er heiße. Er hatte fast denselben Namen, er hieß »Ferdinand ungetreu«, und die zwei ritten zusammen zu einem Wirtshaus im nächsten Ort.

Nun war es schlimm, daß Ferdinand ungetreu alles wußte, was andere Menschen dachten oder tun wollten, und er wußte allerhand schlimme Künste. Im Wirtshaus war ein sehr hübsches Mädchen, das verliebte sich in Ferdinand getreu und fragte ihn, wohin er wolle. Und er erzählte ihr, daß er so herumreise. Da sagte sie, daß er doch hier bleiben solle, es gebe hier einen König, der gern Bedienstete und Vorreiter nehme; und sie ging selbst zum König und erzählte ihm von Ferdinand und daß er ein guter Diener sein werde. So traten Ferdinand und sein Pferd in den Dienst des Königs und Ferdinand wurde zum Vorreiter ernannt. Aber dann mußte das Mädchen auch Ferdinand ungetreu helfen, und auch er wurde beim König angestellt.

Ferdinand ungetreu erkannte bald, daß der König unglücklich war, weil seine Liebste nicht bei ihm war, und er schlug dem König vor, daß er doch Ferdinand getreu aussenden solle, damit er sie hole, und wenn es ihm nicht gelänge, solle ihm der Kopf vor die Füße gelegt werden.

Da ging der Ferdinand getreu in den Stall zu seinem Pferd und weinte und jammerte: »Oh, was für ein unglücklicher Mensch ich doch bin. Ich muß dich verlassen und sterben.« Da fragte eine Stimme, warum er weine. Und Ferdinand sagte zu seinem Pferd: »Bist du das, kannst du reden? Ich soll gehen und die Braut holen, weiß aber nicht, wie ich es anstellen kann.« Da antwortete das Pferd: »Gehe zum König und sage ihm, daß du seine Braut holen wirst, wenn er dir gibt, was

du verlangst – ein Schiff voll mit Fleisch und ein Schiff voll mit Brot. Auf dem Wasser leben fürchterliche Riesen, wenn du denen kein Fleisch mitbringst, reißen sie dich in Stücke; und wenn du den Vögeln, die dort sind, kein Brot mitbringst, picken sie dir die Augen aus.«
Der König gab ihm, was er wollte. Dann sagte das Pferd: »Nun geht auf das Schiff, und wenn die Riesen dann kommen, so sage zu ihnen: ›Still, still, meine lieben Riesechen, ich hab' euch wohl bedacht, ich hab' euch etwas mitgebracht‹. Und wenn die Vögel kommen, so sage zu ihnen: ›Still, still, meine lieben Vögelchen, ich hab' euch wohl bedacht, ich hab' euch etwas mitgebracht‹. Dann können sie dir nichts tun. Und wenn du dann zu dem Schloß kommst, werden die Riesen dir helfen, nimm ein paar von ihnen mit ins Schloß, dort liegt die Prinzessin und schläft. Du darfst sie aber nicht aufwecken, sondern die Riesen müssen sie mitsamt ihrem Bett aufs Schiff tragen.« Und es geschah nun alles, wie das Pferd gesagt hatte, und die Riesen trugen die Prinzessin in ihrem Bett zum König. Aber die Prinzessin sagte, sie könne nicht bleiben, sie brauche ihre Schriften, die in ihrem Schloß liegengeblieben seien.
Wieder wurde Ferdinand getreu auf Anstiften von Ferdinand ungetreu losgeschickt, die Papiere zu holen, andernfalls müßte er sterben. Da ging Ferdinand wieder in den Stall und weinte und sagte, daß er noch einmal gehen müsse. Alles war wie beim letzten Mal, und als sie ans Schloß kamen, ging Ferdinand hinein und in einer Kiste im Schlafzimmer der Prinzessin fand er die Papiere. Als sie wieder auf dem Wasser waren, ließ Ferdinand seine Schreibfeder ins Wasser fallen, und das Pferd sagte, daß es ihm diesmal nicht helfen könne. Da fing Ferdinand an zu flöten, und der Fisch kam, hatte die Feder im Mund und gab sie Ferdinand. Und so brachten sie die Schriften zu dem Schloß, wo die Hochzeit gehalten wurde.
Die Königin mochte aber den König nicht, weil er keine Nase hatte, sondern sie mochte Ferdinand getreu. Als nun einmal alle Herren vom Hofe so zusammen waren, sagte sie, sie könne auch Kunststücke machen – sie könne jemandem den Kopf abhauen und ihn wieder draufsetzen. Da keiner der erste sein wollte, mußte Ferdinand getreu, wieder auf Anstiften von Ferdinand ungetreu, herhalten. Die Königin schlug seinen Kopf ab und setzte ihn wieder drauf, und man sah nur einen kleinen roten Faden. Der König fragte, wo sie das gelernt hätte. »Ja«, sagte sie, »die Kunst versteh' ich, soll ich es an dir auch einmal versuchen?« – »Oh ja«, sagte er. Da schlug sie ihm den Kopf ab, setzte ihn aber nicht wieder auf! Da wurde der König begraben, sie aber heiratete Ferdinand getreu.
Dann sagte das Pferd, daß Ferdinand auf ihm reiten und dreimal um

das Feld galoppieren solle. Als er dies getan hatte, stellte sich das Pferd auf seine Hinterbeine und verwandelte sich in einen Königssohn.

Dies ist eine relativ unvollständige Geschichte, und es kommen einige eher unbefriedigende Motive darin vor. So muß z. B. der Federkiel aus einer anderen Geschichte übernommen worden sein, wo er in einem Zusammenhang stand. Es ist eine sehr alte europäische Geschichte, die sich in vielen Versionen findet und zurückgeht auf die jüdische Version des Rabbi Johannan (12. Jh.), in der dieser die Braut des Königs Salomon finden sollte. In dieser Geschichte wird die destruktive Gestalt nicht durch einen Mann, sondern durch des Rabbis Frau dargestellt, die nur Geld will und schließlich getötet wird. Außerdem wird der König am Ende nicht enthauptet. Aber die Grundidee des treuen Mannes, der für den König besondere Taten vollbringen muß und von einer verräterischen Figur geschwächt wird, findet sich schon in diesem alten Text. Sie muß aus altem Legenden-Material stammen. Obwohl unser Märchen in der Form spezifisch germanisch ist, findet es sich ebenso in Italien, Spanien, Rußland und Skandinavien.

Unser Hauptinteresse gilt hier nur dem Schattenproblem. Wir haben wieder die beiden Männer, die zusammen wandern und von denen einer den anderen am Königshof verleumdet.

Wir können auch hier wieder das Diagramm benutzen:

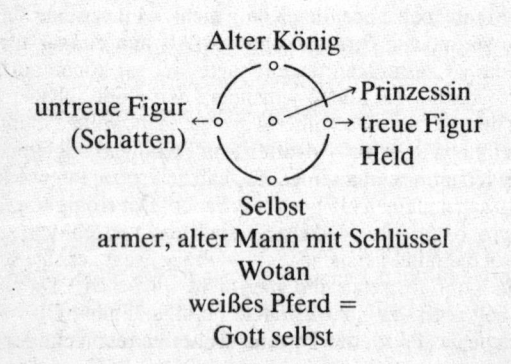

```
                    Alter König
                       ○
                     ╱   ╲
   untreue Figur  ←○   ○  ○→ Prinzessin
    (Schatten)     ╲   ╱   ○→ treue Figur
                     ○         Held
                    Selbst
           armer, alter Mann mit Schlüssel
                    Wotan
                 weißes Pferd =
                   Gott selbst
```

Erwähnt wurde bereits, daß eine Erneuerung nur vom vierten Faktor kommen könne, der immer das Selbst ist. In der ersten Geschichte war der König unvollständig, da er unfähig war, einen Sohn zu zeugen, dennoch bleibt er König und wurde am Schluß der Geschichte nicht abgesetzt. Diesmal haben wir eine mehr klassische und üblichere Form vor uns, in der der alte König abgesetzt wird, aber auch hier ist er unvollständig, weil er keine Nase hat und daher für die Prinzessin nicht attraktiv ist.

Die Nase ist das Organ, mit dem man riecht, und hat daher viel mit der Intuition zu tun. Man sagt, daß ein Börsenmakler einen »Flair« oder einen »Riecher« hat für die Schwankungen am Aktienmarkt, oder daß er »seine Nase benützt«, um künftige Möglichkeiten zu erspüren. Man kann auch in einer Situation »den Braten riechen«, oder etwas hat »einen üblen Geruch«. Man könnte daher sagen, der König habe seine instinktive intuitive Orientierung verloren. Er kann nicht mehr »herausriechen«, welches die angemessene Handlung ist, d. h. er steht nicht im Einklang mit seinem eigenen Unbewußten. Das paßt zu der Tatsache, daß der König auf die destruktiven Vorschläge von Ferenand ungetrü hereinfällt und nicht »den Braten riecht«. Außerdem hat er seine geliebte Prinzessin verloren und ist offensichtlich unfähig, sie selbst wiederzufinden. Selbstverständlich will die Braut keinen Mann heiraten, der nicht den Mut besitzt, selber zu kommen und sie zurückzuholen.

Hier wird das Symbol des Selbst personifiziert durch den armen alten Mann und nicht durch den König. Dieser alte Mann, den niemand kennt und der nach der Taufe verschwindet, schenkt das weiße, sprechende Pferd, das gleichzeitig ein unerlöster Prinz ist, der verhext wurde. In anderen Versionen zeigt es sich später, daß der arme alte Mann, der das Pferd schenkte, auch selbst manchmal das Pferd ist; in anderen Fassungen entpuppt er sich als Gott selbst.

Märchen sprechen häufig davon, daß Gott auf Erden herumwandert, und manche beginnen sogar: »In alten Tagen, als Gott noch auf der Erde wanderte...« Die Vorstellung, daß Gott ein körperliches Wesen ist, das umherwandert und dem wir auf übliche Weise begegnen können, steht im Gegensatz zu unserem Gottesbild, aber in der Folklore trifft man oft auf die Vorstellung, daß er in unbekannter Gestalt umherwandert, wie ein alter Mann in den Wäldern. Der alte germanische Gott Wotan z. B. ist der Gott, der unter den Menschen umherwandert und an den Königshof geht, seinen Hut über sein blindes Auge heruntergezogen, in einen grauen oder bläulich-grauen Mantel gehüllt, nach Nahrung und Nachtquartier fragt und dann wunderbare Geschichten erzählt, worauf er plötzlich verschwindet, so daß die Menschen hinterher merken, wer es war. In einer anderen Geschichte geht Wotan zur Schmiede und läßt sein Pferd beschlagen. Plötzlich sieht der Schmied, wie das weiße Roß hoch über die Mauer springt und verschwindet. Manchmal reitet Wotan ein weißes Roß mit acht Beinen, den Sleipnir, das eigentlich eine tierische Vergegenwärtigung des Gottes selbst ist. Wir sehen also, daß es bestimmte Verbindungen mit dem alten heidnischen Gottesbild gibt, das hier in der Geschichte als Kompensation der christlichen Gottesgestalt wieder auftaucht.

Es gibt noch eine andere mythologische Verbindung: Dieser arme alte Mann in unserer Geschichte hat einen Schlüssel, den er dem Kind gibt und der alles öffnet. In einer anderen Version wird der Held nicht der »getreue Ferdinand«, sondern »Peter« genannt. Der hl. Petrus besaß schon immer eine große Anziehungskraft für arme Leute, denn er ist als Sünder verständnisvoller und ihnen näher als Christus. Es gibt viele Geschichten, in denen der hl. Petrus mit Christus umherwandert, wobei er stets der Narr ist, der törichte Dinge tut und von Christus wegen seiner Missetaten getadelt wird. In einer Geschichte gehen Jesus und Petrus ohne Geld durch die Gegend und erhalten Nahrung, ohne dafür zu bezahlen, und durch eine List arrangiert Christus es, daß Petrus an der Außenseite des Bettes schlafen soll, damit er die Prügel des Wirtes abkriegt, wenn dieser entdeckt, daß sie nicht bezahlt haben. Es gibt viele Variationen solcher Geschichten, in denen Petrus die Schattenrolle spielt: er ist immer menschlicher und dümmer als Christus. In einer Religion, die sich allzu sehr ins Geistige entwickelte, gibt es keinen Kontakt mehr mit der Gottheit. Konsequenterweise hat die Phantasie einfacher Leute solche Geschichten hervorgebracht, um den Kontakt aufs neue zu ermöglichen. Petrus ist ein naiver Bursche, menschlich in jedem Sinn des Wortes, eine Art Doppel von Gott, aber mit Eigenschaften, die wir Gott nicht beizulegen wagen, so daß die ältere heidnischere Vatergestalt Gottes jetzt auf ihn projiziert wird. In der Bibel verleugnet Petrus Christus im entscheidenden Augenblick, aber er kompensierte dies durch seine naive Loyalität seinem Herrn gegenüber. Seine jähzornige Seite war auch der Grund dafür, daß er Malchus, einem Diener des Hohenpriesters, das Ohr abschlug, das Christus dann wieder heilen mußte. Er verkörpert also die Eigenschaften einer ganzheitlicheren Inkarnation Gottes, die Züge hat, die in der Gestalt Christi fehlen. Trotzdem bevorzugt ihn Christus, indem er ihm die Schlüssel gibt und die Macht über die Pforten des Himmels.

Mythologiegeschichtlich gesehen hat Petrus viele Qualitäten des altrömischen Gottes Janus geerbt, der dem Monat Januar seinen Namen gab. Auch Janus ist Schlüsselwart und hält Anfang und Ende in seinen Händen, weshalb er doppelköpfig ist und nach jeder Seite schaut. Der Januar wurde ihm geweiht, weil mit ihm ein altes Jahr endet und ein neues beginnt. In den römischen vorchristlichen Zeiten war er der erste Schöpfungsgott, ein Gott, in dem Anfang und Ende Gegensätze bedeuten und doch zusammengehören, und derjenige, der die Schlüssel besaß. Petrus hat gewisse Eigenschaften dieser älteren archetypischen Gestalt geerbt, da er beide Seiten sehen konnte und ebenfalls die Schlüssel trägt.

Wenn der König die Verkörperung des dominierenden kollektiven Bewußtseinsprinzips ist, muß er eine vorherrschende religiöse Einstellung und ihre Symbolik repräsentieren. Und wenn daneben noch ein alter Mann umhergeht, um den neuen König einzusetzen, wäre er ein archaischeres Bild Gottes, das Eigenschaften besitzt, die in dem herrschenden Gottesbild verlorengingen, eigentlich aber wieder benötigt werden. Dieses ältere Gottesbild hat folgende Eigenschaften: er ist erzürnbar, wie der alttestamentliche Gott Jahwe; er hat auch impulsive Reaktionen;

er ist fähig, mit Menschen Kontakt aufzunehmen, indem er auf der Erde umherwandert, usw. Er ist der menschlichen Unvollständigkeit näher als die göttliche Vatergestalt der christlichen Religion, und darum unserem menschlichen Gefühl näher.
Es ist die vollkommene und archaischere Gestalt Gottes, die in diesem Märchen die geheime Macht besitzt, den Helden zu beschützen und allmählich in sein Königtum hineinwachsen zu lassen.
Der ungetreue Ferdinand, die Gestalt auf der linken Seite des Diagramms, ist der Verleumder, der die konservative aggressive Neigung besitzt, das neue Symbol des herrschenden Bewußtseins zu töten, aber es gelingt ihm nicht. Jedoch ist nicht der Kampf zwischen den beiden Ferdinands eigentlich entscheidend. Die einfache Vorstellung wäre, es müsse einen Kampf geben, und dann würde man sehen, wer Sieger ist. Das wäre die Lösung des Schattenproblems. Aber das stimmt so nicht. Der Konflikt wird durch einen ganz anderen Faktor zur Lösung gebracht. Auch nicht der alte Mann oder das weiße Pferd entscheiden ihn, denn sogar das weiße Pferd muß am Ende erlöst werden. Diejenige Gestalt, die schließlich den neuen König inthronisiert, ist die fünfte Figur, die Prinzessin, die sich weigert, den alten König zu heiraten und Ferdinand vorzieht. Sie rettet die gesamte Situation, sie ist die Mitte der Geschichte.
Alle anderen Motive sind relativ leicht zu interpretieren. Das erste Problem besteht darin, daß Ferdinand warten muß, bis er 14 Jahre alt ist und die Pubertät erreicht hat, bevor er handeln kann. In jenen Zeiten hielt man einen Jungen dieses Alters mehr oder weniger bereits für erwachsen. Alle inneren Prozesse haben ihre eigene Zeitgrenze, ihren eigenen Rhythmus und können in keiner Weise überrannt werden. Auf diese Weise entstanden die Vorstellungen von magischen Zeiten und den Augenblicken der Wahrheit, und man muß warten, bis die Zeit reif ist oder vollendet, daß eine innere oder äußere Veränderung stattfinden kann.
Das Schloß ist ein unpersönliches, weibliches Symbol, manchmal ein Bild für die Anima, aber es ist von Menschen erbaut und

trägt daher den spezifischen Aspekt des Mutterbildes, des Bildes einer Anima-Göttin, welches sich in früheren Kulturen herausgebildet hatte und nun mit neuem Inhalt erscheint. Schlösser stellen manchmal ein System von Phantasiegebilden dar, wie Kinder sie haben, d. h. »Luftschlösser«. Menschen bauen sich in einer »aktiven Imagination« ein Schloß oder ein Haus und leben lange Zeit darin. Sie erbauen sich das Gehäuse einer bestimmten Einstellung, in der sie leben können. Schlösser dienen der Verteidigung. Je weniger entgegenkommend die äußeren Bedingungen, um so mehr neigt ein Kind dazu, in einem solchen »Schloß« zu leben, hinter dessen Mauern es sein eigenes Leben führen kann.

Das Schloß enthält ein weißes Pferd, den Sleipnir Wotans. Im germanischen Epos »Heliand« wird Christus auf einem weißen Pferd reitend dargestellt. Er war der Künder eines neuen Lichts und die instinktive Energie, die nach einem neuen Bewußtseinszustand strebt. Das Pferd kann sprechen und erweist sich als ein verzauberter Prinz. Die verlorenen Schriften der Prinzessin und die verlorene Feder können wir einfach als eine konkrete Geschichte nehmen. Die Gestalt der Anima steht im Zusammenhang mit den verlorenen Schriften, und der Held muß eine Feder finden. Das hat etwas zu tun mit der Fähigkeit, sich dichterisch auszudrücken. Da die Geschichte einen Wotanischen Hintergrund hat, erinnern wir uns vielleicht, daß Wotan der Gott der Poesie ist, und es könnte sein, daß die schöpferische Eigenschaft der Anima mit ihr verlorenging, doch werde ich später hierauf zurückkommen.

Unsere Aufmerksamkeit hat sich nun auf das seltsame Problem zu richten, warum die schwierige Situation mit dem Schatten nicht zu einem Kampf führt, sondern die Lösung von einem anderen Faktor her kommen muß. Wir erhalten dadurch einen ganz praktischen Hinweis auf das persönliche Schattenproblem des Individuums. Soweit ich sehe, endet es immer dann mit einer vollständigen Auflösung des Konflikts, wenn die bewußte Persönlichkeit dem Schatten standhält und ihn ernstnimmt, ohne sich zu betrügen. Wenn das Ich eine einseitige, nur ethische

Entscheidung und moralische Haltung einnimmt und in einen wirklichen Konflikt mit dem Schatten gerät, gibt es keine Lösung. Darin liegt eines der Probleme unserer Kultur.
In den meisten primitiven Kulturen geraten die Menschen nie in einen ernsten Schatten-Konflikt, weil sie sich, ohne viel zu überlegen, von einer Einstellung zu einer anderen gleiten lassen können, so daß die rechte Hand nie so genau weiß, was die linke tut. Das läßt sich aus manchen Berichten von Missionaren erkennen. Sie tun etwas für einen Stamm, wodurch dieser sie durchaus liebgewinnt. Aber dann gibt es eine Epidemie, und der Missionar gilt als ihr Urheber und wird getötet. Eine Gegenbewegung entsteht. Hinterher bedauern sie es, aber sie sind nicht wirklich aufgebracht oder deprimiert über dieses Ereignis, und das Leben geht weiter. Dies ist ein Extrembeispiel für das, was auch uns dauernd geschieht. Der Schattenkonflikt wird so nicht ganz akut, weil wir ein wenig die Lichter verschieben können, so daß wir zu leben vermögen. Wir versuchen, gut zu sein, und begehen alle möglichen bösen Taten, die wir nicht bemerken, oder, wenn wir sie bemerken, haben wir eine Entschuldigung: Kopfschmerzen, oder es war der Fehler eines anderen, oder wir vergaßen es – so geht man gewöhnlich mit dem Schattenproblem um. Man muß einiges unbeachtet lassen, um fähig zu sein, mit dem Leben zurechtzukommen. Wenn Menschen hingegen ethisch sehr sensitiv und skrupulös sind, wird die Sache schwieriger.
Echte Christen sind jedoch nicht mehr fähig, in dieser unaufrichtigen Weise ihr Leben zu führen, und stoßen daher auf unlösbare Probleme. Es gibt ja immer ein Ja und ein Nein, und die linke Hand spielt alle Arten von Tricks, bis das Leben steckenbleibt – man kann nicht weiterkommen, weil man zu vollkommen in einer einseitigen Weise gut zu sein versucht. Wenn wir das christliche Ideal bewußt leben wollen, würde das bedeuten, daß wir uns noch heute töten lassen und als Märtyrer sterben müßten, wie es die frühe Kirche gebot (Tertullian). Dann müßten wir heute z. B. für die in Rußland eingekerkten Menschen aufstehen und uns dafür töten lassen, oder etwas Ähnliches. Die meisten

Menschen sagen, das sei Torheit, und man habe einen Heilandskomplex, und so winden sie sich heraus und sagen: Solange das Problem des Bösen nicht zu nahe kommt, wollen sie es anderen überlassen, es zu bekämpfen. Ein idealistischer junger Mann beschloß, auf die Insel zu gehen, wo die Amerikaner Atombombenversuche machten, um sie daran zu hindern. Die meisten Menschen würden sagen, er sei ein Narr, zu idealistisch, aber tatsächlich versuchte er die Nachfolge Christi zu leben. Hier sehen wir den Konflikt: Entweder man lebt unter der ethischen Verpflichtung und gerät so in eine Sackgasse oder man geht, wenn man nicht so extrem sein will, zurück und spielt mit beiden Seiten. Das ist der Konflikt, in den uns die christliche Religion gestellt hat: wie weit sollen wir gehen? Wenn wir zu weit mit dem Schattenproblem gehen, bleiben wir stecken oder werden Märtyrer, oder wir müssen ein bißchen lügen und den Schatten leben und nicht so genau darauf schauen. Diese Frage beantwortet das Märchen auf seine eigene Art. Schlüsselfigur ist dabei die Prinzessin mit ihren verlorenen Schriften.

Die seltsamen Schriften müssen sich wohl auf irgendeine geheime Überlieferung beziehen, denn die Anima hat sie bei sich in ihrem weit entfernten Land, d. h. dem Unbewußten. Sie müssen in den Bereich des Bewußtseins zurückgebracht werden. In der Geschichte der christlichen Ära tauchen von Zeit zu Zeit Schriften auf, verfaßt in der Absicht, die christliche Religion neu zu interpretieren. Wir dürfen annehmen, daß die Dokumente sich auf solche Schriften der Albigenser und Katherer beziehen oder auf die Legende vom Heiligen Gral – Versuche, die christliche Wahrheit in poetischer Form wiederzubeleben –, oder daß sie eine gnostische Sicht widerspiegeln, denn solche geheimen Traditionen konnten nicht offiziell gelehrt werden, sondern wurden durch die Starrheit der christlichen Lehre unterdrückt. Möglich wäre also, daß die Dokumente mit derartigen Dingen etwas zu tun haben, und daß sie im Reich der Anima aufbewahrt wurden, die nun wünscht, daß sie geholt werden, und die darauf besteht, nicht ohne sie auszukommen.

Diese Prinzessin ist offensichtlich eine Magierin, denn sie weiß, wie man Menschen enthauptet und den Kopf wieder aufsetzt, so daß sich die Schriften wohl auf magische Geheimrezepte beziehen könnten. Sie stellen ein inoffizielles und unbekanntes Wissen dar. Magie ist ja immer voll von antiker Tradition und Praktiken, die noch andauern. Die Anima wird oft mit irgendeiner etablierten geheimen Tradition in Verbindung gebracht, denn da sie eine zum Bewußtsein kompensatorische Figur ist, greift sie stets das Vernachlässigte, Übersehene und Verachtete auf.

Da der Held einen Federkiel besitzt, sieht es so aus, als ob er eines Tages etwas über neue mögliche Interpretationen des Unbewußten schreiben sollte. Männer träumen oft, ihre Anima sei sehr gelehrt und habe eine Menge Bücher, das Thema kann in aktiver Imagination entwickelt werden, in der dann eine Art primitiver religiöser Lehre in einem pompösen Stil verkündet wird: »Lauscht, ihr Erdenmenschen, dann will ich euch eine neue Wahrheit künden!« Infolgedessen verabscheuen es Männer, ihre Anima schreiben zu lassen, gerade wegen ihres schlechten Geschmacks. Es bedeutet wirklich einen Akt des Mutes, ihr zuzuhören. Wenn der Animus oder der große Medizinmann in der Frau sich erhebt, spricht er auch in dieser Form. Diese pompösen Verkündigungen einer großen Wahrheit sind widerlich für besonnene Leute. Menschen mit schlechtem Geschmack fallen darauf herein, und das ist noch schlimmer, weil die meisten davon krank werden. Man darf keines von beiden tun. Man muß den Mut besitzen, die Anima ihre Wahrheit in ihrem eigenen Stil verkünden zu lassen und dann herauszufinden, worauf das hinzielt. Es ist die archaische Form und Verkündigung »der großen Wahrheit«, die unserer modernen Vorstellung vom Schreiben nicht entspricht, obwohl gewisse moderne Dichter sie benutzt haben und Nietzsche manchmal Zarathustra in diesem Stil sprechen ließ. Ich möchte annehmen, daß die Anima Schriften solcher Art in ihrem Schloß verborgen hatte.

Wenn wir zum Schattenproblem zurückkehren und uns an jenen jungen Mann erinnern, der sich selbst töten lassen wollte als Protest gegen die Atombombe, so haben wir in ihm ein typisches

Beispiel von jemandem, dessen fanatische ethische Überzeugungen in eine Sackgasse führten und der für seine Überzeugungen sterben mußte – getötet von der Verderbtheit der Welt. Jeden Tag bringt die analytische Erfahrung solche Konflikte zutage, in denen Menschen versuchen, allzu anständig zu sein und dadurch von ihren animalischen Wurzeln abgeschnitten werden und dann nicht mehr weiter wissen. Ein Mann kann z. B. versucht sein, außerhalb der Ehe eine Affaire mit einer Frau zu haben, und tröstet sich damit, daß er sich sagt: das tue heute jeder, und man müsse nicht solchen Lärm darum machen. Infolge solcher Entschuldigungen tut er es hinter seinem eigenen Rücken. Wenn seine eifersüchtige Frau dann Szenen macht, bedauert er es wieder und kehrt zurück. Andere Leute mit der gleichen Versuchung wollen Selbstbeherrschung üben und sagen, daran sei gar nicht zu denken. Darum unterdrücken und bekämpfen sie die Schattentendenz. Ist die Versuchung gering, gelingt es ihnen, wenn sie jedoch sehr stark ist, bekommen sie Depressionen, werden müde und wissen nicht mehr, wie sie ihr Leben weiter führen sollen. Die Träume lassen dann den Schatten sehr wütend erscheinen, weil er nicht zu seinem Recht kam. Das kann zu solchem Energieverlust führen, daß das gesamte Leben ins Stocken gerät. Der Mann wird neurotisch, weil seine andere Persönlichkeitshälfte die moralische Entscheidung nicht akzeptieren will und in ständigen Zorn darüber gerät. Er hat hypochondrische Phantasien, Depressionen, schlechte Launen und keine Freude an seiner Arbeit mehr. Das läßt sich sehr oft bei Menschen beobachten, die zu moralisch sein wollen. In einer solchen Situation ist alles falsch, was der Mann tut: es ist gemein, dem Schatten nachzugeben und lebenswidrig, ihn zurückzustoßen – wenn er ihm nachgibt, tut er etwas Erbärmliches, tut er es nicht, wird er dafür bestraft. Das nenne ich einen typischen Schattenkonflikt. Kein Abwägen des Pro und Kontra führt zu einer Lösung. Wenn man nicht ein wenig schieben und schwindeln kann, ist der grundlegende Schattenkomplex unauflösbar, denn er endet in einer Lage, in der man so oder so nicht das Richtige tun kann. In einem solchen Augenblick benützen schwache Men-

schen eine Krücke und erbitten entweder den Rat eines anderen oder verleugnen den Konflikt. Das wird unglücklicherweise oft getan – mit ungutem Ergebnis, denn dann entsteht die alte Regression, wo die rechte Hand nicht weiß, was die linke tut.
Das Märchen sagt, daß man einen solchen Konflikt aushalten muß, bis die schöpferische Lösung sich gefunden hat. Sie ist etwas Unerwartetes, das den Konflikt *auf einer anderen Ebene* entscheidet. In unserem Fall ist diese Animagestalt die Macht, durch die plötzlich die gesamte Situation gerettet wird. Das bedeutet, daß eine Entscheidung vom Unbewußten her kommt. Die Prinzessin verändert einfach die Situation: Der namenlose König, der dritte Teil, an den niemand dachte, muß gehen – so ist die Situation eine andere, alles erhält einen neuen Aspekt. Das ist das Modell einer schöpferischen Lösung zum Schattenproblem, was praktisch dem entspricht, was wir in der Analyse zu tun versuchen: den Konflikt erleiden, bis irgend etwas Unerwartetes geschieht, das das gesamte Problem auf eine neue Ebene hebt. Man könnte dann sagen: Der Konflikt ist nicht gelöst, aber verändert. Vom vorhergehenden Blickpunkt aus würde er nie gelöst werden. Man muß gekreuzigt werden und mit dem Ich keine Bewegung in Richtung Ja oder Nein machen. Das kann Wochen oder Monate dauern, es bedeutet eine extreme Gegensatzspannung, die nicht vom Ich entschieden werden darf, denn eine derart schöpferische Lösung eines Schattenkonflikts bedeutet, daß man das Ich aufgeben und dessen Grundsätze und Konflikte opfern muß. Es bedeutet eine völlige Unterwerfung unter die unbekannten Kräfte in der Psyche – wie Christus, als er am Kreuz sagte »In deine Hände befehle ich meinen Geist«.
Das Märchen verdeutlicht dies in der Animagestalt. Wenn Ferdinand, der Treue, mit der Anima gespielt und gesagt hätte, er liebe sie und was sie mit dem alten König machen sollten, hätte das nicht zu einer Lösung geführt. Die Geschichte zeigt, daß er keinerlei Absicht hatte, König zu werden. Er blieb auf seinem Platz, wo er die Gegensätze sah und, da er nicht daran dachte, konnte die Prinzessin sagen: »Ich mag diesen alten König nicht, er soll enthauptet werden.«

Wenn die Anima einen Mann sterben lassen möchte, enthauptet sie ihn, nicht konkret, aber psychologisch, dann wird er »kopflos«. Das bedeutet Anima-Besessenheit – eine große Gefahr, die sich oft ereignet, wenn jemand dem Zusammenprall der Gegensätze nicht standhalten kann.

Wenn Menschen in der Analyse ein gewisses Maß an psychologischem Wissen besitzen, das man auch nicht von ihnen fernhalten kann, denn das wäre eine andere Gefahr, dann beginnt das Ich dieses Wissen zu mißbrauchen und wiederum in den Schattenkonflikt hineinzugeraten, und dann wird die ganze Geschichte noch schwieriger. Wenn das Ich mit dem Rettungsfaktor spekuliert, ist alles verloren. Das Ich, die bewußte Persönlichkeit, ist mit der Aufgabe konfrontiert, stets seine eigene Grenze zu wahren und einen ethischen Konflikt ernstzunehmen, als ob es keine Hoffnung auf einen dritten Faktor gäbe, d. h. es muß jeden ethischen Konflikt ganz aushalten, bis die autonome, schöpferische Psyche zu handeln beginnt, und darf nicht die Lösung vorwegnehmen wollen, indem es spekuliert, was er tun könnte, wenn er erscheint. Diese Haltung ist sehr schwer zu verwirklichen, aber sie scheint mit den Märchen übereinzustimmen und ist der einzige legale Weg, aus dem Schattenkonflikt herauszukommen, ohne daß eine der beiden Seiten oder der Fluß des Lebens zu Schaden kommen.

5 Die Unterwerfung des Ich

Schauen wir jetzt ein anderes Grimmsches Märchen an, um zu sehen, wie sich das Schattenproblem in unserer Kultur auswirkt. Dabei wollen wir die vierte Figur aus »Ferenand getrü und Ferenand ungetrü« im Auge behalten: das weiße Pferd, das zu einem Prinzen wurde, es ist der Schlüssel zum gesamten Problem, denn dieses weiße Roß gab dem Helden stets den richtigen Rat und wurde dann selbst verwandelt. Diese selbe Gestalt erscheint im nächsten Märchen in neuem Licht. Es heißt »Der treue Johannes«.

Der treue Johannes

Es war einmal ein alter König, der war krank und dachte, es sei wohl das Totenbett, auf dem er liege. Da sagte er: »laßt mir den getreuen Johannes kommen.« Der getreue Johannes war sein liebster Diener und hieß so, weil er ihm sein Leben so treu gewesen war. Als er nun vor das Bett kam, sagte der König zu ihm: »Getreuester Johannes, ich fühle, daß mein Ende herannaht, und da habe ich keine andere Sorge als um meinen Sohn: er ist noch jung und weiß sich nicht immer zu raten, und wenn du mir nicht versprichst, ihn zu unterrichten in allem, was er wissen muß, und sein Pflegevater zu sein, so kann ich meine Augen nicht in Ruhe schließen.« Der getreue Johannes versprach, ihn nicht zu verlassen und ihm treu zu dienen, auch wenn es sein Leben koste. Und der König sagte weiter: »Nach meinem Tode sollst du ihm das ganze Schloß zeigen, alle Kammern und alle Schätze, die darin liegen: aber die letzte Kammer im langen Gang worin das Bild der Königstochter vom goldenen Dache verborgen ist, sollst du ihm nicht zeigen. Wenn er das Bild erblickt, wird er eine heftige Liebe zu ihr empfinden und wird in Ohnmacht fallen und ihretwegen in große Gefahren geraten.« Und als der treue Johannes dem alten König nochmals die Hand darauf gegeben hatte, wurde dieser still und starb in Frieden.

Als der alte König zu Grabe getragen war, erzählte der treue Johannes dem jungen König, was er seinem Vater auf dem Sterbebett versprochen hatte, und sagte: »Das will ich gewißlich halten, und ich will dir treu sein, wie ich ihm gewesen bin, und sollte es mein Leben kosten.« Die Trauer ging vorüber. »Es ist nun Zeit, daß du dein Erbe siehst, sagte der treue Johannes, »ich will dir dein väterliches Schloß zeigen.« Da führte er ihn überall herum, auf und ab, und ließ ihn alle die Reichtümer und prächtigen Kammern sehen; nur die eine Kammer öffnete er nicht, worin das gefährliche Bild stand. Das Bild war aber so gestellt, daß man, wenn die Tür aufging, gerade darauf sah, und es war so herrlich gemacht, daß man meinte, es sei lebendig und es gäbe nichts Lieblicheres und Schöneres auf der Welt. Der junge König aber merkte wohl, daß der getreue Johannes immer an einer Türe vorüberging und sagte: »Warum schließt du mir diese niemals auf?« »Es ist etwas darin«, antwortete er, »vor dem du erschrickst.« Aber der König antwortete: »Ich habe das ganze Schloß gesehen, so will ich auch wissen, was darin ist«, ging und wollte die Tür mit Gewalt öffnen. Da hielt ihn der getreue Johannes zurück und sagte: »Ich habe es deinem Vater vor seinem Tode versprochen, daß du nicht sehen sollst, was in der Kammer steht: es könnte dir und mir zu großem Unglück ausschlagen.« Aber der junge König bestand darauf, es zu sehen, er würde sonst Tag und Nacht keine Ruhe finden, bis die Tür ihm geöffnet werde. Da suchte der getreue Johannes schweren Herzens aus dem großen Bund den Schlüssel heraus. Als er die Tür geöffnet hatte, trat er zuerst hinein und hoffte, das Bildnis bedecken zu können, aber der König stellte sich auf die Fußspitzen und sah ihm über die Schulter. Und als er das Bildnis der Jungfrau erblickte, das so herrlich war und von Gold und Edelsteinen glänzte, da fiel er ohnmächtig zur Erde nieder. Der getreue Johannes hob ihn auf, trug ihn in sein Bett und dachte voller Sorge, was aus dem Unglück, das da geschehen war, nun werden solle. Dann stärkte er ihn mit Wein. Das erste, was der König sagte, war: »Wer ist das schöne Bild?« Der treue Johannes antwortete, dies sei die »Königstochter vom goldenen Dach«. Da sagte der König weiter: »Meine Liebe zu ihr ist so groß, wenn alle Blätter an den Bäumen Zungen wären, sie könnten's nicht aussagen; mein Leben setze ich daran, daß ich sie erlange. Du mußt mir beistehen.«
Der treue Diener besann sich lange, wie die Sache anzufangen wäre, und endlich hatte er einen Weg ausgedacht. Er sagte dem König, daß die Prinzessin von goldenen Dingen umgeben sei – Tische, Stühle, Schüsseln, Becher, Näpfe und alles Hausgerät – und daß er die fünf Tonnen Gold in seinem Schloß von den Goldschmieden des Reiches verarbeiten lassen solle: zu verschiedenen Gefäßen und Gerätschaf-

ten, zu Vögeln, Wild und wunderbaren Tieren. Das würde der Prinzessin gefallen. Sie würden die Dinge in einem Schiff hinfahren und ihr Glück versuchen. Der König ließ alle Goldschmiede herbeiholen, die mußten Tag und Nacht arbeiten, bis endlich die herrlichsten Dinge fertig waren. Als alles auf ein Schiff geladen war, zog der getreue Johannes Kaufmannskleider an, und der König mußte ein gleiches tun, um sich ganz unkenntlich zu machen. Es war ein langer Weg bis zu der Stadt, wo die Prinzessin wohnte.

Der treue Johannes hieß den König auf dem Schiff zurückbleiben und auf ihn warten. »Vielleicht bringe ich die Königstochter mit«, sagte er, »darum sorgt, daß alles in Ordnung ist, laßt die Goldgefäße aufstellen und das ganze Schiff ausschmücken.« Darauf wählte er von den Goldsachen einiges aus, barg es in seiner Schürze und ging damit zum königlichen Schloß. Im Schloßhof stand da beim Brunnen ein schönes Mädchen, das hatte zwei goldene Eimer in der Hand und schöpfte damit. Und es fragte, wer er wäre? »Kaufmann«, antwortete der getreue Johannes und öffnete seine Schürze und ließ sie hineinschauen. Sie setzte die Eimer nieder und betrachtete eins nach dem anderen und sagte: »Das muß die Königstochter sehen, die hat so große Freude an den Goldsachen, daß sie Euch alles abkauft.« Sie führte ihn zur Prinzessin, die entzückt war und alles kaufen wollte. Aber der getreue Johannes sagte: »Ich bin nur der Diener eines reichen Kaufmanns. Was ich hier habe, ist nichts gegen das, was mein Herr auf seinem Schiff hat, und das ist das Künstlichste und Köstlichste, was je in Gold gearbeitet worden ist.« Sie wollte alles heraufgebracht haben, aber er sagte: »Dazu gehören viele Tage, so groß ist die Menge, und so viele Säle, um es aufzustellen, daß Euer Haus nicht Raum dafür hat.« Da wurden ihre Neugierde und Lust immer mehr angeregt, so daß sie endlich einwilligte, mitzukommen und sich alles anzuschauen.

Da führte der treue Johannes sie freudig zu dem Schiff hin, und als der König sah, daß ihre Schönheit noch größer war als auf dem Bild, meinte er, das Herz würde ihm zerspringen. Er führte sie in das Schiff hinein, der getreue Johannes aber blieb zurück bei dem Steuermann und ließ das Schiff abstoßen, alle Segel aufgespannt, daß es fliegt, wie ein Vogel in der Luft. Der König aber ließ sich viele Stunden Zeit und zeigte ihr all die schönen Dinge, und in ihrer Freude merkte sie nicht, daß das Schiff dahinfuhr. Nachdem sie das letzte betrachtet hatte, dankte sie dem Kaufmann und wollte heim. Da sah sie, daß sie fern vom Land auf hohem Meer war. »Ach«, rief sie erschrocken, »ich bin entführt worden und in die Gewalt eines Kaufmanns geraten!« Der König aber faßte sie bei der Hand und sagte: »Ein Kaufmann bin ich nicht, ich bin ein König und nicht geringer von Geburt als du. Wenn ich dich aber mit List entführt habe, so ist es aus übergroßer Liebe geschehen. Das erste Mal, als ich dein Bildnis gesehen habe, bin ich ohnmächtig zur Erde gefallen.« Da war sie getröstet und willigte gern ein, seine Gemahlin zu werden.

Nun traf es sich aber, daß der treue Johannes, als er vorn auf dem Schiff saß, in der Luft drei Raben erblickte. Da hörte er auf, Musik zu machen, und horchte, was sie miteinander redeten. Der eine sagte, daß der König die Prinzessin vom goldenen Dach heimführe, aber der zweite meinte, das beweise noch nicht, daß er sie schon habe. Der dritte sagte dagegen, er habe sie doch, da sie ja bei ihm auf dem Schiff sei. Dann fing der erste wieder an: Was ihm das denn helfe? Wenn sie an Land kämen, würde ein fuchsrotes Pferd mit ihm davonrennen und ihn in die Luft hinauftragen, so daß er seine junge Braut nie wiedersähe. Da fragte der zweite, ob es keine Rettung für ihn gäbe, und einer der Raben antwortete: wenn ein anderer schnell aufsäße, die Pistole aus dem Halfer nähme, um das Pferd damit zu erschießen, dann wäre der König gerettet. Aber wer wußte das? Und wer es tatsächlich wußte, der würde von den Zehen bis zu den Knien zu Stein werden.

Dann sagte der zweite Rabe, auch wenn das Pferd getötet würde, behielte der König doch nicht seine Braut: wenn sie nämlich zusammen ins Schloß kämen, läge dort das Brauthemd in einer Schüssel uns sähe aus, als wäre es aus Gold und Silber gewebt, aber es wäre nichts als Schwefel und Pech, und wenn der König es anzöge, würde es ihn bis auf die Knochen verbrennen. Wieder fragte der dritte Rabe, ob es denn keine Rettung gebe, worauf der zweite antwortete, wenn einer mit Handschuhen das Hemd packe und ins Feuer werfe, wäre der junge König gerettet, aber was nütze das, denn wer davon wüßte, würde von den Knien bis zum Herzen zu Stein werden.

Da sagte der dritte Rabe, daß er noch mehr wüßte: selbst wenn das Brauthemd verbrannt werde, habe der König immer noch nicht seine Braut, denn wenn nach der Hochzeit der Tanz beginne, würde die Prinzessin plötzlich bleich werden und wie tot umfallen, und hebe sie nicht einer auf, sauge aus ihrer rechten Brust drei Tropfen Blut und speie sie wieder aus, so würde die Prinzessin sterben. Wenn aber jemand dies wüßte, müsse er zu Stein werden vom Kopf bis zu den Zehen.

Die Raben flogen weiter, und der getreue Johannes war von der Zeit an still und traurig; denn verschwieg er seinem Herrn, was er gehört hatte, so war dieser unglücklich, offenbarte er es ihm, so mußte er sein Leben hingeben. Endlich aber entschloß er sich, seinen Herrn zu retten, auch wenn er selbst darüber zugrunde gehen würde. Als

sie nun ans Land kamen, sprengte ein prächtiges fuchsrotes Pferd daher. Der König sagte, es solle ihn in sein Schloß tragen, und wollte aufsitzen, doch der treue Johannes kam ihm zuvor und schoß das Pferd nieder. Da riefen die anderen Diener, daß es eine Schande sei, solch ein schönes Tier zu töten, aber der König hielt zum treuen Johannes. Nun gingen sie ins Schloß, und da war die Schüssel und darin das Brauthemd, das aussah, als wäre es von Gold und Silber. Der junge König wollte es ergreifen, aber der treue Johannes schob ihn weg, packte es mit Handschuhen an, trug es schnell ins Feuer und ließ es verbrennen. Wieder fingen die Diener an zu murren, und wieder verteidigte der König den treuen Johannes. Als der Tanz begann, achtete der treue Johannes die ganze Zeit auf die Prinzessin; auf einmal wurde sie bleich und fiel hin. Da sprang er rasch herzu, hob sie auf und trug sie in seine Kammer, wo er sie hinlegte und neben ihr kniend, drei Blutstropfen aus ihrer rechten Brust sog und sie ausspie. Bald atmete sie wieder und erholte sich, aber der junge König hatte es mit angesehen, wußte aber nicht, warum es der getreue Johannes getan hatte, er wurde zornig darüber und ließ ihn ins Gefängnis werfen. Am anderen Morgen wurde der getreue Johannes verurteilt und zum Galgen geführt, und als er oben stand, und gerichtet werden sollte, erbat er das Recht zu reden. Der König gewährte es ihm, und der getreue Johannes sagte, daß er zu Unrecht verurteilt wurde und daß er ihm immer treu gewesen war. Und er erzählte, wie er das Gespräch der Raben gehört, und wie er, um seinen Herrn zu retten, das alles hätte tun müssen. Da rief der König: »Oh, mein treuester Johannes, Gnade! Gnade! führt ihn herunter.« Aber der treue Johannes war bei dem letzten Wort, das er geredet hatte, leblos herabgefallen und zu Stein geworden.
Daran trugen nun der König und die Königin schwer, und der König sagte: »Ach, was hab ich große Treue so übel belohnt!« und ließ das steinerne Bild in seine Schlafkammer neben sein Bett stellen. So oft er es ansah, weinte er und sagte: »Ach, könnte ich dich wieder lebendig machen.« Es verging eine Zeit, da gebar die Königin Zwillinge, zwei Söhne, die wuchsen heran und waren ihre Freude. Einmal, als die Königin in der Kirche war, und die zwei Kinder beim Vater saßen und spielten, sah dieser wieder das steinerne Bildnis an und wünschte sich, daß er ihn wieder lebendig machen könnte.
Da fing der Stein an zu reden und sprach: »Ja, du kannst mich wieder lebendig machen, wenn du dein Liebstes dafür geben willst.« Da rief der König, alles was er auf der Welt habe, wolle er für ihn hingeben. Da sagte der Stein weiter: »Wenn du mit deiner eigenen Hand deinen beiden Kindern den Kopf abhaust und mich mit ihrem Blut bestreichst, so erhalte ich das Leben wieder.« Der König erschrak,

als er hörte, daß er seine geliebten Kinder selbst töten sollte, doch dachte er an die große Treue und daß der getreue Johannes für ihn gestorben war, zog sein Schwert und hieb mit eigener Hand den Kindern den Kopf ab. Und als er mit ihrem Blut den Stein bestrichen hatte, kehrte das Leben zurück, und der getreue Johannes stand wieder frisch und gesund vor ihm. Er sagte zum König, seine Treue solle nicht unbelohnt bleiben, und nahm die Köpfe der Kinder, setzte sie auf, und bestrich die Wunde mit ihrem Blut, davon wurden sie im Augenblick wieder heil, sprangen herum und spielten, als wär ihnen nichts geschehen. Nun war der König voll Freude, und als er die Königin kommen sah, versteckte er den getreuen Johannes und die beiden Kinder in einem großen Schrank und fragte sie, ob sie in der Kirche gebetet hätte. Sie bejahte dies, sagte aber, sie habe beständig an den treuen Johannes denken müssen, daß er so unglücklich geworden sei. Da sagte er: »Liebe Frau, wir können ihm das Leben wiedergeben, aber es kostet uns unsere beiden Söhne, die müssen wir opfern.« Die Königin wurde bleich und erschrak, doch antwortete sie: »Wir sind es ihm schuldig wegen seiner großen Treue.« Da freute er sich, daß sie dachte, wie er gedacht hatte, schloß den Schrank auf, holte die Kinder und den treuen Johannes heraus und sagte: »Gott sei gelobt, er ist erlöst und unsere Söhne haben wir auch wieder«, und erzählte ihr, wie sich alles zugetragen hatte. Da lebten sie zusammen in Glückseligkeit bis an ihr Ende.

Wir haben gesehen, daß das Wort »Schatten« in Märchen eine sehr relative und funktionale Bedeutung hat. Diesmal können wir sagen, daß der Held und der Schatten beide sind: Johannes und der Prinz – einer ist des anderen Schatten, wie beim Schneider und Schuhmacher.
Diese waren ebenfalls Verkörperungen eines solchen archetypischen Kontrastes. Dort war der Storch der Bringer des neuen Königs. In der zweiten Geschichte beeinflußte der alte Bettler den treuen Ferdinand, so daß dieser König wurde, und der ungetreue Ferdinand wurde aus der Geschichte ausgeschlossen. In diesem Märchen nun ist die Situation noch weiter fortgeschritten: Da der alte König nicht abgesetzt werden muß, denn er liegt bereits im Sterben, stellt die Geschichte einen Stand der Entwicklung dar, wo die Dinge schon weiter gereift sind, so daß der König auf natürliche Weise stirbt. Der junge König, der Prinz, ist da, und der Treue Johannes kann als Parallele zum Storch

angesehen werden. Er ist gleichsam der Königsmacher, und der Schuhmacher existiert hier nur in einer sehr seltsamen Form, nämlich in den Projektionen des Königs auf Johannes, den er für einen Missetäter hält. Das Gift könnte man in einer Hinsicht als die Projektionen des Königs ansehen, aber es ist auch das vergiftete Blut in der Braut, das rote Pferd und das Hochzeitshemd. Das vergiftete Element ist hier innerhalb der Braut, die davon gereinigt werden muß. Ihr Gift ist die Ursache aller Mißverständnisse. Es ist verantwortlich dafür, daß der König seinen treuen Diener verkennt.

Der Name »Johannes« ist eine Verhüllung, denn er entstammt der mittelalterlichen jüdischen Legende vom Rabbi Johannan, der dem König Salomon half. Dort gibt es ebenfalls eine vergiftende Animagestalt. Weil der Name vermutlich aus dieser Legende stammt, enthüllt er, daß Johannes, der den neuen König kreiert, selber eine Art Priester und Medizinmann ist.

Wenn wir über die Anima in diesem Märchen sprechen wollen, finden wir hier sehr allgemeine, typische Amplifikationen. Sie ist die Prinzessin des Goldenen Daches und offensichtlich besessen von böser Magie, die jeden zerstört, der sich ihr nähern möchte, und dieses Gift muß ausgetrieben werden, bevor der König sie heiraten und dabei unversehrt bleiben kann. Das Thema ist archetypisch, und die Vorstellung von einem wunderschönen Mädchen, das in irgendeiner Weise verhext ist oder einen vergifteten Körper hat, der jeden, der sich nähert, tötet, wenn er nicht weiß, wie man das Gift austreibt, scheint ein allgemeines Element in vielen Geschichten zu sein. In nordeuropäischen Ländern rührt das Gift in der Braut oft daher, daß sie eine geheime Affäre mit einem heidnischen Dämon hat und dadurch eine Zerstörerin der Männer wird. Bevor der König diese Verbindung nicht abschneiden oder den Dämon oder bösen Geist töten kann, der hinter der Anima steht, kann er sie nicht erobern.

Wenn wir dieses Motiv psychologisch zu interpretieren versuchen, könnten wir sagen, daß die Anima einen Einfluß besitzt, der aus ihrer Verbindung mit den tieferen Schichten des Unbewußten stammt. Sie verkörpert eine Annäherung an das kollek-

tive Unbewußte. Das bedeutet, daß ein Mann, der sich darum bemüht, seine Anima, d. h. Stimmungen und Phantasien, die ihn von hinten her überfallen, bewußt zu machen, wenn er sie meditiert, in die tieferen Schichten des Unbewußten eindringen kann. Man muß sich selbst fragen: »Warum rege ich mich über dies und jenes so sehr auf?« Wenn ein Mann sich dies fragt, wird er entdecken, was hinter seiner Anima liegt und daß sie oft eine »Braut des Dämons« ist. Psychologisch gesehen könnte man sagen, daß sie mit unbewußten Impulsen verbunden ist, die bewußt werden möchten, die sich aber, da sie es nicht sind, auf die emotionale Seite des Mannes schlagen und seine Stimmungen beeinflussen. Darum muß er die Brücke seiner Emotionen überschreiten, um herauszufinden, wie die dämonischen Kräfte beschaffen sind. Im allgemeinen sind es hauptsächlich religiöse Ideen, Gestalten von Gottheiten, welche ins Unbewußte abgesunken sind und bewußt gemacht werden müssen. Wir könnten sagen, daß es religiöse Zusammenhänge waren, die unbewußt blieben, denn was nicht integriert wird, verfällt es dem Reich der Anima, und darum bedeutet ein Exorzismus der Anima im allgemeinen eine Wieder-Erörterung von verdrängten religiösen Problemen. Die Anima, als eine typische Frau, greift alles auf, was in der Luft liegt, ebenso z. B. die Nöte eines neuen Zeitalters, und da sie weniger starr und vorurteilshaft ist als das Bewußtsein eines Mannes, greift sie Möglichkeiten des neuen Zeitgeistes auf und bringt die Fakten ins Bewußtsein.
Männer neigen dazu, starr an ihren einmal konzipierten Ideen festzuhalten. Frauen hingegen sagen: »Warum nicht anders?« Es ist nur eine Frage der Art und Weise, wie man die Tatsachen anschaut, und dann kann man seine Ideen ändern. Aber wenn man zu einer Frau sagt: »Wir wollen ein Problem diskutieren, das statt der Wissenschaft die Liebe betrifft. Wie wäre es, wenn wir die Polygamie einführten?« Dann gäbe es ein Erdbeben! Ein Mann könnte sagen: »Ja, warum sollen wir es nicht versuchen?« Frauen werden emotional in bezug auf Veränderungen im sozialen Leben, denn dort ist ihre ganze Welt verankert, und Veränderungen auf diesem Gebiet würden in ihnen den Wunsch wachru-

fen, sich zu erschießen. Männer und Frauen sollten wirklich dies übereinander wissen, so daß sie sich gegenseitig verstehen können, was ansonsten nicht möglich ist. Frauen können mit Ideen spielen, denn eine Idee ist keine Frage von Leben und Tod, und das ist der Grund, warum Frauen eine positive Einwirkung auf den Geist der Männer haben.

Eine Frau kann die geistige Welt eines Mannes inspirieren durch die Leichtigkeit, mit der sie neue Inhalte aufgreifen und sie ihm darbieten kann. Sie inspiriert den Mann, aber er muß die Arbeit tun. Genau umgekehrt ist es in der biologischen Beziehung, wo der Mann die Frau befruchtet, die dann das Baby austragen muß. Darum sind in der äußeren Realität oft Frauen die Inspiration der Männer, und innen tut die Anima das gleiche – sie bringt Keim-Ideen hoch, die neue Inhalte sind und im allgemeinen eine Zeitlang, bevor der Mann sich mit ihnen abgeben muß, in der Luft schweben. Das Mühevolle daran, was die Anima so vergiftend erscheinen läßt, ist, daß sie diese Keim-Ideen, diese schöpferischen Winke unangepaßt, unverdaut und in fremdartiger Redeweise hervorbringt.

Es ist eine Mischung aus Emotionen und unverdauten Ideen, und das Schlimmste daran ist, daß man sie weder annehmen noch zurückweisen kann. Sie ist verunreinigt von absolutem Unsinn, in dem aber doch ein Kern von Wahrheit liegt. Ähnliches Material findet man bei Schizophrenen, die nicht ganz über die Grenze geraten sind. Sie schreiben inspirierte Texte, wenn man sie aber überprüft, findet man, daß z. B. die Fußnoten nicht stimmen, das Material schlecht dargeboten wird und alles unordentlich ist. Man ist konfrontiert mit den typischen Ausstoßungen der gift-erfüllten Anima, aber etwas ist doch daran, und es wirkt inspirierend. Ein wahrheitsliebender und verantwortlicher Mann würde natürlich solches Material verabscheuen, aber er muß etwas damit tun, sonst macht er seine gesamte weitere Entwicklung unfruchtbar.

Es ist daher eine Frage der kritischen Einstellung, ob man die Anima vom Teufel befreit und so zu einer Gefühlsbeziehung zum Unbwußten kommt. Die Inspiration durch neue Ideen liegt im

Rohmaterial auf der gegengeschlechtlichen Seite, einem Rohmaterial, in dem Gold und Dung gemischt sind, und der Mann muß es sieben, um den Wert herauszudestillieren. Das Gift in der Anima besteht darin, daß sie immer versucht, den Mann dazu zu bringen, sich für einen großen Verkünder der neuen Wahrheit zu halten oder das Gegenteil. Gewöhnlich ist sie eher der Typ einer hysterischen Lügnerin und übertreibt oder verdreht die Dinge etwas. Der einfachste Weg, einen von seiner Anima beeinflußten Mann zu beobachten, ist darauf zu achten, wo er zu lügen beginnt, denn dort beginnt ihn die Anima zu packen, die voll ist von Lügen und kleinen Verdrehungen. Das ist ihr Gift, und das muß aus dieser Prinzessin ausgetrieben werden, bevor sie sich in geeigneter Weise weiter auswirken kann.

Die Lage des sterbenden Königs ist in unserem Märchen wunderbar illustriert: Das herrschende Prinzip des kollektiven Bewußtseins, der König, siecht dahin, liegt im Sterben, und das weibliche Prinzip kommt am Hofe nicht vor, denn es gibt keine Königin und keine andere weibliche Gestalt außer dem verborgenen Bild der Prinzessin vom Goldenen Dach, das in einem Zimmer weggeschlossen ist. Auf diese Weise verdeutlicht der Anfang des Märchens den Zustand der Verhältnisse, da die Anima total unterdrückt, die Beziehung zur Königin abgeschnitten und weggeschlossen ist. Überdies befindet sich die lebende Frau auf der anderen Seite des großes Meeres, und das heißt: weit weg vom Bewußtsein im Unbewußten.

Es ist klar, daß dieses Märchen eine relativ späte Version ist und einen relativ späten Zustand innerhalb der christlichen Kultur in Europa darstellt, denn hier stimmt es durchaus, daß das weibliche Prinzip ausgeschlossen ist. Im Katholizismus wird die Mutter noch durch die Jungfrau Maria symbolisiert, aber im Protestantismus wird auch sie ausgeschlossen, und das weibliche religiöse Prinzip existiert überhaupt nicht mehr. Ein verbotenes Zimmer, in dem es eine positive und lichtvolle Gestalt gibt, ist ein häufiges Thema in Märchen. Das stellt einen unterdrückten Komplex dar, d. h. einen lebendigen psychologischen Faktor, mit dem das Bewußtsein nicht in Berührung kommen kann. Obendrein scheint die Prinzessin vom Goldenen Dach eine eher erhabene Gestalt zu sein, denn sie kommt vom Dach, nicht vom Keller. Das Bild ist somit zu spirituell und sehr hoheitlich. Das paßt zur christlichen Kultur, aus der gerade die weibliche Gestalt der Erdmutter, die in allen heidnischen Kulturen vorkommt, ausgeschlossen ist. Da das Mutterbild von der Jungfrau Maria verkörpert wird, die alles Schöne und Reine darstellt, aber nicht das Hexenhafte, Destruktive und Animalische, kann man sagen, daß das Christentum das weibliche Prinzip in seiner niederen Verkörperung, seinem Schattenaspekt, völlig ausgeklammert und – im Symbol der Jungfrau Maria – nur den oberen, lichten Teil akzeptiert hat. Es gibt heute eine zunehmende Tendenz, ihr die dunkle Seite zurückzugeben. Der Papst hat sie »domina rerum« – »Herrscherin der Natur« – genannt, so daß sie ihre Schattenseite etwas zurückgewinnt, aber dies ist natürlich eine gefährliche Enthüllung. Wir sehen hier die klassische Situation unserer Kultur: Ein herrschendes Prinzip verliert seine Kraft, sogar das Bild der Frau wird ausgeklammert und ihre Realität noch mehr.

Neben dem König steht die ungewöhnliche Gestalt des Treuen Johannes, der hinter der gesamten Geschichte wirkt, und wir müssen uns zunächst klarmachen, was er tut und erleidet. Er öffnet das verbotene Zimmer, was wir für unklug halten könnten, denn er wird dem König ungehorsam, sobald dieser tot ist – aber er handelt unter Zwang. Er hat die Schlüssel, er ist eine »Schlüsselfigur« wie Petrus. *Er ist die Verkörperung der transzendenten Funktion*. Das sind die sonderbaren Manöver des Unbewußten, das immer Umwege macht, so daß man nie weiß, woran man ist. Dieses psychologische Verhaltensmuster ist wunderbar dargestellt in der 18. Sure des Koran, die C. G. Jung in den »Alchemistischen Studien« interpretiert hat. Khidr ist dort der erste Engel am Thron Allahs, eine messianische Gestalt, die in gewissem Sinn eine Parallele zur gnostischen Logos-Vorstellung bildet. Er führt die Menschen und hilft ihnen. Im Orient ist er immer noch lebendig, und viele Menschen glauben noch an ihn. Er ist verantwortlich für die plötzlichen Wendungen von Glück und

Unglück. Er erscheint in den Träumen der modernen Muslime, und sie sagen: wenn ein Fremder an dein Haus kommt, sei höflich zu ihm, denn es könnte Khidr sein. Er ist Gott, der die Menschen auf der Erde besucht, er kompensiert die Entrücktheit Allahs.
Khidr trifft Moses, der ihn bittet, ihn auf seinen Wanderschaften mitzunehmen. Khidr will nicht, denn er sagt, Moses könne ihn nicht verstehen, und es werde Schwierigkeiten geben, aber Moses verspricht, alles zu akzeptieren, was Khidr tut. In einem Dorf bohrt Khidr ein Loch in alle Fischerboote, so daß sie sinken müssen, und Moses macht ihm Vorhaltungen. Khidr erwidert, er habe ihm gleich gesagt, daß er es nicht aushalten könne, und Moses verspricht erneut, nichts mehr zu sagen. Dann begegnen sie einem wunderschönen jungen Mann, den Khidr tötet, und wieder beanstandet Moses dies und wieder erhält er einen scharfen Verweis. Dann läßt Khidr die Mauern einer Stadt zusammenstürzen, so daß die ganze Stadt in Gefahr ist, und wieder kann Moses seinen Mund nicht halten. Dann sagt Khidr, daß sie sich trennen müssen, erklärt ihm aber vorher, was er getan habe: Er versenkte die Boote, weil er wußte, daß eine Flotte von Seeräubern vorhatte, sie anzugreifen und zu stehlen; so aber konnten die Boote wieder gehoben und repariert werden. Der junge Mann sei dabei gewesen, einen Mord zu begehen, und Khidr bewahrte ihn durch seine Tat davor, seine Seele zu verlieren. Er ließ die Mauern der Stadt zusammenstürzen, weil unter ihnen ein Schatz verborgen lag, der jetzt gefunden würde und einigen armen Leuten gehöre. So ist Moses gezwungen, einzusehen, wie sehr er das Tun Khidrs mißverstanden und mißdeutet hat. Dieser läßt sich als Symbol einer sonderbaren höheren Weisheit des Unbewußten deuten, die unser rationales Bewußtsein nie erreichen kann. Das Ich-Bewußtsein kämpft unaufhörlich und weist die größere Weisheit des Unbewußten zurück, die schlangenähnlich auf Umwegen daherkommt und Dinge in Betracht zieht, von denen wir nichts wissen, so daß wir uns immer dagegen auflehnen.
Der Treue Johannes ist wie Khidr: er ist eine Verkörperung des göttlichen Prinzips im Unbewußten, das ein großes Wissen besitzt, und darum wird er vom neuen Bewußtseinsprinzip, das

der Prinz verkörpert, mißverstanden. Die Gestalt des Johannes gibt eine verblüffende Parallele ab zur alchemistischen Gestalt des Merkur, dem Freund des Königs, dem nahen Freund des Alchemisten, der manchmal als Diener, manchmal als Herr dargestellt wird. Merkur erbittert ebenfalls den Alchemisten durch seine sonderbaren Ideen und sein paradoxes Verhalten, so daß der Alchemist sich oft als Narr vorkommt, wenn er sich mit Merkur zu befassen versucht, denn Merkur spielt immer Tricks – und das ähnelt der Personifizierung des Unbewußten in der Figur des Dieners Johannes. Denn sein erster Rat wirkt sehr »alchemistisch«. Er läßt den Prinzen goldene Tiere machen, Vögel und Fische, Gefäße und Werkzeuge, welche die Prinzessin für ihn einnehmen sollen. Was mag das bedeuten?

In primitiven Stämmen werden oft »Geisterfallen« hergestellt, um die Geister der vor kurzem Verstorbenen zu fangen und sie am Spuken zu hindern. Die Geister haben, wie die Eingeborenen sagen, ihren Sinn für Raummaße verloren, und darum stellen die Eingeborenen kleine Modelle der Häuser her, in denen die Verstorbenen vorher lebten, und stellen diese kleinen Häuser zwischen Grab und früherem Haus auf. Der Geist tritt in das Modell ein und bemerkt nicht, daß es nicht das wirkliche Haus ist. Durch eine ähnliche Art von Magie soll die Prinzessin vom Goldenen Dach angezogen werden. Es ist eine Art magischer Handlung, durch welche die Prinzessin des Goldenen Daches angelockt wird.

Die moderne psychologische Parallele wäre die sogenannte aktive Imagination, durch die man die Inhalte des Unbewußten buchstäblich anlocken kann. Wenn es einem gelingt, entweder durch Malen, Schreiben, visuelle Vorstellung, Tanzen oder Musik usw. die richtige Art von Symbol hervorzulocken, kann man bis zu einem gewissen Grad das eigene Unbewußte »konstellieren«. Das Erlangen der Beziehung zwischen Bewußtsein und Unbwußtem ist sonst ein relativ langsamer Prozeß. Wenn z. B. jemand mit einer bestimmten Bewußtseinshaltung einen Traum hat, den wir interpretieren, erfolgt, falls die Interpretation korrekt ist, eine Reaktion, und das Bewußtsein ändert seine

Haltung oder Vorstellung. Die Tatsache, daß das Bewußtsein sich geändert hat, beeinflußt den nächsten Traum, und es erfolgt so eine langsame Wechselwirkung zwischen beiden. Wenn aus bestimmten Gründen der Prozeß beschleunigt werden muß oder der Druck des Unbewußten so groß ist, daß man etwas mehr tun muß, um das Bewußtsein vor Überschwemmung zu retten, oder wenn das Bewußtsein blockiert ist, dann versuchen wir, das Unbewußte direkt hochkommen zu lassen. Diese Bemühung hat eine konstellierende Wirkung auf unbewußte Prozesse. Ich war völlig verblüfft, als ich zum erstenmal bemerkte, wieviel mehr man durch aktive Imagination als durch Träume in der Analyse erreichen kann.

Ich hatte einen Patienten, der trank und innerlich wie äußerlich in einer gefährlichen Lage war. Er träumte immer wieder von einem toten Schulfreund, den er als einen Mann beschrieb, der sehr intelligent, aber neurotisch, wenn nicht gar schizophren war. Die geistigen Funktionen dieser Schattenfigur waren nicht in Mitleidenschaft gezogen, aber die ethische Persönlichkeit war zerstört. Er kam in Schwierigkeiten mit dem Gesetz und versuchte Selbstmord zu begehen, und nach der Internierung gelang es ihm auch. Da diese Gestalt fast jede Nacht in den Träumen meines Patienten erschien, sagte ich, er müsse wohl irgendwo eine solche Gestalt in sich tragen (denn er glaubte ebenfalls nicht ans Leben), und es müsse wohl mit seinem Trinken zu tun haben. Als wir zusammenzählten, wie viele Male er von diesem Mann geträumt hatte, so kam es durchschnittlich dreimal pro Woche vor.

Nach einiger Zeit hatte ich genug und sagte, er müsse sich in aktiver Imagination mit dieser Figur auseinandersetzen. Da er in dieser Hinsicht naiv und begabt war, gelang es ihm auf ersten Anhieb. Er fragte seinen »Freund«, warum er ihn ärgere und störe, und dieser antwortete ihm, daß das ganze psychologische Geschäft Schwindel sei und daß der Patient Angst vor Leberkrebs habe und nur seine Haut retten wolle. Es sei nichts dahinter, er sei nur ein Feigling. Der Patient verteidigte sich, war aber nicht annähernd so intelligent wie sein Freund und wußte daher nach einiger Zeit nicht mehr, wie er argumentieren solle. So gab er es auf und sagte, der Freund habe recht. Das war um 5 Uhr nachmittags. Am Abend ging er ins Bett und wachte um 8 Uhr morgens mit einem Herzanfall auf. Er rief den Arzt an, und er starb fast. Der Arzt schaute später nach ihm, machte ein EKG, aber es war ein rein psychologischer Anfall gewesen, der ihn fast getötet hatte, sein Herz war nicht krank.

Wieder stieg er in die aktive Imagination ein, und ich sprach ihn darauf an, daß er »die Argumente des Herzens« vergessen habe. Der Freund hatte ihn durch seine Beweise auf einer intellektuellen Basis gehalten, wo es immer Pro und Kontra gibt, aber es besteht ja die Möglichkeit der Wahl, und sie verlangt Herz oder Gefühl. Ich bat ihn, erneut zu beginnen. So sagte er zu seinem Freund: »Ich habe darüber nachgedacht.« »O nein«, antwortete dieser, »du hast darüber mit deiner Gouvernante in Zürich gesprochen.« Er hatte diese Art von destruktivem Witz. Doch der Patient erwiderte, der Herzanfall sei sein eigener gewesen, trotz der Unterredung in Zürich, und es sei die Unterhaltung mit ihm gewesen, der sein Herz nicht habe standhalten können. So war er diesmal auf der Hut, und die Unterredung endete damit, daß der andere nichts mehr zu sagen wußte. In der gleichen Nacht träumte er, er sei auf der Beerdigung des Freundes. Für ihn war der Freund also erst jetzt gestorben.

In der danach folgenden Analyse, die eineinhalb Jahre dauerte, tauchte diese Gestalt statt dreimal pro Woche nur noch einmal auf. So hat die aktive Imagination, in der richtigen Weise durchgeführt, durchaus einen Einfluß auf das Unbewußte. Sie hat eine viel stärkere Wirkung als Traumdeutung, und der erwähnte Fall verdeutlicht, wie das Hervorrufen der stimmigen symbolischen Gestalt in einem symbolischen Dialog den zynischen Schatten in Ketten legte und einen wirklichen Einfluß auf das Unbewußte ausübte. Natürlich findet das auf der gleichen Ebene statt wie die jahrhundertealte Magie, die schon immer benutzt wurde, um eine psychologisch bedingte Situation zu beeinflussen – es ist wirklich die gleiche Praxis –, aber Magie hat einen äußeren Zweck. Wäre dieser Mann jemand mit mittelalterlicher Geisteshaltung gewesen, hätte ich gesagt: von jenem zynischen

Freund so häufig zu träumen, würde bedeuten, daß er ihn als Geist verfolge. Da er jedoch ein moderner Mann war, wußte er, daß er im eigenen Innern lebte.

Der Unterschied zwischen weißer und schwarzer Magie ist der, daß letztere für egoistische Zwecke benutzt wird. Man sollte aktive Imagination wirklich nur um der inneren Bewußtwerdung einsetzen. Wir haben die Erfahrung gemacht, daß sie, wenn man dabei mit lebenden Personen spricht, diese affiziert, obwohl wir nicht erklären können, wie das vor sich geht. Aber aus diesem Grund ist es gefährlich, und wir halten uns davon fern. Man kann zu seiner Projektion in der lebenden Person sprechen, aber nicht direkt zu dieser selbst. Wenn man jemanden sehr intensiv haßt und daran arbeiten möchte, kann man den Haß personifizieren, aber nicht den gehaßten Menschen.

In der aktiven Imagination muß das Ich sich leermachen und ein objektiver Beobachter sein. Es sollte z. B. sagen: »Nun will ich auf meinen Affekt schauen.« Der erste Schritt ist also der, sich aus der Identifikation mit den Innenvorgängen herauszuhalten. Darum nennen wir die Imagination auch »Auseinandersetzung« = getrennt sitzen und sich mit dem anderen auseinandersetzen. Das erste ist: getrennt sitzen. Das ist eine wunderbare Beschreibung der aktiven Imagination. Ich sitze abseits von meinem Haß oder meiner großen Liebe, und dann unterrede ich mich mit diesem Faktor.

Wenn wir über etwas erregt sind, läuft eine ständige Diskussion in uns ab, aber das ist passive Imagination und völlig verschieden von der schwierigen Kunst, sich abseits von sich selbst zu setzen, aus der Identifikation herauszutreten und die Sache objektiv zu betrachten. Wenn Menschen aktive Imagination stundenlang machen können, ist sie sicher falsch. Wenn sie in der richtigen Weise vollzogen wird, ist man nach zehn Minuten erschöpft, denn es ist eine wirkliche Anstrengung und kein »Loslassen« – letzteres ist nur passive Imagination.

6 Die Rückkehrschwierigkeiten

Nachdem sie die Prinzessin entführt hatten, sind der König und seine Braut und Johannes zusammen auf dem Schiff, und alles scheint in Ordnung. Aber dann hört der Treue Johannes die Unterhaltung zwischen den drei Raben, welche die Gefahren und die Schritte, die dagegen unternommen werden können, voraussagen und die außerdem kundtun, daß derjenige, der den König rettet, versteinert werden wird, wenn er aussagt, was er weiß, ist vollkommenes Vertrauen gegenüber dem Treuen Johannes erforderlich, der gleiche blinde Glaube, den Khidr von Moses forderte, ohne Fragen nach dem Warum oder Weshalb oder Pünktchen auf dem I. Der Treue Johannes, der befürchtet, daß der König diese Lage nicht akzeptieren und seinen Handlungen nicht trauen wird, entschließt sich trotzdem, ihn zu retten.
Die Unterhaltung der Raben könnte ich überspringen, weil sie der der beiden Krähen am Galgen ähnlich ist, aber die Triade selbst kann ich nicht übergehen. Wir haben hier eine Triade von Raben – Vögeln, die dem Sonnengott zugehörig sind und zur Weissagung herangezogen werden. Daher stehen sie in Verbindung mit parapsychologischen Ereignissen und Telepathie. Sie können in die Zukunft schauen und geheime Gedanken lesen. Sie verkörpern mehr das männliche Prinzip, während die Krähen für das weibliche Prinzip stehen.
Wir haben hier eine Anspielung auf alle Götter-Dreiheiten, die es in der vorchristlichen Zeit in germanischen und keltischen Traditionen gab und die später zu der christlichen Dreieinigkeit in Beziehung gebracht werden. In Dantes »Inferno« hat z. B. der Teufel drei Köpfe, die in drei Richtungen schauen und die von C. G. Jung als Spiegel der oberen Dreiheit, d. h. der Trinität, angesehen werden. Die doppelte Dreiheit wäre dann das Symbol der eigentlichen Ganzheit Wenn man ein Quadrat in zwei

Hälften aufteilt, hat man das christliche Gottesbild als obere Dreiheit und die Höllendreiheit als untere. Darum erscheint die Unterwelt in der Folklore, die die christliche Position kompensiert, oft als eine heidnische Triade, die hier mit Wotan zu tun hat.

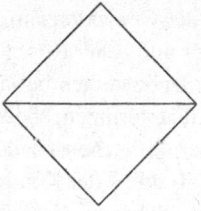

Die Raben besitzen noch eine allgemeinere Eigenschaft, nämlich weder gut noch böse zu sein, sondern reine Natur: sie drücken die Wahrheit in ähnlicher Weise aus wie das Unbewußte. Es ist natürlich anthropomorph, das Unbewußte gütig zu nennen, denn es steht dem Bewußtsein an, ethische Entscheidungen zu treffen. Da die Raben zueinander und nicht zu Johannes direkt sprechen, existiert kein Plan des Unbewußten, das Bewußtsein zur Einsicht zu bringen. Sie unterhalten sich einfach, und man kann lauschen oder nicht. Es ist, als ob das Unbewußte zur Rettung des Königs keine Stellung bezöge.
Aber der Treue Johannes beschließt, ihn zu retten. Die drei Gefahren dabei sind: 1. das rote Pferd, das den König verleiten könnte, auf es zu springen, und das dann in die Luft fliegen und verschwinden würde, weshalb es mit der im Halfter steckenden Pistole niedergeschossen werden muß; 2. das Hochzeitshemd, das den König verbrennen würde, wenn er es anzöge; 3. die drei Tropfen Gift in der Brust der Braut.
All diese Gefahren sind verknüpft mit der Rückkehr zum Ausgangsort der Reise. In Märchen geht ein Mann oder eine Frau oft in ein weit entferntes Reich – eine tiefere Ebene des Unbewußten –, und wenn er zurückkehrt zum Ausgangsort, dann gibt es spezifische Gefahren. Obwohl auch auf dem Weg zum Ziel Gefahren lauern, sind diejenigen auf dem Rückweg im allgemeinen von anderer Art als auf dem Hinweg. Wir müssen also

überlegen, was diese verschiedenen Ebenen des Unbewußten zu bedeuten haben.

Die meisten Märcheninterpreten nehmen das Überqueren des Ozeans zur Prinzessin vom Goldenen Dach leichthin als ein Hineingehen ins Unbewußte, aber das kann nicht stimmen, denn von Anfang an sind alle Charaktere im Unbewußten. Da aber König, Treuer Johannes und neuer König von unserem Gesichtspunkt aus sich alle im Unbewußten befinden, können wir diese Tatsache nicht einfach überspringen, sondern müssen uns fragen, was diese verschiedenen Bereiche zu bedeuten haben. In einigen Märchen gibt es mehr als drei – der König geht in ein Königreich nach dem anderen, folglich haben wir nicht nur mit zwei, sondern mit drei, vier oder fünf Königreichen zu rechnen – Stationen auf dem Weg des Helden. So gesehen hat das Königreich, in dem die Märchen-Handlung beginnt, zwar wirklich mit der bewußten Einstellung zu tun, aber *es spiegelt sie aus der Sicht des Unbewußten*.

Wir wollen Bewußtsein hier als die Schicht des kollektiven Bewußtseins verstehen, das kollektive Bewußtsein, wie es sich selbst anschaut. Wir versuchen uns unsere bewußte Lage immer zu vergegenwärtigen, indem wir über sie innerhalb ihres eigenen Bereiches sprechen. Wenn wir aber anfangen, Träume oder Arbeiten von Künstlern anzuschauen, die ihre Inspirationen direkt vom Unbewußten her ohne Reflexion aufs Papier bringen, dann erhalten wir ein anderes Bild von der Situation: ein gespiegeltes, eine Art Photographie, in der das Unbewußte das Bewußte anschaut. Man könnte sagen, daß alle Träume diesen Gesichtspunkt einnehmen. In einer Traumsituation führt man sich vielleicht wie ein Narr oder wie ein Held auf, und dann sagt man, man sehe sich selbst nicht als solchen, aber das Unbewußte sieht einen so – es ist die Photographie unseres Ich, vom Unbewußten her aufgenommen. Das ist ein Aspekt, unter dem diese Photographie im allgemeinen die Eröffnungssituation des Märchens darstellt: *es zeichnet die bewußte Situation aus dem Blickfeld des Unbewußten*. In der ersten Photographie siecht das Prinzip des Bewußtseins dahin oder liegt im Sterben. Wenn ein düsterer Zeitungsartikel behauptet, daß unsere Kultur der Erneuerung bedarf, kann das stimmen oder auch nicht. Aber hier sagt die Photographie, daß es so ist, der alte König liegt im Sterben, das Bild der Anima wurde zurückgewiesen und entfernt usw. Dann gibt es den anderen Bewußtseinsbereich, nämlich das Königreich der Anima, zu dem die Menschen per Schiff über das Meer fahren. In dieser Situation wird das Bild der Anima nur als ein Abbild (Porträt) gesehen – nicht in dreidimensionaler Wirklichkeit. Und da es als psychologische Realität nicht mehr lebendig ist, wird es aus dem Bewußtsein entfernt und in das Königreich der Anima verbannt. Die Rückkehr-Gefahren sind somit ein Versuch, die beiden Bereiche wieder zu vereinen.

Diese Bewegung ließe sich mit der Entwicklung eines Menschen in der Analyse vergleichen: Wenn jemand eine Analyse beginnt, bringen die Träume oft eine völlig fremde Welt mit Anima und Schatten zutage, und dann bespricht man diese Dinge, was eine gewisse Isolierung dieser Inhalte voraussetzt. Daher sagt man, daß die Analyse keine Beziehung wie im normalen Leben ist, sondern eine Beziehung besonderer Art zwischen zwei Menschen, die sich auf das Unbewußte konzentrieren und andere Fakten des Lebens dabei ausklammern. Der Analysand kann z. B. von Schwierigkeiten mit seiner Frau sprechen oder mit dem Beruf usw., aber der Analytiker läßt den Außenaspekt der Situation weitgehend unbeachtet und betrachtet sie statt dessen von innen her. Dieser relative Ausschluß der äußeren Situation läßt sich dem alchemistischen Prozeß vergleichen, der in einer Retorte oder einem Gefäß abläuft. Es ist eine eher künstliche Situation, in der die Probleme als ein innerer Traum im Individuum angeschaut werden, und diese Perspektive zwingt die Angelegenheit in ein Gefäß. Wir schaffen diese künstliche Situation zum Zweck der Introversion.

Manchmal versuchen Interpreten auch, Märchen als zeitgebundene Erscheinungen zu betrachten, in denen das kollektive Bewußtsein altert und stirbt, aber ich glaube das nicht. Wenn man viele europäische, japanische, chinesische und afrikanische Märchen analysiert hat, kommt man zu dem Ergebnis, daß es so etwas wie eine Grundstruktur des Märchens gibt, die ewig ist. Immer ist da der Zauberer, der Prinz und der König, die Hexe und das hilfreiche Tier, aber die jeweils spezifische Situation stellt eine Antwort auf die jeweils besondere Bewußtseinslage dar. Wenn man daher europäische mit japanischen Märchen vergleicht, findet man die gleichen Figuren, aber in einer unterschiedlichen Zusammenstellung, und wenn man tiefer einsteigt, kann man erkennen, daß sich ein japanisches Märchen nicht interpretieren läßt, ohne daß man die japanische Kultur und die bewußte Situation Japans kennt, auch nicht einfach von der äußeren Situation, sondern vom kollektiven Bewußtsein der Japaner her, und dann erst versteht man das Märchen. Ich möchte sogar so weit gehen, zu behaupten, daß wir fähig sein sollten, Märchen zu *datieren*, aber ich muß gestehen, daß es mir selbst nicht immer gelingt und daß ich nicht genauer als innerhalb eines Spielraumes von 200 bis 300 Jahren datieren kann, da die Märchen – im Vergleich zur Geschwindigkeit bewußter Entwicklung – einen relativ langsamen Prozeß beschreiben. Weil der allmähliche Verfall unserer christlichen Symbolik sich schon fast tausend Jahre hinzieht, können wir seitdem auch unbewußte Veränderungen beobachten. Wenn man ein Märchen vor sich hat, welches das christliche Bewußtsein kompensiert, dürfte es daher schwierig sein, es zeitlich genau in diesen Prozeß einzuordnen, obwohl ich meine, wir könnten es bei diesem Märchen hier ziemlich genau tun, worauf ich später noch zurückkommen werde. So stellt das Unbewußte, wenn es eine Photographie der Bewußtseinslage macht, diese einerseits in den Rahmen einer mehr ewigen, allgemeinen Situation, wie z. B. die des alten sterbenden Königs; und das ist ganz natürlich, denn Kulturen erlagen immer einem Verfall und kamen, sub specie aeternitatis, immer an ein Ende. Der alte sterbende König entspricht einer klassischen Situation im menschlichen Leben; dann tauchen spezifische Veränderungen auf, die eine Wandlung zu garantieren vermögen.

In einer persönlichen Analyse reagieren Träume zum Teil auf besondere Weise, und dann enthüllt das Unbewußte die unbewußte Situation und stellt sie als ein ewiges Problem dar, aber als eines, das auch die strukturellen Zeichen der Zeit trägt. Weder ein Traum noch ein Märchen ist völlig unbewußt. Man kann korrekterweise Träume als Produkte des Unbewußten bezeichnen, aber sie sind eigentlich ein Phänomen an der Grenze zum Bewußtsein – nur jene, die man nicht erinnert, sind ganz unbewußt. Märchen haben also Anteil an der Zeitlosigkeit des Unbewußten und der relativen Zeit des Bewußtseins, da auch sie nicht völlig im Unbewußten liegen.

Die Schwierigkeit auf der Rückreise im Märchen liegt darin, daß man, um an das entferntere Problem des Unbewußten heranzukommen, die äußere Realität zuerst ausklammern muß. Obwohl die Menschen in jener Zeit oft auf äußeren Lösungen bestehen, ob sie heiraten oder ihren Beruf wechseln sollen – aber das ist eben nicht das Wichtigste. Wir müssen zuerst den unbewußten Prozeß bewußtmachen, und wir können ihn nicht voreilig der äußeren Situation wegen einengen. Sehr rationale Patienten werden immer darauf bedacht sein, daß die Trauminterpretation genau und einseitig aufs Äußere gerichtet ist, und sie werden schockiert sein, wenn sie undeutlich und symbolisch bleibt. Sie möchten in wenigen Worten wissen, was genau und korrekt gemeint ist, denn sie möchten ihre Situation auf intellektuellem Weg lösen.

In einem solchen Fall muß man als Analytiker auf seiner Interpretation bestehen, die Sache in ihrem eigenen Bereich belassen und sie nicht in äußere Lösungen hineinzwängen. Dann kann man die innere Ebene erreichen und darin leben.

Aber dann kommt die »Schwierigkeit des roten Pferdes«, die darin besteht, daß selbstverständlich die äußere Realität sich nicht geändert hat und das Problem der praktischen Bedeutung der Träume bestehenbleibt. Das kommt z. B. beim ausländischen Analysanden vor, der hierherkommt und seine Familiensituation auf einer psychologischen Ebene bearbeitet. Dann geht er zurück und fragt sich, ob die ganze Angelegenheit nicht zusammenbrechen wird, wenn er nach Hause kommt, aber infolge seiner eigenen Veränderung ist auch die Situation eine andere. Manchmal sagt dann ein Analysand, wenn er nach Hause kommt:

»Meine Mutter muß sich in der Zwischenzeit geändert haben«, und er merkt nicht, daß er selbst sich verändert hat und daß dies die gesamte Situation verändert. Dasselbe geschieht mit Leuten, die am gleichen Ort leben: Wenn man sich nach einiger Zeit der Außenwelt wieder zuwendet, dann gibt es die Schwierigkeit der Rückkehr – und die Frage erhebt sich, wie die Verbindung zum äußeren Leben sich wiederherstellen läßt. Obwohl es nützlich ist, die psychologische Situation nur psychologisch anzuschauen, muß man sich nach einiger Zeit mit beiden konfrontieren, so daß dann die Gefahr besteht, daß neue Krisen und Probleme sich entwickeln. In unserer besonderen Situation hier wurde in dem Bereich, der die bewußte Situation spiegelt, die Anima nur als ein Bild anerkannt, nicht als eine dreidimensionale lebendige Wirklichkeit, und nun tritt sie wirklich auf. Da geht dann das rote Pferd des Affektes los.

Der König und der Treue Johannes trafen die lebendige Wirklichkeit im Zwischenreich, in dem zeitlosen Bereich des Unbewußten. Wenn in einer persönlichen Situation ein Mann keine Beziehung zu seinen tieferen Gefühlen und emotionalen Schichten hat, lebt die Anima nicht für ihn, er hat nur ethische Gesichtspunkte. Man trifft öfter Männer, die eine Bild-Beziehung zum Unbewußten haben. Sie können die Tatsache akzeptieren, daß das Unbewußte voll von Symbolen und Motiven ist, aber wenn man versucht, sie davon zu überzeugen, daß dies das Leben beeinflußt und auf das Bewußtsein wirkt, daß es ein eigenes Leben besitzt und daß die Anima einen krank machen kann, wenn man nicht das Richtige unternimmt, dann kommt ihr Rationalismus zum Vorschein, denn sie können nicht akzeptieren, daß das Unbewußte sie krank machen oder in ein Auto laufen lassen kann. Nehmen wir an, ein Mensch in einer Borderline-Situation hört Stimmen. Wenn man ihm sagt, daß sich in ihnen das Unbewußte äußert, kann er das akzeptieren, denn das ist eine gute Sache, weil er damit vorgeben kann, daß dies keine pathologische Angelegenheit ist, die nur auf ihn zutrifft. Aber wenn man ihm sagt, daß die Stimme als eine große Autorität anzusehen ist, der Gehör geschenkt werden muß, ist oft eine Krankheit oder ein

Unfall erforderlich, bevor er nachgibt, denn das wäre eben ein Schritt weiter.

Künstler sind oft bereit, die Vorstellung von einem Unbewußten zu akzeptieren, das die Inspiration bereitstellt, die sie in ihr Malen oder Schreiben umsetzen, aber sie haben oft furchtbare Angst vor einer Analyse. Sie behaupten, sie würde ihre Kreativität zerstören. Ihre wirkliche Furcht besteht jedoch darin, daß sie das, was sie gemalt haben, als Realität ansehen müßten, und sie fürchten, daß dann die Statue der Göttin Venus, die sie gemeißelt haben, von ihrem Sockel herunterkommen und sie umarmen könnte. Sie glauben, daß *sie* sie geschaffen haben und daß sie deshalb kein Recht hat, sich zu bewegen, denn sie ist *ihr* Produkt und darf sich nicht anmaßen, lebendig zu werden und nach ihnen zu greifen. Sie anerkennen das *Bild,* erlauben ihm aber keine lebendige Realität, die dann in ihr Leben einbrechen könnte. Das gibt uns einen Hinweis auf das Datum des Märchens. In einer solchen Situation taucht das »Rückkehr-Problem« auf, wenn man fragt, wie sich das Bild mit der aktuellen Wirklichkeit, mit dem Leben verbindet. In diesem Fall wurde die Anima als ein Bild der Anima vom Goldenen Dach, hoch oben, zwar anerkannt, während das rote Pferd den anderen Aspekt der Anima bedeutet. Die Anima existiert und hat sexuelle Anziehungskraft, aber am anderen Ende verkörpert sie auch etwas Göttliches. Dantes Beatrice wäre die Prinzessin vom Goldenen Dach am oberen Ende, und eine mit dem Teufel tanzende Hexe die am unteren Ende. Die heilige Maria und die große Hure von Babylon sind beides Bilder der Anima. Als Prostituierte ist sie anziehend für das andere Geschlecht, meint emotionale Anziehung, Trieb, und am oberen Ende bedeutet sie all das, was Dante über Beatrice sagt. Es gibt die himmlische und die profane Venus, die göttliche und die gewöhnliche. Das Symbol der einen ist die Taube, das der anderen der Sperling. Die Anima, die diese Dualität enthält, ist weder intellektuell noch körperlich, sondern steht aufgrund ihres eigenen Wesens zwischen den Gegensätzen. Ein Mann wird zerrissen zwischen den beiden Aspekten, zwischen der allgemein wohlbekannten Anziehung durch das andere

Geschlecht und all ihren emotionalen Mechanismen und der inneren Erfahrung von höchstem Rang.

Jung berichtet in seiner Vorlesung über Gerard de Nerval, wie dieser sich leidenschaftlich in eine Pariser Midinette verliebte. Sie schien ihm eine Göttin zu sein. Aber französischer Realismus und Nervals eher zynische und gewöhnliche Vorstellungen über die Liebe packten ihn zur gleichen Zeit, und er nannte sie »eine gewöhnliche Person unseres Jahrhunderts«, weil er das Paradox, daß die kleine gewöhnliche Frau die Göttin sein könnte, nicht zu fassen vermochte. Er lief von ihr weg, und in seinem Werk »Aurelia« beschreibt er, wie er träumte, er ginge in einen Garten, in dem eine Statue einer Frau auseinandergebrochen war, d. h. seine Seele war versteinert und auseinandergebrochen durch das, was er dem Mädchen angetan hatte, indem er weglief.

Eine andere Frau versuchte die Situation zu retten. Sie glaubte, die Liebesgeschichte habe mit seinem Kummer zu tun, und arrangierte ein Treffen zwischen den beiden; das Mädchen kam zu ihm, sie schüttelten sich die Hände, und er erhielt einen furchtbaren Schock aufgrund des traurigen Vorwurfs in ihren Augen – aber es war nicht möglich, beide wieder miteinander zu versöhnen. Das Mädchen starb bald, und er erhängte sich. Das ist ein gutes Beispiel dafür, wie jemand zum tragischen Opfer seiner eigenen Unfähigkeit wird, den paradoxen Aspekt der Anima auszuhalten: sie ist eine lebendige Seele, die zwischen den zwei Welten lebt, sie ist weder »Göttin« noch gewöhnliche Frau, sie ist eine lebendige Kraft, die in den verschiedenen Schichten der Realität erscheint. Wenn wir sagen: so ist eben die Anima und so will sie verstanden werden, wird der Mann fragen: »Gut, aber soll ich mit ihr ins Bett gehen oder sie verehren und mich von ihr fernhalten?«, denn das Bewußtsein will stets festhalten, was etwas genau ist. Man muß sich aus dieser Sache heraushalten, die Frage nicht beantworten, sondern sagen, daß die Anima eine lebendige Kraft ist, die so verehrt werden muß, wie sie ist, und man muß warten, welcher andere Angelpunkt sich noch ergibt. Aber das Bewußtsein fragt: »Soll ich sie anrufen oder nur von der inneren Seite her sehen?« Das ist ein rationales Problem, denn die andere Situation kommt immer dann hoch, wenn das Bewußtsein nur ein »Entweder-Oder« gelten läßt. Dann werden die Leute verrückt, weil die bewußte Einstellung sie zu solcher Einseitigkeit verführt hat und sie nicht auf der anderen Seite lassen konnten, was dorthin gehörte.

In unserem Märchen geschieht der erste Versuch, die Anima aufzufinden, zweckmäßig durch die goldenen Bilder. Wenn der Treue Johannes versucht hätte, sie zu rauben, wäre es nicht gelungen – man mußte sich ihr in angemessener Weise nähern, um sie von ihrer Höhe herunterzulocken – aber an Land macht sich nun das rote Pferd los und trägt den König weg. Das ist ein Ausbruch des instinktiven sexuellen Triebes, der hier symbolisiert wird. Obwohl das im Märchen nicht erwähnt wird, ist das rote Pferd selbstverständlich ein Aspekt der Prinzessin selbst: sie konstelliert jetzt den animalischen Bereich, jedoch dürfen wir die Tatsache nicht übersehen, daß es ein Pferd ist. Es führt den Reiter nicht in einen Sumpf, was zum sexuellen Trieb gehören würde, sondern in die Lüfte – als eine Art Pegasus, der von der irdischen Wirklichkeit wegführt. Wenn körperliche Leidenschaft wirklich von der Anima getragen wird, führt sie nicht zur Realität, denn die Anima ist ein Bild, und infolge ihrer göttlichen Qualität führt sie zu Besessenheit und Unwirklichkeit – eine Gefahr, die sich immer dann erhebt, wenn jemand die Anima berührt. Diese Besessenheit läßt sich nur durch brutales Dazwischentreten unterdrücken. Im Märchen haben wir eine besondere Situation, und die einzige Lösung besteht darin, das Pferd niederzuschießen – eine radikale Operation, die in der Analyse der Aussage entsprechen würde: »Dies oder jenes kommt nicht in Frage!« Obwohl nicht der junge König das Pferd erschießen muß, sondern der Treue Johannes, der die transzendente Funktion verkörpert, bringt diese Krise ihn dennoch auf eine höhere Bewußtseinsstufe, aber nicht sein Bewußtsein fällt die Entscheidung, sondern das Unbewußte gebietet sich selbst Einhalt.

Interessanterweise trägt das Pferd selbst das Gewehr auf sich. Freud war der Ansicht, die Instinkte seien einseitig und das Bewußtsein hätte mit ihnen umzugehen oder sie zu sublimieren.

Jung dagegen nahm an, daß der unbewußte Trieb seine eigene Möglichkeit, sich zu opfern, in sich trägt.[2] Wenn wir die animalische Natur ansehen, scheint das so offensichtlich, denn Tiere treiben die Sexualität nie zu weit, ebensowenig Essen und Kampf, es sei denn unter gestörten Bedingungen. Das heißt, daß in der Natur die Instinkte ihre eigene Hemmschwelle haben. Kein Trieb überbordet. Alle enthalten die innere Möglichkeit, geopfert zu werden. Dasselbe trifft für menschliche Triebe zu, denn sie werden gehemmt und nur dann manisch, wenn das Bewußtsein in seiner Einseitigkeit auf falsche Weise eingreift. Nehmen wir den Pfarrerssohn, der in einer Universitätsstadt verwildert, d. h. dessen rotes Pferd sich losmacht. Wenn er kein Intellektueller ist und nicht der Neurose verfällt, wird er diese Art Leben nach einiger Zeit müde und wünscht sich eine dauerhaftere Beziehung und Zeit für sein Studium. Der erste Ausbruch kommt bald zum Stillstand. Sollte er aber ein Advokat der freien Sexualität werden, dann wird er übertreiben und weit über das Natürliche hinausgehen. Solche Leute mögen die ersten Anzeichen zur Bändigung ihrer Sexualität erkennen, aber wenn sie dabei beharren, kann ihre Natur sie impotent werden lassen. Ich erlebte das mehrfach. Es ist, als würde das Pferd vom Unbewußten her niedergeschossen, das sagt: Wenn du nicht zuhörst, werde ich das Pferd niederschießen. Sexualität, die durch sich selbst gehemmt wird, ist etwas sehr Brutales, sie kann durch eine Form von Krankheit zum Erlahmen kommen. Eine Analyse hätte dann gezeigt, daß die Natur Hemmschwellen auferlegen wollte, und daß die Situation, die Opfer forderte, nicht beachtet wurde: Der Drang zur Individuation durch Opfer hindurch kann den einseitigen instinktiven Trieb, der zu weit vom mittleren Weg abweicht, einhalten.

Der Instinkt hat das Wesen einer Alles-oder-Nichts-Reaktion, und das Bewußtsein muß dann dazwischentreten, indem es zu einem gemäßigten Gebrauch des Instinkts anleitet. Außer unter

---

[2] Zu Jungs Ausführungen über das Opfer: Symbole der Wandlung. Gesammelte Werke (GW) V, 1981, S. 501 ff.; Das Wandlungssymbol in der Messe. GW XI, 1979, S. 290 ff.

sexuellem Aspekt, könnten wir es noch an der Aggression verdeutlichen. Sehr aggressive Menschen rennen im allgemeinen ihren eigenen Kopf gegen die Wand. Sie erhielten Schläge auf den Kopf von Eltern und Erziehern und lernten auf diese Weise Unterdrückung. Sie lernen die zerstörerische Natur ihrer Aggression kennen und unterdrücken sie deshalb, aber später zeigt ihnen die Analyse, daß sie sie irgendwie wieder befreien sollten. Solche Leute wissen nicht, wie sie zurückschlagen können. Sie gestehen, daß sie dann zu weit gehen würden, weshalb sie lieber nichts tun, und dann werden sie selbstverständlich die Benachteiligten und bauen Ressentiments auf, da sie unter ihrem eigenen Niveau leben, oder sie entwickeln Verfolgungsideen. Oder sie werden wieder aggressiv, gehen dabei zu weit und sagen dann, sie hätten es lieber nicht versuchen sollen, weil der Versuch immer zu einer Katastrophe führt. Sie müssen lernen, ganz bewußt die Aggression in kleinen Portionen herauszulassen. Den Affekt nach und nach herauszulassen, erfordert mehr Selbstkontrolle als die Alles-oder-Nichts-Reaktion, denn dann nimmt das Bewußtsein teil daran, den für zivilisiertes Verhalten angemessenen Betrag herauszulassen – der mittlere Weg, der zwischen dem Alles-oder-Nichts der Instinkte liegt und der mit dem unbewußten Drang nach Individuation übereinstimmt.

7 Die Große Mutter und die Einheit

Beim »Treuen Johannes« bleibt eine Sache bis zum Schluß ein Geheimnis: warum muß er versteinert werden? Man hat das Gefühl, daß ein Fluch auf dem Grund dieser Geschichte liegt. Da die Ursache aber bis zum Schluß nicht sichtbar wird, möchte ich das Märchen »Die zwei Brüder« hinzunehmen, in dem die verantwortliche Gestalt auch und in enthüllender Weise vor dem Ende versteinert wird.

Wenn wir den Treuen Johannes als Prinzip oder Drang des kollektiven Unbewußten auffassen, ein neues Leitbild des kollektiven Bewußtseins erstehen zu lassen, den »Erschaffer des neuen Königs« und daher als Verkörperung der transzendenten Funktion oder des Selbst, dann erscheint es sonderbar, daß er bei Erfüllung seiner Aufgabe versteinert wird. Aber wenn im Bewußtsein eine falsche Einstellung vorliegt, dann werden die Botschaften des Unbewußten, ob sie gehört oder gesehen werden, mißverstanden, und das Bewußtsein übt eine versteinernde Wirkung auf sie aus. Wenn wir an die Entwicklungen denken, die sich innerhalb unserer christlichen Kultur vollzogen haben, dann ist die Tatsache, daß der junge König und die Königin die Statue in ihr Schlafzimmer stellen, typisch: sie steht dort als eine mahnende Figur, und König wie Königin sind deprimiert und unglücklich, jedesmal wenn sie sie anschauen.

Man könnte sagen, daß Sigmund Freud den versteinerten Treuen Johannes im Schlafzimmer unserer Kultur wiederentdeckt hat, denn das lebende Prinzip des Unbewußten wurde zuerst als zwar existierend entdeckt, aber in versteinerter Form, als etwas, was nicht lebte, nicht assimiliert war. Also bleibt im Schlafzimmer des Königs und der Königin ein ungelöstes Problem. Freud selbst sah nie das schöpferische Lebensprinzip im Unbewußten, sondern verstand es als nicht gelebte Sexualität, etwas, das vom

Bewußtsein verstoßen worden war. Als erster fand er heraus, daß in unserer Kultur ein Stein des Anstoßes sich hauptsächlich in der Beziehung zwischen den Geschlechtern zeigt, aber er kam nicht darüber hinaus, zu versichern, daß diese Blockade existiere – er sah sie nur in ihrem negativen und destruktiven Aspekt und als Ursache für die Traurigkeit von König und Königin. In dieser Situation traf er ihn zuerst an, und das ereignete sich am Ende der christlichen Ära: wir entdeckten ein Prinzip, das ein Stein des Anstoßes im sexuellen Bereich war.

Jung entdeckte dann, daß die Versteinerung, die Blockade, die Personifizierung eines dynamischen Prinzips war – eines Prinzips, das nur wieder zum Leben gelangen und sich als lebendiges religiöses Prinzip zeigen konnte, wenn jemand ihm sein Kind opfert. Die Beziehung zwischen den Geschlechtern ist in gewisser Hinsicht ein Seismograph, der ebenso andere als sexuelle Störungen anzeigt. Die meisten Störungen im sexuellen Leben und in der Beziehung zwischen den Geschlechtern sind von unserem Standpunkt aus nicht so sehr eine Schwierigkeit in sich selbst, als vielmehr Hinweise auf ein viel tiefer liegendes Problem. Gewöhnlich ist z. B. in den Fällen von weiblicher Frigidität das eigentliche Problem eine Animusbesessenheit. Wenn man die Sache nur auf der sexuellen Ebene behandelt, erreicht man nicht ihre viel tiefer liegenden Wurzeln. Jede Art psychologischer Störung zeigt sich hauptsächlich entweder in Problemen der sozialen Anpassung, in der Haltung zum Tod oder in Situationen, wie es z. B. sexuelle Beziehungen sind, d. h. überall dort, wo eine Instinktreaktion nötig wäre, denn diese erfordern die Hilfe der vitalen und wichtigen archetypischen Muster. Es gibt archetypische Situationen, in denen der Mensch seine ganze Persönlichkeit braucht. Wenn er eine neurotische Spaltung hat, offenbart sich das in solchen Situationen. König und Königin können sich nicht bis zum letzten begegnen, weil zwischen ihnen eine versteinerte Figur stets vorwurfsvoll wacht und ihnen solche Schuldgefühle vermittelt, daß sie ihr Zusammenleben nicht genießen können.

Die Versteinerung des Treuen Johannes läßt sich auch überall dort feststellen, wo das leitende Prinzip des Bewußtseins den ewig wechselnden Aspekt des Unbewußten nicht anerkennt, denn diese Fehlleistung des Bewußtseins hat eine versteinernde Wirkung auf das Unbewußte: die Fehlleistung erschafft einen unelastischen und starren Gesichtspunkt. Immer wenn wir über das Unbewußte theoretisieren und Worten mehr als nur beschreibende Funktionen zugestehen, versteinern wir es und machen es ihm unmöglich, sich uns als eine lebendige Kraft zu zeigen. Jede Art Theorie kann es zu einer Salzsäule machen, die nicht mehr die Möglichkeit hat, sich auf ihre eigene Weise zu manifestieren.

In diesem Märchen kann der Treue Johannes aus der Versteinerung noch gerettet werden, und in der Abwesenheit der Königin rät er dem König, die Köpfe seiner beiden Kinder abzuschlagen und das Blut auf seine Statue zu schmieren, worauf er wieder zum Leben gelangen und den beiden geopferten Kindern ihr Leben zurückgeben kann. Diese Kinder müssen mit jenen bewußten Aktivitäten zu tun gehabt haben, die den Treuen Johannes in einem Zustand der Versteinerung festhalten, und deshalb müssen sie getötet werden. Aber wir haben zu bedenken, daß Kinder und keine anderen Figuren betroffen sind, und müssen uns daher anschauen, was die Kinder vom Standpunkt des Königs aus bedeuten. Das Kind ist des Königs zukünftige Lebensmöglichkeit und außerdem das, was er am meisten auf der Welt liebt. Die archetypische Idee des Opfers ist die gleiche wie die in der Geschichte von Abraham und Isaak, denn Abraham hätte sicherlich lieber sich selbst getötet. Das Opfer Isaaks ist der Typus des größtmöglichen Opfers.

An diesem Punkt enthüllt vermutlich der Treue Johannes, was er wirklich verkörpert – ein Gottesbild – denn wir wissen, daß nur Gott jemanden sein eigenes Kind opfern läßt. Andererseits hat das Kind immer eine doppelte Bedeutung: mythologisch kann es das Selbst verkörpern, andererseits – je nach Kontext und Nuance – den infantilen Anteil der Person. Es ist natürlich irgendwo das gleiche, denn man könnte sagen, daß die Verwirklichung des Selbst immer die Erneuerung der Naivität mit sich bringt, die

Ursprünglichkeit und Ganzheit der Reaktion eines Kindes. Aber die Frage lautet: »Bin ich noch kindisch oder muß ich wieder ein Kind werden?« Christus sagte: »Wenn ihr nicht *werdet* wie die Kinder, werdet ihr nicht ins Himmelreich eingehen.« Aber man muß erst erwachsen werden und dann wieder ein Kind. Manchmal kann man feststellen, daß die christliche Kultur es vorzog, zu glauben, man solle wie das kleine Lamm Jesu bleiben, um das Himmelreich zu erlangen, aber was tatsächlich gefordert ist, ist die Erneuerung der unreflektierten Fähigkeit einer ganz lebendigen Reaktion.

In diesem Zusammenhang müssen wir einen Aspekt des infantilen Schattens erkennen und sehen, daß sich hinter dieser bewußten Verhaltensweise eine unreife und kindische verbirgt. Es ist eine Tendenz oder Unfähigkeit, das Paradox zu sehen, die Gegensätze, die im eigenen bewußten Verhalten liegen – eine Tendenz zur Einseitigkeit, die sagt: das ist richtig und jenes falsch. So hält man sich selbst infantil und außerhalb des Konfliktes. Die Dualität des Kindes kann verstanden werden, denn es besitzt den doppelten Aspekt von negativer Kindlichkeit und positiver Spontaneität.

Wenn das Märchen nicht so gelöst worden wäre wie geschehen, hätte sich vermutlich die gleiche alte Situation mit dem König und einem Freund wiederholt, hätte sich dasselbe Problem endlos fortgesetzt, eine sterile Weiterführung des gleichen Konflikts. Anfangs hatte der König nur seinen Wünschen Ausdruck verliehen: er wollte den Inhalt des verschlossenen Zimmers sehen, er wollte das Original des Bildes haben, und der Treue Johannes tat alles für ihn. Aber der König selbst brachte keinen Beitrag für sein eigenes Glück. Wenn man die Geschichte aus dieser Sicht anschaut, könnte man sagen: er kann sich glücklich schätzen, diesen alten Diener gehabt zu haben, der das Leben für ihn lenkte, und daß er das einzige, was er hätte tun können, nämlich dem Treuen Johannes zu vertrauen, nicht fertigbrachte. Vielleicht war auch das günstig, denn da beginnt er zu erwachen. Er fragt: »Warum geschieht das alles?« Und dann sühnt er für seine frühere Passivität, indem er die Kinder opfert.

Psychologisch würde dies das Opfer seiner selbst bedeuten, d. h. die Aufgabe der eigenen Unreife und Infantilität. Das Ich ist an jeder Art von Unsinn mitbeteiligt: aufzugeben, was das Ich für richtig hält und wünscht, sich dem Geschehen anheimzugeben, das ist somit die große Tat. Das Ich opfert dabei nicht wirklich sich selbst, sondern nur seine Infantilität. Daß dies ein wirkliches Opfer ist, wird bewiesen durch die Tatsache, daß der König erschrickt, als er hört, daß er seine geliebten Kinder töten muß. Märchen sind außerordentlich ökonomisch im Gebrauch von Gefühlsäußerungen, und es gibt wenige psychologische oder Gefühlsbemerkungen, aber die Geschichte berichtet, daß er zuerst erschrocken war bei dem Gedanken, seine Kinder zu töten, aber in Erinnerung der großen Taten des Treuen Johannes, der für ihn gestorben war, sein Schwert nahm und sie tötete. Deshalb könnte man sagen, daß er seit der Versteinerung des Johannes eine Entwicklung durchgemacht hat. All die Jahre, seit seine Kinder leben, muß er – solange die Statue in seinem Schlafzimmer stand – gelitten haben, denn immer, wenn er sie sah, weinte er und hätte sie gern zum Leben erweckt, und vermutlich wirkte dies als eine Reifung. So war er, als schließlich Johannes um das Opfer bat, dazu bereit. Der König wurde in seinem Leiden gereift, während die Kinder heranwuchsen, und als die magische Zeit da war und die Statue sprach, kam der König zu dem Entschluß, daß die Rückkehr des Treuen Johannes zur Erde mehr bedeutet als alles andere auf der Welt. Dieser Entschluß entspricht folgendem Problem: Wenn jemand den Kontakt mit der Bedeutung des Unbewußten verloren hat, ist wirklich nichts anderes von Wert außer dem erneuerten Kontakt, der das Verlorene wieder ersetzen kann.

Die Königin war in der Kirche, während das Opfer stattfand. Der König prüft sie und fragt sie bei ihrer Rückkehr, was sie getan hätte. Sie ist mit seiner Tat einverstanden. Daß sie in der Kirche war, würde bedeuten, daß sie noch im Dienst einer wirklich religiösen Haltung stand; für sie ist das anscheinend ein noch lebendiges Prinzip. Sie ist noch in den Armen der Kirche geborgen; ein Teil der Anima ist christlich. Wenn man moderne

Männer in der Analyse hat, die sagen, daß sie nicht an das christliche Dogma glauben, sieht man oft, daß ihre Anima noch zur Kirche geht, denn alle Gestalten des Unbewußten sind in der Zeit zurück. Wir haben alle Schichten in uns: Gestalten, die nicht so modern sind wie unser Bewußtsein. Teile von uns leben noch im Mittelalter, Teile in der Antike, andere Teile nackt auf den Bäumen. Hier wird stillschweigend vorausgesetzt, daß die Anima nicht das gleiche Problem hat, denn sie befindet sich noch im Lehrbereich der Kirche.

Ein anderer Aspekt dieses Problems betrifft den König: er hat alles vom Treuen Johannes erhalten, nun muß er die Schuld bezahlen; was er sich wünschte, bekam er. Selbstverständlich sollte *er* die Schuld bezahlen und nicht die Königin. Die Geschichte der Königin ist normal und undramatisch, ihr Leben wird nicht in die Botschaft des Märchens einbezogen. Frauen sind im allgemeinen nicht so sehr der Gegensätze gewahr, sie können hindurchschlüpfen und, wenn eine Frau keinen Vaterkomplex und sehr starken Animus hat, bietet sich ihr dieses Problem nicht so massiv dar. Eine Frau lebt mehr im Fluß des Lebens, so wie er ist.

Man könnte daher sagen, daß das gleiche für die Frau im Manne gilt: Die Anima ist am Leben interessiert, aber nicht am Problem von Gut und Böse oder der Wahrheit und ihrem Gegensatz, dem Logosprinzip, dem der Mann mehr ergeben ist und das das Problem der Gegensätze akut werden läßt. In der jüdischen Kultur gibt es keine weibliche Göttin, das Gesetz war Gott; entweder folgte man ihm oder nicht, und das schafft das Problem ethischer Verantwortlichkeit. In der griechischen Religion gibt es ebenso viele Göttinnen wie Götter, und das ethische Problem ist nicht so akut, weil die Anima am Leben interessiert ist, was dem mütterlichen Prinzip entspricht.

Als nächstes wollen wir zwei Grimmsche Märchen anschauen, die zueinander parallel laufen: »Die zwei Brüder« und »Die Goldkinder«. In beiden sind die betroffenen Paare gleichrangig, es gibt nicht Diener und König. Aber einer heiratet und der andere bleibt allein, ebenso wie der Treue Johannes allein ist. Wir müssen untersuchen, was das bedeutet.

Die zwei Brüder

Es waren einmal zwei Brüder, ein reicher und ein armer. Der reiche war ein Goldschmied und bös von Herzen, der arme nährte sich davon, daß er Besen band, und war gut und redlich. Der arme hatte zwei Kinder, das waren Zwillingsbrüder und sich so ähnlich wie ein Tropfen Wasser dem andern. Die zwei Knaben gingen hin und wieder in das Haus des Reichen und erhielten manchmal etwas vom Abfall zu essen. Es traf sich, daß der arme Mann, als er in den Wald Reisig holen ging, einen Vogel sah, der ganz golden war und so schön, wie ihm noch niemals einer vor Augen gekommen war. Da hob er ein Steinchen auf, warf nach ihm und traf ihn auch glücklich: es fiel aber nur eine goldene Feder herab und der Vogel flog fort. Der Mann nahm die Feder und brachte sie seinem Bruder, der sah sie an, und sprach: »Es ist eitel Gold«, und gab ihm viel Geld dafür. Am andern Tag stieg der Mann auf einen Birkenbaum und wollte ein paar Äste abhauen: da flog derselbe Vogel heraus, und als der Mann nachsuchte, fand er ein Nest, und ein Ei lag darin, das war von Gold. Er nahm das Ei mit heim und brachte es seinem Bruder, der sprach wiederum: »Es ist eitel Gold«, und gab ihm, was es wert war. Zuletzt sagte der Goldschmied, er wolle den Vogel selbst haben. Der Arme ging zum drittenmal in den Wald und sah den Goldvogel wieder auf dem Baum sitzen: da nahm er einen Stein und warf ihn herunter und brachte ihn seinem Bruder, der gab ihm einen großen Haufen Gold dafür. »Nun kann ich mir helfen« dachte er und ging zufrieden nach Hause.
Der Goldschmied war klug und listig, und wußte wohl, was das für ein Vogel war. Er rief seine Frau und sagte: »Brat mir den Goldvogel und sorge, daß nichts davon wegkommt: ich will ihn ganz allein essen.« Der Vogel war aber kein gewöhnlicher, sondern von so wunderbarer Art, daß wer Herz und Leber von ihm aß, jeden Morgen ein Goldstück unter seinem Kopfkissen fand. Die Frau machte den Vogel zurecht, steckte ihn an einen Spieß und ließ ihn braten. Nun geschah es, daß, während er am Feuer stand, und die Frau anderer Arbeiten wegen notwendig aus der Küche gehen mußte, die zwei Kinder des armen Besenbinders hereinliefen, sich vor den Spieß stellten und ihn ein paarmal herumdrehten. Und als da gerade zwei

Stücklein aus dem Vogel in die Pfanne herabfielen, sagte der eine: »Die paar Bißchen wollen wir essen, ich bin so hungrig, es wird's ja niemand daran merken.« Da aßen sie beide die Stückchen auf; die Frau kam aber dazu, sah, daß sie etwas aßen und fragte, was sie gegessen hätten. »Ein paar Stückchen, die aus dem Vogel herausgefallen sind«, antworteten sie. »Das ist Herz und Leber gewesen«, sagte die Frau ganz erschrocken, und damit ihr Mann nichts vermißte und nicht böse wurde, schlachtete sie rasch ein Hähnchen, nahm Herz und Leber heraus und legte sie zu dem Goldvogel. Als er gar war, trug sie ihn dem Goldschmied auf, der ihn ganz allein verzehrte und nichts übrig ließ. Am andern Morgen aber, als er unter sein Kopfkissen griff, war nichts zu finden.

Die beiden Kinder aber wußten nicht, was für ein Glück ihnen zuteil geworden war. Am andern Morgen, wie sie aufstanden, fiel etwas auf die Erde und klingelte, und als sie es aufhoben, da waren es zwei Goldstücke. Sie brachten sie ihrem Vater, der sich wunderte, wie so etwas passieren konnte. Als sie aber jeden Tag zwei fanden, da ging er zu seinem Bruder und erzählte ihm die seltsame Geschichte. Der Goldschmied merkte gleich, wie es gekommen war, und um sich zu rächen und weil er neidisch und hartherzig war, sagte er zu dem Vater, daß seine Kinder mit etwas Bösem im Spiel seien, er das Gold nicht nehmen und die Kinder nicht länger in seinem Haus dulden solle, sonst würde der Böse ihn ins Verderben bringen. Der Vater fürchtete den Bösen, und so schwer es ihm ankam, führte er doch die Zwillinge hinaus in den Wald und verließ sie da mit traurigem Herzen.

Nun liefen die zwei Kinder im Wald umher und suchten den Weg nach Hause, konnten ihn aber nicht finden. Endlich begegneten sie einem Jäger, der fragte, wohin sie denn gehörten. Und sie erzählten ihm, daß ihr Vater sie nicht länger im Hause hätte behalten wollen und daß alle Morgen ein Goldstück unter ihrem Kopfkissen läge. »Nun«, sagte der Jäger, »das ist gerade nichts Schlimmes, wenn ihr nur rechtschaffen dabei bleibt und euch nicht auf die faule Haut legt.« Der gute Mann nahm sie, weil ihm die Kinder gefielen und er selbst keine hatte, mit nach Hause und sagte, daß er ihr Vater sein wolle. Sie lernten bei ihm die Jägerei, und das Goldstück, das ein jeder beim Aufstehen fand, hob er ihnen auf, wenn sie es in Zukunft brauchten.

Als sie herangewachsen waren, wollte ihr Pflegevater sie den Probeschuß machen lassen, aber es kam kein Wild. Der Jäger sah schließlich eine Kette von Schneegänsen in der Gestalt eines Dreiecks fliegen und wies sie an, die an den Ecken herabzuschießen, was ihnen gelang. Dann kamen noch mehr Gänse angeflogen, die Gestalt der Ziffer zwei, und wieder gelang es den Jungen, die an den Ecken herunterzuholen. Daraufhin sprach der Jäger sie frei, zu ausgelernten Jägern. Abends beim Essen wollten sie keinen Bissen anrühren, bis der Jäger ihnen ihre Bitte gewährt hatte: sie in die Welt ziehen zu lassen. Die Bitte wurde ihnen gewährt, und als der bestimmte Tag kam, schenkte der Pflegevater jedem eine gute Büchse und einen Hund und ließ jeden von seinen gesparten Goldstücken nehmen, soviel er wollte. Beim Abschied gab er ihnen noch ein Messer und sagte: »Wenn ihr euch einmal trennt, so stoßt dies Messer am Scheideweg in einen Baum, daran kann einer, wenn er zurückkommt, sehen, wie es seinem abwesenden Bruder ergangen ist, denn die Seite, nach welcher dieser ausgezogen ist, rostet, wenn er stirbt; solange er aber lebt, bleibt sie blank.«

Die zwei Brüder kamen in einen Wald, so groß, daß sie unmöglich in einem Tag herauskonnten. So blieben sie die Nacht darin und aßen, was sie in die Jägertasche gesteckt hatten; sie gingen aber auch noch den zweiten Tag und kamen nicht heraus. Da sie nichts zu essen hatten, wollten sie sich etwas schießen, und der eine lud seine Büchse und sah sich um. Und als ein alter Hase dahergelaufen kam, legte er an, aber der Hase rief: »Lieber Jäger, laß mich leben, ich will dir auch zwei Junge geben.« Sprang auch gleich ins Gebüsch und brachte zwei Junge; die Tierlein spielten aber so munter, daß die Jäger es nicht übers Herz bringen konnten, sie zu töten. Sie behielten sie also bei sich, und die kleinen Hasen folgten ihnen auf dem Fuße nach. Das gleiche ereignete sich mit einem Fuchs, einem Wolf, einem Bär und einem Löwen und am Ende hatten die Jäger zwei Hasen, zwei Füchse, zwei Wölfe, zwei Bären und zwei Löwen – und immer größeren Hunger. Deshalb führten die Füchse sie zu einem Dorf, in dem sie sich etwas zu essen kaufen und auch ihren Tieren Futter geben konnten, und sie zogen dann weiter. Da sie aber zusammen keine Arbeit finden konnten, sahen sie ein, daß sie sich trennen mußten. Sie teilten die Tiere, versprachen sich brüderliche Liebe bis in den Tod und stießen das Messer, das ihnen ihr Pflegevater mitgegeben hatte, in einen Baum, worauf der eine nach Osten, der andere nach Westen zog.

Der jüngste aber kam mit seinen Tieren in eine Stadt, die ganz mit schwarzem Flor überzogen war. Er ging in ein Wirtshaus und fragte den Wirt ob er nicht seine Tiere beherbergen könnte. Der Wirt gab ihnen einen Stall, wo in der Wand ein Loch war: da kroch der Hase hinaus und holte sich ein Kohlhaupt, und der Fuchs holte sich ein Huhn und einen Hahn; der Wolf aber, der Bär und der Löwe wurden, weil sie zu groß waren und nicht hinaus konnten, vom Wirt gefüttert. Dann fragte der Jäger, warum die Stadt so mit Trauerflor ausgehängt wäre. Und er erfuhr, daß am nächsten Tag die Tochter des Königs sterben müsse, sie müsse einem Drachen gegeben werden, der alle Jahre eine reine Jungfrau bekommen müßte. Alle Jungfrauen seien schon geopfert, und es sei niemand mehr übrig als die Königstochter, und wenn er sie nicht bekäme, würde er das ganze Land verwüsten. Viele jungen Männer hätten schon versucht, den Drachen zu töten, aber alle ihr Leben eingebüßt. Und der König hatte dem, der den Drachen besiegt, seine Tochter und sein Reich versprochen.

Am anderen morgen nahm der Jäger seine Tiere und stieg mit ihnen auf den Drachenberg. Da stand oben eine kleine Kirche, und auf dem Altar standen drei gefüllte Becher und dabei war die Schrift: »Wer die Becher austrinkt, wird der stärkste Mann auf Erden und wird das Schwert führen, das vor der Türschwelle vergraben liegt.« Der Jäger versuchte das Schwert aufzuheben, es gelang ihm aber erst, als er die Becher ausgetrunken hatte. Die Prinzessin, der König und die Hofleute sahen den Jäger auf dem Drachenberg und hielten ihn für den Drachen.

Als die Königstochter oben auf den Berg kam, stand da nicht der Drache, sondern der junge Jäger, der sprach ihr Trost und sagte, er wolle sie retten. Er führte sie in die Kirche und verschloß sie darin. Gar nicht lange, so kam mit großem Gebraus der siebenköpfige Drache dahergefahren. Als er den Jäger erblickte, verwunderte er sich und sprach: »Was hast du hier auf dem Berge zu schaffen?« Der Jäger antwortete: »Ich will mit dir kämpfen.« Der Drache atmete Feuer aus sieben Rachen. Das Feuer sollte das trockene Gras anzünden und der Jäger sollte in der Glut und dem Dampf ersticken, aber die Tiere kamen herbeigelaufen und traten das Feuer aus. Da fuhr der Drache gegen den Jäger, aber er schwang sein Schwert, daß es in der Luft sang, und schlug ihm drei Köpfe ab. Da wurde der Drache erst recht wütend, erhob sich in die Luft, spie die Feuerflammen über den Jäger aus und wollte sich auf ihn stürzen, aber der Jäger zückte nochmals sein Schwert und hieb ihm wieder drei Köpfe ab und schließlich auch den letzten, und seine Tiere zerrissen den Drachen in Stücke. Als der Kampf zu Ende war, schloß der Jäger die Kirche auf, und fand die Königstochter auf der Erde liegen, weil sie während des Kampfes vor Angst und Schrecken ohnmächtig geworden war. Als sie wieder zu sich kam und die Augen aufschlug, zeigte er ihr den zerrissenen Drachen und sagte ihr, daß sie nun erlöst wäre. Sie freute sich und sagte: »Nun wirst du mein liebster Gemahl werden, denn mein Vater hat mich demjenigen versprochen, der den Drachen tötet.« Darauf hing sie ihr Halsband von Korallen ab, und verteilte es unter die Tiere, um sie zu belohnen. Ihr Taschentuch aber

schenkte sie dem Jäger, der ging hin und schnitt aus den sieben Drachenköpfen die Zungen aus, wickelte sie in das Tuch und verwahrte sie wohl.
Weil er von dem Kampf so müde und erschöpft war, schlug er vor, eine Weile zu schlafen, und er trug dem Löwen auf, über ihren Schlaf zu wachen. Aber der Löwe bat den Bären, die Wache zu übernehmen, und der Bär bat den Wolf, der Wolf den Fuchs und der Fuchs den Hasen. Weil der arme Hase auch so müde war und niemanden hatte, den er zur Wache herbeirufen konnte, schliefen alle fest.
Der Marschall aber, der von weitem zugeschaut hatte, nahm, weil er böse und gottlos war, sein Schwert, schlug dem Jäger den Kopf ab und trug die Prinzessin den Berg hinab. Da erwachte sie und erschrak, aber der Marschall sagte, sie befinde sich in seinen Händen und solle sagen, daß er es gewesen sei, der den Drachen getötet hat. Als sie sich weigerte, drohte er, sie zu töten, und zwang sie, es zu versprechen. Der Marschall ging mit ihr nach Hause, sagte, daß er den Drachen getötet habe, und verlangte die Prinzessin zur Frau. Der König fragte die Prinzessin, ob es wahr sei, was er sage. »Ach ja«, antwortete sie, »es muß wohl wahr sein.« Aber sie bat sich aus, daß die Hochzeit erst übers Jahr gefeiert wird, denn sie hoffte, in der Zwischenzeit etwas von ihrem Jäger zu hören. Auf dem Drachenberg aber lagen noch die Tiere neben dem toten Herrn und schliefen. Dreimal kam eine große Hummel und setzte sich auf die Nase des Hasen, und beim dritten Mal stach sie ihn in die Nase, daß er aufwachte. Da weckte er die anderen, und als der Löwe aufwachte und sah, daß die Prinzessin fort war und sein Herr tot, fing er an, fürchterlich zu brüllen und rief: »Wer hat das getan?« Jeder machte ein anderes Tier dafür verantwortlich, die anderen nicht geweckt zu haben. Nur der arme Hase wußte nichts zu antworten, und die Schuld blieb auf ihm hängen. Da wollten sie über ihn herfallen, aber er bat um sein Leben und sagte, daß er eine Wurzel kenne, die alle Krankheit und alle Wunden heile. Und in vierundzwanzig Stunden holte er die Wurzel von weit her. Der Löwe setzte dem Jäger den Kopf wieder an (verkehrt herum) und als der junge Mann sah, daß die Prinzessin nicht mehr da war, dachte er, sie sei vor ihm weggelaufen.
Erst zu Mittag, als er etwas essen wollte, sah er, daß ihm der Kopf nach dem Rücken zu stand, und er fragte nach, was ihm im Schlaf widerfahren war. Dann riß der Löwe dem Jäger den Kopf wieder ab, drehte ihn herum, und der Hase heilte ihn mit der Wurzel fest.
Der Jäger aber war traurig, zog in der Welt herum und ließ seine Tiere vor den Leuten tanzen. Es traf sich, daß er nach genau einem

Jahr wieder in dieselbe Stadt kam, wo er die Königstochter vom Drachen erlöst hatte, und die Stadt war diesmal ganz mit rotem Scharlach ausgehängt. Und er erfuhr, daß des Königs Tochter mit dem Marschall vermählt werden sollte, der sie vor dem Drachen gerettet und diesen getötet hatte.
Und nun mußten alle Tiere helfen. Der Hase mußte Brot von des Königs Tisch bringen, der Fuchs Braten, der Wolf Gemüse, der Bär Zuckerwerk und der Löwe Wein, und immer wenn ein Tier zur Prinzessin kam, erkannte sie es an den Korallen, die sie ihm geschenkt hatte, und sie gab ihm das Gewünschte. Der Jäger und seine Tiere hielten zusammen Mahlzeit und waren guter Dinge, denn der junge Mann sah, daß ihn die Königstochter noch liebhatte. Dann ging der Jäger selbst an des Königs Hof und nahm das Taschentuch der Königstochter mit, worin die sieben Zungen des Drachens eingewickelt waren. Denn der König hatte einen Diener geschickt, um den Jäger zu holen, als seine Tochter ihm nicht sagen wollte, was die fünf Tiere wollten, die zu ihr ins Schloß gekommen und ein- und ausgegangen waren. Aber der Jäger bat den König zuerst, ihm königliche Kleider zu schicken und einen Wagen mit sechs Pferden und Diener, die ihm aufwarten. Und die Königstochter bat ihren Vater, dem Jäger zu geben, was er verlangte. Der König ging dem Jäger entgegen und führte ihn herauf, und alle Tiere folgten. Der Jäger saß mit dem König und seiner Tochter zu Tisch, und der nichtsahnende Marschall saß auf der anderen Seite.
Nun wurden gerade die sieben Köpfe des Drachen hereingebracht, und der König sagte, der Marschall habe sie dem Drachen abgeschlagen, darum gebe er ihm heute seine Tochter zur Gemahlin. Da stand der Jäger auf, öffnete die sieben Rachen und fragte: »Wo sind die sieben Zungen des Drachen?« Da erschrak der Marschall, wurde bleich und wußte nicht, was er antworten sollte. Schließlich sagte er in seiner Angst, Drachen hätten keine Zungen. Da sagte der Jäger: »Lügner sollten keine haben, aber die Drachenzungen sind das Wahrzeichen des Siegers.« Er wickelte das Tuch auf: da lagen sie alle sieben darin, und dann steckte er jede Zunge in den Rachen, in den sie gehörte, und sie paßte genau. Darauf nahm er das Tuch, in das der Name der Königstochter gestickt war, und zeigte es ihr und fragte sie, wem sie es gegeben hätte. Sie antwortete: »Dem, der den Drachen getötet hat.« Und dann rief er seine Tiere, nahm jedem das Halsband ab, und zeigte es der Prinzessin und fragte, wem es gehöre. Und sie erzählte, wie es gewesen war. Da sagte der Jäger: Als er, müde vom Kampf, ausgeruht und geschlafen habe, sei der Marschall gekommen und habe ihm den Kopf abgehauen. Dann habe er die Königstochter fortgetragen und vorgegeben, er sei es

113

gewesen, der den Drachen getötet habe. Und die Königstochter sagte: »Dies ist wahr; jetzt darf ich die Schandtat des Marschalls offenbaren, weil sie ohne mein Zutun an den Tag gekommen ist, denn er hat mir das Versprechen zu schweigen abgezwungen.« Der Marschall wurde von vier Ochsen zerrissen, die Hochzeit des Jägers und der Prinzessin mit großen Freuden gefeiert, und alle waren guter Dinge.

Aber eines Tages wollte der Jäger, der ja nun König war, auf die Jagd gehen. Er folgte einer schneeweißen Hirschkuh so weit in den Wald, daß er darin verlorenging. Er machte ein Feuer und wollte mit seinen Tieren zusammen übernachten. Da hörte er aus einem Baum eine Stimme, er blickte in die Höhe und sah ein altes Weib auf dem Baum sitzen, das jammerte in einem fort: »Hu, hu, hu, was mich friert!« Er sagte, sie solle nur herabsteigen und sich wärmen, wenn es sie friere. Sie hatte aber Angst vor den Tieren, und so warf sie ihm eine Rute herab, mit der er die Tiere berühren sollte, damit sie ihr nichts tun. Er tat wie sie ihm gesagt hatte, und schon bald lagen die Tiere stumm da, in Stein verwandelt. Und die Hexe sprang herunter und rührte auch ihn mit einer Rute an und verwandelte ihn in Stein.

Nun traf es sich, daß gerade in dieser Zeit der andere Bruder, der bei der Trennung nach Osten gewandert war, nach dem Messer sehen wollte, das sie bei ihrer Trennung an einen Baumstamm gestoßen hatten, um zu erfahren, wie es seinem Bruder ginge. Als er dahin kam, war seines Bruders Seite halb verrostet, und da wußte er, daß seinem Bruder ein großes Unglück zugestoßen war. Er zog nach Westen, und als er in das Stadttor kam, trat ihm die Wache entgegen und fragte, ob sie ihn melden sollte. Er dachte, daß er wohl für seinen Bruder gehalten werde und dies vielleicht das Beste wäre, so könne er ihn wohl leichter retten. Also wurde er aufs Schloß begleitet und alle, selbst die junge Königin, hielten ihn für den richtigen König. Er mußte erklären, daß er sich im Wald verirrt hatte.

Abends ward er in das königliche Bett gebracht, aber er legte ein zweischneidiges Schwert zwischen sich und die junge Königin: sie wußte nicht, was das heißen sollte, traute sich aber nicht zu fragen. Er blieb ein paar Tage und erforschte alles, was er wissen wollte, und dann sagte er, daß er noch einmal auf die Jagd müsse. Alle wollten es ihm ausreden, aber er bestand darauf. Wieder kam die weiße Hirschkuh, und wie sein Bruder machte er später Feuer. Die gleiche alte Hexe saß auf dem Baum, aber als sie ihm die Rute herabwarf, weigerte er sich, seine Tiere damit zu berühren. Und er sagte: »Komm herunter, oder ich hol dich.« Dann legte er an und schoß nach ihr, aber sie war fest gegen alle Bleikugeln. Da riß er sich drei silberne Knöpfe vom Rock, und als er losdrückte, stürzte sie gleich mit Geschrei herab. Da stellte er den Fuß auf sie und sagte: »Alte Hexe, wenn du nicht gleich gestehst, wo mein Bruder ist, so werfe ich dich ins Feuer.« Sie war in großer Angst und sagte, er liege mit seinen Tieren versteinert in einem Graben. Da zwang er sie, mit hinzugehen, drohte ihr und sagte: »Alte Meerkatze, jetzt machst du meinen Bruder lebendig, oder du kommst ins Feuer.« So wurden sein Bruder und die Tiere und viele andere wieder lebendig. Dann griffen sie die Hexe, verbrannten sie, und da tat sich der Wald von selbst auf und war licht und hell, und man konnte das königliche Schloß aus weiter Entfernung sehen.

Auf dem Weg zum Schloß erzählte der Bruder dem König, daß man ihn für den König gehalten und daß er an seiner Statt gegessen und getrunken und in seinem Bett geschlafen hatte. Wie das der andere hörte, wurde er so eifersüchtig und zornig, daß er sein Schwert zog und seinem Bruder den Kopf abschlug. Als dieser aber tot dalag, reute es ihn gewaltig, und er jammerte laut. Und sein Hase holte wieder von der Lebenswurzel, so daß der Tote wieder ins Leben gebracht wurde und gar nichts von der Wunde merkte.

Da trennten sich sich und kamen von entgegengesetzten Seiten in die Stadt, und bei dem alten König kam zu gleicher Zeit die Wache von dem einen und dem anderen Tor und meldete, der junge König wäre von der Jagd angelangt. Da sprach der König: »Es ist nicht möglich, die Tore liegen eine Stunde weit auseinander.« Indem aber kamen von zwei Seiten die beiden Brüder. Da fragte der König seine Tochter: »Sag, welcher ist dein Gemahl?« Und sie erkannte ihn an den Halsbändern, die seine Tiere trugen.

Abends, als sie zu Bett gingen, fragte die Königin ihn, warum er die Nächte zuvor immer ein zweischneidiges Schwert zwischen sie gelegt habe. Sie hatte gedacht, er wolle sie töten. Da erkannte der König, wie treu sein Bruder ihm gewesen war.

Die Goldkinder

Es waren ein armer Mann und eine arme Frau, die hatten nichts als eine kleine Hütte und nährten sich vom Fischfang. Eines Tages aber, als der Mann beim Wasser saß und sein Netz auswarf, zog er einen Fisch heraus, der ganz golden war. Und als er den Fisch voll Verwunderung betrachtete, fing dieser an zu reden und sagte: »Hör, Fischer, wirfst du mich wieder hinab ins Wasser, so mache ich deine kleine Hütte zu einem prächtigen Schloß.« Da antwortete der Fischer: »Was hilft mir ein Schloß, wenn ich nichts zu essen habe?« Der Goldfisch sagte weiter, auch dafür sei gesorgt: es werde ein Schrank im Schloß sein, wenn er den aufschließe, so finde er Schüsseln darin mit den schönsten Speisen, soviel er wünsche. »Wenn das so ist«, sagte der Mann, »so kann ich dir wohl den Gefallen tun.« »Ja«, sagte der Fisch, »es ist aber die Bedingung dabei, daß du keinem Menschen auf der Welt, wer es auch immer sein mag, entdeckst woher dein Glück gekommen ist; sprichst du ein einziges Wort, so ist alles vorbei.«

Nun warf der Mann den wunderbaren Fisch wieder ins Wasser und ging heim. Wo aber sonst seine Hütte gestanden hatte, da stand jetzt ein großes Schloß. Da machte er ein paar Augen, trat hinein und sah seine Frau, mit schönen Kleidern geputzt, in einer prächtigen Stube sitzen. Sie war ganz vergnügt und sprach: »Mann, wie ist das auf einmal gekommen? Das gefällt mir sehr.« »Mir gefällt es auch«, sagte der Mann, »aber es hungert mich auch gewaltig, gib mir erst was zu essen.« Die Frau antwortete, sie habe nichts und könne auch in dem neuen Haus nichts finden. »Das macht nichts«, sagte der Mann, »dort sehe ich einen großen Schrank, den schließ einmal auf.« Als sie den Schrank aufschloß, standen da Kuchen, Fleisch, Obst, Wein, und lachten einen ordentlich an. Da rief die Frau voll Freude: »Herz, was begehrst du nun?« Und sie setzten sich nieder, aßen und tranken zusammen. Wie sie satt waren, fragte die Frau: »Aber, Mann, wo kommt all dieser Reichtum her?« Er antwortete: »Frage mich nicht danach, ich darf dir's nicht sagen, wenn ich's jemand entdecke, so ist unser Glück wieder dahin.« »Gut«, sagte sie, »wenn ich's nicht wissen soll, so begehr ich's auch nicht zu wissen.« Das war aber nicht ihr Ernst, es ließ ihr keine Ruhe Tag und Nacht, und sie quälte und stachelte den Mann so lang, bis er in der Ungeduld heraussagte, es käme alles von einem wunderbaren goldenen Fisch, den er gefangen und dafür wieder in Freiheit gelassen hätte. Und wie's heraus war, da verschwand rasch das schöne Schloß mit dem Schrank, und sie saßen wieder in der alten Fischerhütte.

Der Mann mußte nun wieder ganz von vorn anfangen und fischen. Das Glück wollte es aber, daß er den goldenen Fisch noch einmal herauszog. Und der Fisch sagte, daß er ihm das Schloß wiedergeben könne, mit dem großen Schrank voll Gesottenem und Gebratenem, wenn er ihn freilasse. Aber dieses Mal solle er standhaft bleiben und niemandem etwas verraten. Es geschah jedoch wie das erste Mal. Die Frau sagte, daß sie den Reichtum lieber nicht wolle, wenn sie nicht wissen dürfe, wo er herkommt. Da hätte sie keine Ruhe.

Wieder ging der Mann fischen, und er holte den Goldfisch zum drittenmal heraus. »Hör«, sagte der Fisch, »ich sehe wohl, ich soll immer wieder in deine Hände fallen, nimm mich mit nach Haus, und zerschneid mich in sechs Stücke, zwei davon gib deiner Frau zu essen, zwei deinem Pferd, und zwei leg in die Erde, so wirst du Segen davon haben.« Der Mann tat wie ihm geheißen. Aus den zwei Stücken in der Erde wuchsen zwei goldene Lilien auf, das Pferd bekam zwei goldene Füllen und des Fischers Frau gebar zwei Kinder, die ganz golden waren.
Die Kinder wuchsen heran, wurden groß und schön, und die Lilien und Pferde wuchsen mit ihnen. Da sagten sie: »Vater, wir wollen uns auf unsere goldenen Rosse setzen und in die Welt ausziehen.« Er aber antwortete betrübt: »Wie will ich's aushalten, wenn ihr fortzieht und ich nicht weiß, wie es euch geht?« Da sagten sie: »Die zwei goldenen Lilien bleiben hier, daran könnt ihr sehen wie's uns geht: sind sie frisch, so sind wir gesund; sind sie welk, so sind wir krank; fallen sie um, so sind wir tot.« Sie ritten fort und kamen in ein Wirtshaus, darin waren viele Leute, und als sie die zwei Goldkinder erblickten, fingen sie an zu lachen und zu spotten. Als der eine das Gespött hörte, schämte er sich, wollte nicht in die Welt, kehrte um und kam wieder heim zu seinem Vater. Der andere aber ritt fort und gelangte zu einem großen Wald. Und als er hineinreiten wollte, warnten die Leute: »Es geht nicht, daß Ihr durchreitet, der Wald ist voll Räuber, die werden übel mit Euch umgehen, und gar, wenn sie sehen, daß Ihr golden seid und Euer Pferd auch, so werden sie Euch totschlagen.« Er aber ließ sich nicht schrecken und sagte: »Ich muß und soll hindurch.« Er nahm Bärenfelle und überzog sich und sein Pferd damit, daß nichts mehr vom Gold zu sehen war, und ritt getrost in den Wald hinein. Als er ein wenig fortgeritten war, hörte er es in den Gebüschen rauschen und vernahm Stimmen, die miteinander sprachen. Von der einen Seite rief's »da ist einer«, von der andern aber »laß ihn laufen, das ist ein Bärenhäuter, und arm und kahl wie eine Kirchenmaus, was sollen wir mit ihm anfangen!« So ritt das Goldkind glücklich durch den Wald und es geschah ihm kein Leid.
Eines Tages kam er in ein Dorf, da sah er ein Mädchen, das war so schön, daß er glaubte, es könnte auf der Welt kein schöneres geben. Und weil er eine so große Liebe zu ihm empfand, so ging er zu ihm und sagte: »Ich habe dich von ganzem Herzen lieb, willst du meine Frau werden?« Er gefiel aber auch dem Mädchen so sehr, daß sie einwilligte und sagte, sie wolle seine Frau werden und ihm treu sein ihr Leben lang. Nun hielten sie Hochzeit zusammen, und als sie eben in der größten Freude waren, kam der Vater der Braut heim, und als er sah, daß seine Tochter Hochzeit machte, verwunderte er sich und

sprach »wo ist der Bräutigam?« Sie zeigten ihm das Goldkind, das hatte aber noch seine Bärenfelle um. Da sagte der Vater zornig, niemals solle ein Bärenhäuter seine Tochter haben, und wollte ihn ermorden. Da bat ihn die Braut und sagte, er sei nun ihr Mann, und sie habe ihn von Herzen lieb, bis er sich endlich besänftigen ließ. Doch kam er nicht davon los, so daß er am andern Morgen früh aufstand und seiner Tochter Mann sehen wollte, ob er ein gemeiner und verlumpter Bettler wäre. Als er aber hinblickte, sah er einen herrlichen, goldenen Mann im Bette, und die abgeworfenen Bärenfelle lagen auf der Erde. Da ging er zurück und dachte, wie gut es sei, daß er seinen Zorn gebändigt habe, weil er sonst eine große Missetat begangen hätte.

Dem Goldkind aber träumte, er zöge hinaus auf die Jagd nach einem prächtigen Hirsch, und als er am Morgen erwachte, sagte er zu seiner Braut: »Ich will hinaus auf die Jagd.« Ihr war angst und sie bat ihn, dazubleiben, und sagte, ihm könne leicht ein großes Unglück begegnen, aber er antwortete: »Ich soll und muß fort.« Da stand er auf und zog hinaus in den Wald, und gar nicht lange, so hielt auch ein stolzer Hirsch vor ihm, ganz nach seinem Traume. Er legte an und wollte ihn schießen, aber der Hirsch sprang fort. Da jagte er ihm nach, über Graben und durch Gebüsche, und wurde nicht müde den ganzen Tag; am Abend aber verschwand der Hirsch vor seinen Augen. Und als das Goldkind sich umsah, stand er vor einem kleinen Haus, darin saß eine Hexe. Er klopfte an, und ein Mütterchen kam heraus und fragte: »Was wollt Ihr so spät noch mitten in dem großen Wald?« Er sprach: »Habt Ihr keinen Hirsch gesehen?« »Ja«, antwortete sie, »den Hirsch kenn ich wohl«, und ein Hündlein, das mit ihr aus dem Haus gekommen war, bellte dabei den Mann heftig an. »Willst du schweigen, du böse Kröte«, sprach er, »sonst schieß ich dich tot.« Da rief die Hexe zornig: »Was, mein Hündchen willst du töten!« und verwandelte ihn auf der Stelle, so daß er dalag wie ein Stein, und seine Braut erwartete ihn umsonst und dachte, es sei nun eingetroffen, was ihr so angst machte.

Daheim aber stand der andere Bruder bei den Goldlilien, als plötzlich eine davon umfiel. »Meinem Bruder ist ein großes Unglück zugestoßen«, dachte er, »ich muß fort, vielleicht kann ich ihn retten.« Da sagte der Vater: »Bleib hier, wenn ich auch dich verliere, was soll ich anfangen?« Er aber antwortete: »Ich soll und muß fort.« Da setzte er sich auf sein goldenes Pferd und ritt fort und kam in den großen Wald, wo sein Bruder lag und Stein war. Die alte Hexe kam aus ihrem Haus, rief ihn an und wollte ihn auch berücken, aber er näherte sich nicht, sondern sagte: »Ich schieße dich nieder, wenn du meinen Bruder nicht wieder lebendig machst.« Sie rührte, so ungern sie's auch tat, den Stein mit dem Finger an, und alsbald erhielt er sein menschliches Leben zurück. Die beiden Goldkinder aber freuten sich, als sie sich wiedersahen, küßten und herzten sich, und ritten zusammen fort aus dem Wald, der eine zu seiner Braut, der andere heim zu seinem Vater. Da sagte der Vater: »Ich wußte wohl, daß du deinen Bruder erlöst hattest, denn die goldene Lilie ist auf einmal wieder aufgestanden und hat weitergeblüht. Nun lebten sie glücklich zusammen bis an ihr Ende.

Wir wollen diese beiden Märchen nur anschauen, um etwas Licht auf die Erzählung vom Treuen Johannes und auf das Schattenproblem zu werfen. Wir haben hier das interessante Motiv des goldenen Vogels (oder Fisches), der für die Geburt der Brüder verantwortlich ist oder sie in magische Figuren verwandelt. Der Vogel (oder Fisch) ist ein einzelnes Prinzip, keine Dualität. Er ist ein echtes Symbol des Selbst, das aus den Tiefen des Unbewußten kommt, eher wie die intuitive Vorstellung von Ganzheit, und dieses Prinzip ist verantwortlich für den Ursprung der dualen Situation in der bewußten Welt.

Das Prinzip des Bösen in der Geschichte vom Treuen Johannes liegt nur im Hintergrund: es ist das Gift in der Prinzessin vom Goldenen Dach, das der Treue Johannes aussaugen muß. Der alte König starb, ohne weitere Schwierigkeiten zu bereiten, aber das Böse ist doch so aktiv, daß der Treue Johannes am Ende versteinert wird. In dem Märchen vom Schneider und Schuhmacher wurde letzterer am Schluß hinausgeworfen – er wird vertrieben und landet unterm Galgen. Aber im Märchen vom Treuen Johannes liegt das Böse im Gift und wirkt wie ein Fluch. Darum nehmen wir hier eine andere Geschichte dazu, in der das Böse in einer Hexe personifiziert ist.

Wenn wir die Geschichten miteinander vergleichen und auf das Symbol der Hexe schauen, können wir fragen, wie und warum diese alte Frau verantwortlich ist für die Zerstörung des einen Bruders. Es ist leicht zu glauben, daß das Unbewußte sich nicht selbst manifestieren kann, wenn das Böse aus einer falschen Bewußtseinshaltung stammt: das sagen wir den Menschen die ganze Zeit – daß sie eine falsche Einstellung im Bewußtsein haben und daß sich das Unbewußte deshalb nicht in hilfreicher Weise einbringen kann und zur Untätigkeit verurteilt ist. Es kann dann nur Schuldgefühle produzieren und neurotische Symptome. Aber wenn wir genauer die Situation anschauen, entdecken wir oft, daß es viel komplizierter ist: wie in der Geschichte von den Goldkindern kommt das Böse nicht vom Bewußtseinsprinzip, sondern *von einem vernachlässigten Archetyp* im Unbewußten, von der Hexe.

Die Hexe ist nämlich eine archetypische Gestalt der Großen Mutter. Sie ist die vernachlässigte Muttergöttin, die Göttin der Erde, die Muttergöttin in ihrem zerstörerischen Aspekt. Die ägyptische Muttergöttin Isis wird die große Magierin genannt und die große Hexe: wenn sie zornig ist, ist sie die Hexe, wenn gütig, die erlösende, alles-schenkende Mutter, die den Sonnengott gebiert. In einer solchen Gestalt haben wir beide Aspekte des Mutterarchetyps, denn sie hat eine helle und eine dunkle Seite – die Hexe und die gütige, mütterliche. Die indische Kali kann ebenso als Lebensspenderin wie als große Zerstörerin erscheinen.

In Märchen, die hauptsächlich unter dem Einfluß christlicher Kultur stehen, wird der Archetyp der Großen Mutter, wie alle anderen, in zwei Aspekte aufgespalten. Die Jungfrau Maria z. B. wird von ihrem Schatten abgetrennt und verkörpert nur die lichte Seite des Mutterbildes. Folgerichtig war, wie Jung herausstellte, der Augenblick, als die Figur der Jungfrau Maria bedeutsamer wurde, gleichzeitig die Zeit der Hexenverfolgungen. Da das Symbol der Großen Mutter zu einseitig war, wurde die dunkle Seite auf Frauen projiziert, die den Anlaß zu Hexenverfolgungen gaben. Da der Schatten der Großen Mutter nicht in irgendeinem offiziell verehrten Symbol der Göttin enthalten war, wurde die Muttergestalt aufgespalten in die positive Mutter und die zerstörerische Hexe. In Märchen erscheinen unzählige Hexen und sogar die Große Mutter, wie Albert Dietrich in seinem Buch »Mutter Erde« bewies. Da gibt es z. B. »des Teufels Großmutter« – die Große Mutter! In Märchen lebt der Teufel mit der alten Frau zusammen, d. h. seiner eigenen Mutter, der Mutter Erde.

Hinter der Popularität der Schwarzen Madonnen liegt dasselbe Problem, denn auch sie haben zu tun mit der schwarzen Göttin Isis. Die Legende von der schwarzen Madonna in Einsiedeln berichtet, daß einst das Kloster niederbrannte und von da an die Statue schwarz blieb. Aber man kann sehen, daß dies nicht stimmt: sie ist schwarz, weil dies mächtiger, magischer und wirkungsvoller ist. Hier kommt der Archetyp der Großen Mutter durch die Hintertür wieder herein, denn wenn der Archetyp durch Dogmen ausgeschlossen wird, kommt er notwendigerweise durch die Hintertür. Da der Archetyp hier vom herrschenden kollektiven Bewußtsein verachtet wird, tut er etwas Schreckliches: die Hexe greift nämlich den König nicht direkt an, sondern trifft eine andere Gestalt, z. B. den Treuen Johannes. Dieser wird vom Bösen angegriffen, und das trifft an zweiter Stelle den König, da er seine Kinder opfern muß. Hier findet ein typisches Ereignis archetypischen Charakters statt, das man auch bei der Behandlung von Einzelfällen im Kopf behalten muß: Wenn die neurotischen Komplexe in einem Menschen nicht einfach sind und etwas im Unbewußten zurückgewiesen wird, geht die Störung um die Ecke, und was zurückgewiesen wurde, lähmt dann etwas anderes.

Ein Mann mit negativem Mutterkomplex wird oft von einem schrecklichen, aber halbbewußten Ehrgeiz und Machttrieb gepackt, der ihn offensichtlich sehr erfolgreich im Leben werden läßt – aber er behält dabei ein dunkles Gefühl, daß etwas nicht stimmt, besonders in seiner Beziehung zu Frauen. In der Analyse entdeckt man, daß der Machttrieb wie ein böses Tier auf seiner Sexualität sitzt. Innerhalb des Unbewußten verletzt er den sexuellen Instinkt, aber er verletzt nicht das Bewußtsein direkt. Durch Traumanalysen kann man dann sehen, daß es zwei Faktoren im Unbewußten gibt, die miteinander kollidieren, denn im Traum kämpfen die beiden unbewußten Prinzipien, und man spürt, daß das Bewußtsein nicht dafür verantwortlich gemacht werden kann. Jedoch indirekt ist es verantwortlich für den Kampf im Unbewußten, aufgrund einer gewissen falschen Einstellung.

Im Bewußtseinsbereich haben die Menschen einen indirekten

Konflikt: sie sagen, sie möchten heiraten, aber sie sind immer unglücklich, etwas im Unbewußten hält sie zurück. Sie sagen, es liege nicht an denen, auf die sie projizieren, sondern irgend etwas läuft schief, und sie wissen nicht, warum. Dann kann man sehen, daß Eros von einem anderen unbewußten Faktor angegriffen wird, und daß die Zerstörung im Unbewußten mechanisch abläuft, da das Bewußtsein nur indirekt verantwortlich ist. Deshalb muß man einen Umweg machen und den Träumen folgen. In einer solchen Situation hat das Bewußtsein nicht ausdrücklich irgendein Unrecht getan – der alte König tat dem Treuen Johannes nie unrecht, sondern behandelte ihn sehr gerecht – aber offensichtlich wurde irgendeine Kraft im Königreich vernachlässigt, die zuerst den Treuen Johannes traf und dann den jungen König.

Daher haben wir also die doppelte Situation. Und in der Geschichte von den Goldkindern sehen wir, daß es der Archetyp der Großen Mutter ist, der sich rächt, indem er die transzendente Funktion, den Prozeß der Bewußtwerdung, den Individuationsprozeß auffällt. Und das ist schlimmer, als wenn sie den bewußten Teil, den König, direkt angreifen würde.

Dieses Motiv von der indirekten Unterdrückung stimmt nicht immer. Oft hat Unterlassung oder das Nicht-Bewußtwerden eines Faktors auch eine direkt destruktive Auswirkung auf den gesamten Individuationsprozeß. Andererseits kann man sagen, daß bei der schlimmsten Neurose der Höhepunkt der Krankheit auch der Ort der Heilung ist. Man muß nach dem Heilfaktor an der schlimmsten Stelle suchen, denn dort liegt die eigentliche Schwierigkeit und der Drang nach Individuation. Es kann der Archetyp der Mutter sein, der getroffen ist, aber ebenso kann es über das Selbst verlaufen. Der vernachlässigte Archetyp der Mutter in der christlichen Kultur zerstört den ganzen Individuationsprozeß, und das gesamte Problem müßte eigentlich von dieser Ecke her neu diskutiert werden.

Die Geschichte von den Goldkindern weist noch auf ein anderes Problem hin. In der vorhergehenden Geschichte hatten wir die Gestalten des neuen Königs und des Treuen Johannes, aber jetzt gibt es Brüder von gleichem Rang und Alter. Hier liegt das neue Bewußtseinsprinzip in der Herstellung und im Drang nach Individuation, der hinter dem neuen Symbol steht. Sie sind wiederum einer des anderen Schatten (ein Schatten ist immer relativ!), aber sie sind Zwillinge, auf zwei Arten charakterisiert, denn der eine bleibt zu Hause, weil er von der Dummheit der Welt enttäuscht ist, der andere geht hinaus in die Welt. Es gibt ähnliche Geschichten im alten Ägypten: Anub und Bata, Brüder, haben das gleiche Schicksal: einer ist ganz gefangen von der Welt, der andere Einsiedler. Der Zwilling, der in die Welt geht, heiratet, denn er ist jener Teil des Bewußtseins, der danach strebt, das Leben zu leben und sich darin einzubringen. Und da die Anima die große Verwirrerin ist und die Maya, die ihn in Gut und Böse verstrickt, sollte er natürlich derjenige sein, der die Prinzessin heiratet und auf das Böse reinfällt, das sich hinter der Anima verbirgt, dieser Göttin über Leben und Tod, der Hexe, der Neigung, sich in den Prozeß von Leben und Tod zu verwickeln. Er wagt sich selbst im Leben – die Vorbedingung für Bewußtwerdung.

Wenn man ältere Menschen, die dem Leben entflohen sind, analysiert, stellt man fest, wieviel ungelebtes Leben die Möglichkeit, bewußt zu werden, verstümmelt. Man erkennt, wie sehr die vertane Chance, zu leben und es zu wagen, sich in den hoffnungslosen Konflikt hineinzuwerfen, eine wirkliche Verstümmelung der Möglichkeit zur Individuation darstellt. Andererseits wird derjenige, der sich in den Konflikt wirft und zu schwimmen versucht, am Ende versteinert, versteinert in einem tieferen Sinn durch das Lebensprinzip selbst, die Große Mutter, die sich in ein todbringendes Prinzip verwandelt. So ist gerade derjenige, der das Wagnis auf sich nimmt, der Versteinerte und gerade in diesem Augenblick wird derjenige, der sich aus dem Leben heraushielt und sich körperlich oder geistig nicht einbrachte in den Lebensprozeß, der große Erlöser, der die Hexe beseitigen, sie durchschauen und ihrer Zerstörungssucht ein Ende bereiten kann.

Im Licht unserer Kultur betrachtet, hat sich dies so abgespielt: Die Christliche Kultur ist relativ extravertiert im Vergleich mit der des Ostens, und daher schließt die offizielle Symbolik den Bruder, der heiratete, ein. In dem Kapitel über König und Königin in »Mysterium Coniunctionis« spricht Jung über den Text eines englischen Alchemisten aus dem 15. Jahrhundert (Ripley), in dem zuerst die eigentliche Vereinigung von König und Königin stattfindet, die dann das Kind des Philosophen gebiert, den Stein der Weisen. Aber da er ein Mann der Kirche ist, bringt George Ripley eine ungewöhnliche zweite Vereinigung dazu. Von dieser sagt Jung, daß Ripley sie deshalb einführt, weil er an die Hochzeit des Lammes mit der Kirche denkt, und das bringt nach Jung eine Divergenz zwischen dem alchemistischen Archetyp und der christlichen Symbolik. Es ist schwer zu verstehen nach der ersten Vereinigung (zwischen bewußtem und unbewußtem Prinzip), warum dann noch eine zweite stattfinden muß, es sei denn, man sieht, daß die neue Dominante des Bewußtseins sich noch mit dem corpus mysticum der Menschheit oder mit der Ecclesia-Luna vereinigen muß.

Die einsam operierenden Alchemisten besitzen das Motiv der »Hochzeit des Lammes« nicht, denn in ihm ist die Idee des endgültigen Opfers des Königs enthalten, die in der Alchemie fehlt. Der alchemistische »Stein des Weisen« ist ein Einsiedler-Ideal, das Ziel eines einsamen Individuums. Der Stein verkörpert die Einheit der Gegensätze, des inneren Männlichen und Weiblichen. Aber in der Gemeinschaft gehört der Stein keinem, er bleibt der »Schatz im Acker, den ein Mann fand und wieder verbarg«. So bleibt die eine wunderbare Perle, der Stein des Weisen, das große Geheimnis des Individuums, obwohl die alten Meister sagten, sie würden dies Geheimnis nicht verbergen. Daß der Stein geheimgehalten und wiederum nicht geheimgehalten wird, läßt sich vielleicht so erklären: dies sind zwei Gegensätze, in denen der Prozeß der Individuation seinen Höhepunkt erreicht. Wenn während des Prozesses ein neues Symbol der Gottheit ersteht, wird die Gottheit entweder geopfert, um eine Gemeinschaft zu erneuern, oder geheimgehalten in einem Individuum.

Wenn Jung eine religiöse Sekte von Jungianern begründet hätte, dann könnte man sagen, daß der König in einer zweiten Coniunctio geopfert worden sei. Dieses Ereignis würde eine neue Gemeinschaft begründen und eine Organisation wiederbeleben, wie das bei geheimen Mysterien-Clubs der Fall ist. Diese Möglichkeit ruft ein sehr schwieriges Problem auf. Die Menschen sagen nämlich: »Was Sie da tun, ist wunderbar, aber was bringt es für Europa? Wie hilft es unserer Situation und Zeit? Hier und da wird einem Einzelmenschen geholfen, aber das gilt es zu ändern und die Massen zu bereichern.« Oft sagen Menschen, wir sollten ein kollektives Rezept herausgeben, leicht verständlich, und damit die Massen füttern, um die christliche Kultur zu retten Aber die zweite Heirat würde das ursprüngliche Symbol töten, denn dann heiratet das esoterische Symbol die Gemeinschaft. Das war die christliche Idee: Christus heiratete die Kirche und wird es bis zum Ende der Tage tun – dann wird endgültig der Prozeß der Individuation geopfert, um eine neue Gemeinschaft zu begründen. Die Gegenvorstellung, daß das gefundene Symbol erneut verborgen wird und nicht diese Welt und die Gemeinschaft heiratet, sondern das Geheimnis einer einzelnen Person bleibt, des Alchemisten-Einsiedlers – das wird, in den Mundaka Upanishaden, geheimnisvoll in Bildern ausgedrückt:

> Zwei Vögel, untrennbare Freunde, klammern sich an
> den gleichen Baum. Einer von ihnen ißt die süße Frucht,
> der andere schaut von oben nur herab.

In manchen primitiven Kulturen glaubt man, daß jeder geborene Mensch einen Zwillingsbruder habe, seine Placenta. Dieser Zwilling wird ertränkt oder in einer Büchse um den Hals getragen. Erst im Moment des Todes begegnen sich diese beiden Hälften wieder.
Die Upanishaden fahren fort.

> Wenn der Seher den hervorragenden Schöpfer und Herrn
> [der Welt] als die Person sieht, die ihre Quelle in
> Brahman hat, dann ist er weise und schüttelt Gut und Böse ab,
> erreicht die höchste Einheit, frei von Leidenschaften.

In den Svetas Vatara-Upanishaden heißt es:

Es gibt ein ungeborenes Wesen [weiblich], rot, weiß und schwarz, einfältig, aber mannigfältige Nachkommenschaft hervorbringend. Es gibt ein ungeborenes Wesen
[männlich], das sie liebt und bei ihr liegt.
Es gibt einen anderen, der sie verläßt [das Schwert, welches der Bruder zwischen sich und seines Bruders Weib legte], während sie ißt, was gegessen sein muß.

Im Leben ißt man, was gegessen sein muß.
Die beiden Brüder im Märchen sind Gestaltungen dieser scheinbaren zwei Aspekte des Selbst. Insgeheim sind sie eins, wie die zwei Goldkinder in unserer Geschichte eins sind, da sie aus demselben Fleisch des einen Fisches stammen. Der Konflikt existiert nur, solange das Bewußtsein existiert, und solange ist er unvermeidbar – aber es ist ein Scheinkonflikt. Man sollte ihre geheime Einheit im Gedächtnis behalten und alles, was sie einschließt.

Was uns also die Märchen letztlich über den Schatten lehren, ist, daß er ein Teil ist der allgemeinen Dualität unserer Existenz, die durch das diskriminierende Bewußtsein erzeugt ist. Trotzdem sind aber Gut und Böse von dramatischer Realität, denn das Böse ist das, was zum Scheitern der Bewußtwerdung führt und deshalb im Märchen immer erbarmungslos beseitigt wird.

Zweiter Teil
Das Böse im Märchen

8 Verschiedene Ebenen des Bösen

Die Tatsache, daß Märchen das kollektive Unbewußte spiegeln, führt uns zu der grundlegenden Frage: Wenn es nur kollektives unbewußtes Material ist, gibt es dann ein ethisches Problem in Märchen? Wenn ja, würde das bedeuten, daß das Unbewußte selber einen ethischen moralischen Zug oder Trend besäße, was wir nicht ohne weiteres annehmen können. Bevor wir das näher anschauen, wenden wir uns aber besser zunächst dem persönlichen und kollektiven unbewußten Material zu, wie man es beim Einzelmenschen beobachten kann, denn dort findet man alle notwendige Information darüber. Dazu kann ich auf Jungs Aufsatz über »Das Gewissen« verweisen, in dem Jung die gleiche Frage stellt und sie folgendermaßen beantwortet:[3]

Ganz sicher zeigt die menschliche Gesellschaft als ganze eine grundsätzliche ethische Tendenz. Mit Ausnahme einiger abnormaler Fälle kann angenommen werden, daß überall, in jeder Nation, die menschliche Psyche in ihrer Struktur bereits eine gewisse Neigung einschließt zu dem, was Jung die ethische Reaktion eines Menschen auf seine eigenen Handlungen nennt. Der Mensch ist nicht indifferent, sondern neigt überall zu einem wertenden Urteil gegenüber seinen eigenen Aktivitäten und Motiven. Ein solches Urteil mag von Nation zu Nation unter-

[3] C. G. Jung: Das Gewissen. GW X, 1981, S. 475 ff.

schiedlich sein, aber die Tatsache, daß man eine solche Gefühlsreaktion hat, ist ein allgemein menschlicher Zug. Eine genauere Analyse zeigt jedoch eine Trennung zwischen unbewußten Motivationen und einem bewußten Überbau von Reflexionen, bewußten Gedanken über eigene Motive und subjektiven Werturteilen. So ist also das Gewissen des Menschen bei genauerer Analyse ein sehr komplexes Phänomen, das zur weltweiten Frage führte, die den Theologen als das Problem des falschen schlechten und des falschen guten Gewissens bekannt ist, mit allen Fälschungen des Gewissens und Pseudo-Schuldgefühlen. Andere Beobachter behaupten, daß all diese Komplikationen keine Schuldprobleme sind, denn diese komplexe Situation eines unbewußten und eines bewußten Teils existierten bereits in der Grundstruktur des gesamten Phänomens.

Jung behandelt dann ausführlich das Problem der Freudschen Auffassung vom Über-Ich, d. h. die Freudsche Erklärung für die Reaktion von Schuldgefühlen, schlechtem Gewissen und ethischen Neigungen im Menschen, und er ist der Meinung, daß das Über-Ich eine Verinnerlichung des kollektiven Moralkodex ist, der in unserer Gesellschaft mit der jüdisch-christlichen patriarchalen, religiösen Tradition verbunden ist. In Einzelfällen kann dieser Kodex teilweise unbewußt funktionieren und dann eben zu allen Arten von Gefühlen falscher Schuld und von Verwicklungen, Hemmungen oder Handlungsmotivationen führen, von Freudianern eben unter dem Begriff des Über-Ich zusammengefaßt.

In diesem Sinn verstanden streiten wir dieses Phänomen nicht ab, denn im einzelnen existiert ein kollektiver Moralkodex, der entweder von einem Individuum bewußt anerkannt werden oder einen unbewußten bzw. halbbewußten Druck auf seine Motivationen ausüben kann. Bei näherer Prüfung jedoch muß dieses Über-Ich als etwas historisch Gewordenes angesehen werden und daher nicht als verantwortlich für das ganze ethische Problem, sondern nur für einen Teil davon.

Die echte ethische Reaktion hingegen ist nach Jung eine leise innere Stimme, die vox Dei oder Stimme des Selbst. Mit anderen

Worten: Was Jung die echte ethische Reaktion der menschlichen Psyche nennt, ist nicht identisch mit dem Freudschen Über-Ich. Im Gegenteil, diese beiden Faktoren können sogar zusammenprallen und sich entgegenstehen. So kommt es, daß wir unter dem Druck von zwei Faktoren stehen: dem des verinnerlichten kollektiven ethischen Kodex, der von Nation zu Nation verschieden ist und im allgemeinen unser ethisches Verhalten vorschreibt, und jenem einer persönlichen ethischen Instanz, die individuell ist und nicht mit dem kollektiven Kodex zusammenfällt. Wenn beide zufällig zusammenfallen, sind sie selbstverständlich schwer zu unterscheiden.

Nehmen wir z. B. an, man ist wütend auf jemand und hat ein Gefühl, als möchte man ihn töten, merkt aber, daß man das normalerweise und persönlich nie tun würde oder könnte. Ist dies der kollektive Kodex, der in einem spricht, oder ist es die eigene persönliche, mehr ethische Seite, die Gefühlsverbundenheit, die einen daran hindert? In einem solchen Fall läßt sich keine Unterscheidung treffen. Für die persönliche Seite würde sprechen, daß man so etwas selbst dann nicht tun würde, wenn kein Beobachter, Polizist oder Moralkodex da wäre. Aber das ist schwer zu beweisen. Tatsache ist, daß man es nicht tun *kann*, weil etwas in uns das verhindert, und das ist alles, was klar ist. Daß der persönliche Drang nach einer ethischen Reaktion und der Moralkodex nicht identisch sind, wird nur dann offensichtlich, wenn es eine sogenannte Pflichtenkollision gibt.

Eine Pflichtenkollision entsteht erst in einer Situation, in der alles, was ich auch tue, zur Hälfte richtig und zur Hälfte falsch ist. Ein typisches Problem ist jenes, das einen Arzt mit der Frage konfrontiert, ob er einem Patienten sagen soll, daß er Krebs hat, oder nicht. Sagt er die Wahrheit nicht, lügt er; gibt er dem Patienten einen tödlichen Schock, kann er ihm großen Schaden zufügen. Was soll er tun? Der Moralkodex gibt keine Antwort auf eine solche Frage. Einige seiner Kollegen mögen sagen, man dürfe es dem Patienten nie sagen, andere, man müsse die Wahrheit sagen, daß sogar ein solcher Schock letzten Endes besser sei. Aber es gibt da keine allgemeine ethische Regel, und das ist eine

Pflichtenkollision: die Pflicht, die Wahrheit zu sagen, und die Pflicht, den Patienten zu schonen.
An endlosen Beispielen dieser und komplizierterer Art erkennen wir plötzlich, daß der Moralkodex nicht die einzige Verhaltensregel für uns ist. In gewissen Fällen, in denen es eine klare Antwort für das gibt, was man tun sollte, kann es sein, daß man ein starkes Gefühl hat, es wäre unmoralisch für einen, so zu handeln. Dann steckt man in der Falle und merkt, daß es zwei Faktoren gibt, die menschliches Verhalten bestimmen: den kollektiven Moralkodex, der dem Freudschen Über-Ich entspricht, und die persönliche, ethische individuelle Reaktion. Letztere wird, auch wenn sie manchmal mit der kollektiven Moral zusammenfällt, allgemein als »Stimme Gottes« bezeichnet. Die Römer nannten sie »Genius«, Sokrates »mein Daimonion« und bei den Naskapi-Indianer der Labrador-Halbinsel heißt es »Mistap'eo«, der »große Mann, der im Herzen jedes Menschen lebt«. Mit anderen Worten: es ist eine Gestalt, die wir ein Symbol des Selbst nennen würden, das göttliche Zentrum der Psyche, das selbstverständlich in den verschiedenen Kulturen unterschiedliche Namen und gefühlsmäßige Bedeutung erhält. Wenn dieses Phänomen sich in einem erhebt, hat man gewöhnlich ein seltsames Gefühl von Sicherheit, was recht oder unrecht angeht, ganz gleich, was der kollektive Kodex dazu sagen mag, und im allgemeinen sagt diese Stimme nicht nur, was man tun soll, sondern übermittelt eine Überzeugung, die ein Individuum sogar befähigt, dafür zu sterben, wie Sokrates und viele christliche Märtyrer dies beweisen.
Wenn diese Stimme uns etwas äußerst Edles auferlegt, das auf der Linie des Moralkodex liegt, wird niemand sich aufregen, sondern es für großartig, richtig, heroisch, usw. halten. Unglücklicherweise kann diese Stimme Gottes oder der innere ethische Instinkt aber im praktischen Leben, wie wir jeden Tag in der analytischen Arbeit feststellen, manchmal etwas absolut Schockierendes vorschreiben. Das ereignet sich sogar in der Bibel: denken wir daran, daß Hosea von Gott den Auftrag erhielt, eine Prostituierte zu heiraten! Ich bin sicher, wenn er zu irgendeinem

protestantischen, anglikanischen, katholischen oder jüdischen Geistlichen gegangen wäre, hätten sie alle gesagt: mein lieber Mann, dies ist eine psychologische Täuschung. Gott *kann* dir nicht auftragen, so etwas zu tun; denn Theologen meinen, sie wissen, was Gott tun kann und was nicht, und darum muß man sich geirrt haben, oder es ist der Teufel oder der eigene Schatten oder die unterdrückte Sexualität – heute würden sie sagen, daß es sein eigenes unterdrücktes sexuelles Anima-Problem gewesen sei, das in Hosea sprach, aber nicht Gott!
Gott weiß, wie sie das wissen wollen, aber sie scheinen es zu wissen! Vielleicht haben sie mit Gott gespeist und es bei schwarzem Kaffee besprochen und sind daher so sicher! Aber jemand, der sich einem solchen Wissen nicht zu unterwerfen bereit ist, das dem traditionellen Moralkodex entspricht, kommt in schreckliche Schwierigkeiten, denn, wenn er ehrlich ist, wird er es nicht wissen. Er mag sagen: ja, vielleicht ist es meine falsche Anima, die mich fühlen läßt, ich müsse eine Prostituierte heiraten, wer kann beweisen, daß es Gottes Stimme ist? Und dann wird das Problem schwierig. Man könnte sagen, es gibt keine Antwort darauf – außer der, die Jung beobachtet hat: daß nämlich, wenn jemand lange genug in den Kämpfen eines solchen Konfliktes schmort, irgendwie eine innere Linie, eine innere Entwicklung klar wird, die dem Individuum genügend Sicherheit gibt, seinen Weg zu gehen, sogar mit der Gefahr, einen Irrtum zu begehen. Selbstverständlich ist man nie sicher, aber aus der Sicht der Jungschen Psychologie ist es besser, ständig in der Haltung eines Zweifels gegenüber dem eigenen Verhalten auszuharren, d. h. das Beste tun, was man kann, aber immer bereit sein anzunehmen, daß man einen Fehler gemacht hat. Man kann seine Träume auf eine bestimmte Weise deuten und einen großen Fehler dabei machen; schaut man dann sie wieder an, kann man denken, es könnte unterschiedlich interpretiert werden, und da hat man es! Das müssen wir riskieren, da gibt es kein Heilmittel. Aber nach Jungs Auffassung ist dies die Haltung des Erwachsenen, der es aufgegeben hat, sich an kindische Kindergartenregeln zu klammern.

All dies sind höhere und differenziertere Probleme, die selbstverständlich im kollektiven unbewußten Material von Märchen nicht sichtbar werden. Dort gibt es nur Hinweise auf das, was Jung *die grundsätzliche ethische Reaktion* nennt, die der menschlichen Psyche eingeboren ist und seltsam unpersönlich und sehr verschieden von dem ist, was man eine bewußte ethische Reaktion nennen würde. Das folgende Beispiel mag ein Gefühl für die Atmosphäre dieses Phänomens vermitteln.

Ein internationaler Verbrecher, der bereits zehn oder zwölf Menschen ermordet hatte, eine Art pathologisches Geschöpf, der kaltblütigen Mord ohne die geringste Reaktion eines Gewissens beging, tötete auf einer Straße bei uns einen unbekannten alten Mann, nahm dessen Geld und wurde gefaßt. Ein Psychiater mußte dem Gericht ein psychiatrisches Gutachten erstellen, ob der Mann für seine Taten verantwortlich sei oder nicht. Er hatte die kluge Idee, die Träume dieses Mannes zu untersuchen, und zeigte einem anderen Kollegen und mir die Träume, ohne uns die ganze Geschichte zu erzählen. Er fragte uns nur einfach, was wir von einem vierzigjährigen Mann hielten, der solche Träume hätte. Natürlich wußte ich nicht, daß der Träumer ein pathologischer Mörder war, aber ich sagte wörtlich: »Hände weg! Lassen Sie diesen Mann allein, er ist eine verlorene Seele!« Der in Frage stehende Traum war sehr einfach. Es war einer, der sich häufig wiederholte und in dem der Mörder zu einem Vergnügungspark ging, wo es große Schaukeln gab. Er war auf einer solchen Schaukel, schaukelte auf und nieder, immer höher, als plötzlich die Schaukel zu hoch hinaufschwang und er in den leeren Raum fiel! Das war der ganze Traum. Ich dachte: »Mein Gott, schaukeln zwischen den Gegensätzen und es als Vergnügen ansehen, ohne Reaktion darauf, es als Spaß nehmen!« Und die Lysis im Schlußsatz des Traumes war: »in einen leeren Raum fallend«, ohne auch nur die Reaktion: »Ich wachte auf mit einem Schrei.« Es gab keine emotionale Reaktion. Ich konnte nur sagen, er sei eine verlorene Seele. Ich hatte das Gefühl, es bildlich umschreiben zu müssen, als ob Gott diese Seele abgeschrieben hätte. Im Traum gibt es keinen Versuch der Natur, den Mann zu retten,

indem sie ihm einen Schock gibt. Wir nehmen an, daß Träume aus dem Unbewußten, dem Instinkt oder der Natur stammen. Sein Unbewußtes hier sagte ihm, ebenso kaltblütig, wie er gemordet hatte, daß er verloren sei. Es spricht mit seiner eigenen Kaltblütigkeit, redet zu ihm auf seiner eigenen Ebene.
Mit dieser Geschichte möchte ich das Beispiel einer moralischen Reaktion des Unbewußten vermitteln. Es verhält sich nicht wie eine Tante, die sagt: »Du solltest dies oder jenes tun!« Es ist kein ethisches Über-Ich, das Verhaltensregeln gibt. Es ist eine Natur-Reaktion und auf eine unheimliche Art grausam objektiv, aber man kann nicht umhin, das als ethische Reaktion zu empfinden, denn das Unbewußte reagiert irgendwie auf die ungeheure Unmenschlichkeit dieses Mörders.
So sind also die sogenannten ethischen Reaktionen der unbewußten Psyche manchmal objektiv und verschieden von unseren bewußten ethischen Standpunkten. Jung teilt jedoch in seinem Aufsatz noch ein anderes Beispiel mit, das uns zu der Schlußfolgerung verleiten könnte, das Unbewußte könne moralistisch sein, sogar in der Weise einer alten Tante oder eines Schulmeisters. Er erwähnt einen Geschäftsmann, der ein Angebot erhielt, sich an einer krummen Geschäftsangelegenheit zu beteiligen. Er hatte noch nicht mit Bewußtsein erfaßt, wie zweifelhaft die Sache war, sondern wollte ein Dokument unterzeichnen, daß er bereit sei, sich zu beteiligen. In der Nacht träumte er, daß seine Hand im Augenblick der Unterzeichnung des Papieres schwarz würde vor Schmutz. Er berichtete diesen Traum in der Analyse, und Jung warnte ihn, sich auf diese Geschichte einzulassen. Es sickerte durch, daß dies eine sehr krumme Sache war, in die er sich hatte verwickeln wollen. In diesem speziellen Fall kann man sagen, daß das Unbewußte auf der gleichen Linie lag wie der kollektive Moralkodex. Es gab eine klare ethische Warnung im konventionellen Sinn des Wortes, denn es sagte: du wirst deine Hände schmutzig machen, wenn du in dieses Geschäft einsteigst. Das Unbewußte zeigt also, daß es mehrere Möglichkeiten hat, zu reagieren, aber manchmal auch von recht grausamer Art ist, wie im Fall des Mörders. Trotzdem kann man mit Hilfe der Fühlfunk-

tion erkennen, daß es grundsätzlich so etwas wie eine moralische Reaktion besitzt, obwohl es schwierig sein kann, diese im Detail zu erfassen.

Man kann also sagen, daß eine ethische Reaktion, auch wenn sie aus den Schichten des kollektiven Unbewußten kommt, etwas hochgradig Individuelles und Spezifisches zu sein scheint. Es gibt z. B. dickhäutige Menschen, die sich eine Menge sogenannter Sünden leisten können. Sie können glücklich über die Saat anderer Menschen laufen ohne die geringste Rückwirkung. Andere können sich nicht das Geringste erlauben, denn sobald sie nur ein wenig von ihrem inneren Gesetz abweichen, bekommen sie die schrecklichsten Träume und inneren Reaktionen. Es gibt also zugleich mit allen anderen Problemen das der ethisch begabten und der ethisch nicht begabten Leute. Selbstverständlich haben die ethisch Sensitiven Mühe, ihren eigenen individuellen inneren Weg zu entdecken, aber man kann ebenso sagen, daß es einen der großen Anreize im Individuationsprozeß ausmacht, ethisch sensitiv zu sein. Immer wenn ich in der Analyse feststelle, daß jemand diese Sensitivität besitzt, weiß ich, daß es in Ordnung ist, denn eine Menge von Problemen sind schon gelöst. Die Dickfelligen machen einem manchmal eine Menge Schwierigkeiten, denn sie unterdrücken leichter etwas. Manchmal tun Analysanden die unglaublichsten Dinge, und man meint, jetzt sei es möglich, sie bei ihrem Schatten zu erwischen. Aber selbstverständlich muß man als Analytiker warten, bis sie selbst einen Traum haben. Und dann haben sie keinen! Das Unbewußte hat ihnen verziehen. Dann muß man seine eigene moralische Entrüstung in die Tasche packen und nichts sagen, denn das wäre Atemverschwendung.

Hier jedoch betrifft unser Hauptinteresse nicht all diese Überbauten der ethischen Probleme. Ich erwähne sie nur, um deutlich zu machen, daß das kollektive Material, über das wir jetzt sprechen wollen, auf einer viel einfacheren Ebene liegt als all die Komplikationen, die zum Problem der Individualität gehören. Seit vielen Jahren untersuche ich kollektives Märchenmaterial daraufhin, ob sich dort einige allgemeine Regeln menschlichen Verhaltens finden lassen, die *immer* gelten. Ich war fasziniert von der Vorstellung, einen allgemeinmenschlichen Kodex finden zu können, einfach, aber jenseits von nationalen und individuellen Unterschieden, eine Art von Grundregeln menschlichen Verhaltens. Ich muß gestehen, daß ich keine maßgebende Grundregel gefunden habe oder, besser gesagt, ich habe sie gefunden und doch auch nicht, denn es gibt dort immer einen Widerspruch.

Ich könnte Geschichten erzählen, die sagen: Wenn du das Böse triffst, mußt du gegen es kämpfen, aber ebensoviele gibt es, die nahelegen, daß man weglaufen muß und nicht versuchen darf, zu kämpfen. Einige raten, zu leiden, ohne zurückzuschlagen, andere sagen: Sei kein Narr und schlag zurück! Es gibt solche, in denen es heißt: Wenn du mit dem Bösen konfrontiert bist, ist das einzige, was du tun kannst, daß du dich herauslügst. Aber genausogut gibt es jene, die einen zur Ehrlichkeit auffordern, sogar dem Bösen gegenüber, und sich nicht aufs Lügen einzulassen. Für alle Möglichkeiten sollen Beispiele folgen, es gibt jedoch immer ein Ja und ein Nein. Es gibt nämlich ebensoviele Märchen, die sowohl das eine wie das andere raten. Es ist eine vollkommene complexio oppositorum, was schlichtweg bedeutet, daß ich im Nachhinein enttäuscht zu dem Schluß kam, es solle so sein, da es ja kollektives Material ist. Wie könnte sonst eine individuelle Handlung zustandekommen? Denn wenn das kollektive Material völlig gegensätzlich ist und unsere ethische Grundstruktur ebenfalls – nur dann ist es möglich, einen individuellen, verantwortlichen, frei bewußten Überbau über all diesen Gegensätzen unseres Urgrundes herzustellen. Dann können wir sagen, daß es in der menschlichen Natur rechtens ist, dies oder jenes zu tun, aber *ich* tue es, jenes Dritte, das meine Individualität ausmacht. Es gäbe keine Individualität, wenn das grundlegende Material nicht gegensätzlich wäre. Darauf konnte ich mich beruhigen, als ich die schreckliche Wahrheit der gegensätzlichen Struktur entdeckt hatte.

Die einzige Ausnahme von dieser Regel scheint zu sein, daß man in Märchen *nie* das hilfreiche Tier verletzen darf. Ich habe einige Fälle gefunden, in denen Ungehorsam zu Schwierigkeiten führt, aber letzten Endes nicht zu einem Unglück. Man kann zeitweise dem Rat des hilfreichen Fuchses, Wolfes oder Katers ungehorsam sein. Wenn man sich aber grundsätzlich dagegenstellt, wenn man nicht auf das hilfreiche Tier oder den Vogel hört, oder was immer es ist, wenn irgendein Tier uns einen Rat gibt und wir ihn nicht befolgen, dann ist es mit einem zu Ende. In Hunderten von Märchen ist dies eine Regel, die keine Ausnahme zu haben scheint. Wenn wir jedoch untersuchen, was die Tiere sagen, ist es wieder gegensätzlich: eines rät, wegzulaufen, das andere, zu kämpfen, das dritte, zu lügen, und wieder ein anderes, immer die Wahrheit zu sagen. Das Tier nimmt die Sache, ethisch gesehen, so oder so, und wenn man sich dagegenstellt, ist man verloren. Das würde bedeuten, daß Gehorsam gegenüber dem eigenen ursprünglichen Wesen, dem eigenen Instinkthaften, wesentlicher ist als alles andere. In allen Nationen und allen Märchen habe ich nie eine andere Aussage gefunden.

Einen anderen Faktor möchte ich noch kurz erwähnen, den wir bei den von Märchen gestellten ethischen Problemen entdecken, und das ist die Funktion der Kompensation. Jung hat sie als einen der typischen Züge des Unbewußten, wie es im Individuum ganz allgemein funktioniert, herausgefunden. In seiner Darlegung über das »Gewissen« erwähnt er eine Frau, die sich für eine reine Heilige hielt und die jede Nacht die schmutzigsten Obszönitäten träumte. Das ist ein grobes Beispiel für das, was wir Kompensation nennen. Wir wissen ebenfalls, daß manchmal Menschen, die ihre dunkelste Seite leben und ihr besseres Ich unterdrücken, alle Arten von Träumen über Christus, den Erlöser der Menschheit, usw., haben. Hedwig Boyé schrieb ein Buch mit dem Titel »Menschen mit großem Schatten«. Sie ist eine Analytikerin, die sich auf die Arbeit mit Gefangenen spezialisiert und prinzipiell an großen Verbrechern interessiert ist. Je mehr Menschen ein Gefangener getötet hat, um so interessanter ist er für sie. Sie hat mehrere solcher Leute analysiert, und es ist beeindruckend, wieviele dieser Menschen einen erstaunlich weißen Schatten haben. Am Schluß des Buches zitiert sie die sentimentalen, idealistischen und rührenden Briefe, die solche starken Burschen an Weihnachten an ihre Mütter schreiben. Daran kann man sehen, daß sie einen infantilen, frömmelnden Schatten haben, der typisch kompensatorisch ist zu der Tatsache, daß sie in ihrem bewußten Leben rücksichtslose Mörder sind. Manchmal konnte die Autorin daraus großen Nutzen ziehen und war erfolgreich darin, die Mörder – unter Tränen und manchem Drama – zu ihrem positiven Schatten zu bekehren. Dann konnten sie aus dem Gefängnis entlassen werden und verhielten sich entsprechend gut.

Diese allgemeinen kompensatorischen Tendenzen im Unbewußten werden in Märchen gespiegelt. Es gibt ein japanisches Märchen, bei dem die positive Lösung darin besteht, daß ein Mann einen Beamten verprügeln muß, und dann können sie verborgene Schätze finden. Dies ist meiner Meinung nach typisch für die ethische Einstellung dieses Landes, wo es in spezifischer Weise undenkbar ist, daß irgend jemand einen Regierungsbeamten mit einem Stock auf den Kopf schlagen könnte. Aber das Märchen sagt, genau dies müsse getan werden, um den Schatz zu finden – unter dem Küchenboden. Ein solches Märchen hätte nicht viel Wert für Schweizer Demokraten, denn wir wissen, daß man uns nicht dazu auffordern muß, Beamten von Zeit zu Zeit eins aufs Dach zu geben, damit sie nicht inflationiert werden. Jedoch in Ländern mit strenger sozialer Hierarchie enthält ein solches Märchen eine schockierende Wahrheit, die neu ins Bewußtsein gerufen werden muß. Kompensatorische Tendenzen dieser Art finden sich überall in Märchen, und bevor ich eine Analyse beende oder eine Interpretation, frage ich mich stets selbst: Für wen wurde eine solche Geschichte erzählt? Wer braucht sie? Und grundsätzlich ist sie stimmig für die Nation, aus der sie stammt, darum erzählen die Menschen dort sie sich auch mit solcher Begeisterung.

Wir wollen uns jetzt zunächst anschauen, was man Begegnung mit dem Bösen auf einer primitiven Ebene nennt, wobei »primitiv« nicht so verstanden werden darf, daß die Ebene soziologisch primitiv ist oder sich auf eine primitive Nation oder besondere Person bezieht, sondern daß die Situation einfach ist in dem Sinn, daß ein Mensch ursprünglich ist und noch gemäß seiner Natur lebt. Für uns liegt das schon in der Vergangenheit und ist teilweise zu einem soziologischen Problem geworden. Wir finden z. B. Steinzeitzüge noch bei heutigen Bauern, die in den Bergen leben oder in dunklen Bergtälern, dort ist es ebenso ein historisches wie ein soziologisches Problem. Hier ist jedoch ein Mensch gemeint im Sinn seiner ursprünglichen Verfassung, der noch in seiner Natur lebt in einer Zeit, wo bestimmte historisch entstandene soziologische und religiöse Überbauten noch nicht existieren. Wir wollen uns anschauen, wie Märchen diese Grundstruktur spiegeln, die vermutlich für Menschen später das ursprüngliche Böse war.

Ich habe bis jetzt das Böse nicht definiert und spreche darüber, als ob wir wüßten, was es ist. Aber ich möchte vorher an einigen praktischen Beispielen zeigen, wie es auf verschiedenen Ebenen aussieht. Es läßt sich besser erörtern, wenn wir die Probleme des Bösen in Märchen oder in ethnologischem und volkskundlichem Material als greifbare Tatsachen in der Hand haben.

Der Zoologe Konrad Lorenz schrieb ein Buch über »Das sogenannte Böse«, wobei das Wort »sogenannt« nahelegt, daß es kein wirkliches Böses ist. Er beabsichtigt nicht, damit auszusagen, daß es nach seiner Meinung nicht Böses genannt werden sollte, sondern daß die Sache von einem rein zoologischen Standpunkt aus dargestellt wird. Er spricht über Probleme der Selbstverteidigung und Aggression und das, was er intraspezifische Aggression nennt, womit er die aggressiven Tendenzen im Verhaltensmuster verschiedener Tiere, Fische und Vögel sowohl untereinander als auch gegenüber anderen Tierarten meint. Viele Tierarten haben ihre spezifischen Feindtypen. Sie kümmern sich nicht um andere Tiere, sondern ignorieren sie. Lorenz spricht auch von intraspezifischen Feinden und meint damit die Kämpfe um Weiden und Reviere, die von starken Männchen derselben Art untereinander ausgetragen werden. So wird z. B. keine Amsel gegen eine Maus in ihrem Revier reagieren, aber gegenüber einer anderen Amsel und wird einen solchen intraspezifischen Kampf sogar bis zum Tod austragen.

Lorenz hat das Gefühl, daß der Mensch diese intraspezifische

Kampftendenz überdifferenziert oder überentwickelt hat und in dieser Hinsicht ein abnormales Lebewesen ist. Er sagt: Wenn wir nicht den Massenselbstmord unserer Spezies wollten, sollten wir uns besser dieser Tatsache bewußt sein, und dann schlägt er einfache Heilmittel der Tierebene vor, die nicht gedacht sind, das Weltproblem zu lösen, sondern nur ein Beitrag in dieser Richtung. Ein Vorschlag geht dahin, einander besser kennenzulernen, denn sobald Tiere einander gut kennen, wird ihre intraspezifische Aggression gebremst. Wenn ein Tier sich an den Geruch eines anderen Tieres gewöhnt hat, kann es dieses nicht mehr töten. Lorenz führte entsprechende Experimente mit Ratten durch. Er nahm eine Ratte aus ihrem Stamm heraus und setzte sie in einen feindlichen Rattenstamm ein. Als er sie wieder zurückführte in den eigenen Stamm, hatte sie den Geruch der anderen und wurde sofort in Stücke zerrissen. Aber wenn die Ratte zunächst in einen Käfig gesteckt wurde, so daß die anderen sie nicht zerreißen konnten, sondern für einige Tage sie schnuppern konnten, zerrissen sie sie nicht, was im Klartext heißt: Wir sollten einander etwas mehr beschnüffeln.

Das ist gewiß ein konstruktiver Vorschlag, aber, wie Lorenz selbst zugibt, bringt er nur auf einer gewissen Instinktebene des Problems einen Beitrag. Ich empfehle das Buch wärmstens, weil es von den uns hier vorliegenden Problemen vieles verdeutlicht, vor allem in Verbindung mit dem, was das Böse für den primitiven Mensch und seine Reaktionen darauf einschließt.

Soweit ich weiß, ist das Phänomen des Bösen in der primitiven Einstellung nur einfach die Erscheinung von etwas Dämonischem oder Abnormalem, eine Art überwältigendes Naturphänomen, das kein eigentlich ethisches Problem aufwirft, sondern einzig die praktische Aufgabe gestellt, wie man es erfolgreich überwinden oder ihm entkommen kann. Es wird zur Frage, ob man das Phänomen überwältigen kann oder ob man einfach nur sein eigenes Leben retten soll. Die subjektive Frage, ob man einen Fehler begangen habe, indem man den Angriff des Objektes zuließ, oder nach der persönlichen Verantwortlichkeit für dieses Phänomen taucht auf dieser Ebene nicht auf.

Es soll ein Beispiel einer solchen Geschichte folgen: das chinesische Märchen »Der Roßberggeist«, das aus mündlicher Bauerntradition stammt, vom Land Kiautschou.

Der Roßberg-Geist

Am Fuß des Roßbergs ist ein Dorf. Da war ein Bauer, der vom Getreidehandel lebte. Deshalb ging er immer in den Flecken östlich des Dorfes auf den Markt.
Eines Tages kam er etwas betrunken vom Markt heim. Er ritt auf seinem Maultier, und als er um eine Kurve kam, sah er plötzlich ein Ungeheuer. Sein riesiges Gesicht war blau, und die Augen traten aus dem Kopf hervor wie bei einer Krabbe. Sie leuchteten mit funkelndem Schein. Das Maul klaffte ihm bis an die beiden Ohren und sah aus wie eine Schüssel voll Blut. Darinnen standen in dichtem Gewirr zwei, drei Zoll lange Zähne. So hockte es am Bach; es hatte sich eben niedergebeugt und schlürfte Wasser. Man hörte ganz deutlich, wie das Wasser gluckste.
Der Bauer erschrak entsetzlich. Zum Glück hatte ihn das Ungetüm noch nicht gesehen. Das machte er sich zunutze und schlug den Umweg ein, der am Nordhang des Felsens vorbeiführt und den die Leute manchmal benützten. Der Bauer gab seinem Maultier die Peitsche und galoppierte, so schnell er konnte. Als er eben um die Ecke bog, hörte er jemand hinter sich rufen. Er schaute sich um, da war es sein Nachbarssohn. Er machte halt und wartete.
Der Nachbar sagte: »Der alte Li ist ernstlich krank. Er wird's wohl nicht mehr lange treiben. Sein Sohn hat mich gebeten, in den Marktflecken zu gehen und einen Sarg zu bestellen. Eben komm ich zurück. Kann ich mit Euch kommen?« Der Bauer willigte ein, und der Nachbar fragte, warum er den Umweg gehe.
Der Bauer sagte etwas unbehaglich: »Ich wollte auch heute den anderen Weg nehmen; aber da sah ich ein Ungetüm, häßlich und fürchterlich, darum ist mir der Umweg nicht zu weit.« Der Nachbar sagte: »Wenn ich Euch so reden höre, so bekomme ich es selbst mit der Angst, und ich getrau mich nicht allein nach Hause. Wie wäre es, wenn Ihr mich hinter Euch auf Euer Maultier sitzen ließet?«
Der Bauer war's zufrieden, und der Nachbar setzte sich hinter ihn auf das Maultier. Nach ein paar Schritten fragte er, wie das Ungetüm denn ausgesehen habe. Aber der Bauer antwortete, daß ihm nicht recht geheuer sei und er ihm erst zu Hause alles erzählen wolle.

»Wenn Ihr nicht reden wollt«, erwiderte der andere, »so dreht Euch einmal um und seht mich an, ob ich so aussehe wie das Ungetüm.«
Der Bauer sprach: »Ihr müßt keine schlechten Späße machen! Ein Mensch ist doch kein Teufel.«
Aber der andere blieb dabei: »Seht mich doch nur einmal an!«
Damit zerrte er ihn gewaltsam am Arm. Der Bauer drehte den Hals und guckte nach ihm um, und richtig war es das Ungetüm, das er am Bach getroffen hatte. Vor Schrecken fiel er vom Maultier und blieb bewußtlos liegen.
Das Maultier wußte den Weg und kam nach Hause. Die Leute zu Hause ahnten nichts Gutes, und sie verteilten sich auf den verschiedenen Wegen, ihn zu suchen. So fanden sie ihn schließlich an der Ecke des Felshanges und trugen ihn heim. Um Mitternacht kam er erst wieder zu sich und erzählte, was ihm begegnet war.

Das ist eine klassische Geschichte. Vom selben Typ gibt es eine ganze Anzahl bei den Eskimos, aus Afrika und südamerikanischen Ländern. Es ist eine durchaus internationale Geschichte. Was uns so daran verwundert, ist, daß sie keine Pointe zu haben scheint. Sie ist sehr aufregend und läßt einen erschauern, und wenn man sie am Abend vor dem Zubettgehen erzählt oder liest, will man plötzlich nicht mehr die Treppe hinaufgehen, schaut überall herum und ist ängstlich. Solche Geistergeschichten vermitteln einerseits ein schreckliches, andererseits ein wunderbares Gefühl. Es entspricht einem schauerlichen Erstaunen, das viele von uns in der Kindheit erfahren haben müssen. Menschen haben ein gewisses Vergnügen daran. Ich habe oft Kinder beobachtet und gemerkt, daß sie solche Geschichten selbst erfinden, wenn man sie ihnen vorenthält, und sich daran vergnügen.
Einige meiner Kindheitsfreunde hatten einen großen Gartenpark und spielten jeden Abend das gleiche Spiel. Meine Freundin, ihr Bruder und zwei ihrer Kusinen pflegten sich im dunklen Garten aufzustellen und über den »gelben Zwerg« zu sprechen, der auf dem Misthaufen am Ende des Gartens saß; einer von ihnen mußte, soweit er sich in der Dunkelheit wagte, allein in Richtung des erfundenen gelben Zwerges gehen. Im allgemeinen schafften sie acht oder neun Schritte und eilten dann zurück, und derjenige, der sich am nächsten an den Zwerg herantraute, hatte gewonnen.

Es war also nicht nur schrecklich, sondern auch aufregend. Zum Beispiel rennen Menschen hin, wenn es einen sehr schrecklichen Autounfall gegeben hat, und hinterher baden sie sich im Berichten aller Details. Sie erzählen es ein oder zweimal bei Tisch, werden ganz weiß und sagen, sie fühlten sich so krank, daß sie kaum etwas essen könnten. Das ist der primitive Kern im Menschen! Sie beschreiben die Beschaffenheit einer Leiche, die zwanzig Jahre unter einer Lawine lag, oder einer Leiche, die eine Woche lang im Wasser schwamm, wobei sie erzählen, daß man nur noch die Zähne sehen konnte und daß der Zahnarzt den Körper identifizieren mußte, sie geben alle Details wieder. Sie können einen nie schonen, sondern baden darin. Jung berichtete, daß nach irgendeinem schrecklichen Ereignis in Afrika alle stundenlang um die Leiche herumzusitzen pflegen, darüber reden und sich an diesem schrecklichen Anblick weiden.

Wenn wir das Ungeheuer dieser Geschichte als Personifikation eines solchen Phänomens des Bösen in der Natur nehmen, können wir es als übernatürlich bezeichnen. Es ist höchst numinos und daher in hohem Maße faszinierend, weshalb eine so angenehme Aufregung darüber entsteht. Und es ist erschreckend! Es ist ebenso erschreckend wie anziehend, und es ist eine absolut unpersönliche und nicht-menschliche Erscheinung. Es ist wie eine Lawine oder ein Blitz oder ein schreckliches feindliches Tier. Es gibt solche Dinge wie: Krankheit und Tod, Geister in der Natur, Ungeheuer, Oger, die ebenso wirklich erscheinen wie andere destruktive Phänomene in der Natur, und man muß sich mit ihnen auseinandersetzen. Wenn es eine Lawine ist, wird man eher ein Hindernis errichten oder weglaufen. Es wäre dumm, etwas anderes zu tun. Wenn der Fluß über die Ufer tritt, macht man entweder einen Damm oder, wenn man zu schwach ist, um Steine gegen dieses Böse aufzuschichten, zieht man sich auf eine höhere Ebene oder einen Berg zurück.

Es gibt da kein ethisches Problem, es ist nur eine Frage des Widerstandes, so man kann, oder des Weglaufens, wenn man es nicht kann. Aber es ist Natur und – ein wichtiger Faktor – es hat etwas Göttliches an sich, welches sich in seiner anziehenden

Numinosität zeigt und unserer Gier, davon zu hören. Es ist außerdem archetypisch, denn solche Gestalten wie dieser »Roßberggeist« existieren in der ganzen Welt, d. h. die menschliche Psyche ist so strukturiert, daß sie überall solche Phantasien erfindet. Überall, wo jemand in der Natur gelebt hat, gab es solche »Roßberggeister«, die, wenn auch mit geringen Unterschieden, alle die Züge des Unnatürlichen, Übermenschlichen, Abschreckenden und Überwältigenden tragen.

So sieht das Böse auf dieser Stufe aus. Der »Roßberggeist« ist kein menschliches Wesen, sondern eine Art Naturgottheit. Nun soll eine Geschichte folgen, in der das gleiche Phänomen auftritt, wie es in oder durch ein menschliches Wesen erscheint. Es ist eine südamerikanische Indianergeschichte des Warrau-Stammes, genannt »Die Speerbeine«.

Die Speerbeine

Es lebten einmal zwei Brüder, die beide gern auf die Jagd gingen. Eines Tages, als sie tief im Innern des Waldes waren, hörten sie den frohen Lärm eines Trinkfestes. Der ältere Bruder sagte: »Komm, laß uns zu den Leuten gehen!« Aber der jüngere Bruder antwortete, das könnten unmöglich wirkliche Menschen sein, die hier so weit draußen im Walde ein Fest feiern; es müßten irgendwelche Gespenster sein. Der ältere Bruder bestand jedoch auf seinem Willen.

Sie folgten dem Schall der Stimmen und kamen an ein Haus, wo anscheinend wirkliche Menschen sehr vergnügt waren. Die Besucher wurden eingeladen, und man bot ihnen Getränke an. Der ältere Bruder überließ sich der Fröhlichkeit; der jüngere lehnte alles ab, weil er ängstlich war. Tatsächlich war sein Argwohn begründet, denn die Leute, die das Fest feierten, waren die Geister der Warekki, großer Regenfrösche, die menschliche Gestalt angenommen hatten.

Nach einer Weile gingen die beiden Brüder weiter, und da die Nacht rasch hereinbrach, machten sie sich ein Schutzdach. Der Ältere sandte den Jüngeren aus, Brennholz zu suchen. Und sie banden ihre Hängematten an und machten ein Feuer. Nach und nach ließ der ältere Bruder von dem jüngeren immer mehr Holz auf das Feuer legen, wieder und immer wieder, bis ein riesiges Feuer auflöderte.

Nach einiger Zeit bemerkte der jüngere Bruder einen sonderbaren starken Geruch. Da blickte er um sich und sah, daß seines Bruders Beine aus der Hängematte heraus über dem Feuer hingen. »Gib acht!« rief er. »Deine Beine verbrennen!« Aber der Bruder sagte nur: »Akká! Akká!« was in der Warrau-Sprache ein Ausdruck der Verwunderung ist, aber dem Quaken der Regenfrösche sehr nahe kommt, und zog seine Beine in die Hängematte. Bald darauf ließ er sie wieder ins Feuer hängen, und der jüngere Bruder sah dieses seltsame Gebaren für ein schlimmes Zeichen an.

Nach einer Weile merkte der Ältere selbst, daß seine beiden Beine bis zu den Knien gänzlich verkohlt waren. Kurz entschlossen schabte er das Fleisch völlig ab und spitzte die Schienbeine mit dem Messer zu. Da lag er nun hilflos in der Hängematte. Ab und zu, wenn ein Vogel vorbeiflog oder ein kleines Tier vorbeilief, stieß er mit dem Bein danach und spießte es mit den zugespitzten Knochen auf. Hierin erlangte er bald eine große Gewandtheit.

Natürlich mußte er immer in seiner Hängematte bleiben, und der jüngere Bruder mußte ihm zu essen bringen und ihn versorgen. Aber der Ältere wurde mehr und mehr zum Tyrannen und wollte ihn schließlich niemals mehr weg lassen. Da spürte der Jüngere, daß er Hilfe holen mußte, und er rannte fort. Als der Kranke merkte, daß sein Bruder nicht mehr kam, wenn er ihn rief, sprang er aus der Hängematte, um die Verfolgung aufzunehmen. Zu seiner Verwunderung kam er mit seinen zugespitzten Knochen viel rascher vorwärts als früher mit seinen Füßen. Irrtümlicherweise hielt er die Fährte eines Rehs für die seines Bruders. So folgte er dem Reh, und als er in seine Nähe kam, warf er sich über das Tier und spießte es mit seinen Beinspeeren an den Boden. Er sagte zu dem Reh: »Es tut mir leid, mein Bruder, daß ich dich getötet habe; aber es war deine eigene Schuld. Du versuchtest forzulaufen und mich zu verlassen.« Als er den Leichnam herumdrehte, bemerkte er die schwarze Schnauze des Tieres. »Ach, er hat einen blauen Mund bekommen von den Früchten!« Aber als er die vier Beine sah, kam es ihm sonderbar vor. Er begann, die Finger und Zehen zu zählen. Dazu brauchte er eine geraume Zeit, dann kam er endlich zu der Überzeugung, daß es unmöglich sein Bruder sein könnte, den er da erschlagen hatte. Daher kehrte er zu seiner Hütte zurück und legte sich in die Hängematte.

In der Zwischenzeit kam der Flüchtling nach Hause und erzählte den anderen: »Etwas ist geschehen mit meinem Bruder. Wir können nicht länger mit ihm Freund sein. Wir müssen ihn töten!« Er zeigte also den Weg, und die anderen folgten ihm in den Wald, wo sie die Hütte umzingelten, in welcher der ältere Bruder ruhte. Sie fürchte-

ten, ihn dort anzugreifen, wegen der geschickten Art, mit der er seine Beinknochen als Speere benutzte. Ihre Absicht war, ihn ins Freie herauszulocken. Zuerst schickten sie einen Vogel, um ihn zu locken, aber der ältere Bruder war so schnell mit seinen Speerbeinen, daß er ihn tötete.
Da sandten sie ihm Hura, das kleine Eichhörnchen, das schnellste aller Tiere. Er versuchte es viele Male, aber jedesmal verfehlte der Speerknochen sein Ziel. So lockte das Tierchen ihn hinaus ins Freie, näher und immer näher zu dem Kreis der Leute, und als er ganz nahe herankam, fielen sie über ihn her und töteten ihn.
(So endet die Geschichte.)

In gewisser Hinsicht besteht nicht viel Unterschied zwischen den beiden Geschichten, denn wieder wird das Böse durch einen Geist verursacht. Offensichtlich sind die großen Regenfroschgeister verantwortlich für die Verwandlung und Krankheit des älteren Bruders, so daß sie das eigentliche Problem des Bösen im Hintergrund darstellen. Obwohl es keinen direkten Kampf mit den Regenfroschgeistern gibt, besteht das Problem darin, daß sie das menschliche Wesen in Form einer Besessenheit verändern, so daß der Mensch nicht mehr menschlich ist, sondern sich genau wie ein Dämon verhält.
Dies soll das Phänomen der Besessenheit erläutern, die Ethnologen für das größte Problem in primitiven Gesellschaften halten. Wir Psychologen glauben, daß dies für jede Gesellschaft gilt. Besessenheit heißt: durch diese numinosen archetypischen Bilder einverleibt werden, und die vorliegende Geschichte verdeutlicht wunderbar die langsame, schreckliche Entmenschlichung des älteren Bruders, die damit beginnt, daß er an dem Saufgelage teilnimmt und keine instinktive Warnung verspürt. Der andere Bruder besitzt etwas, was ihn mahnt, achtsam zu sein, aber der ältere Bruder hält das nicht für wichtig, sondern ist der Ansicht, sie müßten eine gute Zeit verbringen. Das ist ein verzeihlicher Fehler, jedoch ist der ältere Bruder von da an besessen. Das nächste, was relativ harmlos ist, besteht darin, daß er zuviel Holz aufs Feuer legt, jedoch zeigt dies einen Mangel an Urteilsvermögen. In primitiven Gesellschaften, wo Holz- und Nahrungssammeln harte Arbeit bedeuten, benutzt niemand zuviel Holz. In

einer Bauerngesellschaft ist es eine große Sünde vor dem Herrn, Brot wegzuwerfen, und in ähnlicher Weise ist es eine Abnormalität, zuviel Holz aufs Feuer zu legen.

Wo die Härten des Lebens groß sind, lernt man, alles zu tun, um Anstrengung zu sparen und die Anstrengung anderer Menschen so sehr als möglich zu respektieren. Alle Regeln werden peinlich sorgfältig eingehalten, und eine solche Regel zu brechen, ist sehr schlimm. Wo z. B. ich meine Ferien habe, gibt es eine ungeschriebene Regel, gegen die ich nie anzugehen wagen würde. Wenn man ein schönes Stück Holz findet, das herumliegt, kann man es nehmen, aber wenn man schon so viel hat, wie man tragen kann, kann man es aufrecht gegen einen Baum stellen, und niemand würde es je anrühren. Man hat durch ein Zeichen von diesem Holz Besitz ergriffen. Es wäre die größte Sünde, es zu berühren, viel schlimmer, als in das Haus eines anderen zu gehen, um Holz zu nehmen. Auf diese Weise fühlt der Primitive, und wenn man weiß, wie hart es ist, Holz heimzutragen, weiß man, warum. Wenn am nächsten Tag das Holz weg ist, gerät man in eine völlig mörderische Wut.

Es ist von überragender Bedeutung für das Zusammenleben in menschlicher Gesellschaft, daß solche Regeln eingehalten werden, und sie werden es seltsamerweise sogar von den Übeltätern in der Umgebung. Der ältere Bruder wirft zuviel Holz aufs Feuer, und das ist schrecklich, wenn man die Bedingung einer solchen Lage kennt. Als er dann seine Beine verbrennt, sagt er »Akká!« und tut es weiterhin. Er hat den Instinkt für Selbsterhaltung verloren, und jetzt beginnt eine sehr schlimme Veränderung seiner Persönlichkeit. Von da an ist er ein Dämon und verhält sich genau wie der »Roßberggeist«, und interessanterweise bekommt er dadurch, daß er ins Böse hineingerät, übernatürliche Kräfte, Gaben und Eigenschaften. Man stelle sich vor, in einer Hängematte zu liegen und gleichzeitig mit seinen Beinen Eichhörnchen und Vögel aufspießen zu können!

Untersucht man dies psychologisch, ist es genau das, was geschieht, wenn ein menschliches Wesen sich mit einer archetypischen Gestalt identifiziert. Er erhält die Lebensenergie und sogar gewisse parapsychologische Gaben, Hellsehen usw., die mit dem Archetyp verbunden sind. Psychotische Borderliner haben oft parapsychologische Gaben – sie wissen mit Hilfe des Unbewußten Dinge, die sie sonst nicht wissen könnten. Sobald man in einen Archetyp hineingerät oder sich mit den Kräften des Unbewußten identifiziert, erhält man diese übernatürlichen Gaben, und das ist einer der Gründe, warum Menschen dann nicht exorzisiert oder wieder ins Menschliche zurückgeführt werden wollen. Der Verlust solcher Gaben gilt als einer der Widerstände gegen eine Therapie. Auf dieser primitiven Stufe gibt es keine Vorstellung von Therapie oder einen Exorzismus dieses armen Jägers durch ein Ritual. Die Leute sagen nur, er sei ein Dämon geworden und müsse entfernt werden. Es gibt wiederum kein ethisches Problem. Das Phänomen wird behandelt wie eine Lawine oder ein wildes Tier oder ein Erdbeben. Man tut etwas dagegen, wenn man kann, und läuft weg, wenn man es nicht kann. Die gleiche Behandlung wird gegen den bösen Geist in der chinesischen Geschichte angewendet wie gegen den Mann, der vom bösen Geist besessen ist. Es ist ein praktisches Problem und weiter nichts.

Ich denke, es ist sehr wichtig, dies zu wissen, denn manchmal erlebt man auch bei sich eine derart primitive Reaktion. Wir sind nicht davon weggekommen, es ist noch immer eine der elementaren Realitäten.

Eine andere südamerikanische Dämonengeschichte der Indianer, »Der rollende Totenschädel«, ist ein weiteres Beispiel dieses schrecklichen Problems. Hier geht es nicht um Besessenheit, aber doch um eine Veränderung des menschlichen Wesens.

Der rollende Totenschädel

Ein Jägertrupp lagerte im Wald und hatte einiges an Fleisch gefangen. Viele Affen steckten auf Spießen im Feuer, und die Felle der getöteten Affen lagen rund um den Platz herum zerstreut. Die Jäger waren alle ausgezogen und hatten im Lager nur einen Knaben

zurückgelassen, um das bratende Fleisch zu wenden. Da erschien auf dem Lagerplatz ein Mann. Er ging umher, betrachtete finster die Jagdbeute, zählte dann die Hängematten und ging wieder fort. Als die Jäger abends ins Lager zurückkamen, erzählte der Knabe von dem Besuch, aber niemand glaubte es ihm. Als sich dann aber die Männer in ihre Hängematten schlafen gelegt hatten, erzählte der Knabe von neuem die Geschichte seinem Vater, und dieser wurde schließlich mißtrauisch. Er und der Knabe banden ihre Hängematten los und zogen sich in der Dunkelheit ein Stück von dem Lagerplatz in das Dickicht zurück. Sie hatten den Platz noch nicht lange verlassen, als sie Stimmen wie von Eulen, Tigern und anderem Nachtgetier hörten und dazwischen das Stöhnen von Menschen und das Krachen brechender Knochen. »Das ist Kurupira (der Waldgeist) mit seinem Anhang, der die Jäger tötet!« sagte der Mann zu seinem Sohn.
Als der Morgen anbrach, gingen sie nach dem Lagerplatz: Da waren nur noch die leeren, blutbefleckten Hängematten, und zerbissene Menschenknochen lagen verstreut da, mitten darunter der Kopf des einen Jägers. Als sich der Mann mit seinem Sohn zum Gehen wandte, rief ihn der Kopf plötzlich an: »Nimm mich doch mit, Gevatter!« Der Mann sah sich erstaunt um. »Bring mich doch nach Hause, Gevatter!« wiederholte der Kopf seine Bitte. Da sandte der Mann seinen Sohn voraus ins Dorf, während er selbst einen Sipo abriß, den Schädel anband und ihn hinter sich her am Boden schleifte. Bald aber wurde es ihm unheimlich, und er ließ ihn auf dem Weg zurück. Als er aber weiterging, rollte der Kopf wie ein Kürbis hinter ihm her und schrie fortwährend: »Gevatter! Gevatter! Warte doch ein wenig! Nimm mich doch mit!« So mußte der Mann langsamer gehen, damit der Schädel dicht hinter ihm herrollen konnte. Der Mann dachte aber nach, wie er den unheimlichen Begleiter wohl loswerden könnte. Er hieß also den Kopf auf dem Weg ein wenig warten, er müsse im Walde seine Notdurft verrichten. Nachdem er dies getan hatte, ging er jedoch nicht zu dem Kopf zurück, sondern suchte den Weg ein gutes Stück weiter vorwärts. Dort grub er rasch eine Fallgrube, bedeckte sie mit dünnen Zweigen und Blättern und versteckte sich. Unterdessen wartete der Kopf auf dem Wege, daß der Mann aus dem Walde zurückkommen sollte, und rief schließlich: »Gevatter, bist du denn noch nicht fertig?« »Noch nicht, Gevatter!« antwortete der Kot des Mannes. Der Schädel aber sprach: »Was! Zu meiner Zeit, als ich noch Mensch war, konnte doch der Kot nicht reden?« – Dann rollte er auf dem Wege dahin, und eine Strecke weiter stürzte er in die Fallgrube. Der Mann kam nun hervor, füllte die Grube mit Erde zu und stampfte sie fest. Dann ging er in sein Dorf.
Als es Nacht wurde, hörte man im Dorf vom Walde her Schreie, die

immer näher kamen. »Das ist der Totenschädel, der sich aus der Grube befreit hat«, sagte der Mann zu den Dorfbewohnern.
Der Kopf hatte unterdessen Flügel und Krallen bekommen wie ein riesiger Falke. Er schwebte heran und warf sich auf den ersten, der ihm in den Weg kam, und fraß ihn auf. Am folgenden Abend jedoch versteckte sich ein Medizinmann an der Stelle, wo der Weg aus dem Walde kam, und wartete mit Bogen und Pfeil auf das Ungeheuer. Mit der Dunkelheit kam es schreiend näher gezogen und setzte sich auf einem Baum am Waldrand nieder. Er sah jetzt ganz wie ein riesiger Falke aus. Da schoß der Medizinmann einen Pfeil gegen ihn ab, der ihm durch beide Augen ging, worauf er sofort tot von seinem Sitz herabstürzte.

Es gibt eine Parallelgeschichte mit einem solchen unheimlichen Schädel, in der der Medizinmann ihn in den Himmel wirft, wo er sich in den Mond begibt, und von da an ist er das Mondlicht in der Nacht.
Dieser Typ eines unheimlichen und bösen Phänomens ist von einem primitiven Standpunkt aus eines, das man auch noch in der griechischen und in der ägyptischen Kultur findet und das in den magischen Praktiken der Antike überlebte. Es kommt noch heute in unseren Volksbräuchen vor und betrifft Leute, die Selbstmord begangen haben oder vor ihrer Zeit getötet wurden. Solche Menschen werden nach ihrem Tod feindlich und zu bösen Dämonen. Die primitive Erklärung dafür lautet, daß sie sich frustriert fühlen, denn es gibt noch eine bestimmte Menge von Lebensenergie in ihnen, die nicht ausgeschöpft und auf unnatürliche Weise vor der angemessenen Zeit abgeblockt wurde. Die Feder der Uhr ist zerbrochen, statt abzulaufen, und diese unausgeschöpfte Lebensenergie wird feindlich. Der tote Mensch ist eifersüchtig auf die Lebenden und hatte keine Zeit, sich auf natürliche Weise von den Lebenden abzulösen. Deshalb übt er jetzt eine destruktive und gefährliche Wirkung auf die Welt der Lebenden aus. Daher können auch Menschen, die während ihres Lebens wirklich gute Menschen und nicht vom Bösen besessen waren, aus dem Ressentiment heraus, des Lebens beraubt worden zu sein, in ein solches Verhalten verfallen, wenn sie vor der Zeit getötet wurden.

Darum beginnen spätantike Anrufungen der Schwarzen Magie oft folgendermaßen: »Oh, ihr Götter der Unterwelt, Hades, Proserpina, und ihr namenloses Heer jener, die sich selbst töteten oder die ermordet wurden oder vor der Zeit starben!« Das ist eine klassische spätgriechische Anrufung, die in den meisten der magischen Papyri des Altertums gefunden wurde. Dieser Glaube existierte nicht nur in der Spätantike, sondern in der ganzen Welt: Normale Lebensenergie, die nicht genutzt wurde, verwandelt ein menschliches Wesen in einen bösen Geist, und dann gibt es diese langsame Umwandlung; was nur ein menschlicher Schädel war, wird ein richtiger geistartiger Falke, denn er bekommt Flügel, wird immer mehr numinos und übernatürlich. Zuerst gibt es einen unglücklichen Jäger, grollend darüber, daß er getötet wurde, dann wird er selbst wie einer des Kurupira-Gesindels von Eulen, Tigern und Geistertieren.

Schauen wir uns nun dieses Problem aus psychologischer Sicht an. Ich habe zu oft böse Wirkungen solcher plötzlichen Tode meiner eigenen Verwandten und meiner Analysanden gesehen, um nicht zu wissen, daß es neben dem Problem der Projektion eine sehr objektive Basis für diesen Glauben gibt. Nur bedarf es einer genaueren Erklärung. Es geschieht oft, daß Menschen, die einen nahen Verwandten verloren haben, nach einigen Tagen einen Autounfall haben. Man kann das rational dahingehend erklären, daß jemand nach der Beerdigung unglücklich ist, oder man könnte sagen, daß der Tote einen ins Grab zieht. Niemand kann sagen, welche Erklärung die richtige ist, aber psychologisch betrachtet, findet da das Symptom eines »Todessogs« statt. Wir können nicht sagen, woher er kommt, aber er ist da, und nach dem Tode eines nahen Verwandten ist er ein klar zu erkennendes Phänomen. Rational könnte man sagen, daß der Betrag an psychischer Energie, der in die Beziehung investiert wurde, zurückkommt zu uns und destruktiv wirkt.

Das ist besonders der Fall, wenn man jemanden verliert, mit dem man nahe zusammenlebte, denn eine enorme Menge an psychischer Energie ging in die Anpassung und die Beziehung zu jenem Menschen, plötzlich wird alles abgeschnitten. Dann fließt die

Energie zu einem zurück, aber sie hat keine Verwendung, und jede nicht verwendete Energie ist in Gefahr, eine gefährliche Wirkung zu haben. Diese Kräfte machen einen unbewußt, dissoziieren die Persönlichkeit, bis neue Objekte für Anpassung und Kanalisation gefunden werden und die Dinge sich zum Besseren wenden. Ich bin überzeugt davon, daß dies absolut zutrifft. Man kann genau sehen, wie es läuft, sogar im Detail. Wenn man morgens aufwacht und vergessen hat, daß eine nahestehende Person tot ist und ihr »Guten Morgen« sagen möchte! Oder wenn man eine gute Erfahrung macht und sie jemand mitteilen möchte, es aber nicht kann! Wem kann man sie jetzt sagen? Dann fällt man immer in das gleiche schreckliche Loch! Jeder, der einen geliebten Menschen verloren hat, macht die schreckliche Erfahrung, daß er zu ihm gehen will, und dann fällt er in das schwarze Loch im Boden. Wenn das einem Menschen geschieht, der nicht sehr bewußt ist und nicht merkt, was da passiert, wenn er keine starke Persönlichkeit ist, dann kann er dissoziiert werden, oder die Energie fließt in ungeeignete Objekte. In primitiven Gesellschaften – und sogar in unserem Land sah ich es – kann sie dann die Gestalt einer schwarzen Wut annehmen, und man findet einen Sündenbock. So entsteht die Vorstellung, daß der Mann nicht auf natürliche Weise starb, daß Schwarze Magie im Spiel war und daß jetzt jemand getötet werden muß, um die Rachegefühle zu befriedigen. In unserer Gesellschaft kann es eine Anklage gegen den Arzt sein oder schreckliche Streitereien über die Verteilung des Erbes – nicht weil die Menschen wirklich so habgierig sind und diesen oder jenen Teppich möchten oder etwas von ihrem verstorbenen Vater, sondern weil sie das Plus an Libido abreagieren müssen, von dem sie sonst nicht wissen, wohin damit. Darum müssen sie entdecken, daß der Arzt oder die Krankenschwester der Teufel selbst war. Solche Teufeleien gehen immer nach dem Tod um. Ein gewisser Betrag davon kann sicher auf diese Weise erklärt werden. Das Traummaterial eines Analysanden ist dann oft in anderer Weise formuliert und sagt, daß es wirklich der Tote ist, der das Unglück erzeugt.

9 Besessenheit durch das Böse

Im letzten Kapitel habe ich das psychologische Umfeld kurz beschrieben, in dem das Problem des Bösen entsteht, d. h. auf der Ebene archetypischer Konstellationen des kollektiven Unbewußten. An einigen Geschichten haben wir gesehen, wie primitive Mentalität im Sinne einer ursprünglichen Erfahrung des Bösen sich bei Menschen spiegelt, die noch naturnah leben und nicht durch Zivilisation oder technische Entwicklung von ihr abgespalten sind. Auf dieser Ebene hat der Mensch keine Probleme, wie wir sahen. Das Böse ist einfach eine Tatsache der Natur, das man entweder bewältigt oder dem man entflieht.

Im Märchen von den »Speerbeinen« beobachtete der jüngere Bruder, wie der ältere allmählich besessen wurde und destruktiv, und dann aktivierte er andere Dorfbewohner, um ihn zu töten. Aus diesem Material könnte man in der modernen Literatur eine wunderbare Novelle oder Tragödie schreiben, die den schrecklichen Konflikt des jüngeren Bruders zeigt, die Pflichtenkollision zwischen seiner Anhänglichkeit und früheren Liebe zum älteren Bruder und der kollektiven Notwendigkeit, dieses mörderische Geschöpf zu zerstören. Aber wir hören nichts Derartiges. Der jüngere Bruder hat kein Problem. Als sein älterer Bruder besessen und völlig böse wird, ist er ganz richtig darauf konzentriert, ihm zu entkommen, denn sonst wäre er getötet worden. Hinterher gibt es keinen Konflikt darüber, ob er getötet werden soll. Er teilt den Dorfbewohnern nur mit, sie möchten diesen besessenen Mörder eliminieren und zeigt ihnen den Weg zum Lager. So ist, was auf einer höheren Bewußtseinsstufe in bezug auf Motivation und ethische Probleme eine Pflichtenkollision hervorrufen würde, auf dieser Stufe keine Tragödie, sondern eine einfache Angelegenheit von Tatsachen.

Auf dieser Ebene erscheint das Böse nicht nur als Naturdämonen, die in den Wäldern, im Schnee, auf den Bergen oder in Seen leben, sondern es kann auch von toten Menschen verursacht werden. Die Seelen Toter, besonders die Geister von Mördern oder Ermordeten und von im Krieg Gefallenen, von Menschen, die zu früh starben, werden oft zu dämonischen Kräften. Man hat das Gefühl, daß ihr Leben nicht zu einem natürlichen und harmonischen Ende kam, sondern gewaltsam abgeschnitten wurde. Eine primitive Erklärung sagt, im Geist des Toten bestehe – wegen der Frustration – ein Groll, der ihn in einen bösen Dämon verwandelt.

Damit wir sehen, daß dies nicht nur bei den südamerikanischen Indianern so ist, schauen wir uns eine ähnlich grausame chinesische Geistergeschichte an: »Die Geister der Erhängten«.

Man sagt, daß der Dichter Su Dung Po Geistergeschichten zu erzählen liebte, obwohl er selbst nie einen Geist gesehen hatte. Yüan Dschan dagegen schrieb, daß es keine Geister gebe. Als er eines Tages darüber schrieb, kam ein anderer Schüler zu Besuch und sagte: »Seit den ältesten Zeiten gab es immer wahre Geschichten über Götter und Geister, wie kommt es, daß du das leugnest?« Yüan Dschan versuchte in Begriffen der modernen Vernunft zu erklären, daß es keine Geister geben könne. Der andere Schüler wurde sehr böse und sagte: »Aber ich bin selbst ein Geist«, und bevor er seinen Satz beendet hatte, verwandelte er sich in einen schrecklich ausschauenden Dämon mit grünem Gesicht und rotem Haar und verschwand im Boden. Bald danach starb Yüan Dschan.

Das war nur ein Vorspiel, um die richtige Einstellung für das Folgende zu gewinnen, denn jetzt ändert sich die Geschichte und sagt, daß es viele Arten von Geistern gibt, daß aber die schlimmsten die jener Menschen seien, die sich selbst aufgehängt hätten. Das seien gewöhnlich die Geister von Frauen armer Bauernfamilien, die unzufrieden wurden, weil ihre Schwiegermutter sie schlecht behandelte oder weil sie hungrig oder überarbeitet waren. Wenn sie dann mit ihren Schwägerinnen streiten oder von ihren Ehemännern getadelt werden, wenn sie keinen Ausweg aus ihrem Kummer sehen, machen sie oft in ihrer Verzweiflung ihrem Leben ein Ende. Sie nehmen Gift oder springen in einen Brunnen, die meisten aber erhängen sich, und solche Menschen werden zu jenen schrecklichen Geistern. Unsere Großväter sagen, daß der Geist einer Frau, die Selbstmord begangen hat, immer andere Frauen zu verführen sucht, denn nur so kann er zum Jenseits kommen, wiedergeboren werden und ins Rad der Existenz wieder eintreten, um zum Leben zurückzukehren. Bis sie jemand gefunden haben, müssen sie in einem Zwischenreich umherwandern zwischen Leben und Tod. Darum suchen sie ein Opfer und versuchen andere zu verführen.

Die Geister der Erhängten

In Tsingtschoufu lebte ein Mann, der die militärische Vorprüfung bestanden hatte und in die Hauptstadt mußte, um sich dort zu stellen. Es war zur Regenzeit. So traf sich's denn, daß er, von Schlamm und Regen aufgehalten, nur langsam vorwärts kam, so daß er abends die Hauptstadt nicht mehr erreichte und in einem Weiler übernachten mußte. Aber im ganzen Dorf gab es nur ärmliche Familien, die keinen freien Platz in ihren Häusern hatten. So wiesen sie ihn denn nach einem alten Tempel vor dem Dorf, daß er dort mit seinem Esel übernachte.
Die Götterbilder in dem Tempel waren ganz verfallen, so daß man sie nicht mehr unterscheiden konnte, und überall waren Spinnweben und Staub. Er band seinen Esel an einen alten Lebensbaum und nahm einen Schluck aus seiner Feldflasche. Der Tag war heiß gewesen, und nun fühlte er sich etwas besser, schloß die Augen und wollte schlafen.
Plötzlich hörte er im Tempel ein raschelndes Geräusch. Ein kühler Wind strich ihm über das Gesicht (der berühmte Wind, der Geister ankündigt). Da sah er eine Frau aus dem Tempel herauskommen in alten, schmutzigen, roten Kleidern, das Gesicht kreideweiß wie eine getünchte Wand. Vorsichtig schlich sie vorüber, als fürchtete sie, einem Menschen zu begegnen. Dem Soldaten fehlte es nicht an Mut. So stellte er sich schlafend. Da sah er, wie sie aus dem Ärmel einen Strick hervornahm, und er merkte nun, daß er's mit einem erhängten Gespenst zu tun hatte. Leise erhob er sich und ging ihr auf dem Fuße nach.

Sie ging zu einer armseligen Hütte im Dorf. Der Soldat schaute durchs Fenster und sah eine Frau von etwa zwanzig Jahren, die an der Wiege ihres kleinen Kindes saß; ab und zu streichelte sie das Kind, und sie weinte. Und dann sah er den Geist der Erhängten auf einem Dachbalken sitzen. Den Strick hatte sie sich um den Hals gelegt und machte die Bewegung des Erhängens. Sie lockte die Frau und gab vor, daß dies die Lösung sei.
Endlich sagte die Frau: »Du sagst, es sei am besten zu sterben. Gut, ich will sterben; aber ich kann mich von dem Kind nicht trennen.« Dann brach sie wieder in Tränen aus. Das Gespenst lachte und lockte sie aufs neue.
Da sagte die Frau entschlossen: »Es ist aus. Ich will sterben.« Mit diesen Worten öffnete sie ihre Kleiderkiste, zog neue Kleider an und schminkte sich vor dem Spiegel. Dann zog sie eine Bank heran und stieg hinauf. Sie band ihren Gürtel ab und knüpfte ihn an den Balken. Schon hatte sie den Hals ausgestreckt und wollte hinunterspringen, als der Soldat gegen das Fenster zu trommeln begann. Er schlug es entzwei und stieg ins Zimmer hinein und rettete so die Frau. Das Gespenst verschwand. Aber der Soldat sah von dem Balken immer noch den Strick herunterhängen und nahm ihn an sich. Dann sagte er zu der Frau: »Gib gut acht auf dein Kind! Man hat nur ein Leben zu verlieren.«
Damit ging er zurück zum Tempel. Auf dem Weg stand auch schon das Gespenst und wartete auf ihn. Sie verneigte sich und sprach: »Seit vielen Jahren suche ich schon nach einer Stellvertretung, und heute, da es so weit war, habt Ihr mir das Geschäft verdorben. Da ist nichts mehr zu machen. Doch ich habe ein Ding, das ich in der Eile zurückgelassen habe. Sicher habt Ihr's gefunden. Darf ich bitten, es mir zurückzugeben! Wenn ich nur dieses Ding habe, so macht es mir nichts, daß ich keine Stellvertretung finde.«
Da zeigte ihr der Soldat den Strick und sagte: »Das ist wohl jenes Ding? Aber wenn ich dir's zurückgebe, so wird sich sicher jemand erhängen. Das kann ich nicht dulden.« Und er wickelte sich den Strick um den Arm, trieb sie weg und sprach: »Geh! Geh!«
Nun wurde die Frau zornig. Ihr Gesicht wurde grün-schwarz, ihr Haar hing wild zerzaust den Nacken herab, blutunterlaufen starrten ihre Augen, die Zunge hing weit aus dem Munde hervor. Sie streckte ihre beiden Hände aus und wollte ihn fassen. Der Soldat schlug mit geballter Faust nach ihr. Aus Versehen schlug er sich dabei selbst an die Nase, so daß das Blut heruntertropfte. Er spritzte einige Tropfen Blut nach ihr, und weil die Geister Menschenblut nicht leiden mögen, so ließ sie ab von ihm, stellte sich einige Schritte von ihm auf

und begann zu fluchen. So dauerte es eine gute Weile, bis der Hahn im Dorfe krähte. Da verschwand das Gespenst.
Am nächsten Morgen wollten die Dorfbewohner dem Soldaten danken, daß er das Leben der Frau gerettet hatte. Sie fanden ihn im Tempel, wie er noch immer mit den Fäusten in der Luft herumfuchtelte und heftig redete. Da riefen sie ihn an, und er erzählte, was ihm begegnet war. An seinem nackten Arm sah man noch den Strick; doch war er an dem Arm angewachsen und umgab ihn als ein roter Ring von Fleisch.
Eben dämmerte der Morgen. Er schwang sich auf seinen Esel und trabte davon.

Diese Geschichte ähnelt der südamerikanischen vom »Rollenden Totenschädel«, denn es gibt auch hier eine Art Nachwirkung eines Selbstmordes oder Mordes. So wird nicht nur der Schädel des tatsächlich ermordeten Mannes zu einem bösen Geist, sondern nach dieser Geschichte dauert die Sache durch Generationen hindurch an, weil ein Selbstmord einen anderen herausfordert. Psychologisch ist das wahr, denn wir wissen, daß Selbstmord ansteckend ist. Wenn in Schulen oder Kliniken ein Selbstmord vorkommt, folgen oft zwei oder drei weitere nach – aufgrund des destruktiven ansteckenden Effekts, weshalb man wohl davon spricht, daß der Geist des Toten andere in den Tod lockt.
Selbstmorde können sich in einer Familie durch Generationen hindurch fortsetzen. Man könnte also sagen, der selbstmörderische Großvater habe seinen Enkel in die Gefolgschaft gelockt und so ist es ein Töten ohne Ende, wie die Schlinge in einer der genannten Geschichten beschrieben wurde. Denn es zieht sich durch Generationen hin, bis endlich ein mutiger Mann, in diesem Fall ein Soldat, eingreift und dem destruktiven Effekt ein Ende setzt.
Hier handelt der Geist nicht nur aus Bosheit, sondern um sich selbst aus seiner Zwischenexistenz zu befreien, in der er weder ins Leben zurückkehren noch ins Jenseits eingehen kann. Ein weiteres südamerikanisches Indianermärchen, »Der überlistete Waldgeist«, bringt ein anderes Motiv.

Der überlistete Waldgeist

Eine Familie wurde einmal zu einem Trinkfest eingeladen. Alle gingen hin bis auf die Tochter, die sich weigerte mitzugehen. So blieb sie ganz allein zu Hause.

Am späten Nachmittag bekam sie Besuch von einer Freundin, die sie sehr lange nicht gesehen hatte. Wenigstens glaubte sie, es wäre ihre Freundin Dai-adalla. In Wirklichkeit aber war es ein Waldgeist, der die Gestalt und das Aussehen ihrer Freundin angenommen hatte, um desto leichter seine schlechten Absichten ausführen zu können. Da sie gute Freundinnen waren, fragte der Waldgeist, als das Mädchen Dai-adalla, sie, was sie so allein zu Hause treibe. Als das Mädchen erzählte, daß sie sich geweigert hätte, zu einem Trinkfest mitzugehen, sagte der Waldgeist: »Oh, das ist gut! Ich werde heute nacht hier bleiben und dir Gesellschaft leisten.«

Am Abend, als es dunkel wurde, hörten sie eine Menge Frösche. Da sie beide gern Frösche aßen, schlug das Mädchen vor, welche zu fangen.

Sie gingen zusammen hinaus in die Dunkelheit, jede nach einer anderen Richtung, und nach einer Weile fingen sie an, sich zuzurufen und sich gegenseitig zu fragen, wie viele sie gefangen hätten. Der Waldgeist antwortete: »Viele, aber ich esse sie gerade so schnell, wie ich sie fangen kann.« Diese sonderbare Antwort, daß sie die Tiere roh esse, erschreckte das Mädchen, und sie erkannte plötzlich die wahre Natur ihrer angeblichen Freundin. Als der Waldgeist sie fragte, wie viele sie gefangen habe, antwortete das Mädchen: »Viele, aber ich tue sie alle in meine Kalabasse.«

Sie überlegte die ganze Zeit, wie sie von ihrer Gefährtin weg und in Sicherheit kommen könnte, denn sie wußte nur zu gut, daß der Waldgeist trotz der Dunkelheit ihren Standort nach dem Klang ihrer Stimme genau erkennen konnte. Sie sagte dem Waldgeist, er solle ganz ruhig sein, damit er die Frösche nicht erschrecke und stahl sich leise zum Hause zurück, kroch behutsam hinein und drehte im Hause alle Töpfe um, ohne das geringste Geräusch zu machen. Dann warf sie die Frösche fort und kletterte auf das Dach, um abzuwarten, was sich nun ereignen würde.

Es dauerte nicht lange. Nachdem der Waldgeist eine Weile gewartet und keine Antwort auf seinen Ruf erhalten hatte, merkte er, daß er überlistet war, und eilte zum Hause zurück. Hier tappte er im Dunkeln umher und drehte einen Topf nach dem anderen um, aber seine Beute war nicht darunter. »Ach«, rief er laut genug, daß das Mädchen ihn hörte, »wenn ich gedacht hätte, daß sie mir entwischte, hätte ich sie zugleich mit den Fröschen verspeist.«

Er suchte vergeblich, bis die Dämmerung kam und er fort mußte. Das Mädchen stieg dann vom Dach herab und wartete auf ihre Eltern. Als diese ankamen, erzählte sie ihnen, wie der Waldgeist sie in der Gestalt einer Freundin besucht hätte. Da sagte der Vater, daß sie das nächste Mal, wenn sie ihr sagten, sie solle mit ihnen kommen, wohl folgen werde.

Diese Geschichte ist wichtig, denn wir werden später sehen, welche Art von Menschen und von Verhalten Besessenheit durch Böse Geister anzieht. Diese Art von Geschichten ist weder spezifisch chinesisch noch südamerikanisch-indianisch. Ich griff sie aufs Geratewohl heraus, weil ich einen speziellen Typ von Märchen suchte, der sich auf der ganzen Welt findet. Zu dem entscheidenden Punkt, das Mädchen betreffend, will ich noch eine uns relativ nahe europäische Parallele anfügen, das Grimmsche Märchen »Frau Trude«.

Frau Trude

Es war einmal ein kleines Mädchen, das war eigensinnig und vorwitzig, und wenn ihm seine Eltern etwas sagten, so gehorchte es nicht. Eines Tages sagte es zu seinen Eltern, sie habe so viel von der Frau Trude gehört und wolle einmal zu ihr hingehen. Die Leute sagten, es sehe so wunderlich bei ihr aus, und erzählen, es seien so seltsame Dinge in ihrem Hause, da sei sie ganz neugierig geworden. Die Eltern verboten es ihr streng und sagten, die Frau Trude sei eine böse Frau, die gottlose Dinge treibt, und wenn sie zu ihr hingehe, sei sie nicht mehr ihr Kind. Aber das Mädchen kehrte sich nicht an das Verbot seiner Eltern und ging doch zu Frau Trude. Und als sie zu ihr kam, fragte die Frau Trude: »Warum bist du so bleich?« »Ach«, antwortete das Mädchen und zitterte am ganzen Leibe, »ich habe mich so erschrocken über das was ich gesehen habe.« »Was hast du gesehen?« »Ich sah auf Eurer Stiege einen schwarzen Mann.« »Das war der Köhler.« »Dann sah ich einen grünen Mann.« »Das war ein Jäger.« »Danach sah ich einen blutroten Mann.« »Das war ein Metzger.« »Ach, Frau Trude, mir grauste, ich sah durchs Fenster und sah Euch nicht, wohl aber den Teufel mit feurigem Kopf.« »Oho«, sagte sie, »so hast du die Hexe in ihrem rechten Schmuck gesehen: ich habe schon lange auf dich gewartet und nach dir verlangt, du sollst mir leuchten.« Da verwandelte sie das Mädchen in einen Holzblock und warf ihn ins Feuer. Und als er in voller Glut war, setzte sie sich daneben, wärmte sich daran und sprach: »Das leuchtet einmal hell!«

Wie man sieht, geht es hier nicht um ein speziell südamerikanisches Problem, sondern es gibt es bei uns ebenso, und diese Geschichte weist auf die gleichen Merkmale hin, die solche Dinge anziehen. Einen Fall von Besessenheit, ähnlich dem in den »Speerbeinen«, bringt eine isländische Parallele »Trunt, Trunt und die Trolle in den Bergen«. (»Trunt« ist ein Name.)

Trunt, Trunt und die Trolle in den Bergen

Einmal waren zwei Männer in den Bergen, um Kräuter zu sammeln. Eines Nachts lagen sie beide in ihrem Zelte zusammen. Der eine schlief, der andere war wach. Da sah der, der wachte, wie der, der schlief, hinausging. Er ging hinterher und folgte ihm, aber er konnte nicht schnell genug laufen, der Abstand zwischen ihnen wurde immer größer. Der Mann steuerte auf die Gletscher zu. Da sah der andere eine große Riesin auf einer Gletscherspitze sitzen. Sie hatte die Gebärde, daß sie ihre Hände abwechselnd von sich streckte und wieder an die Brust heranzog, und damit zauberte sie den Mann zu sich hin. Der Mann lief ihr gerade in die Arme, und sie machte sich mit ihm davon. (Das ist wie in den »Speerbeinen«, wo einer der beiden Brüder im Wald verhext ist.)
Ein Jahr später waren die Leute aus jener Gegend wieder an derselben Stelle zum Kräutersammeln. Da kam er zu ihnen, war aber so still und verschlossen, daß man kaum ein Wort aus ihm herausbekam. Die Leute fragten ihn, an wen er glaube, und er sagte, er glaube an Gott.
Im zweiten Jahre kam er wieder zu dem Kräutervolk. Aber da war er so trollenhaft geworden, daß sie sich vor ihm fürchteten. Als er gefragt wurde, an wen er glaube, antwortete er nichts. Und diesmal blieb er kürzere Zeit da als zuvor. Im dritten Jahr kam er wieder, da war er ein richtiger Troll geworden und sah fürchterlich aus. Einer aber wagte ihn doch zu fragen, an was er glaube. Da sagte er, er glaube an »Trunt, Trunt und die Trolle in den Bergen« und verschwand sodann. Seitdem hat man nichts mehr von ihm gesehen, und es getraute sich auf lange Jahre niemand mehr, an diesem Orte Kräuter zu suchen.

Hier handelt es sich um Besessenheit von einem bösen Geist, ohne daß der Mann destruktiv wird, er wird nur ein Troll in den Bergen, der den anderen Dorfbewohnern – im Gegensatz zu dem Speerbein-Mann – keinen Schaden zufügt.

Wenn wir uns fragen, zu welchem Typ die bösen Kräfte in diesen primitiven Geschichten gehören, sehen wir, daß es einige bekannte, klar umschriebene Geister gibt, wie Kurupira, den Geist der Wälder, der nach dem Engros-Töten der Jäger alle auffrißt, oder wie die Riesin aus den Islandbergen. Diese Figuren sind in der Folklore als böse Geister bekannt und leben in jenem Teil der Natur, der für die genannte soziologische Schicht unheimlich und gefährlich ist. Für Menschen nahe dem Meer wären es Meer-Dämonen, für Menschen nahe dem Urwald Waldgeister, für Menschen in den Bergen Berggeister und Gletschergeister. Das hat Menschen bewogen, zu glauben, daß solche Geister nur Personifikationen des Bösen in der Natur seien, wie man es praktisch in jedem philologischen und ethnologischen Werk lesen kann. Aber wir werden sehen, daß dieses Urteil oberflächlich ist. Sicher haben solche Kräfte des Bösen in dieser ursprünglichen Form mit dem Bösen in der Natur zu tun und sind nahe verbunden mit den destruktiven natürlichen Kräften verschlingender Tiere, den Gefahren von Wald, Schnee, Wasser oder Erdrutsch, aber sie sind nicht genau dies.

Noch einen anderen Typ gibt es, nach dem Menschen von solchen dämonischen Naturgewalten assimiliert wurden, wie bei dem Mann mit den »Speerbeinen« oder der Troll, wo ursprünglich normale menschliche Lebewesen langsam verwandelt werden in etwas Dämonisches und Destruktives, wobei sie völlig besessen sind von bösen Mächten. Das ist meiner Meinung nach sehr wichtig, denn *ich halte das Phänomen der Besessenheit für das schrecklichste Böse,* das es gibt, nämlich daß jemand von dem Archetypus der bösen Macht verschlungen wird.

Eine dritte Kategorie, damit eng verwandt, sind die Geister der Toten, Menschen, die nicht zu Lebzeiten böse waren, sondern sich erst nachdem sie unschuldig getötet worden waren, in böse Geister verwandelten. Sie haben teilweise mit der Energie zu tun,

die sich selbst freimacht, teilweise mit dem Geheimnis des Todes, über das wir nicht mehr wissen als die Naturmenschen.
Wenn wir uns die Bedingungen anschauen, unter denen solche Menschen dem Bösen verfallen, dann werden wir in praktisch allen Geschichten gemeinsame Züge finden. In mehreren spielt in der einen oder anderen Weise das Trinken eine Rolle, weil es für die Primitiven der einfachste und leichteste Weg ist, die Tür zur Besessenheit zu öffnen. Eine andere ist die Einsamkeit, das Getrenntsein von Dorf oder Stamm, zu dem jemand gehört. Die meisten Menschen, die in solche Abenteuer geraten, sind allein, oder sie gehen nur zu zweit hinaus, um Kräuter im Wald oder den Bergen zu sammeln, was ein Alleinsein mit der Natur bedeutet; oder jemand bleibt allein zu Hause, wie das Mädchen mit dem Waldgeist. Sie hatte keine andere Sünde begangen, als daß sie nicht an dem Trinkgelage teilnehmen wollte. In diesem Fall war Trinken der andere Weg. Da sieht man, wie man sich in Widersprüche verwickeln kann. Sie wollte allein bleiben, und das gab dem Waldgeist den Einfall, dort sei jemand, den er fressen könne, und er schlich sich in der Verkleidung ihrer Freundin ein.
So öffnet Einsamkeit, besonders Alleinsein in der Natur, die Tür für die Mächte des Bösen, ebenso der Aufenthalt in einem fremden Land. So geriet z. B. der Soldat in das Geister-Abenteuer, weil er nicht seine Familie und seine Leute um sich hatte. Zur Einsamkeit gehört es also, daß man unter Menschen ist, zu denen keine Gefühlsbande bestehen. Im Fall von Frau Trude ist es eine Art kindlicher Neugier, ein Mangel an Respekt vor den Mächten des Bösen, der die Tür zu ihnen öffnet, und auch das scheint ein typischer Zug zu sein. In vielen Geschichten, die über die ganze Welt verbreitet sind, ist es eine Art kindlichen Wagemuts, der nichts mit Mut zu tun hat, sondern nur so aussieht. Es ist eine Art kindlicher Unbewußtheit oder Mangel an Respekt, ein allgemeiner Zug, wodurch ein Mensch plötzlich in den Bereich des Archetyps des Bösen hineingerät. In unseren Bergsagen wird jene kindliche Kühnheit allgemein als »Frevel« bezeichnet. Er gehört zur selben Wortgruppe wie das englische »frivo-

lous«. Es hat die gleiche Nuance, meint aber viel mehr als nur eine leichtsinnige Haltung. Im modernen Deutsch meint »Frevel« eine Überschreitung gewisser allgemeiner Verhaltensweisen oder Gesetze. Meist benutzen wir es in Verbindung mit dem Jagen. »Jagdfrevel« bedeutet ein Überschreiten der Jagdregeln, z. B. das Schießen trächtiger Tiere oder das Jagen in der geschlossenen Zeit, das Verwunden, ohne zu töten, und sich dann nicht mehr um das verwundete Tier zu kümmern.
In früheren Zeiten hatte Frevel einen mehr religiösen Aspekt und näherte sich der Blasphemie oder dem Sakrileg. In diesem Sinne konnte z. B. Spucken in der Kirche als frevlerisch bezeichnet werden. Unter primitiveren Bedingungen war es ein Überschreiten der Grenze, jenseits des Respekts gegenüber den numinosen Mächten. So berichtet eine berühmte Geschichte aus dem Kanton Uri, daß zwei Männer das Vieh hoch oben in den Bergen hüteten. In der Schweiz haben Viehbauern ihre eigene Alp in Bergen, oder die Gemeinde hat Alpen, und im Sommer bringen sie das Vieh hinauf und bleiben den ganzen Sommer über oben. Mit dem ersten Schnee kommen sie dann wieder herunter. Im allgemeinen gehen zwei oder drei Männer ohne Frauen hinauf. Sie leben ein einsames Bergleben und haben eine sehr harte Zeit dort oben. In unserer Geschichte waren ein älterer Hirte und ein junger Knabe oben. Um sich und die Herden zu schützen, muß der Senne abends hinausgehen und den Abendsegen über das Vieh und die Berge in alle vier Himmelsrichtungen sprechen, damit Gott Herde, Alp und Menschen schützt.
Eines Abends kam der Hirte aus der Hütte und schaute um sich. Da rief eine Stimme aus den Bergen: »Soll ich es loslassen?« Er, statt geziemend erschrocken zu sein, sagte: »Oh, du kannst es noch länger halten!« Und nichts geschah. Am nächsten Abend fragte die Stimme: »Soll ich es loslassen?« Der Hirte antwortete wie am Vorabend. Aber der Junge wurde nervös und hielt dies nicht für eine angemessene Verhaltensweise, sondern für sehr gefährlich, weshalb er wegzurennen begann. Da hörte er plötzlich einen Schrei von der Bergspitze: »Ich kann es nicht länger halten!« Und mit schrecklichem Lärm brach der ganze Berg

zusammen, begrub Vieh, Hütten und den älteren Hirten, nur der Junge entkam gerade an den Rand des Tales.

Hier kann man sehen, daß der ältere Hirte ein Frevler war. Er besaß jene kindliche Unverschämtheit gegenüber den Geistern der Berge. Ein Arzt, Ludwig Renner, schrieb ein Buch: »Goldener Ring über Uri«. Er lebte in einer solchen Landschaft und mußte unter schlimmsten Bedingungen Geburten und Tod in den Bergen begleiten. Er sagt, daß die Schweizer Bauern sehr modern und erleuchtet zu sein scheinen, solange man sie nicht genau kennt. Aber wenn sie von Geburt, Tod oder ähnlichem erschüttert werden, sprechen sie plötzlich über ihre wahren Gefühle und Einstellungen, die er in dem Buch zu zeigen versucht. Oberflächlich betrachtet, sind diese Bauern katholisch, aber nur, soweit die Haut reicht. Darunter haben sie eine völlig urgeschichtliche Haltung. Die Natur ist für sie bevölkert mit etwas, dem sie nicht einmal einen Namen geben. Viehhirten in unseren Bergen sind noch primitiver als südamerikanische Indianer, denn sie haben keinen Kurupira, einen umschriebenen Geist mit umschriebener Gestalt und Namen. Sie sprechen nur vom »Es«.

Wir hörten von einem Es, das rief: »Soll ich es loslassen?« Wer ist dieses Es, das die Felsblöcke festhält und sie dann einfach losläßt? Renner amplifiziert dazu viele Geschichten, und seltsamerweise ist »Es« manchmal gut, manchmal böse, manchmal neutral. Manchmal verhält es sich wie ein menschliches Wesen, manchmal ist es völlig unpersönlich, und niemand weiß, wie Es aussieht, es tut einfach einige Dinge. Es läßt die Berge auf Menschen fallen.

Eine andere Geschichte berichtet, daß Es, wenn man bei Seelisberg um die Ecke geht, dort zu sitzen und das Vieh wegzuholen pflegt, und daß man dann um des Himmels willen nicht erschrecken darf, denn wenn man in Panik gerät, fällt das Vieh in den Abgrund, oder man selbst tut einen falschen Schritt und bricht ein Bein. Das einzige, was man tun muß, ist: mit Peitsche oder Stock weitergehen, dem Vieh rufen, als seien die Kühe noch da, und wenn man dann um die nächste Ecke kommt, sind sie plötzlich dort. Das Es benötigt ganz spezielle Behandlung. Man darf sich nicht von ihm beeindrucken lassen, nicht in Panik geraten, aber auch keinen Frevel begehen. Denn bei Frevel jeder Art wird das Es sehr häßlich und destruktiv. Es ist also keine umschriebene Personifikation des Bösen. Es ist sogar primitiver, es ist jenes unheimliche Etwas, das manchmal gut und manchmal böse ist. Die Verhaltensweise im Märchen von Frau Trude und die jener Kuhhirten geben den gleichen Hinweis: Man darf keine infantile Tollkühnheit begehen, denn dann wird man besessen vom Bösen.

Diese Regeln des Verhaltens und der Phänomene sind noch immer gültig. Der einzige Moment, wenn ich mich in der Analyse wirklich schlecht fühle, ist der, wenn ich bei meinen Analysanden jene infantile, kecke Neugier auf das Böse erlebe. Wenn einer etwa sagt: »Ich möchte an einen Ort gehen, wo es Mörder gibt« oder: »Ich möchte mit dieser Frau Experimente machen, ich weiß, sie ist eine böse Frau, aber ich muß einige Lebenserfahrung machen und versuche, mit ihr zu schlafen, ich muß das ausprobieren!« Wenn man so etwas ausprobiert, weil es einen Grund dafür gibt, wenn die Träume sagen, man soll es tun, dann ist es in Ordnung, denn dann kann man sagen: es ist *mein* Böses, d. h. mein eigener Abgrund, den ich in mir trage und dem ich früher oder später begegnen muß. Aber wenn man aus einer frevlerischen Haltung heraus handelt oder aus intellektueller Neugier, nur um es herauszufinden, und mit einem Mangel an Achtung gegenüber der Ansteckung und Destruktivität des Phänomens, dann fühlt man sich sehr unbehaglich.

Ich hatte einmal einen intellektuellen Analysanden, der sich in ein Mädchen verliebte, das hübsch war, aber eine schwere Psychose hatte. Er ließ sich sehr mit ihr ein und berichtete mir immer, er wolle sie heiraten. Ich machte einen inneren Konflikt durch, ob ich ihn warnen sollte oder nicht. Wenn er ein Mädchen mit Psychose heiratete, konnte das bedeuten, daß er seinem Schicksal begegnete, aber das wäre kein Spaß, um es vorsichtig auszudrücken.

So kämpfte ich mit mir selbst, ob und wann ich ein warnendes

Wort sagen sollte. Dann hatte er Träume über das Mädchen, die eine klare Sprache sprachen. Aber ein Gespräch schien keine Wirkung zu haben. Schließlich beschloß ich, mit kalten Händen und rotem Gesicht, mein Gewissen zu entlasten, und sagte: »Hören Sie, um Ihnen die Wahrheit zu sagen, X hat eine Psychose.« Ich dachte, das würde ihm einen fürchterlichen Schrecken einjagen und unsere Beziehung eventuell zerstören, aber er sagte ruhig: »Oh, das sah ich schon lange«, und er berichtete weiter seine Träume. Offenbar hatte er nicht realisiert, was das bedeutete, außer in seinem Intellekt. Er hatte einige psychiatrische Bücher gelesen und konnte die Frau als psychotisch einordnen, aber er wußte nicht, was das bedeutete; er kannte nicht das emotionale Gewicht einer solchen Aussage, und das entspricht jenem Mädchen, das losging, um Frau Trude zu sehen.

Diese Haltung findet man sehr häufig bei modernen Intellektuellen, ebenso wie bei Primitiven und bei jungen Menschen. Unter Erwachsenen trifft man sie gewöhnlich nur bei Intellektuellen an, d. h. sie sind infantil, was ethische, Gefühls- oder Beziehungsprobleme angeht. Sie verhalten sich ebenso wie das Mädchen in »Frau Trude«, tappen unachtsam in das schlimmste Böse hinein, ohne überhaupt nur zu merken, was sie tun.

Jetzt ist es wichtig, zu erkennen, wie diese verschiedenen Personifikationen des Bösen aussehen. Es gibt ein Buch von Knud Rasmussen über Eskimo-Sagen,[4] in dem böse und halb-böse Geister und solche vom Typ des südamerikanischen Kurupira und dem des »Es« von Eskimos gezeichnet werden. Es sind authentische Eskimozeichnungen verschiedener Geistertypen, die meiner Meinung nach viel enthüllen. Einer davon ist ein riesiger Eisbär, genannt »Bär des Meeres«, der manchmal Menschen vernichtet, indem er ihre Boote umwirft. Das wäre sicher eine Personifizierung von Naturgewalt. Ich möchte das nicht abstreiten, aber ich glaube, das trifft nicht alles. Die bösen Kräfte der Natur, die einfach Böses für den Menschen wollen, wider-

---

[4] Knud Rasmussen: Thulefahrt. Frankfurter Societäts-Druckerei, 1926, S. 230ff.

wärtig und zerstörerisch für sein Leben sind, gehören zur archetypischen Erfahrung des Bösen: Hunger, Kälte, Feuer, Erdbeben und Lawinen, Schneestürme, Ertrinken, Seestürme, Sich-im-Wald-Verlieren, die großen feindlichen Tiere, der Eisbär im Norden, Löwe und Krokodil in Afrika, usw. Das sind Symbole oder Personifikationen des Bösen. Aber es ist eigenartig, daß es eine Neigung gibt, solche Geschöpfe als halb menschlich und halb unmenschlich darzustellen. Es gibt viele Mischfiguren, halb tierisch und halb menschlich, ebenso mißgestaltete menschliche Figuren. Ein böser Geist ist schrecklich dünn, und man sagt, daß seine Bosheit dies bewirkt.

In einer vergleichenden Studie über böse Geister findet man oft verkrüppelte Geschöpfe, bei denen nur der obere Teil des Körpers menschlich ist, oder es gibt nur einen rollenden Kopf und sonst nichts, oder etwas, das umhergeht ohne Füße oder keine Hände hat oder auf einem Bein herumhüpft. Alle Arten von – ich kann das Wort hier nicht umgehen – schizophrenen Verzerrungen zeigen sich in diesen Dämonen. Das führte zu der unter Ethnologen weit verbreiteten Theorie, böse Geister seien Phantasieprodukte von Schizophrenen, und Menschen, die böse Geister sehen und sich mit ihnen einlassen, wie Medizinmänner und Schamanen, seien nur die psychotischen Individuen des Stammes, die den Rest des Stammes mit ihren psychotischen Phantasien terrorisieren.

Wenn man psychotischen Menschen behandelt hat, weiß man, daß dies scheinbar stimmt. Wenn man sie die bösen Geister, von denen sie verfolgt werden, zeichnen läßt, werden sie ähnliche Gestalten zeichnen wie jene Eskimos für Knud Rasmussen zeichneten. Aber von unserem Standpunkt aus sieht die Sache genau umgekehrt aus. Viele Menschen, die in einer psychotischen Episode untertauchen oder in einem chronischen psychotischen Zustand leben, verschwinden gleichzeitig in der archetypischen Erfahrung und Ausdrucksweise des Bösen. In früheren Zeiten hätte man gesagt: der Teufel hat sie gepackt. Wenn jene Menschen solche bösen Geister zeichnen, rührt die Verzerrung der bösen Geister nicht von der Schizophrenie her, sondern von der

Tatsache, daß böse Geister wirklich psychisch so aussehen. In der archetypischen Erfahrung des Bösen erscheinen böse Mächte als menschliche Krüppel oder als etwas Verzerrtes, und deshalb sollten wir es symbolisch verstehen und darin die Projektion einer menschlichen psychologischen Tatsache sehen, nämlich, daß Böses nach sich zieht, daß man von Einseitigkeit fortgerissen wird: durch ein einziges Verhaltensmuster.
Das Leben aller Lebewesen wird, sogar auf den frühesten Entwicklungsstufen, von Verhaltensmustern gestaltet: einer bestimmten Art des Kämpfens, der Brautwerbung, der Paarung und der Sorge für den Nachwuchs, usw. Das ist natürlich unterschiedlich für jede Spezies, und schon auf der Tierebene können solche »patterns« kollidieren oder durcheinandergeraten. Das kann man bei einer bestimmten Fischart, den Stichlingen, beobachten, bei denen das männliche Sexualverhalten ganz eng mit Aggression gekoppelt ist. Diese Fische sind sehr kurzsichtig, und wenn ein Männchen einen anderen kleinen Fisch näherkommen sieht, gerät er in eine aggressive Kampfstimmung. Wenn er später merkt, daß es ein Weibchen ist, geht alles in Ordnung, und er kann sich mit ihr paaren. Wenn er jedoch einen größeren Fisch sieht, gerät er in Panikstimmung, wird blaß und entfaltet Fluchtverhalten. Selbst wenn er dann erkennt, daß es ein schönes Weibchen ist, kann es nicht mehr zur Paarung kommen, weil er schon ins Fluchtverhalten übergewechselt ist. Bei den Stichlingen können sich also nur ein größeres Männchen und ein kleineres Weibchen paaren, aber nicht umgekehrt.
Bis zu einem gewissen Grad vollzieht sich das auch auf der menschlichen Ebene, denn wenn ein Mann vor einer Frau erschrickt, wird er impotent, bleich, und es ist nichts mehr zu machen. Bei Frauen ist es umgekehrt: sie können das Bleichwerden und die Weglaufstimmung mit dem Liebesakt verbinden. Sobald sie sich aber aggressiv fühlen, d. h. animushaft sind, ist keine Liebe möglich.
Es überlappen sich also manchmal Verhaltensmuster, liegen nah beieinander und kollidieren oder bringen Lebewesen in Schwierigkeiten, wo sie nicht angepaßt sind. Obwohl solche patterns von

der Natur dazu bestimmt sind, das Lebewesen den Lebenssituationen anzupassen, wirken sie manchmal entgegengesetzt und kollidieren miteinander. Wenn der Mensch sich in die Natur einmischt, kann er bewirken, daß ein Lebewesen Konflikte bekommt, und kann solche patterns in der lustigsten Weise verändern. Daher kann man bereits auf der Tierebene von Konflikt sprechen, im buchstäblichen Sinn des Wortes, wenn zwei Verhaltensmuster zusammenstoßen. Wenn man z. B. eine brütende Henne mit ausgestreckter Hand berührt, sieht man sie in einen Konflikt geraten. Sie möchte wegrennen und sich nicht von einem Menschen berühren lassen, aber ihr Mutterinstinkt hält sie auf den Eiern, und darum wird sie immer angespannter. Plötzlich bricht entweder das Fluchtverhalten zusammen, und sie findet sich damit ab, von einem Menschen berührt zu werden, oder sie fliegt plötzlich kreischend auf, weil das Fluchtverhalten über den Mutterinstinkt siegt. Aber zwischendrin gibt es einen Moment der Ungewißheit.

Verhaltensmuster sind also nicht einmal auf der Tierebene völlig geregelt. Es gibt kein zentrales Büro, von wo aus eine logische Umschaltung von einem ins andere Verhalten stattfindet. Möglich erscheint sogar, daß deshalb die Natur unsere höheren Bewußtseinsstufen erfand, um solch eine zentrale Schaltstelle zu schaffen und die Unangepaßtheit der Tierebene zu vermeiden. Aber aus welchem Grund auch immer, wir zeigen die gleichen Züge: eine Frau kann in einen Konflikt geraten zwischen Selbstbewahrung und dem Beschützen ihrer Kinder – es ist ganz der gleiche Konflikt wie bei der Henne, und beständig kommen wir in andere Lebenssituationen, in denen Verhaltensmuster kollidieren.

Man kann sagen, daß immer dann, wenn jemand völlig einseitig von einem Verhaltensmuster fortgerissen wird, die Anpassung gestört ist. Bestimmte Tiere übertreiben ein pattern, vermutlich wegen früher Prägungen. Bestimmte Hirsche oder Wölfe werden ungewöhnlich aggressiv und verfallen einseitiger Aggressivität, was große Störungen in ihrem Stamm verursacht. Darum trifft sie gewöhnlich ein früher Tod. Es birgt also immer einige Gefahr in sich, von einem einzigen Verhaltensmuster so fortgerissen zu werden. In unserer heutigen Zivilisation haben wilde Tiere wie Hirsche und Füchse eine gute und intelligente Anpassung an den Menschen erlangt, indem sie ihn unter allen Umständen meiden. Aber wenn z. B. ein Hirsch in sexueller Leidenschaft entbrannt ist, kann er direkt in die Flinte des Jägers rennen, weil er sich nicht mehr zu kontrollieren vermag. Man kann von Fällen lesen, wo ein Hirsch einen Jäger überrannte und die Flinte aus seinen Händen riß. Um es menschlich auszudrücken: ist er fortgerissen von sexueller Leidenschaft, blind für jede Art von Gefahr. Wenn eine Katze Junge hat, wird sie sogar den größten Wolfshund anfallen, weil ihr Mutterinstinkt jede vernünftige Reaktion hinweggefegt hat.

Das ist vermutlich die natürliche Wurzel im Menschen, denn auch er läßt sich von gewissen patterns fortreißen, d. h. von archetypischen patterns, Affekten und Phantasien. Und wenn jemand – wie im Tierleben – von diesen patterns umgetrieben wird, sprechen wir davon, daß er »besessen« ist. Besessenheit ist für uns noch genauso schlimm wie in primitiven Kulturen, denn sie bedeutet, daß man von nur einem einzigen Ton in der Melodie der inneren Möglichkeiten fortgerissen wird, und darin liegt schon das ganze Übel. Daran sehen wir, warum und wie sich das mit dem Bösen in der Natur verbindet, denn wenn jemand von einem Affekt fortgeschwemmt wird, kommt das einem Erdrutsch gleich, aber mehr im Innern als außen. Die Felsbrocken des Affektes rollen über denjenigen hinweg, und er wird völlig überwältigt. So etwas wie Vernunft oder Bezogenheit oder irgendeine andere Verhaltensform sind verschwunden.

Während einer Analyse können Menschen, die in Gefahr stehen, sich von einer pathologischen Wut hinreißen lassen, von einem Erdrutsch oder einer Lawine träumen, das Unbewußte benutzt da ein passendes symbolisches Bild, um einen inneren, nicht einen äußeren, Erdrutsch vorauszusagen, wo das in der Persönlichkeit aufgebaute Kulturverhalten völlig überdeckt und hinweggerissen wird von einer einzigen Verhaltensweise – Aggression oder Furcht oder ähnlichem, man könnte sagen: von einer primitiven

Naturreaktion. Wir können also nicht leugnen, daß die bösen Geister in der Natur nicht nur zum tatsächlichen Bösen in der Natur eine Beziehung haben, sondern ebensosehr zur reinen Natur *in uns,* die die gleichen Phänomene enthält. Wenn man es aus diesem Blickwinkel betrachtet, ist es sehr angemessen, daß solche Geschöpfe immer wieder als Krüppel dargestellt werden, weil es eine verzerrte, einseitige, menschliche Natur impliziert. Es gibt nur ein Bein. Wenn ein Mann so böse auf seine Frau ist, daß er sie schlägt, dann geht er auf einem Bein: er denkt nämlich nur an seine Wut, nicht aber daran, daß er sie auch liebt. Er vergißt gleichsam die Gegenseite seines Verhaltens. Er verhält sich auf eine »einbeinige Art«, auf eine »verkrüppelte Art«, da er sich hinreißen läßt von der Einseitigkeit eines momentanen Affekts. Darum hat er nur ein Bein, oder nur einen Kopf, der daherrollt.

Viele moderne Wissenschaftler sind wie umherrollende Schädel, denen das Herz oder andere normale menschliche Reaktionen fehlen. Das ist ein geeignetes Bild für eine derartige psychologische Einseitigkeit, und die Analogie zu schizophrenem Material wird auch auf diese Weise verständlich, denn nach unserer Definition ist Schizophrenie ein sehr starker Zerfall in die Komplexe der unbewußten Persönlichkeit. Daher ähneln Zeichnungen solcher Menschen denen von bösen Geistern bei den Eskimos und südamerikanischen Indianern oder anderen Naturvölkern. Es sind keine abnormalen Zeichnungen, sondern sehr primitive Bilder des Bösen. Wenn ein Schizophrener einen solchen Dämon zeichnet, geschieht das, um auszudrücken, daß dies das ist, was ihn besetzt und wovon er gefangengesetzt wurde.

Wichtiger ist mir aber die Konzentration auf die Weise, wie der Mensch mit dem Bösen umgeht. Dabei möchte ich mich zunächst auf das Motiv der Einsamkeit beziehen. Man kann sich fragen, ob physische oder geistig-seelische Einsamkeit die Besessenheit durch Böses an sich zieht. Ich würde sagen: beide. In den erwähnten Geschichten war es mehr die physische, indem jemand allein draußen in den Wäldern oder Bergen war, obwohl heute bei der Überbevölkerung jemand in einer Stadt im

20. Stockwerk genauso einsam sein kann, wie es damals die Menschen in den Amazonaswäldern waren. Das ist geistige Einsamkeit, aber in gewisser Weise auch eine physische. Die Araber in der Sahara sagen, man solle sich nie einer Frau nähern, die allein in der Nähe der Wüste lebe, denn sie habe mit Sicherheit einen geheimen Liebhaber, einen Djin, einen Wüstengeist. Da haben wir auch das Motiv der Einsamkeit. Auf der anderen Seite gilt im Christentum und Buddhismus Einsamkeit als etwas, was von Menschen, die nach Heiligkeit und nach höherer geistlicher und religiöser Entwicklung streben, gesucht wird. Wenn man das in Rechnung stellt, kann man sagen, daß Einsamkeit die Mächte des Jenseits anzieht, sowohl böse als auch gute. Die natürliche Erklärung dafür wäre, daß jener Energiebetrag, der normalerweise für die Beziehung zur Umgebung genutzt wird, in den Menschen selbst zurückgedämmt wird und das Unbewußte aktiviert, auflädt, so daß es ins Leben kommt, wenn jemand lange allein ist, und dann kann er vom Guten oder Bösen besetzt werden: entweder der Teufel hat ihn, oder er findet eine größere innere Verwirklichung. Wenn man sich nach innen wendet, wie es von Menschen berichtet wird, die in der Vergangenheit nach Heiligkeit strebten, erfolgt anfangs immer ein Angriff von Dämonen, weil die rückläufige Energie zunächst die autonomen Komplexe im Unbewußten stärkt. Sie werden intensiviert, und bevor man sie bearbeitet hat, wird die Frucht der Einsamkeit nicht positiv sein, sondern man muß mit 20 000 Teufeln kämpfen.

Ich versuchte das selbst einmal. Da ich bei Jung gelesen hatte, daß die Heiligen in der Wüste feststellten, solche Isolation stärke ihr Unbewußtes, dachte ich: das muß ich ausprobieren! Sie sehen, das war meine Neugier, ein Verhalten, vor dem ich Sie vorher gewarnt habe! Ich versuchte es natürlich in meiner Jugend und schloß mich in einer Hütte im Schnee in den Bergen ein. Ich fühlte mich total glücklich, da ich mich den ganzen Tag mit Kochen und dem, was ich als nächstes essen sollte, beschäftigte, und dieses eine Verhaltensmuster hinderte mich daran, von anderen Teufeln besetzt zu werden. Da ich von Natur aus introvertiert bin, reichte es durchaus, wenn ich einmal pro Tag ins Dorf ging, um Brot und Milch zu kaufen und Bemerkungen über das Wetter auszutauschen, um mich im Gleichgewicht zu halten. So war die Wirkung gleich Null. Dann jedoch verstärkte ich die Kur und kaufte alles in Dosen, so daß ich nicht ins Dorf mußte. Aber ich fuhr weiter Ski, das stoppte ich dann auch. Schließlich zwang ich mich, nur mit Papier und Bleistift Träume und mögliche Phantasien zu notieren, den ganzen Tag über nichts zu tun, nur schnell etwas Kurzes zu kochen, wie z. B. Spaghetti, so daß damit nicht meine ganze Energie verlorenging, und meine erste Erfahrung war, daß die Zeit sich hinzuschleppen begann. Das war die Hölle. Ich schaute auf die Uhr: es war erst zehn Uhr und noch nicht Zeit, Spaghetti zu kochen. Ich saß da und lauschte Vögeln und Schneewasser, das von den Dächern tropfte, und dachte, ich hätte eine Ewigkeit gesessen, aber es war erst 10.30 Uhr, und noch nicht Zeit, um Spaghetti zu kochen, und so ging es fort. Das war interessant, denn einmal behandelte ich eine Frau, die in einem akuten Zustand in der Anstalt gewesen war, und sie hatte am ersten Tag dort die gleiche Erfahrung: daß Minuten zu Ewigkeiten wurden. Das wurde schlimmer, aber ich hielt es aus, und dann wurde das Unbewußte lebendig, denn meine Phantasie beschäftigte sich mit der Vorstellung, daß manchmal Einbrecher in solche Hütte kämen, vor allem entflohene Häftlinge, die nach Waffen suchten, einem Revolver, Zivilkleidung, wenn sie noch ihre gestreiften Kleider trugen. Diese Phantasie besetzte mich völlig, und da ich nicht merkte, daß dies genau die Sache war, nach der ich suchte, geriet ich total in Panik. Ich nahm die Axt und legte sie neben mein Bett. Ich lag wach und versuchte, zu entscheiden, ob ich den Mut haben würde, sie einem solchen Mann auf den Kopf zu hauen, wenn er hereinkäme, daher konnte ich nicht schlafen. Ich mußte zur Toilette, die außerhalb der Hütte im Schnee im Wald lag, und in der Nacht zog ich meine Skihose an und ging durch den Schnee. Da plumpste etwas hinter mir, ich rannte, fiel auf mein Gesicht und kam keuchend zurück. Dann merkte ich, daß es nur der Schnee gewesen war, der vom Baum fiel, aber mit klopfendem Herzen und der Axt neben dem Bett konnte ich nicht schlafen.

Am nächsten Morgen dachte ich, jetzt sei es genug, und ich müsse nach Hause gehen, aber dann hatte ich eine neue Idee und sagte mir: »Das war ja genau das, wonach ich suchte!« Das waren die Teufel, die ich treffen wollte, und jetzt sollte ich die Phantasie mit dem Einbrecher nur kommen lassen! Ich setzte mich hin und sah sofort den Einbrecher hereinkommen. Ich tat also das, was wir mit Jungs Begriff »aktive Imagination« nennen, und dabei fühlte ich mich sehr wohl. Danach blieb ich noch weitere 14 Tage, legte die Axt weg und schloß nicht einmal mehr die Tür ab. Ich fühlte mich absolut sicher. Sobald jedoch so etwas hochkam, schrieb ich es nieder und beschäftigte mich damit in aktiver Imagination. Ich hätte wochenlang dort bleiben können ohne die geringste Unruhe, aber solange ich ohne aktive Imagination damit umging, war ich auf dem besten Weg, davon besessen zu werden. Obwohl ich etwas von Jungscher Psychologie wußte, war ich sogar dumm genug, nicht zu bemerken, daß jener Einbrecher mein Animus war, der sich in mein Bewußtsein einschlich. Ich war völlig erschreckt über einen »wirklichen« Kriminellen, der in der Nacht hereinkommen könnte.

Diese Erfahrung lehrte mich, daß Einsamkeit alles, was man im Unbewußten hat, auflädt, und wenn man nicht damit umgehen kann, kommt es zunächst in projizierter Form. Ich projizierte es auf die Gestalt eines Kriminellen, und wenn ich zu einer kulturellen Schicht gehört hätte, die noch an Dämonen glaubt, hätte ich gedacht, der Kurupira käme oder das »Es« aus den Bergen hätte Schnee auf mich geworfen. Ich hätte ihm diesen Namen gegeben. Da ich jedoch moderner bin, gab ich ihm den Namen eines entflohenen Kriminellen. Aber die Sache ist ein und dieselbe. Die meisten Menschen sind nicht fähig, solche Situationen längere Zeit auszuhalten. Sie brauchen die Begleitung anderer, um sich gegen das »Es« zu schützen.

In »Goldener Ring über Uri« erläutert Renner sehr deutlich, daß ein Mensch, der allein in der Natur lebt, beständig einen rituellen goldenen Ring um sich herum ziehen muß, ein Mandala, entweder durch einen Gebetsruf in die vier Himmelsrichtungen, durch ein im Kreis über die Alpen geschicktes Gebet oder durch eine Geste in Kreisform. Wenn man solche rituellen Schutzhandlungen nicht kennt, kann man nicht allein in der Natur leben. Sie wird einen mit Sicherheit einholen, denn man braucht den Ring oder zumindest die notwendigsten eigenen Dinge um sich herum.

Unsere Kuhhirten in den Alpen glauben, daß »Es« Besitz ergreift von allen im Winter unbewohnten Hütten, und das trifft auf alle in den Bergen zu. Unbewußtes und Natur fallen ein, und wenn man im Frühjahr zurückkommt, muß man sie zuerst den religiösen Riten eines Exorzismus unterwerfen, bevor man sie wieder in Besitz nehmen kann. Man kann nicht einfach hineingehen. Wer je nach dem Winter in sein Ferienhaus kam, der weiß, welches Gefühl das ist. Der Deckel einer Pfanne fällt auf einen, man rennt in ein Spinnennetz, das Bett ist kalt, beim Aufwachen am nächsten Morgen hat man Rheumatismus. Man fühlt sich, als kämpfe man mit 20000 Teufeln, bevor man sich wieder in seinem Lebensbereich eingerichtet hat. Man braucht den Schutzring menschlicher Wesen und auch geliebter Gegenstände. Es sind Objekte, die man liebt, die einen schützen.

Hier möchte ich der modernen psychiatrischen Behandlung in Kliniken einen Seitenhieb verpassen. Mit der schrecklichen Rechtfertigung, jene, die in die Klinik kommen, vor Selbstmord zu bewahren, wird den Patienten in den meisten Anstalten aller private Besitz weggenommen. Sie dürfen um ihr Bett herum weder das Foto ihrer Mutter noch eines geliebten Menschen Brief, ihre Tasche, ein schmutziges Taschentuch oder all die kleinen Dinge haben, die ein Mensch um sich herum haben möchte. Ich habe immer wieder von Patienten erfahren, daß sie sich von dem Augenblick an, als ihnen in der Klinik Dinge weggenommen wurden, verurteilt fühlten, als ob das das Ende sei und sie verloren wären, nackt ausgeliefert an die Mächte des Bösen, und dann gaben sie selbst den Kampf gegen das Böse auf. Es war, als würde ihnen die letzte Festung weggenommen. Warum haben die Psychiater das bis heute nicht entdeckt?

Selbstverständlich muß man ein Messer oder Revolver oder Dinge, mit denen sie wirklich Selbstmord begehen könnten, wegnehmen, aber ihnen doch ihr Taschentuch lassen, etwas so Winziges, daß sie sich wahrhaftig nicht damit aufhängen können, genau dieses kleine Wenig bildet den »Goldenen Ring«, so daß sie von Dingen umgeben sein können, zu denen sie eine emotionale Beziehung haben, Dinge, die ihnen gehören.
Die Primitiven beziehen sich nicht nur auf menschliche Wesen, sondern auch auf Objekte. Solche Objekte bilden einen Ring um jemanden und schützen ihn vor völliger Aussetzung an überpersönliche und erschreckende Mächte des Unbewußten. Man weiß, daß schizophrene Patienten sich beklagen, sie werden von Teufeln und bösen Mächten gejagt. Warum also sollte man ihnen nicht ihren Ring aus eigenen Objekten um sich herum lassen, wenn sie schon selbst alle menschlichen Beziehungen durch ihr Fehlverhalten abgeschnitten haben?
Es gibt noch eine andere Form, in der Einsamkeit das Böse anzieht: Wenn man über lange Zeit hinweg allein und fern von menschlicher Gesellschaft lebt, dann projizieren der Stamm, die anderen ihren Schatten auf einen, und es besteht keine Möglichkeit der Korrektur. Wenn ich z. B. nach sehr langen Ferien, in denen ich meine Analysanden nicht sehe, zurückkomme, stelle ich fest, daß sie manchmal ein Gewebe aus den erstaunlichsten negativen Vorstellungen über mich gesponnen haben. Aus diesem Grund sagen die Franzosen: »Abwesende sind immer im Unrecht.« Sie meinen, ich täte dies oder jenes, aber wenn sie mich wiedersehen, fragen sie: »Warum in aller Welt glaubte ich das? Jetzt, wo wir wieder zusammen sind, kann ich mir nicht einmal vorstellen, daß ich überhaupt solche Dinge von Ihnen annehmen konnte!« Der tatsächliche warme menschliche Kontakt zerstreut solche Wolken der Projektion, aber wenn man lange Zeit weg ist und das Band der Verbundenheit und des Gefühls sich löst, beginnen die Menschen zu projizieren.
Menschen, die allein leben, ziehen also nicht nur das Böse aus ihrer eigenen Natur auf sich und konstellieren es durch ihr Unbewußtes, sie ziehen auch Projektionen auf sich. Darum hält

man einsame Menschen oft für seltsam, und wenn etwas Unangenehmes passiert, sind die Dorfbewohner geneigt, anzunehmen, jene seien die Ursache. Kommt man in die Gemeinschaft zurück, kann man argumentieren, zurückschlagen oder sein Verhalten erklären und so diese dunklen Wolken zerstreuen. Oder es tut jemand etwas Ungewöhnliches, und dann finden die Leute die phantastischsten negativen Erklärungen, aber wenn jemand in die Wirtschaft geht und ein Bier mit solchen Leuten trinkt, beginnen sie einen zu necken. Dann kann man ihnen eine Erklärung geben, und alles ist wieder in Ordnung. Wenn jedoch Menschen etwas nicht verstehen können, projizieren sie ihr eigenes Böses dorthin.

Genau diese menschlichen Grunderfahrungen muß man sich gegenwärtig halten, denn sie sind eng mit dem Problem des Bösen verknüpft. Es wird deutlich, wie Einsamkeit von der menschlichen Gemeinschaft abschneiden kann. In früheren Zeiten und primitiven Kulturen war das noch häufiger: der Fremde war schlecht, gefährlich, brachte eine Atmosphäre von Krankheit mit sich, von Mord, Tod und Störung menschlicher Beziehung, deshalb mußte man ihm mit allen Arten von Vorsichtsmaßregeln begegnen.

10 Begegnung mit den Mächten des Bösen

Wir lernten Einstellungen oder Situationen kennen, die – den Märchen zufolge – Böses anzuzlocken scheinen: Trunkenheit, physische oder psychische Einsamkeit, ein Fremder sein oder sich selbst zu sehr zu isolieren. Das sind jedoch keine notwendigen Voraussetzungen dafür, sondern sie kommen am Anfang mancher Märchen vor. Andere Anfangssituationen sind ebenfalls der Aufmerksamkeit wert. In der Geschichte von Kurupira hatten die Jäger besonderes Glück, und ihr Lager war angefüllt mit den Affen, die sie getötet hatten. Am nächsten Tag gingen sie wieder zur Jagd, aber in dieser Nacht kam Kurupira mit seinen wilden Tieren und fraß sie.
Das scheint darauf hinzuweisen, daß die Jäger durch das Töten allzuvieler Tiere den Kurupira verärgert haben, der ja der Herr der Wälder ist. Obwohl es nicht ausdrücklich gesagt wird, ist vielleicht gemeint, daß das, was vom menschlichen Standpunkt aus gutes Jagdglück war, etwas zu weit ging, über das übliche Maß hinaus, also die natürliche Grenze überschritt, so daß die Jäger möglicherweise dadurch das Böse auf sich zogen. Entweder wurden sie insgeheim inflationiert durch ihr gutes Glück, oder, einfacher gesagt, sie ärgerten den Herrn der Wälder, indem sie ihm zuviel stahlen. Das wäre nicht überraschend, denn in den meisten primitiven Stämmen gibt es bestimmte Jagdregeln. Es dürfen nicht zu viele Tiere auf einmal getötet werden. Es gibt Tabus. Eine bestimmte Anzahl von Tieren muß geschont werden, wenn man nicht das natürliche Gleichgewicht der Dinge zerstören und Böses auf sich ziehen will oder die Rache jenes Geistes, der ganz allgemein die Tiere beschützt.
Wir werden jetzt uns der Tatsache bewußt, daß der Mensch in der Lage ist, den biologischen Haushalt seiner Umgebung zu zerstören und dadurch das Böse auf sich zu ziehen. Heute beginnen wir

uns der Tatsache bewußt zu werden, daß auch wir den Kurupira geärgert haben bis zu einem Ausmaß, daß möglicherweise bald unsere Knochen gebrochen werden. Indem wir die Gewässer verschmutzen, zerstören wir die Tiere und das biologische Gleichgewicht der Natur. Das scheint seine Wurzeln in den frühesten Zeiten zu haben.

Als der Mensch Waffen herzustellen begann, benutzte er einen illegalen Trick. Er kämpfte nicht mehr auf der Ebene der Gleichheit und der Fairneß mit den Tieren. Das muß ihm von Anfang an ein schlechtes Gewissen verursacht haben, ein Gefühl, klug sein und einige Tiere verschonen zu müssen. Im alten China galt es z. B. als Jagdregel, daß die Tiere von den Menschen an drei Ecken des Horizonts zusammengetrieben werden durften, aber die vierte Ecke hatte offen zu sein, um ihnen eine Chance zu geben. Gott würde ihnen eingeben, in die richtige Richtung zu entfliehen, wenn ihre Zeit noch nicht gekommen sei. Vor einiger Zeit haben wir eine ähnliche Regel herausgebracht. Danach muß, wo Menschen in Gruppen jagen und Treiber zugegen sind, um das Wild aus den Büschen zu treiben, eine der vier Himmelsrichtungen offenbleiben, so daß einige Tiere entkommen können. Man darf keinen Ring bilden und sie alle abschlachten. Mit der Übernahme dieser Jagdregel kehrte die Schweiz zu einer einfacher Naturweisheit zurück – vermutlich ohne jene alte chinesische Gewohnheit zu kennen.

Wir sehen hier also, daß es im Bereich der Folklore ein spezifisch religiöses oder differenziertes Problem des Bösen noch nicht gibt. Was wir auf dieser Ebene als Böses bezeichnen, unterscheidet sich ebenso von der theologischen Vorstellung, denn es liegt im Bereich reiner Naturphänomene. Das ist für die Psychologie enorm wichtig, und ich glaube, nicht zu optimistisch zu sein, wenn ich behaupte, daß in 90 Prozent aller Fälle, in denen man mit dem Bösen zu tun hat, man mit diesem natürlichen Bösen auf einer psychologischen Ebene konfrontiert ist und nur sehr selten mit dem absoluten und tiefverwurzelten Phänomen des Bösen an sich. Zu 80 oder 85 Prozent sind die Phänomene eben die Kurupira, Frau Trude und andere dieser

Geschöpfe, die auch in unserer psychologischen Natur existieren.
Gerade aus diesem Grund sind Märchen so wichtig. Wir finden in ihnen Verhaltensregeln, wie wir mit solchen Dingen umgehen können. Sehr oft geht es nicht um ein präzises ethisches Ergebnis, sondern um die Frage, einen Weg natürlicher Weisheit zu finden. Das bedeutet nicht, daß diese Mächte nicht manchmal ausgesprochen gefährlich wären.
Ich möchte noch genauer die Art und Weise erläutern, in der Menschen diese Mächte treffen. Dazu eignet sich das russische Märchen »Die schöne Wassilissa«, eine ausgefeiltere Parallele zu Frau Trude – mit dem Unterschied, daß hier das Mädchen nicht aufgefressen wird, sondern einen Weg aus der Not heraus findet.

Die schöne Wassilissa

In einem fernen Königreich lebte einst ein Kaufmann mit seiner Frau und ihrer einzigen schönen Tochter Wassilissa. (Das Wort Wassilissa bedeutet Königin, ist aber ein ganz gewöhnlicher Name.) Als das Kind acht Jahre alt war, wurde die Frau plötzlich krank. Sie rief Wassilissa an ihr Totenbett und sagte: »Ich muß sterben und hinterlasse dir meinen Segen und diese Puppe. Behalte sie immer bei dir; zeige sie niemandem; und wenn du in Not bist, frage sie um Rat.« Dann küßte sie ihre Tochter zum letzten Mal und starb.
Der Kaufmann heiratete nach einiger Zeit eine Witwe mit zwei Töchtern in Wassilissas Alter. Die Stiefmutter war sehr böse zu Wassilissa, aber immer tröstete die Puppe sie.
Dann mußte der Kaufmann fortreisen in ein anderes Land. Während seiner Abwesenheit zog die Stiefmutter in ein Haus am Rand eines großen Waldes. Gerade in diesem Wald stand auf einer Blöße ein kleines Häuschen, in dem die Baba Yaga (die Hexe in russischen Märchen) wohnte. Die Baba Yaga ließ niemanden in die Nähe kommen, und wer es doch tat, den fraß sie. Für die Stiefmutter stand ihr neues Haus gerade am rechten Platz; sie schickte Wassilissa ständig in den Wald, in der Hoffnung, daß sie der Baba Yaga begegnen würde.
An einem Abend gab die Stiefmutter den drei Mädchen Arbeit. Sie

mußten stricken, sticken und spinnen. Die Stiefmutter machte dann das Feuer aus und ging zu Bett. Die Kerze brannte herunter und eine der Stiefschwestern nahm ihre Stricknadel, um den Docht zu säubern; dabei löschte sie absichtlich das Licht. Sie sagte, sie bräuchte kein Licht, ihre Stricknadeln funkelten hell genug. Und die andere sagte, ihre Sticknadeln gäben ihr auch genug Licht, aber Wassilissa müsse zur Baba Yaga gehen und Feuer holen. Und sie stießen sie aus dem Zimmer.

Wassilissa ging in ihre Kammer und fragte die Puppe, was sie tun solle. Die Puppe sagte ihr, sie solle sich nicht fürchten, sie solle sie nur mitnehmen und es würde ihr nichts zustoßen. Wassilissa ging durch die Nacht. Plötzlich ritt ein weißgekleideter Mann auf einem weißen Pferd vorbei, und der Tag kam. Ein Stück Weges weiter ritt ein rotgekleideter Mann vorbei auf einem roten Pferd, und die Sonne ging auf. Den ganzen Tag und die Nacht hindurch ging Wassilissa durch den Wald; am Abend des nächsten Tages kam sie zu Baba Yagas Hütte, die von einem Zaun aus Menschenknochen umgeben war; auf den Pfosten steckten Schädel. Die waren aus Knochen, der Türriegel war ein Menschenarm, und anstelle des Türschlosses war da ein Mund mit grinsenden Zähnen. Wassilissa war fast von Sinnen vor Entsetzen und stand da wie angewurzelt. Dann kam plötzlich ein anderer Reiter vorbei, diesmal ganz schwarz gekleidet und auf einem schwarzen Pferd und alles wurde schwarz wie die Nacht. Bald fingen aber die Augen in allen Schädeln auf dem Zaun an zu glitzern, und auf der Waldlichtung wurde es taghell. Wassilissa zitterte vor Angst.

Dann fingen die Bäume an zu rauschen und die Baba Yaga erschien in einem Mörser, steuerte mit einem Stößel und verwischte ihre Spur mit einem Besen. Als sie an die Tür gekommen war, schnüffelte sie und schrie, daß es nach Russen rieche, und fragte, wer da sei. »Ich, Großmutter. Meine Stiefschwestern haben mich zu Euch geschickt, um Feuer zu holen.« »Gut«, sagte die Baba Yaga, »dich kenne ich. Bleib ein Weilchen bei mir, und dann sollst du das Feuer bekommen.«

Sie sagte einige Zauberworte. Die Tür öffnete sich und schloß sich hinter ihnen wieder. Die Baba Yaga befahl Wassilissa, ihr alles Essen zu bringen, was im Ofen war. Sie aß alles auf und ließ für Wassilissa nur eine Brotkruste und ein bißchen Suppe übrig. Dann sagte sie: »Wenn ich morgen ausgehe, mußt du den Hof fegen, die Hütte auskehren, das Mittagessen kochen, die Wäsche waschen, und dann in die Kornscheuer gehen und das brandige Korn von dem guten Samen auslesen. Alles muß fertig sein, bis ich heimkomme, sonst fresse ich dich.«

Wassilissa fragte ihre Puppe um Rat, und die Puppe sagte, sie solle essen und sich nicht fürchten, sondern ihre Gebete sprechen und zu Bett gehen; der Morgen sei klüger als der Abend.

Als Wassilissa in der Frühe aufwachte, taten sich die Augen in den Totenschädeln gerade zu, der weiße Reiter ritt vorbei, und der Tag kam. Die Baba Yaga ging weg, und Wassilissa fragte sich besorgt, mit welcher Arbeit sie anfangen sollte, aber alles war schon getan, und die Puppe verlas gerade die letzten brandigen Körner.

Als die Baba Yaga am Abend kam, fand sie alles getan, und sie wurde wütend, weil sie keinen Fehler finden konnte. Dann rief sie ihre treuen Diener, die ihr Korn mahlen sollten. Darauf erschienen drei Paar Hände und fingen an zu mahlen. Die Baba Yaga sagte dann zu Wassilissa, sie sollte am nächsten Tag die gleiche Arbeit tun, aber dazu sollte sie noch auf dem Kornboden den Mohnsamen verlesen.

Als die Alte am nächsten Abend heimkam, sah sie nach allem und rief dann wieder ihre getreuen Diener. Die drei Hände erschienen, holten den Mohnsamen und preßten das Öl aus.

Während die Baba Yaga aß, stand Wassilissa still daneben. »Was glotzst du denn und sprichst kein Wort?« fragte die Baba Yaga. »Bist du stumm?«

»Wenn Ihr es mir erlaubt, möchte ich schon einige Fragen an Euch richten«, sagte Wassilissa.

»Frage«, sagte die Baba Yaga, »aber denke daran, daß nicht alle Fragen weise sind. Viel Wissen macht alt.«

Wassilissa sagte, daß sie nur nach den Reitern fragen wollte. Die Baba Yaga sagte, daß der erste ihr Tag sei, der Rote ihre Sonne und der Schwarze ihre Nacht. Dann dachte Wassilissa an die drei Paar Hände, wagte aber nicht, zu fragen, und blieb still. »Warum fragst du nichts sonst?« sagte die Baba Yaga. Wassilissa sagte: »Das genügt, Ihr sagtet selbst, Großmutter, daß zuviel Wissen alt macht.«

Die Baba Yaga sagte dann (und das ist wichtig): »Du warst vernünftig, nur nach dem, was du draußen vor der Hütte gesehen hast, zu fragen. Ich mag es nicht, wenn der Dreck aus der Hütte gebracht wird. Aber nun will ich *dich* etwas fragen: Wie bist du mit all der Arbeit, die ich dir gab, zurechtgekommen?« Da antwortete Wassilissa: »Der Segen meiner Mutter hilft mir.« (Mit keinem Wort erwähnte sie die Puppe.)

»So ist das also?« sagte die Baba Yaga. »Dann mach, daß du fortkommst, ich kann keinen Segen in meinem Haus gebrauchen«, und sie stieß Wassilissa aus der Stube und aus der Haustür und nahm einen Totenschädel mit seinen brennenden Augen vom Zaun,

steckte ihn auf einen Stock und gab ihn Wassilissa. »Hier ist dein Feuer für deine Stiefschwestern«, sagte sie. »Nimm es mit nach Haus.«
Wassilissa machte, daß sie fortkam. Am Abend des nächsten Tages kam sie zu Hause an und wollte den Totenschädel wegwerfen, aber eine Stimme kam aus ihm und sagte, das solle sie nicht tun, sondern ihn ihrer Stiefmutter bringen.
Und Wassilissa gehorchte. Als sie das Feuer hereinbrachte, starrten die Augen des Totenschädels unablässig die Stiefmutter und ihre Töchter an, brannten in ihre Seelen und folgten ihnen überallhin, wo immer sie sich verstecken wollten. Als der Morgen kam, waren sie zu Asche verbrannt, und nur Wassilissa blieb unverletzt.
Als der Tag kam, begrub Wassilissa den Schädel, schloß das Haus ab und ging in die Stadt.

Um den zweiten Teil der Geschichte abzukürzen:
Wassilissa blieb bei einer freundlichen alten Frau, die Garn für sie kaufte, damit sie daraus Leinen spinnen sollte. Dieses Leinen wurde so schön, daß es benutzt wurde, um Hemden für den König daraus zu nähen. Auf diese Weise lernte sie ihn kennen, und er heiratete sie. Als ihr Vater, der Kaufmann, zurückkehrte, war er sehr glücklich über ihr gutes Los. Er lebte bei ihr im Palast, und Wassilissa brachte auch die gute alte Frau, bei der sie gewesen war, in den Palast, ebenso die Puppe, die sie nun bis zum Lebensende bei sich behielt.

Da wir uns auf den dunklen Aspekt der Dinge konzentrieren, überspringe ich dieses happy end.
Wir sehen die Ähnlichkeit: Auch bei »Frau Trude« gab es die Vierheit der Figuren und ebenso einen grünen, schwarzen und roten Mann: den Kohlenbrenner, den Metzger und den Jäger. Hier sind es Tag, Nacht und Sonne. In der russischen Version wird deutlich erkennbar, daß die Baba Yaga die große Naturgöttin ist. Sie könnte nicht von »Mein Tag, meine Nacht« sprechen, wenn sie nicht deren Eigentümerin wäre. Daher muß sie eine große Göttin sein, und man könnte sie als die Große Göttin Natur bezeichnen. Offensichtlich ist sie aufgrund all der Totenschädel um ihre Hütte herum auch die Göttin des Todes, der ja ein Aspekt der Natur ist. (Man wird an Hel, die germanische Göttin der Unterwelt erinnert, von der unser Wort »Hölle« stammt. Sie lebt in einer unterirdischen Halle, wo die Wände aus Würmern gebaut

sind und aus menschlichen Knochen.) Baba Yaga ist die Göttin des Tages und der Nacht, des Lebens und des Todes und das große Prinzip der Natur. Außerdem ist sie eine Hexe, weshalb sie einen Besen besitzt, genau wie unsere Hexen, die auf Besenstielen reiten. Sie geht in einem Mörser umher mit einem Stößel, was sie einer großen heidnischen Getreidegöttin wie Demeter in Griechenland ähnlich macht, die sowohl Göttin des Getreides wie des Todesmysteriums ist. Die Toten in der griechischen Antike wurden Demetrioi genannt, d. h. jene, die dem Besitz der Demeter verfallen waren, genau wie das Korn, das in die Erde fällt. Man hielt Tod und Auferstehung für ein Gleichnis dessen, was den Menschen nach dem Tode erwartet. So haben auch diese Skeletthände, die das Korn und die Mohnsamen behandeln, mit dem Mysterium des Todes zu tun.

Hier wird jedoch ein großer Unterschied zur Geschichte von Frau Trude sichtbar. Dort drang das Mädchen aus reiner Neugier in Frau Trudes Haus ein – »kindische Tollkühnheit« nannte ich das – und so wurde sie in ein Stück Holz verwandelt und von der großen Hexe verbrannt. Aber dieses Mädchen hier hätte nie aufgrund kindischer Tollkühnheit in den Bereich der großen Hexe einzudringen gewagt. Sie wurde von der Stiefmutter und den Stiefschwestern dorthin verstoßen. Das Mädchen in der Trude-Geschichte besaß keinen magischen Schutz und schaute auch nicht danach aus. Sie dachte nicht im geringsten an etwas dergleichen. Wassilissa jedoch nahm sowohl den Segen der Mutter als auch die magische Puppe mit sich.

Es läßt sich also erkennen, daß wirklich der große Kampf zwischen Leben und Tod, Gut und Böse, dem Mädchen und der großen Naturhexe ein geheimnisvoller magischer Wettkampf wird, in dem es darum geht, wessen magische Kräfte stärker sind, diejenigen des Mädchens oder die der großen Hexe, und beide akzeptieren gegenseitig die Kraft der anderen. Wassilissa stellt die letzte Frage über das Geheimnis der Hexe nicht, und die Hexe bemerkt nicht oder tut, als ob sie nichts vom großen Geheimnis des Mädchens merke. So können sie den unentschiedenen Ausgang stehenlassen. Weil der Zauberwettkampf eines der wichtigsten Probleme ist, wollen wir später noch eingehend darauf zurückkommen.

Zunächst wurde die Hexe sehr ärgerlich über Wassilissa, weil sie keine Fragen stellte, also schien sie Fragen zu erwarten. Wassilissa fragt drei und verschluckt die letzte, denn die vierte bezog sich auf das, was sie innerhalb der Hütte sah. Die drei Reiter stehen mit der Hexe in Verbindung, aber Wassilissa hatte sie draußen gesehen. Daher müssen wir annehmen, daß die Skeletthände etwas mit dem innersten Geheimnis der Hexe zu tun haben, die etwas sehr Seltsames sagt: »Es ist gut, daß du nicht nach den inneren Dingen gefragt hast, denn man sollte den Schmutz nicht aus dem Haus heraustragen.« Das erinnert an unser Sprichwort, daß man seine schmutzige Wäsche nicht in der Öffentlichkeit waschen soll, und sie meint es wohl in diesem gewöhnlichen Sinn. Das ist ein interessanter Punkt. Die Hexe hat schmutzige Wäsche und ist offensichtlich leicht beschämt darüber, denn wäre sie ohne Scham in bezug auf ihr Böses, würde es ihr nichts ausmachen, wenn Wassilissa es nach außen trüge. Wie ein gewöhnlicher Mensch fühlte sie sich aber etwas unbehaglich wegen ihrer dunklen Seite, darum war sie dem Mädchen dankbar, das taktvollerweise nicht in die Angelegenheit eindrang.

Das macht uns deutlich, daß die Baba Yaga eine leicht gespaltene Figur ist, nicht ganz eins mit sich selbst. Es gibt ein geheimnisvolles Etwas von Güte in ihr, gerade genug, um sie leicht beschämt sein zu lassen über ihre dunkle Seite und ihr ein Gefühl zu geben, daß es nicht nach außen getragen werden dürfe. Sie ist kein total böser Naturdämon. Es gibt einen Anflug von Menschlichkeit, und sie scheint ethischer menschlicher Reaktionen fähig. Gerade hier darf das Mädchen nicht seine Nase hineinstecken, denn hätte sie diesen blinden Fleck in der Baba Yaga berührt, hätte diese aufgeheult vor Wut und sie in Raserei verschlungen. Ähnliches kann einem Analytiker passieren, wenn er die Schattenseite eines Analysanden zu erwähnen wagt: dann wird der- oder diejenige oft sofort von einem Affektausbruch aufgefressen. Natürlich kann man das bei einem Mitmenschen doch manchmal wagen, legte man aber bei einer Göttin den

Finger auf deren dunkle Seite, würde man mit Sicherheit von der Erdoberfläche verschwinden.
Aus dieser Geschichte können wir den Schluß ziehen, daß die Baba Yaga nicht völlig böse ist; sie ist zweideutig, licht und dunkel, gut und böse, obwohl hier der böse Aspekt betont ist.
Das Motiv, daß man seine Nase nicht in die dunkle Seite der Gottheit stecken sollte, ob sie nun männlich oder weiblich ist, ist in Volkssagen weit verbreitet. Es gibt z. B. eine österreichische Erzählung, genannt »Die schwarze Frau«. Ein Mädchen wird die Dienerin einer schwarzen Hexe in den Wäldern. Es gibt eine verbotene Tür, genau wie in den Blaubart-Geschichten, in die sie nicht gehen darf. Viele Jahre lang muß sie das Haus säubern. Wie üblich in diesen Geschichten, öffnet sie schließlich die Tür des geheimnisvollen, verbotenen Zimmers doch und findet darin die schwarze Hexe, die infolge ihrer Reinigungsarbeit fast weiß geworden ist. Das Mädchen schließt den Raum wieder ab, wird aber von da an von der Hexe verfolgt, weil sie das Verbot übertreten hat, und in den Originalerzählungen leugnet sie seltsamerweise völlig, überhaupt etwas gesehen zu haben. Es gibt eine Unzahl solcher Geschichten. In der Haupterzählung sieht sie die schwarze Hexe schon fast weiß. In einer anderen sieht sie ein Skelett, daß die ganze Zeit über einem Feuer nickt; in einer weiteren sieht sie eine Gans, in einer vierten eine versteinerte weibliche Figur, umgeben von versteinerten Zwergen, usw. Immer verfolgt die Göttin, die in diesem verbotenen Zimmer saß, das Mädchen, nimmt ihr ihre Kinder weg und bringt jede Art von Elend über sie, indem sie sie erpreßt: »Hast du mich in dem Zimmer gesehen?« Und das Mädchen leugnet in einer festgelegten Weise, lügt immer wieder, bis sich schließlich die Göttin ändert und sagt: »Weil du so konsequent gelogen und meine dunkle Seite nicht preisgegeben hast, will ich dich belohnen«, was sie dann auch in hohem Maße tut.
Im Gegensatz zu unseren christlichen Moralvorstellungen besagen diese Geschichten also, daß es eine Art taktvollen Lügens gibt über das Böse oder die dunkle Seite dieser großen Gottheiten, die nicht unmoralisch ist. Im Gegenteil: fähig zu sein, in

diesen Abgrund des Bösen hinabgeschaut zu haben und zu behaupten, es nicht gesehen zu haben – das ist die höchste Leistung. – Diese Version schockierte spätere christlich-europäische Geschichtenerzähler so sehr, daß viele der modernen Versionen das verändern und das Mädchen verfolgt wird, weil sie lügt. Schließlich bricht sie zusammen, sagt die Wahrheit, und dann belohnt die Göttin sie.

Das schreckliche unberührbare Geheimnis in unserer Geschichte ist nun aber das Wegnehmen des Korns durch die Skeletthände. Der Mohnsamen wurde, da er eine leicht einschläfernde Wirkung hat, seit der Antike den Göttern der Unterwelt zugeschrieben. Der Mohn hat mit dem Hades zu tun und mit dem Geheimnis von Tod und Schlaf. Das Korn hat ebenfalls mit Tod und Auferstehung zu tun. Daher ist es einerseits befremdend, daß es hier um ein beschämendes Geheimnis gehen soll. Es wirkt weniger böse als furchteinflößend, dieses erschreckende Göttergeheimnis, in das der Mensch nicht eindringen sollte, wenn er nicht dazu gezwungen wird.

Dasselbe sehen wir in Jungs »Antwort auf Hiob«. Hiob besteht darauf, im Recht zu sein. Gott greift Hiob deswegen an, weil er glaube, jener sei im Unrecht, aber Hiob antwortet nicht: »Ja, aber ich denke, du bist selbst in deinen Schatten hineingefallen«. Das hätte geheißen, er habe Gott behandelt wie einen Mitschüler. Hiob sagt »Ich will meine Hand auf meinen Mund legen« und drückt damit eine ehrfürchtige Haltung aus. Es ist nicht die Aufgabe des Menschen, Gott mit der Nase auf seinen Schatten zu stoßen. Das wäre eine solche Inflation und eine so absolute Unbewußtheit, daß es unmittelbare Enthauptung verdienen würde. Hiob sagt dann: »Ich weiß, daß ich einen Fürsprecher im Himmel habe, der für mich aufsteht«, und damit meint er Gott selbst. Und weil Hiob es nicht auf Gott zurückwirft, ändert Gott sein Verhalten.

Es ist offensichtlich, daß das, was nach Lüge aussieht, eher eine Geste der Ehrerbietung ist, der Achtung gegenüber der Andersheit dieser Gottheit. Wir können das vergleichen mit Situationen, die sich manchmal zwischen zwei Menschen ereignen. In seiner letzten Schrift spricht Jung von einem Mann, der mit schweren Zwängen zu ihm kam. Er kam jeweils nur zu kurzen Analyseperioden, da er aus dem Ausland kam und nur für je drei bis vier Wochen bleiben konnte. Dieser Mann machte eine sehr konsequente Pseudo-Analyse. Bereits in der ersten Analysestunde sah Jung, daß der Mann ein Geheimnis verbarg und alle Symptome eines schlechten Gewissens zeigte. Aus irgendeinem seltsamen Grund hatte er ein Gefühl, das ihn daran hinderte, den Mann daraufhin anzusprechen. So machte der Mann eine Schwindel-Analyse zehn Jahre lang, und Jung fühlte sich immer sehr unbehaglich, denn sie sprachen über Träume und dies und jenes, und doch war alles Schwindel. Aber Jung drang nicht in die Angelegenheit ein, weil er merkte, daß die Symptome des Mannes sich langsam abklärten und es ihm jedesmal, wenn er kam, besser ging, was normalerweise nicht geschieht, wenn man eine Schwindel-Analyse macht. Nach mehreren Jahren sagte der Patient schließlich: »Nun, Dr. Jung, möchte ich Ihnen sagen, wie dankbar ich Ihnen bin, daß Sie mich nie vorher gefragt haben, denn ich hätte es Ihnen nicht sagen können, und es hätte die Analyse zerstört.« Dann bekannte er eine unangenehme Sünde, die er begangen hatte und der er sich nicht stellen konnte. Er hatte zuerst eine Beziehung zu Jung aufbauen müssen und seine Selbstachtung und Energie wiederherstellen müssen, bevor er sich seiner Tat stellen und sie dem Analytiker anvertrauen konnte. So wurde Jung, der nur einer Art irrationalem Gefühl gefolgt war, als er nicht in das Geheimnis dieses Mannes eindrang, belohnt, indem er nach Beendigung erfahren durfte, daß sein Gefühl richtig gewesen war. Das ist wichtig für alle, die unweise versucht sein könnten, Bekenntnisdrogen zu benutzen.

Es ist ein archetypisches pattern, daß man nicht in das Geheimnis eindringen darf, und das bedeutet eine Gratwanderung, denn es kann einen den Kopf kosten, wenn man das Falsche tut. Ein Analytiker, der eine Schwindel-Analyse über zehn Jahre aushält, tut sich selbst und dem Patienten unbedingt Schaden an. Er sollte sagen: »Nun, kommen Sie, jetzt mal raus aus dem Busch! Was ist los mit Ihnen? Sie erzählen mir Blödsinn!« Aber das Geld zu nehmen und zu tun, als ob er über viele Jahre hin nichts merke, ist absolut unmoralisch vom therapeutischen Standpunkt aus. Aber im Fall von Jung war es genau umgekehrt. Er hätte die Beziehung zerstört, wenn er eine Minute früher gefragt hätte. Daher ist der schlimmste Konflikt der, herauszufinden: welche Situation ist jetzt dran? Muß ich jetzt in die verbotene Kammer eindringen, oder muß ich so tun, als hätte ich nichts gemerkt, obwohl ich es habe?

Es ist eine Frage der Beziehung und des Vertrauens. Zwischen einem achtjährigen Mädchen und einer großen Göttin kann keine Beziehung stattfinden, kein wechselseitiges Vertrauen, weil beide Seiten zu weit voneinander entfernt sind. Darum muß das Geheimnis dort gewahrt bleiben. Wo jedoch ein Mensch bereits auf höherer Bewußtseinsstufe ist, kann die Gottheit auch mehr von ihrem Geheimnis offenbaren.

Es gibt eine andere russische Erzählung, in welcher die Baba Yaga ihre positive Seite deutlicher zeigt, und wir wollen sie als Amplifikation anschauen, weil es zeigt, wie ein Mann im Unterschied zu einem achtjährigen Mädchen mit ihr umgehen kann. Es heißt »Die Jungfrau Zar«.

Der Held reitet bis ans Ende der Welt, zum Königreich unter der Sonne, um die wunderschöne »Maria mit dem goldenen Zopf« zu finden und heimzuführen. Unterwegs trifft er dreimal auf die Hütte der Baba Yaga. Es ist eine rotierende Hütte, die auf Hühnerfüßen steht, und unter Benutzung eines magischen Verses bringt er sie zum Halten und tritt ein. Drinnen findet er die Baba Yaga, wie sie mit ihrer großen Nase im Feuer herumstochert, während sie mit ihren Fingern Seidensträhnen kämmt und die Gänse auf den Feldern mit ihren Augen bewacht. Als Iwan hereinkommt, sagt sie: »Bist du freiwillig gekommen oder unfreiwillig, Kindchen?« Iwan schlägt mit der Faust auf den Tisch und sagt: »Alte Hexe, du sollst einem Helden nicht solche Fragen stellen. Ich will etwas zu essen und zu trinken, und wenn du mir kein gutes Mal servierst, werde ich dir um die Ohren schlagen, daß...« Da wird die Baba Yaga sehr freundlich, serviert ihm ein wunderbares Essen, macht ihm ein Bett und zeigt ihm am nächsten Morgen den nächsten Schritt. Das geschieht dreimal, so daß sie eine absolut schützende und hilfreiche Göttin wird, die ihm sogar den Weg zeigt.

Hier sehen wir den Unterschied zwischen dem Verhalten eines Mannes und eines Mädchens der Baba Yaga gegenüber. Iwan ist ein erwachsener Mann, das Mädchen ein absolut hilfloses Geschöpf. Aber trotzdem zeigt sich auch hier, daß die Baba Yaga nicht völlig böse ist, sie ist reine Natur. Wenn man mit ihr umzugehen versteht, ist alles in Ordnung. Es liegt an uns, welche Seite von ihr wir erfahren, und hier findet die erste Andeutung in diesen Erzählungen statt, daß das Problem des Bösen irgendwo mit dem Menschen zu tun hat, daß es sich nicht einfach nur vorfindet in der Natur. Hier berühren wir das Problem auf einer höheren Ebene, wo es dem Menschen bereits zu dämmern beginnt, daß das Böse nicht einfach ein Naturphänomen ist, sondern auch abhängig vom Verhalten des Menschen.

Die Baba Yaga redet Iwan mit »Kindchen« an. Er ist ein erwachsener junger Mann, und wir merken, was sie tut. Sie versucht, ihn in infantile Hilflosigkeit hinein zu degradieren. Obwohl es sehr freundlich klingt, was sie sagt, ist es tatsächlich ein Schlag unter die Gürtellinie. Sie will ihn entmachten und behandelt ihn wie einen kleinen Jungen, danach hätte sie ihn einfach zum Mittagessen verspeist. Aber er ist ihr gewachsen und nimmt ihren bösen Hieb nicht an. Er gibt ihr zurück, und dann wird sie liebenswürdig.

In beiden russischen Geschichten gibt es ausgesprochene Feinheit: sie findet sich in einer winzig kleinen Unterhaltung, nur wenige Sätze der Erzählung bewirken, daß das gesamte Problem von Gut und Böse entschieden wird. Es bedeutet eine Gratwanderung, im richtigen Augenblick das Richtige zu sagen oder die richtige Reaktion im entscheidenden Moment folgen zu lassen, denn das verändert das gesamte Problem.

Ich möchte noch auf ein kleines Motiv zu sprechen kommen: den feurigen Schädel, den Wassilissa mit nach Hause nimmt und der die Stiefmutter und die Stiefschwestern verbrennt. Diese feurigen Augen, die sie verfolgen, wohin sie auch gehen, haben ihre Parallelen in den Mythen und werden allgemein mit einem schlechten Gewissen in Verbindung gebracht. Es gibt jüdische Traditionen in den Midrashim, wo nach dem Mord an Abel das Auge Gottes dem Kain über die ganze Welt folgte, ohne daß er ihm entrinnen konnte. Es gibt auch ein schönes Gedicht von Victor Hugo, in dem Kain nach dem Mord an Abel in die Wälder rennt und an alle Orte, doch überall verfolgt ihn das Auge Gottes. Schließlich gräbt er ein Grab und beerdigt sich selbst lebendig, zieht einen Grabstein über sich, aber auch in der Grabesfinsternis entkommt er nicht – im typischen Hugo-Pathos heißt es: »und das Auge Gottes wich nicht von ihm«. Hier haben wir das gleiche Motiv des Auges, das die böse Tat absolut und unentrinnbar verfolgt. Auf diese Weise verkörpert das Auge die ursprüngliche Erscheinung des Gewissens mit seiner erschreckenden Wirkung.

Jung hat, wie bereits erwähnt, in seinem Aufsatz »Das Gewissen« darauf hingewiesen, daß das ursprüngliche Phänomen des Gewissens *eine unmittelbare Erfahrung der Stimme Gottes im Menschen selbst ist* oder *eine Manifestation des Selbst innerhalb der Psyche*, um es in psychologische Sprache zu übersetzen. Hier haben wir dieses unmittelbare Phänomen. Die Stiefmutter und die Stiefschwestern werden vernichtet, nicht von dem Mädchen, sondern von der Erscheinung des Bösen, dem schlechten Gewissen, ihrem eigenen Bösen gleichsam, in einer unmittelbaren Form.

Es gibt einen anderen Punkt, den man verfehlen könnte, wenn man den Text nicht genau beachtet: als der Schädel mit den feurigen Augen Stiefmutter und Stiefschwestern vernichtet hatte, begräbt Wassilissa ihn und verläßt den Ort.

Die Baba Yaga warf Wassilissa hinaus, nahm den Schädel mit den Feueraugen, gab ihn ihr und sagte: »Dies ist Feuer für deine Stiefmutter, nimm ihn mit nach Hause.« Wassilissa war ursprünglich gekommen, um Feuer zu holen, weil die Schwestern sie deswegen geschickt hatten. Daher gab die Hexe ihr wirklich Feuer. Man könnte sagen, daß sie die Funktion hat, den bösen Schwestern Böses zu überbringen, aber es wirkt nicht wie Rache. Sie erhalten, was sie wollten. Sie erhielten natürlich ein Licht, das sie nicht gern hatten. Psychologisch gesprochen, weigerten sie sich, bewußt zu werden, und so wurde die nicht anerkannte Bewußtheit zu brennenden Kohlen auf ihrem Haupt. Darum sagt Jung, daß es die größte Sünde ist, nicht bewußt zu werden, wenn man die Möglichkeit dazu hätte. Wenn es innerlich keinen Keim möglichen Bewußtseins gibt, wenn es Gottes Wille ist, daß jemand unbewußt bleibt, ist es in Ordnung. Aber wenn jemand nicht entsprechend seinen inneren Möglichkeiten lebt, dann werden diese zerstörerisch. Ein andermal äußert er: ungenutzte kreative Kraft wird eine der schlimmsten zerstörerischen Kräfte. Wenn jemand eine schöpferische Begabung hat und aus Faulheit oder ähnlichem Grund sie nicht nützt, wird diese psychische Energie schieres Gift. Darum diagnostizieren wir oft Neurosen und Psychosen als nicht gelebte höhere Möglichkeiten. Eine Neurose ist oft ein Plus, kein Minus, aber ein ungelebtes Plus, eine höhere Möglichkeit, bewußter oder schöpferischer zu werden, wovor sich der Betreffende aber mit einer dummen Entschuldigung drückt. Diese Verweigerung einer Entwicklung zu höherem Bewußtsein ist nach unserer Erfahrung etwas vom Zerstörerischsten, was es gibt. Neben anderem läßt es die Betreffenden automatisch versuchen, jeden anderen, der es probieren will, zurückzuhalten. Wer ungelebte schöpferische Kraft besitzt, versucht, die Kreativität anderer Menschen zu zerstören, und wer eine ungelebte Möglichkeit zu mehr Bewußtwerdung besitzt, versucht immer, die Versuche anderer Menschen auf diesem Weg zu verdunkeln oder zu verunsichern. Darum sagt Jung, daß ein Patient, der seinen Analytiker überwächst, was oft geschieht, diesen verlassen muß, weil der sonst versuchen wird, ihn auf die alte Ebene zurückzuziehen.

Wassilissa behält den Schädel nicht, sondern legt ihn weg. Sie behält ihn nicht, um ihre weiteren Feinde zu verbrennen. Sie hätte ja sagen können: »Oh, er ist sehr nützlich, ich lege ihn in meinen Schlafzimmerschrank, und wenn jemand mich ärgert, hole ich ihn heraus und benutze ihn gegen ihn.« Aber sie legt ihn weg, sie behält seine Macht nicht. Eine magische Rächermacht hatte die Hexe in ihre Hände gelegt, eine Rache, die stattfindet, obwohl sie nicht beabsichtigt hatte, ihn in dieser Weise zu benutzen, es geschah einfach. Sie wußte nicht, daß er Schwestern und Stiefmutter verbrennen würde, aber hinterher löst sie sich völlig von dem ganzen Problem.

Wir finden hier eine andere Weisheitsregel von Märchen vor: Alles Böse neigt dazu, eine Kettenreaktion auszulösen, sei es Selbstmord, Rache oder das Heimzahlen des Bösen. Die emotionale Kettenreaktion wird in irgendeiner Weise weitergehen, darum ist es weise, sie im richtigen Moment zu unterbrechen, sie zu begraben, alleinzulassen, die eigene persönliche Integrität davon zu lösen und die Macht aufzugeben. Es wäre zwar sehr menschlich gewesen, zu sagen: »Das geschieht ihnen recht!«, aber dann wäre Wassilissa – um es afrikanisch auszudrücken – von der bösen Medizin, die sie benutzt hatte, erfaßt worden. Doch wir hören nichts von einem Triumph. Den Totenschädel sein zu lassen, ist sehr schwierig, denn wenn man einmal gelernt hat, sich nicht vom Übel packen zu lassen, kann man oft die Erfahrung machen, daß es zurückschlägt auf jene, von denen es ausging. Nicht zu triumphieren oder es auf die anderen zurückfallen zu lassen, sondern im richtigen Augenblick auszusteigen, ist von überragender Bedeutung. Es ist eine Regel, der man, wie schon in der Steinzeit, auch heute folgen sollte.

Auch die Hände, die Korn und Mohnsamen wegnahmen, möchte ich noch amplifizieren. Das erschreckende Geheimnis der verborgenen Seite ist oft mit dem Tod verknüpft. In dieser primitiven Form verkörpert das Skelett den Tod. Primitive verbinden den Tod mit dem Bösen, und einige Indianerstämme berühren nie eine Leiche. Ein Sterbender wird in ein separates Zelt gelegt, und sobald er tot ist, wird die Hütte geschlossen oder verbrannt, und die Menschen halten sich von ihr fern. Das Phänomen des Todes und die Leichen lösen eine schreckliche und ursprüngliche primitive Furcht aus. Sie können nicht unterscheiden zwischen Furcht vor dem Tod und dem Bösen, es ist für sie dasselbe.

In der ägyptischen Mythologie und in einigen afrikanischen

Märchen wird der Tod als der Feind, der uns am Ende des Lebens tötet, dargestellt. Bei uns klingt das noch im Wort »Agonie« an, das »Schlacht« bedeutet. Heute rationalisiert man das dahingehend, daß der Sterbende »um sein Leben kämpft«, um Atem, aber ursprünglich war es eine Schlacht mit dem unsichtbaren Feind. Rostand gibt die gleiche Auffassung in seinem Spiel »Cyrano de Bergerac« wieder, wo der letzte Feind, mit dem Cyrano zu kämpfen hat, der Tod ist.

Bevor die Natur die Menschen erfand, starb wohl kein Warmblüter in hohem Alter. In der Natur wird man, wenn die körperlichen Kräfte bis zu einem gewissen Grad dahingeschwunden sind, aufgefressen, stirbt vor Hunger, Kälte oder – in der Wüste – vor Durst. Trotz unserer heutigen Zivilisierung funktioniert unsere Annäherung an den Tod in der alten Weise, indem der Tod das Letzte ist, das uns die Kehle abschneidet, uns zu Tode beißt wie in alten Zeiten.

Laurens van der Post beschreibt in seinem Buch über die Kalahari Buschmänner, wie die alten Menschen mit ihrem Stamm in der Wüste umhergehen, solange ihre Kräfte es zulassen. Wenn sie sich nicht mehr aufrechthalten können, gibt ihnen der Stamm Nahrung für drei oder vier Tage, verabschiedet sich von ihnen und verläßt sie. Sie setzen sich ruhig nieder, um auf den Tod zu warten. Zu 85 Prozent werden sie natürlich von wilden Tieren aufgefressen. Das ist Tod unter natürlichen Bedingungen. Einen durch Chemikalien verlängerten Tod, wie wir ihn in unseren Kliniken kennen, gab es nicht, und auch wir sind noch nicht daran angepaßt.

Wenn wir an solche Naturbedingungen zurückdenken, stellen wir fest, wie nahe die Überwältigung durch Böses, Feind, Aufgefressenwerden und Tod beieinanderliegen. Es ist, als wäre das Leben eines Menschen ein strahlendes Licht, das die Löwen und Tiger und auch die Menschengefährten in Schach hält. Wenn aber das Licht trüb wird und die Vitalität nachläßt, dann bricht alle Finsternis ein und packt einen. Der letzte Kampf ist also – auf der physischen Ebene – immer ein Besiegtwerden von der Dunkelseite. Das rührt vermutlich von der großen Nähe zwischen der Symbolik des Todes und des Bösen her und ist der Grund, warum wir im Deutschen »Tod und Teufel« miteinander in Verbindung bringen. Ein deutsches Sprichwort sagt: »Er fürchtet weder Tod noch Teufel« und behandelt so beide wie ein Zwillingspaar.

Dieser biologische Aspekt scheint mir aber nur die Grundstruktur für etwas zu sein, was darüber hinausgeht. Obwohl niemand beurteilen kann, was wirklich böse oder gut ist und ich es auch nicht zu sagen wagte, ist meiner Erfahrung nach das, was einen als wirklich böse bei Menschen beeindruckt, naiv betrachtet, eine Art psychologischer Todeswunsch.

Dazu möchte ich einen Fall bringen, weil ich denke, daß er einen sehr bedeutenden Faktor beleuchtet. Barbara Hannah und ich hatten jede einen schwierigen Fall, mit dem wir nicht zurecht kamen. Jede von uns hatte eine Analysandin, die vom negativen Animus sehr besessen war, und daher baten wir Jung, der zu jener Zeit unser Kontrollanalytiker war, um Hilfe. Zufällig sah er beide Frauen, eine nach der anderen, am gleichen Nachmittag. Er war sehr freundlich zu beiden, wie er es immer bei solchen Interviews von einer Stunde war, und akzeptierte sie völlig. Frau Hannahs Fall ging nach Hause und malte ein wunderbares Bild als eine Art Reaktion auf das, was ihr von Jung zuteil geworden war. Meine Analysandin ging nach Hause, rief den ärztlichen Analytiker an und berichtete ihm alles, was Jung gegen ihn gesagt habe und fügte noch etwas dazu, womit sie böses Blut verursachte.

Jung sagte, das sei sehr wichtig. Denn wenn man jemandem psychische Energie zukommen lasse, solle man immer schauen, was der Betreffende damit tue. Wenn es eine leichte oder momentane Erholung gebe, auch wenn sie wieder zusammenbreche, könne man weiterhin Zuwendung, Zustimmung oder Energie schenken. Dagegen, wenn die Wirkung gegenteilig sei, wisse man, daß man den Teufel in diesem Menschen nähre und daß die Person selbst nicht erhalte, was man ihr gab. Er verurteilte meine Analysandin nicht, aber es war, als ob ihr böser Animus vor ihrem Mund säße und immer, wenn jemand ihr einen guten Bissen gab, schnappte *er* ihn. Tatsächlich wurde der Animus fetter und sie dünner.

Wenn man in einem solchen Fall dem Menschen weiter mit christlicher Güte begegnet, mit Liebe und Zustimmung, handelt man zerstörerisch, und diesen Fehler machen viele junge Psychiater. In ihrer christlichen Tradition, sowie in der der Medizin (Hippokrateseid) ist es ein absoluter Imperativ, immer nachsichtig zu sein. Solche Menschen merken nicht, daß sie den Teufel nähren und die Patienten schlimmer statt besser machen. Wenn man daher merkt, daß der Teufel alles schnappt, was man gibt, kann man nur eines tun: den Hahn zudrehen und gar nichts mehr geben.

Es war mein erster Fall, und ich war entsetzt, ihn so behandeln zu müssen, ich wartete sogar eine Woche, bevor ich mich bereit erklärte – Jung sagte mir, ich solle diese Dame aus der Analyse hinauswerfen und ihr sagen, was für ein betrügerischer, lügnerischer Teufel sie sei. Aber man ist etwas liebevoll mit seinem ersten Fall verbunden, und so zögerte ich eine Woche und tat es dann. Das Ergebnis war, daß sie von da an viel besser dran war. Nach vielen Jahren ohne Behandlung war sie praktisch in Ordnung. Der Schlag nach unten hatte es bewirkt, und nach acht Jahren erhielt ich sogar einen Dankesbrief von ihr.

Es war in diesem Fall nicht nur so, daß ihr Dämon alles auffraß, was sie erhielt, so daß man nichts in sie hineinbekommen konnte, weder menschliches Gefühl noch psychologische Nahrung. Es war noch schlimmer, denn man sah, wie der Animus überall gegen ihr Leben arbeitete. Sie arbeitete im Dienst der Zerstörung, was ich eine psychologische Todesatmosphäre nennen würde. So etwas kann auf der einfachen Ebene des Spielverderbers beginnen. Wenn Menschen Freude haben, wendet sich jemand ab mit einem sauren Gesicht und versucht, ein nasses Tuch darüber zu werfen. Wenn jemand ein schönes Geschenk erhielt, macht der andere eine eifersüchtige Bemerkung, die ihm die Freude verdirbt. Das sind kleinere Erscheinungsweisen von etwas, was die Lebensflamme zerstören möchte. Wo immer psychisches Leben, Freude – im höchsten Sinn des Wortes – lebendig ist, dieses brennende Feuer oder geistige Hochstimmung aufkommt, gibt es stets Leute, die es mit Neid oder Kritik abzublocken versuchen, und das ist ein Aspekt von wirklich Bösem. Wenn ich diesen gleichsam dämonischen Wunsch, alles psychologische Leben zu zerstören, bemerke, spitze ich meine Ohren.

In gewisser Hinsicht ist das Böse ein Skelett. Es ist jener Geist »ohne Leben und Liebe«, der immer mit dem Wesen des Bösen zusammengehörte. Es ist Zerstörung um ihrer selbst willen, die jeder bis zu einem gewissen Grad in sich trägt. Aber einige Menschen, wie diese Frau, sind total davon besessen. Dieses tödlich Böse läßt man am besten sich zu Tode hungern. Man gibt zurück, was die Person ist, was er oder sie tut, gibt aber kein Leben. Man streckt eine Skeletthand aus, um eine Skeletthand zu schütteln, gibt aber kein Blut, keine Wärme oder Leben, und dadurch wendet sich der Teufel dorthin, woher er kam.

In Märchen und volkstümlichen Geschichten geht man mit dem ethischen Konflikt mit einer Art Naturweisheit um, weniger mit einem religiösen Wissen um das Problem von Gut und Böse – im Unterschied zur jüdisch-christlichen Tradition. Sie hat über 2000 Jahre hin unser Gewissen geschärft, damit wir uns noch genauer des Bösen bewußt sind, und hat absolut geltende Regeln für entsprechendes Verhalten vorgegeben. Das scheint mir dann in Ordnung, wenn es als Brücke dienen soll, um eine höhere Bewußtseinsebene zu erlangen und ein feineres Gewissen für das Problem von Gut und Böse. Wenn wir es aber auf andere Menschen anwenden, bringt es die bereits beschriebene Wirkung hervor: das Böse wird mehr und mehr in andere hineingesehen und verursacht Kettenreaktionen von Rache und Bestrafung, häuft brennende Kohlen auf ihr Haupt und redet ihnen ein, sie müßten ein schlechtes Gewissen haben, bis sie schließlich, aufgrund ihres schlechten Gewissens, wirklich böse werden. Diese abscheulichen Wirkungen haben uns zu der ruhelosesten und unerträglichsten Menschengruppe unseres Planeten gemacht. Meiner Meinung nach steht das in direkter Verbindung mit der höheren Moral, die wir in falscher Weise benutzen, nämlich in bezug auf andere anstatt nur auf uns selbst.

Naturweisheit hat diesen Nachteil: Wenn jemand zuviel davon auf sich selbst anwendet, bewirkt sie eine relativistische ethische Haltung, indem sie das Weiße ein wenig schwarz und das Schwarze ein wenig grau nennt, bis schließlich alles ein Mischmasch ist, in dem jedes sowohl heller als auch schattenhafter wird und ein moralisches Problem nicht mehr existiert. Das ist selbstverständlich nicht in Ordnung, und wir können nicht zur Unbewußtheit zurückkehren und die starken Unterschiede im Verhalten außer acht lassen. Das Böse war, so Jung in »Aion«, vor dem Christentum nicht ganz böse. Das Christentum fügte dem Prinzip des Bösen noch einen Geist des Bösen hinzu, den es vorher nicht besaß. Die verschärfende Unterscheidung ethischer Reaktionen in hie schwarz und dort weiß begünstigt aber das Leben nicht. Daher halte ich es aufgrund meines langjährigen Umgangs mit Märchen für richtig, das außerhalb meiner selbst liegende Böse nach den Regeln der Naturweisheit zu behandeln, das verschärfte Gewissen dagegen nur auf mich selbst anzuwenden.

11 Das heiße und das kalte Böse

Wir haben uns mit dem russischen Märchen beschäftigt, in dem das Mädchen drei Fragen stellte, und obwohl die Baba Yaga sie verlockte, noch mehr zu fragen, vermied sie es, die vierte Frage zu stellen, die auf das dunkle Geheimnis der Hexe anspielte. Dies steht im Gegensatz zu anderen Märchen, in denen der Eintritt ins verbotene Zimmer oder die verbotene Frage letztendlich zu einer Höherentwicklung des Bewußtseins führen. In der gerade besprochenen Geschichte lautet hingegen die eigentliche Moral: man solle schlafende Hunde nicht wecken, nicht in das Geheimnis des Bösen eindringen, außer es gebe einen dringenden Grund dazu.

Das scheint mit einer anderen Gruppe von Geschichten verwandt zu sein, vor allem unter nordischen und germanischen Märchen, wo es um das Motiv des Wettstreits geht, wer zuerst wütend wird. Soweit ich sehe, kommt es nicht in vielen anderen Ländern vor, weist aber dennoch einen wichtigen Zug auf. Darum ist es vielleicht gut, mit dem Märchen »Böse werden« eine Version dieser Art anzuschauen:

Böse werden

Es waren einmal ein Bauer und eine Bäuerin, die waren sehr reich und geizig und hatten doch nicht einmal ein Kind. Weil es nun den Bauern immer gereute, seinem Knecht den Lohn zu geben, so sagte er zu seinem armen Bruder: »Laß einen von deinen drei Söhnen bei mir dienen, und wer zuerst böse wird, sei es nun der Herr oder der Knecht, der soll die Zeche bezahlen. Werde ich zuerst böse, so soll der Knecht den ganzen Hof bekommen und mir noch dazu die Ohren abschneiden. Wird aber der Knecht zuerst böse, so schneide ich ihm die Ohren ab, und er kriegt auch keinen Lohn. Es ist mir nur darum, daß ich mit deinen Kindern in Frieden und Freundschaft bleibe und mich nicht mit ihnen erzürne.« Im Herzen aber dachte er nur, seines Bruders Söhne so um den Lohn zu betrügen.

Der älteste der drei Brüder, der Hans, ging zuerst, bekam aber nur schmale Kost und hatte große Not, sich nicht darüber zu erzürnen. Als das Jahr fast herum war, wollte ihn der reiche Bauer doch noch um den Lohn prellen und sagte: »Treibe einmal die Kühe auf die Weide, meine Frau soll dir zu Mittag das Essen bringen.« Hans tat, wie ihm geheißen war, aber das Essen kam diesmal gar nicht, denn der Bauer meinte, daß er darüber zornig nach Hause kommen sollte. Als nun die Mittagszeit vorüber und Knecht Hans sehr hungrig war, rief er einen vorübergehenden Fleischer an, verkaufte ihm die Kühe, schnitt ihnen aber die Schwänze ab und steckte sie in ein nahes Moor. Darauf lief er zum reichen Bauern und sprach: »Geschwind, Vetter, kommt mit auf die Weide, eure Kühe sind im Morast versunken.« Da ging der Bauer mit ihm, zog an einem Kuhschwanz, aber er fiel rücklings auf die Erde, und die anderen Kuhschwänze zog er ganz kleinlaut heraus, denn er merkte wohl, das Hans die Kühe verkauft hatte, wurde aber darum nur desto freundlicher gegen ihn, weil er wußte, daß er den Hof noch obendrein verlieren würde, wenn er sich erzürnte. So gingen sie denn miteinander nach Hause, da brachte die Bauersfrau ihrem Manne zu essen, dem Knecht Hans aber gaben sie noch immer nichts. Da riß dem Knecht Hans doch die Geduld, denn obwohl es schon Abend war, hatte er noch keinen Bissen genossen. Deshalb beschimpfte er den Bauern, der ihm sogleich die Ohren abschnitt.

Da ging der Knecht Hans mit dem Gelde, das er für die Kühe erhalten hatte, aber ohne seinen Lohn, nach Hause, und am anderen Morgen kam der zweite Bruder und meldete sich als Knecht bei dem reichen Bauern.

Als sein Jahr fast um war, wollte der Bauer auch ihn betrügen, und er wies ihn an, Pferd und Wagen zu nehmen und in den Wald zum Holzholen zu fahren. Er selber werde ihm das Essen bringen. Aber dasselbe geschah: das Essen wurde nicht gebracht, und der Knecht verkaufte Pferd und Wagen an einen vorübergehenden Mann. Seinem Oheim erzählte er, daß ein Löwe gekommen sei, der Pferde samt Wagen aufgefressen hätte. Der Bauer tat so, als ob er dies glaube. Als es ans Abendessen ging und die Bäuerin dem Knecht nichts gab, war er so hungrig, daß er voll Zorn dem Bauer die Schüssel wegnehmen wollte. Der schnitt ihm sofort die Ohren ab.

Am andern Morgen meldete sich der jüngste Bruder, der ein Dummling war, als Knecht bei dem Bauern. Weil es nun seinen Brüdern leid tat, daß er auch hungern sollte, brachten sie ihm täglich zu essen, wo immer er auch war. Der reiche Bauer verwunderte sich sehr, daß sein Knecht immer so freundlich aussah, wie karg die Kost auch war, die sie ihm boten, und er wurde mißtrauisch. Darum sagte er zu seiner Frau: »Verkleide dich als Kuckuck, geh' in den Wald und rufe dreimal Kuckuck, dann wird unser Knecht glauben, sein Dienstjahr sei herum.« Zu dem Knecht sprach er: »Höre einmal, Gesell, wenn der Kuckuck dreimal gerufen hat, ist dein Dienstjahr um, denn du weißt, daß eben der Kuckuck rief, als du kamest.« Da war der Knecht hoch erfreut, denn er hatte nicht die Schelmenstreiche seiner Brüder im Kopfe und wollte nichts als ehrlich seinen Lohn verdienen, bat deshalb auch, daß sein Vetter ihm sein Gewehr leihen möchte, damit er einen Freudenschuß tun könnte, sobald der Kuckuck zum ersten Mal gerufen hätte. Das tat der geizige Bauer gern, weil noch ein alter Schuß in seinem Gewehr steckte, der heraus mußte.

Eines Tages wälzte sich die Bauersfrau in Sirup und dann in Federn, und als der Knecht im Wald arbeitete, sprang sie in einem Tannenbaum herum, daß der Schnee von den Ästen zu Boden fiel, und rief dabei »Kuckuck!« Kaum aber hatte sie zum erstenmal gerufen, da griff der Knecht schon nach seinem Gewehr, tat seinen Freudenschuß, traf aber aus Versehen den Kuckuck im Baum, und der fiel tot zu Boden. Da sprang der Bauer auch herzu, denn er hatte sich in der Nähe gehalten, und zürnte und schalt auf seinen Knecht. »Vetter, seid Ihr böse?« fragte der Knecht. Der Bauer fuhr in an: »Da sollte der Teufel nicht böse sein, wenn du meine Frau totschießt!« Da erhielt der dritte Knecht Haus und Hof und durfte dem reichen Bauern noch dazu die Ohren abschneiden.

In anderen Variationen dieses Typs treiben die Beteiligten sich gegenseitig fast zum Wahnsinn. Selbstverständlich ist es immer der Bösewicht, der den Trick erfand, der am Schluß auch der Verlierer ist. Das scheint naiv und primitiv zu sein, aber wir sollten bedenken, daß die Menschen jener Zeit noch nicht gelernt hatten, ihre Emotionen unter Kontrolle zu halten. Das ist nämlich eine enorme kulturelle Errungenschaft. Tatsächlich brauchen wir uns nicht zu rühmen, selbst diese Ebene erreicht zu haben. Wer seine Emotionen kontrollieren kann, ist die bewußtere Persönlichkeit von den beiden, aber wenn wir etwas tiefer in unsere Beherrschtheit heineinschauen, finden wir darunter sozusagen eine »kalte« und eine »heiße« Art des Bösen. Das heiße Böse wird bei Menschen wie bei Dämonen von einem unterdrückten emotionalen Affekt genährt, der wie ein ersticktes Feuer im Untergrund ständig weiterbrennt und schwelt, und diese Art von zurückgehaltenem Affekt ist höchst ansteckend. Man kann ihn bei Explosionen oder Zerstörungswut von Familien oder Nationen oder auch in anderen sozialen Situationen wahrnehmen.

Die Ansteckungsgefahr eines Affekts oder einer Emotion ist groß und ist für einen erheblichen Teil an Bösem verantwortlich. Wenn man z. B. vor einer Wahl ein im Mittelpunkt öffentlicher Auseinandersetzung stehendes Problem objektiv diskutieren wollte, müßte man weit laufen, um jemanden zu finden, der dazu in der Lage wäre. Die Menschen werden dabei sofort emotional. Sobald aber jemand emotional wird, spielt es keine Rolle mehr, für welche Seite jemand Partei ergreift: das Feuer hat einen Anhaltspunkt gefunden, und die Lage wird gefährlich. Beispiele dieser Art findet man überall. Emotion packt einen Menschen von unten her, Objektivität und menschliches Verhalten gehen dann schnell dahin. Das beste Kriterium, ob man selbst innerlich von einem Affekt gepackt wurde, ist: nachzuschauen, ob man seinen Sinn für Humor noch hat. Ist er verschwunden, kann man sicher sein, daß einen irgendwo ein emotionales Feuer erwischt hat, und dann ist man in Gefahr, dem Prinzip des Bösen anheimzufallen.

Die Fähigkeit, Wut und Affekte zu überwinden, ist keine primitive Angelegenheit, denn das ist immer noch ein entscheidender Faktor in uns allen. Viele Menschen in unserer Gesellschaft können ihren Zorn äußerlich unter Kontrolle halten, ihre Persona wahren und ihre Emotionen zudecken, aber innerlich zerreibt die Angelegenheit sie, beeinflußt ihre innersten Gedanken. Es sieht also nur so aus, als ob sie ihre Affekte überwinden Viele Menschen bringen diesen ersten Schritt fertig, aber wenigen gelingt der zweite, nämlich sich von einer starken Emotion völlig zu lösen. Wegen der enormen Ansteckungsgefahr ist Emotion so gefährlich. Dieser anscheinend spaßige kleine Bauernwettstreit, wer zuerst in Zorn gerät, ist also eine tiefsinnige Geschichte und wirft Licht auf einen sehr wesentlichen Aspekt des Problems des Bösen.

Das scheint noch größere Bedeutung im Streit mit dem Teufel selbst zu gewinnen. Denn das gleiche Spiel muß auch mit übernatürlichen Figuren gespielt werden, und wer dabei menschlich bleibt, hat gewonnen, im Vergleich zu dem, der sich von seiner unbewußten Natur hinreißen läßt.

Es ist ein spezifisches und akutes Problem germanischer Rassen, diese Art von Aggressivität zu haben. Daher erscheint Wotan auch als Gott der Emotionalität und des unkontrollierten Zorns, sei er nun schlecht oder heilig. Aber nicht-germanische Völker geraten auch manchmal in diese Lage.

Auch, wenn es so aussieht, als bestehe keine Verbindung: der gemeinsame Nenner dieser und der Geschichte aus dem vorigen Kapitel ist der, daß man sich von der Finsternis loslösen und fernhalten muß. Der Knecht tut das und vermeidet auf diese Weise, in den Trick des Onkels verwickelt zu werden. Die beiden älteren Brüder schalten darauf um, ihrem Onkel Tricks zu spielen. Sie kämpfen nicht mit ihren Emotionen, sie nehmen wahr, daß sie die Waffen von Haß und Emotion in der Tasche halten müssen, aber sie versuchen doch, Tricks zu spielen. Einer verkauft die Kühe und schneidet ihre Schwänze ab, der andere verkauft das Pferd und den Wagen – sie tun also aktiv Böses auf der intellektuellen Ebene und vermeiden nur die Emotion. Damit sind sie in den Kampf eingetreten, wenn auch mit Waffen, die verschieden sind von jenen, um die es geht. Doch auch das hat keine Wirkung, da sie schließlich ebenfalls dem Affekt zum Opfer fallen.

Der Jüngste läßt sich überhaupt nicht auf böses Handeln ein. Sogar der Schuß ist ein Freudenschuß, einer des Glücklichseins, mit dem er ausdrücken will: »Hurra, der Frühling ist da, und jetzt kann ich nach Hause gehn!« In naiver Weise hält er Schritt, nicht nur mit seiner emotionalen Persönlichkeit, sondern auch mit seiner Überlegung – wenn er welche hat –, viel davon scheint er nicht zu haben. Er hält sich frei von der Verwicklung mit dunklen Mächten, und deshalb wirken die Dinge aus sich selbst heraus.

Am interessantesten ist die Symbolik des Gewehrs, mit dem er auf die Frau seines Onkels schießt. Beim Schießen wird Sprengstoff benutzt. Hier findet eine Umwandlung der explosiven Wut statt. Er benutzt in symbolischer Weise die Explosivkraft des alten Onkels, um sie gegen ihn zu wenden in Gestalt seiner Frau. Als Ergebnis explodiert der Onkel dann wirklich, nicht nur symbolisch. In einer symbolischen, einer magischen Geste, benutzt der Junge die Explosivität des Onkels gegen diesen selbst, ohne zu wissen, was er tut. Er borgt das Gewehr nicht, um die Frau des Onkels zu erschießen, sondern es ereignet sich einfach.

Wenn man in der Lage ist, ein Problem auf der symbolischen Ebene zu bearbeiten und mit einer reinen Absicht, dann finden Ereignisse oft in genau der gleichen Weise statt. Ein Beispiel dafür ist Jungs aktive Imagination zu dem Zweck, einen überwältigenden emotionalen Affekt zu überwinden. Diese Technik läßt sich in vielen Situationen anwenden, sie ist aber besonders angezeigt, wenn Menschen von Emotionen übermannt werden. Es muß kein Zorn sein, es kann ebenso Liebe sein, von der jemand besessen ist, oder daß jemand nicht weiß, wo ihm der Kopf steht oder irgendeine Form der Überrumpelung durch seine Emotion, der er in hilfloser Unfreiheit unterworfen ist. Wir raten Menschen in solchen Situationen, ihre Affekte zu personifizieren und mit ihnen zu sprechen, den Affekt in irgendeiner Form hochkommen zu lassen und mit ihm umzugehen versuchen, als wäre es ein tatsächliches Wesen. Es ist die einzige Möglichkeit, wenn man eine überwältigende Emotion aus persönlichen Gründen äußerlich unterdrückt hat, aber innerlich nicht mit ihr fertigwerden kann. Menschen sagen dann oft: »Ich lasse meinen Zorn nicht heraus, sondern schlucke ihn herunter, aber dennoch komme ich nicht davon los, er quält mich Tag und Nacht, ich weiß nicht, was ich tun soll, ich kann nichts dagegen tun, daß ich dauernd daran denken muß.« Dann gibt es nur eines: diesen Impuls zu personifizieren und zu versuchen, in aktiver Imagination mit ihm umzugehen.

Das bedeutet: Der ganze Kampf wird umgewandelt und von der naiven auf die symbolische Ebene gehoben. Dies tut der junge Mann unbewußt, wenn er das Gewehr seines Onkels nimmt.

Dabei hatte es die seltsame magische Rückwirkung, daß der Schuß den Onkel traf.

Ich mache hier eine gefährliche Aussage, denn wenn jemand dieses Phänomen erfahren hat, wird er bei der nächsten Gelegenheit das heimliche Gefühl nicht los, in schwarze Magie verwickelt zu sein. Beim ersten Mal versucht man wie der junge Mann ehrlich, den eigenen Affekt in aktiver Imagination zu überwinden. Für einen selbst geht es gut aus, der Übeltäter dagegen erhält auf synchronistische Weise sein Böses zurück. Man denkt: »Oh, das ist wunderbar!«, und beim nächsten Mal verfällt man der schwarzen Magie und sagt sich: »Nun werde ich meinen Affekt überwinden, und dadurch wird er auf den anderen zurückfallen.« Dann sitzt man wieder drin! Es wird immer schwerer, die eigene Absicht reinzuhalten. Darum wird betont, daß dieser junge Mann absolut keine böse Absicht hatte, er behielt seine ursprüngliche reine Naivität. Wenn jemand aktive Imagination macht, muß er sich zuerst um die innere Haltung bemühen, es ehrlich und nur um seiner selbst willen zu tun, sich selbst aus dem Bösen herauszuhalten und ohne darauf zu schauen, was gerade synchronistisch außen geschieht. Andernfalls wäre es das alte Unheil der schwarzen Magie.

Er war einfachen Sinnes, d. h. er spekulierte nicht, entschied nicht intellektuell, ob er dies oder jenes tun sollte, wie die anderen, die dann einen Trick spielten, um selbst vom Affekt verschont zu bleiben, aber den anderen zu ärgern. Das ist das Dummlingsmotiv vieler Märchen. Da hat z. B. ein König drei Söhne, und der Jüngste ist ein Narr, über den jeder lacht. Aber immer ist es gerade dieser Narr, der zum Helden der Geschichte wird. Oder es gibt einen Bauern mit drei Söhnen, zwei sind in Ordnung, aber der jüngste sitzt nur beim Ofen und kratzt sich den ganzen Tag. Schließlich wird er der Held, heiratet die Prinzessin und wird Zar.

Der Dummling ist eine allgemeine Figur, nicht nur in Märchen, sondern ein allgemeines mythologisches Motiv. Er symbolisiert die Echtheit und Unversehrtheit der Persönlichkeit. Wenn Menschen eine solche nicht in ihrem innersten Wesen besitzen, sind sie bei der Begegnung mit dem Bösen verloren, denn sie werden besessen. Diese Unversehrtheit ist wichtiger als Intelligenz oder Selbstkontrolle oder sonst etwas. Sie rettet in diesem Märchen die Situation.

Der Junge möchte das Gewehr leihen, um einen Freudenschuß abzugeben, wenn der Kuckuck ruft und das Jahr um ist. Der Onkel gibt es ihm, weil eine alte Patrone drin ist, die explodieren könnte. Der Dummling will also das Gewehr ganz naiv nur zum Spaß. Der Onkel dagegen plant einen bösen Anschlag hinein und bewirkt damit, daß er ihn selbst trifft.

Arglosigkeit wie die des einfältigen Jungen wird, vor allem von bösen Menschen, als Dummheit bezeichnet. Ebenso würde in unserer heutigen Gesellschaft als dumm angesehen, was Wassilissa tat, als sie den Schädel und damit ihre Macht, die ihr die Göttin verliehen hatte, abgab. Es hieße, Laserstrahlen absichtlich abzuschaffen. Aber Märchen bzw. das Kollektive Unbewußte sehen das anders. Wenn jemand seine Unversehrtheit wahrt, wird er von einem bestimmten sozialen Standpunkt aus als dumm bezeichnet. Wenn man in der Politik naiv ist, ist das das Ende. Ehrlich, arglos und naiv zu sein, gilt als Idiotie.

Zu Beginn des Märchens ist klar, daß der Onkel und seine Frau die eigentlich Dummen sind, weil sie steril sind und so völlig ohne Großzügigkeit, daß sie bereits von vornherein völlig den Weg verloren haben. Aber selbstverständlich halten sie sich für die Klugen und meinen, mit ihrem Trick könnten sie umsonst Dienstleistungen erhalten, den Knechten noch die Ohren abschneiden und nichts bezahlen. Sie fühlen sich herrlich im Recht, aber beim jüngsten Sohn wendet sich das Blatt. Er ist so unschuldig. Seine unschuldige Dummheit verwirrt sie. Er ist so rein, daß sie nervös werden. Sie spüren, daß er einen Wert besitzt, den sie nicht verstehen. Er lebt ohne große Ichansprüche und freut sich des Lebens. Sogar kleine Freuden bedeuten ihm eine Menge. Daher merken der Onkel und seine Frau, daß sie ihm nicht gewachsen sind. In seine Unschuld können sie sich nicht einfühlen, und das macht sie nervös. Sie

möchten ihn loswerden, verlieren aber die Schlacht, da sie aufgrund ihrer Nervosität leicht erschrocken sind und alles falsch machen.
So hat also diese spaßige, einfache Geschichte untergründig etwas äußerst Feinsinniges. Man könnte diese Art einfältiger, reiner Integrität ein Geheimnis nennen, und zwar das der individuierten Persönlichkeit. Die Gabe der arglosen Reinheit ist ein göttlicher Funke im menschlichen Wesen. In der Analyse ist dies meiner Ansicht nach der entscheidende Faktor für deren Gelingen oder Mißlingen.
Diese reine Haltung erlebte ich so sehr bei Jung selbst, und man spürt sie deutlich in seinen »Erinnerungen«. Einige Rezensenten seines Buches schüttelten den Kopf und sagten, dieser Mann sei ein Dummkopf. Wie man so naiv sein könnte, so etwas zu veröffentlichen! Sie hatten das Gefühl für solche Subtilität verloren. Jung war überhaupt nicht naiv, aber er hatte jene innerste Sauberkeit. Wer sich ihm in ehrlicher Reinheit näherte, konnte immer eine Antwort ehrlicher Reinheit erhalten, obwohl Jung weise genug war, Integrität einzusetzen, wenn er sie für angemessen hielt und sie zu verbergen, wenn er sich gegen die Finsternis stellen mußte.
Ich halte es für lohnend, dieses Motiv der Verhüllung der eigenen Integrität etwas eingehender zu beleuchten. In eine solche Lage kann man z. B. im Militärdienst kommen, wenn man sich aus der Gruppe heraushalten will.
Ich erinnere mich an ein kleines Nachtessen im Haus von Jung, wo sich etwas ereignete, dem man selten begegnet. Es entstand eine Art völliger, übernatürlicher Harmonie, ohne daß wir in eine Art participation mystique verfielen, aber etwas gab uns das Gefühl einer magischen Gegenwart. Die alten Römer oder Griechen hätten gesagt, der Gott Hermes oder Dionysos sei anwesend, die frühen Christen: der Heilige Geist. Manchmal entsteht so eine Art übernatürlicher Harmonie, wodurch alles Geschehen einen Hauch von Numinosität erhält. Man geht heim mit dem Gefühl, einen unvergeßlichen Abend erlebt zu haben. So etwas kommt sehr selten vor, und ich war so beeindruckt davon, daß ich

es Jung sagte. Er antwortete: »Ja, normalerweise trifft man das Selbst, wenn man alleine ist, aber hier haben wir die Ausnahme, daß das Selbst sich als ein kollektiver Faktor zeigen kann, im allgemeinen nur im kleinen Freundeskreis, und dann ist es eine besonders numinose Erfahrung, sogar stärker, als wenn man sie alleine erfährt!«

Dem liegt die gleiche Symbolik zugrunde wie der Runde von König Arthur, jener kleinen Gruppe, die gleichsam im Geiste miteinander geeint war. Das weist auf eine Gruppenerfahrung des Selbst hin, die eine höhere Form jenes alten archetypischen Totem-Mahls der Primitiven ist, wo alle teilhaben an der Integration des einen Gottes. Sie liegt auch der Idee des eucharistischen Mahles zugrunde. Sonst aber, wenn wir in einer Gruppe sind, müssen wir unsere innerste Integrität bzw. den Kern unserer ethischen Persönlichkeit verbergen, ausgenommen bei einem solchen Ereignis, was vielleicht ein bis zweimal im Leben vorkommt und wo man sich einsfühlt mit den anwesenden Personen. Das kann sich mit anderen leicht mit einer Art betrunkener participation mystique vermischen, die nichts damit zu tun hat, sondern ein Hinabgleiten auf eine tiefere Ebene bedeutet – eine angenehme Erfahrung zwar, aber nicht das gleiche. Meist hinterläßt es am nächsten Morgen eine Art Kater, während das andere eine gegenteilige Wirkung hat.

Es kann einen Selbstschutz bedeuten, wenn man seine innerste Persönlichkeit verbirgt. Nichts erregt böse Emotionen in einer Versammlung mehr, als wenn jemand den Heiligen oder Erhabenen spielen will. Wenn man also ein anderes Gefühl hat als die anderen, muß man das verbergen, um den anderen keinen Anlaß zu der Aussage zu geben: »Du möchtest wohl besser sein als wir?« Das ist der tiefere Grund! Man kann sagen, daß diese innere ethische Integrität nicht vom Ich, sondern vom Selbst herrührt. Sie ist eine ureigene Reaktion aus der Tiefe der Persönlichkeit. Darum kann sie nie bewußt angewandt oder geplant werden, denn dann wäre man im Ich. Die tiefste Erfahrung auf diesem Gebiet hat man im Zen-Buddhismus, wo der Zenmeister oft völlig irrationale Reaktionen gegenüber dem Schüler entfaltet. Man spürt, daß sie nicht geplant sind; es gibt dabei keinen pädagogischen Plan oder eine Absicht dieser Art. Die Ursprünglichkeit der Persönlichkeit wirkt einfach in diesem Moment auf den Schüler und weckt ihn dadurch auf. Plan oder Überlegung würden diese Wirkung abschwächen oder verhindern. Übersetzt in unsere Sprache, würde das heißen: Man muß sein Bewußtseinslicht abblenden und sich nicht so sehr auf sein Ich konzentrieren, so daß diese ureigene Weise, da zu sein, hervorkommen kann.

Als Jung alt war, gab er nicht mehr viele Analysestunden, und wenn seine Schüler oder andere Menschen ihn sahen, sprachen sie natürlicherweise nicht mehr über ihre eigenen Probleme und Träume. Es passierte mir oft, daß ich mich mit einem Problem herumschlug, das ich nicht erwähnte, aber in der ersten Minute einer Begegnung pflegte Jung genau auf dieses Problem zu sprechen zu kommen und alle Antworten oder Hinweise zu geben, deren ich bedurfte. Später fragte ich ihn oft, wie das komme, daß er gerade von der ganz besonderen Angelegenheit, die mich beschäftigte, zu sprechen anfing. Im allgemeinen sagte er, daß er keine Ahnung davon hatte, aber es kam ihm einfach in den Sinn.

An eines dieser Ereignisse erinnere ich mich. Ich wollte verzweifelt etwas im eigenen Leben erlangen, war aber zu scheu, meine Hand auszustrecken und danach zu greifen. Ich besuchte Jung gerade, als er Enten fütterte, und da sah ich eine kleine scheue Ente, die näherkam und etwas Brot wollte, aber immer von den anderen Enten erschreckt wurde, so daß sie sich zurückzog. Jung sah sie, warf ihr gezielt ein Stück Brot hin, aber sie schwamm nervös weg, kam wieder, doch dann war es zu spät. Das geschah zwei- bis dreimal. Da wandte sich Jung ab und sagte: »Dummes Ding, dann mußt du halt verhungern, wenn du nicht den Mut hast, es zu nehmen!« Das war meine Antwort! Ich bezog sie sofort auf meine Situation. Später fragte ich Jung, ob er das mit Absicht gesagt habe. Er erwiderte, er habe nur an die Ente gedacht und keine Ahnung gehabt, daß dies mit meiner inneren Situation korrespondierte.

So etwas geschah dauernd. Im Osten würde man sagen: man ist im Tao. Im Tao sein heißt: in Harmonie mit den tieferen Schichten der Persönlichkeit sein, mit der Totalität im Selbst, denn dann handelt dieses durch einen hindurch auf diese Weise. Deshalb darf man aber auch keine Ego-Absicht haben. Wenn man das Rechte zu tun beabsichtigt, anderen Menschen helfen möchte usw., dann blockiert man diese Wirkung mit seinem Ich. Man stellt sich selbst zwischen die natürliche Möglichkeit. Darum ging Jung so weit zu sagen, daß ein Analytiker, der Wunsch und Absicht hat, seinen Patienten zu heilen, nicht gut ist. Sogar das darf man nicht einmal haben, denn der Wunsch, seine Patienten zu heilen, ist eine Macht-Haltung: »Ich möchte der Analytiker sein, der den Fall heilen möchte.«

Jung zweifelte oft daran, ob Frauen gute Analytiker sein könnten, wegen ihrer mütterlichen, gluckenhaften Gefühle, mit denen sie den Patienten daran hindern könnten, in seine innere Hölle zu geraten. Nur wenn der Patient ohne äußere Hilfe in seine innerste Hölle absteigen kann, kann er eine numinose Erfahrung haben. Nur dann kommt etwas von innen, was ihm hilft. Aber wenn man die Glucke spielt und das die ganze Zeit über verhindert mit mütterlicher Liebe, hindert man den anderen auch daran, an seine innerste positive Erfahrung zu kommen, und das ist – wie wir bei dem Märchen von Schneeweißchen und Rosenrot sehen werden – deren falsche Nächstenliebe: *immer* Nächstenliebe üben zu wollen, Böses zu verhindern, das Rechte zu tun, das Gute tun zu wollen und dabei den tieferen Lauf der Natur zu verhindern.

Die Aufgabe besteht darin, bei jeder Gelegenheit aufgrund des eigenen Gewissens zu entscheiden, was jetzt genau gemeint ist. Und dafür hat man seine eigenen Träume. Allgemeine Regeln können jedoch nur ein Paradox aufstellen, obwohl in der aktuellen Einzelsituation kein Paradox vorliegt. Es gibt nur eine Richtschnur: Einmal muß ich entgegen allen Regeln der Analyse handeln, beim nächsten Mal darf ich mich nicht verwickeln lassen. In der wirklichen Situation ist es etwas Einzigartiges, das von einer Minute zur anderen entschieden werden muß. Nimmt man diese Haltung ein, wird das Leben ein ständiges ethisches

Abenteuer. Darum verärgern wir die Leute, die bei uns lernen möchten. Wir haben keine Verhaltensregeln, absolut keine therapeutischen Regeln. Man muß die ganze Zeit über seine Ohren offenhalten, um zu vernehmen, daß die innerste Forderung des Selbst in diesem Augenblick verlangt, dies zu tun, im nächsten nicht. Aber wenn ich das allgemein sagen soll, widerspreche ich mir immer, mit der ehrlichsten Überzeugung.

Der nächste Schritt soll dem Problem der Nächstenliebe gelten. Sollte man dem Bösen gebenüber milde sein oder nicht? Soll man die andere Wange hinhalten oder mit aller Kraft zurückschlagen? An zwei Geschichten, die parallel zu verlaufen scheinen, aber völlig entgegengesetzt sind, möchte ich das verdeutlichen. Die eine heißt: »Vun'n Mannl Sponnelang«, die Parallelgeschichte dazu ist »Schneeweißchen und Rosenrot.«

Vun'n Mannl Sponnelang

Es war einmal ein armes Mädchen, deren Vater und Mutter waren gestorben, und sie hatte kein Zuhause. Und als sie keinen Menschen auf der Welt mehr hatte, wollte sie fortgehen, anderswohin in Dienst. Sie mußte durch einen großen Wald gehen, und mittendrin verlor sie ihren Weg. Es wurde Nacht, und zu ihrer großen Freude sah das Mädchen, gerade als es finster wurde, ein kleines Haus und dachte sich, daß sie dort übernachten könnte. Im ganzen Haus lag alles liederlich durcheinander, und so fing das Mädchen an, ein bißchen aufzuräumen und Ordnung zu machen.

Auf einmal ging die Türe auf und herein kam ein ganz winziges zwergenhaftes Männchen mit einem riesengroßen Bart. Der Zwerg schaute sich um, räusperte sich, und als er das Mädchen sah, das sich in einen Winkel gesetzt hatte, sagte er:

> Ich bin das Männchen Spannelang,
> hab' einen Bart drei Ellen lang.
> Mädchen, was willst Du?

Das Mädchen fragte, ob es über Nacht bleiben könnte, und der Mann antwortete ihm wieder in einem Reim und wies es an, sein Bett zu machen. Das Mädchen tat, wie ihm befohlen, und dann sollte es ihm

ein Bad richten. Das Mädchen tat wieder, wie ihm befohlen wurde, und es richtete ihm ein schönes Bad her, und er sah danach ganz nett aus. Dann schnitt sie etwas von seinem Bart ab, und das kleine Männchen dankte ihm darauf sehr und sagte: »Mädchen, Du hast mich erlöst und sollst auch schön dafür bedankt sein.« Er gab dem Mädchen seinen Bart und war verschwunden.
Am anderen Tag nahm das Mädchen den Bart mit und fing an, ihn zu spinnen. Und während sie spann, wurde der Bart zu purem Gold. Natürlich wollten alle Leute dieses goldene Garn haben. Und so wurde das Mädchen sehr reich und heiratete, und wenn es nicht gestorben ist, so lebt es noch heute.

Diese Geschichte will ich nicht für sich erörtern, sondern zusammen mit ihrer kontrastierenden Parallele, dem Grimmschen Märchen »Schneeweißchen und Rosenrot«.

Schneeweißchen und Rosenrot

Es war eine arme Witwe, die lebte einsam in einer Hütte, und vor der Hütte war ein Garten, darin standen zwei Rosenbäumchen, davon trug das eine weiße, das andere rote Rosen. Und sie hatte zwei Kinder, die glichen den beiden Rosenbäumchen, und das eine hieß Schneeweißchen, das andere Rosenrot. Sie waren sehr fromm und arbeitsam. Schneeweißchen war stiller und sanfter als Rosenrot, die lebhafter war. Die beiden Kinder hatten einander so gern, daß sie immer Hand in Hand gingen. Oft liefen sie im Wald umher und sammelten rote Beeren, aber kein Tier tat ihnen etwas, sogar der Hirsch lief nicht vor ihnen weg, und die Vögel blieben auf den Ästen sitzen und sangen für sie. Wenn sie sich im Walde verspätet hatten und die Nacht sie überfiel, so legten sie sich nebeneinander auf das Moos und schliefen, bis der Morgen kam, und die Mutter wußte das und hatte ihretwegen keine Sorge. Als sie eines Morgens im Wald aufwachten, sahen sie ein schönes Kind in einem weißen glänzenden Kleidchen neben ihrem Lager sitzen. Es stand auf und blickte sie ganz freundlich an, sprach aber nichts und ging in den Wald hinein. Die Mutter sagte ihnen, das müßte der Engel gewesen sein, der gute Kinder bewache.
Eines Abends im Winter, als sie nach getaner Arbeit zusammensaßen und die Mutter Märchen vorlas, klopfte jemand an die Türe. Rosenrot ging und schob den Riegel weg und dachte, es wäre ein

Wanderer, der Obdach suchte, aber es war ein Bär, der seinen dicken schwarzen Kopf zur Tür hereinstreckte. Die Kinder hatten Angst, aber die Mutter sagte, er solle hereinkommen und sich am Feuer wärmen. Die Mädchen klopften den Schnee aus seinem Fell, und bald wurden sie so vertraut, daß sie ihre Füße auf seinen Rücken setzten und ihn hin und her schüttelten oder ihn schlugen. Der Bär ließ sich's gerne gefallen, nur wenn sie es gar zu arg machten, rief er, sie sollten ihn am Leben lassen:

>»Schneeweißchen, Rosenrot
> schlagt euch nicht den Freier tot.«

Sie ließen ihn in der Hütte bleiben, und während des ganzen Winters ging er tagsüber weg und kam jeden Abend wieder. Als das Frühjahr herangekommen war, nahm der Bär Abschied. Er erklärte, daß er nun nicht mehr kommen könne, denn nun sei seine sorgenvolle Zeit. Er müsse seine Schätze vor bösen Zwergen hüten, die sie ihm immer stehlen wollten. Im Winter, wenn die Erde hart gefroren ist, müßten sie wohl unten bleiben und könnten kein Unheil anrichten, aber sobald die Sonne die Erde aufgetaut hat, kämen sie hoch, um zu suchen und zu stehlen.

An einem Frühlingstag gingen die Kinder in den Wald. Da sahen sie zwischen dem Gras etwas auf- und abspringen, sie konnten aber nicht unterscheiden, was es war. Als sie näherkamen, sahen sie einen Zwerg, dessen Bart in eine Spalte des Baumes eingeklemmt war, als er versucht hatte, den Baum zu spalten. Der Kleine sprang hin und her wie ein Hündchen an einem Seil und wußte nicht, wie er sich helfen sollte. Er glotzte die Mädchen mit seinen roten feurigen Augen an und schrie: »Was steht ihr da! Könnt ihr nicht herkommen und mir beistehen?« Die Kinder gaben sich alle Mühe, aber sie konnten den Bart nicht herausziehen. Rosenrot wollte laufen und Hilfe holen, er nannte sie aber nur einen Schafskopf. Da nahm Schneeweißchen ihre kleine Schere aus der Tasche und schnitt das Ende des Bartes ab. Statt nun dankbar zu sein, wurde der Zwerg ärgerlich und beschimpfte die Kinder, weil sie etwas von seinem stolzen Bart abgeschnitten hatten.

Einige Zeit danach trafen die Mädchen denselben Zwerg wieder. Als er versucht hatte, einen Fisch zu fangen, hatte der Wind seinen Bart mit der Angelschnur verflochten. Als gleich darauf ein großer Fisch anbiß, fehlten dem schwachen Zwerg die Kräfte, ihn herauszuziehen, und er war ständig in Gefahr, ins Wasser gezogen zu werden. Die Mädchen hielten ihn fest und versuchten, den Bart von der Schnur loszumachen, aber vergebens; Bart und Schnur waren fest ineinander verwirrt. Es blieb nichts übrig, als wieder die kleine

Schere hervorzuholen und den Bart abzuschneiden. Der Zwerg wurde ganz wild und schrie, daß sie nun den besten Teil abgeschnitten hätten. (Am Anfang habe ich vergessen zu sagen, daß Schneeweißchen und Rosenrot zu Hause ein kleines weißes Lämmchen und ein weißes Täubchen hatten. Sie sind wichtig, damit man sich die Atmosphäre besser vorstellen kann!) Ein drittes Mal, als sie wieder durch den Wald gingen, hörten sie jämmerliche Schreie. Sie sahen einen großen Adler, der den Zwerg gefangen hatte und ihn forttragen wollte. Die Kinder hielten gleich das Männchen fest und zerrten sich lange mit dem Adler herum, bis er seine Beute fahren ließ. Aber der Zwerg schrie sie mit kreischender Stimme an, daß sie sein dünnes Röckchen zerrissen hätten und es nun ganz durchlöchert sei. Und er schalt sie unbeholfenes und täppisches Gesindel.

Auf dem Heimweg überraschten sie den Zwerg, der auf einem reinlichen Plätzchen seinen Sack mit Edelsteinen ausgeschüttet und nicht gedacht hatte, daß so spät noch jemand daherkommen würde. Die Abendsonne schien über die glänzenden Steine, sie schimmerten und leuchteten so prächtig in allen Farben, daß die Kinder stehenblieben und sie betrachteten. »Was steht ihr da und habt Maulaffen feil!« schrie der Zwerg, und sein aschgraues Gesicht wurde zinnoberrot vor Zorn. Er wollte mit seinem Schimpfen fortfahren, als ein lautes Brummen zu hören war und ein schwarzer Bär aus dem Walde herbeitrabte. Erschrocken sprang der Zwerg auf, aber er konnte nicht mehr zu seinem Schlupfwinkel gelangen, der Bär war schon in seiner Nähe. Da rief er in Herzensangst: »Lieber Bär, verschont mich, ich will Euch alle meine Schätze geben. Mich würdet Ihr ja gar nicht zwischen den Zähnen spüren, aber die beiden gottlosen Mädchen packt, das sind für Euch zarte Bissen.« Der Bär kümmerte sich nicht um seine Worte. Er gab dem boshaften Geschöpf einen einzigen Schlag mit der Tatze, und es regte sich nicht mehr.

Die Mädchen waren fortgesprungen, aber der Bär rief ihnen nach: »Schneeweißchen und Rosenrot, fürchtet euch nicht, wartet, ich will mit euch gehen.« Da erkannten sie seine Stimme und blieben stehen, und als der Bär bei ihnen war, fiel plötzlich die Bärenhaut ab, und er stand da als ein schöner Mann und war ganz in Gold gekleidet. »Ich bin eines Königs Sohn«, sagte er, »und war von dem gottlosen Zwerg, der mir meine Schätze gestohlen hatte, verwünscht, als ein wilder Bär in dem Walde zu laufen, bis ich durch seinen Tod erlöst wurde. Jetzt hat er seine wohlverdiente Strafe empfangen.«

Schneeweißchen wurde seine Frau, und Rosenrot heiratete seinen Bruder, der offensichtlich aus heiterem Himmel aufgetaucht war, und sie teilten die großen Schätze miteinander, die der Zwerg in seiner Höhle zusammengetragen hatte. Die alte Mutter lebte noch lange Jahre ruhig und glücklich bei ihren Kindern. Die zwei Rosenbäumchen aber nahm sie mit, und sie standen vor ihrem Fenster und trugen jedes Jahr die schönsten Rosen, weiß und rot.

Dies ist ein ziemlich sentimentales Märchen, aber es steht in wunderbarem Widerspruch zu der vorigen Geschichte. In der ersten erscheint ein Mädchen, die in der Reinheit ihres einfachen Sinnes das Haus des Zwerges aufräumt und ihm Nächstenliebe erweist. Der goldene Bart ist der Schatz, mit dem sie dafür belohnt wird, daß sie ihn gebadet und sein Haus gereinigt hat. Im zweiten Märchen finden wir das Gegenteil: Die Mädchen üben ständig Nächstenliebe dem Zwerg gegenüber und verlängern damit nur das Leben des Bösewichts, der längst hätte eliminiert werden müssen. Außerdem hinderten sie die beiden Freier, den Bär und seinen Bruder, daran, zu kommen und sie zu heiraten – eben gerade durch ihre falsche und sentimentale Nächstenliebe dem Zwerg gegenüber.

Hier haben wir wieder ein Paradox. Wenn wir aber die Gesamtatmosphäre anschauen und die Beschreibung der jeweiligen Umgebung des Motivs, dann finden wir Anzeichen dafür, was wohin gehört.

In »Schneeweißchen und Rosenrot« leben die Frauen ohne einen Mann zusammen, nur mit einem kleinen Lämmchen und einer weißen Taube. Es herrscht eine infantile, sentimental-paradiesische Atmosphäre, ein Kindergarten, eine trügerische Welt mit beschützenden Engeln und ähnlichem.

Das Märchen macht sich offensichtlich lustig über eine gewisse christliche Kindergarten-Haltung, die noch immer weitverbreitet ist unter Menschen, die infantil blieben, im Glauben, dadurch eine Art weißer Unschuld ihrer Persönlichkeit zu erringen. Jung betonte immer wieder, daß Jesus nicht sagte: »Wenn ihr Kinder *bleibt*, werdet ihr das Reich Gottes erlangen«, sondern: »Wenn ihr nicht *werdet wie* die Kinder«. Kinder werden heißt eben nicht: im Kindergarten bleiben, sondern ihn zuerst zu überwachsen und erwachsen zu werden, in voller Bewußtheit hinsichtlich des Bösen in der Welt, und dann die eigene innere Integrität wiederzuerlangen oder den Weg zum inneren Kern wiederzufinden, aber nicht wie ein großes Baby in den Wäldern sitzenzubleiben und zu meinen, das sei das Wahre! Manchmal ist der Unterschied zwischen beidem sehr subtil, bei manchen Menschen kann es sogar vermischt sein. Einige Leute gibt es, die besitzen eine unglaubliche Naivität, und man fragt sich dann oft, ob das eine höhere Integrität ist oder nur eine hilflose Kindergarten-Haltung. Die Märchen unterscheiden da sehr sauber, aber in der Realität beträgt der Unterschied manchmal nur einen Millimeter, und es kann sehr schwierig sein, bei anderen oder auch bei einem selbst zu unterscheiden, was nun auf welche Seite gehört. Bei diesem Märchen weisen das Lämmchen und die weiße Taube eindeutig auf eine christliche Infantilität schlimmster Sorte hin.

Daß sie sich dem Zwerg gegenüber zu barmherzig verhalten, macht wohl den wesentlichen Punkt des Märchens aus. Es ist völlig in Ordnung, hilfsbereit zu sein, wenn man beachtet, ob es die richtigen Personen oder das richtige Objekt trifft. Wenn man genau weiß, wem man solche Art christlicher Unschuld, Freundlichkeit und Nächstenliebe zukommen läßt, dann stimmt es. Wenn sie einhergeht mit der Fähigkeit zu Unterscheidung und Verstehen, dann ist nichts Unrechtes an ihr, aber sie muß mit einem gewissen Maß an Weisheit gepaart sein. Menschen mit einer mehr instinktiven Reaktion würden sagen, wenn sie das erste Mal auf den Zwerg hereingefallen sind: »Wenn er beim nächsten Mal in Schwierigkeiten gerät, laß ich ihn alleine darin sitzen!« Sie würden vorübergehen und sagen: »Grüß Gott, ich werde Ihren Bart nicht mehr abschneiden, um mich dafür anschreien zu lassen!« Aber diese beiden Mädchen lernen rein gar nichts. Sie sind stur in ihrem Festhalten an dem, was Mama sagt.

Was den Zwerg angeht – Zwerge sind Naturgeister, Impulse reiner Natur. In der vergleichbaren Mythologie sind sie teils gut, teils böse. Hier und bei »Rumpelstilzchen« haben wir einen bösen Zwerg. Im allgemeinen sind wohl 80 Prozent der Zwerge gut. Sie tun uns während der Nacht die Arbeit und schenken uns Schätze. Die Gestalt des Zwerges allein sagt also noch nichts aus, sie ist neutral. Aus der Tatsache, daß ihnen ein Zwerg begegnete, hätten die Mädchen noch nicht auf seine Natur schließen können. So einfach ist es nicht. Aber sie hätten ihn testen und ihre Schlüsse daraus ziehen können.

Was nun den Bären angeht, so erkannte die Mutter zwar, daß er nicht böse war und daß man ihn einlassen und gut zu ihm sein müsse, aber sie hatte sich ja auch nicht mit dem Zwerg verwikkelt. Wir wissen nicht, was sie dann gesagt hätte. Zu vage wirkt sie in der Geschichte, als daß wir herausfinden könnten, ob sie den Mädchen geraten hätte, sich von dem Zwerg fernzuhalten, oder ob sie ein starres Prinzip verfolgt hätte.

Am Anfang des Märchens findet sich noch eine andere interessante Szene: Über eine lange Zeit hinweg wurden sie von einem Schutzengel behütet. Es gibt einen weitverbreiteten Volksglauben, daß Kinder von einem besonderen Schutzengel behütet werden. Wenn ein Kind einen Topf heißen Wassers umwirft oder andere törichte Dinge anstellt, was bei Kindern ja vorkommt, und es dann heil davonkommt, sagen die Leute: »Es hatte einen guten Schutzengel!« In Bayern sagt man von Menschen, die immer Glücksvögel sind, sie hätten einen Schutzengel wie einen Hausknecht. Im Leben stimmt das manchmal. Man muß nur anschauen, was Kinder tun: sie nehmen eine Schere und stechen damit nach ihrem eigenen Auge, gehen die Treppe hinunter mit einem offenen Messer, greifen nach einem Topf voll heißen Wassers. Es ist ein Wunder, wie vergleichsweise wenige dabei zu Tode kommen, so daß man wirklich sagen kann, Kinder haben einen Schutzengel. Im allgemeinen hat das Schutzengelmotiv mit dem Unbewußten der Eltern zu tun. Wenn die Ehe der Eltern und die Athmosphäre zu Hause harmonisch sind und die unbewußte Atmosphäre voller Leben ist, dann läßt die unbewußte Vitalität des Kindes es irgendwie davonkommen. Ist die Ehe der Eltern aber disharmonisch und die häusliche Atmosphäre schlecht, dann können Vater und Mutter vom Morgen bis zum Abend gackern und Getue machen und zusätzlich eine Aufsichtsperson für das Kind einstellen, und das Kind wird es trotzdem fertigbringen, aus dem Fenster zu fallen und sich zu Tode stürzen.

Das beobachten wir mit unserer unangenehmen Fähigkeit, hinter die Dinge zu schauen; es ist für Kinder viel wichtiger, ein harmonisches häusliches Leben zu haben als jemanden, der ihnen hilft die Straße zu überqueren, und der sie den ganzen Tag beaufsichtigt. In jedem Kind gibt es einen enormen Drang nach Leben und eine große Verbundenheit mit dem Lebensinstinkt. Wenn die Basis gesund ist, wird dieser Lebensinstinkt das Kind retten. Andererseits: Wenn die Atmosphäre ungesund und krankhaft ist, wird das Kind unterminiert, und wenn ihm dann die üblichen Kinder-Unglücke zustoßen, werden sie es schlimm treffen.

Manchmal muß man natürlich solche Fehler begehen wie die Mädchen, um tiefer in eine Schwierigkeit zu geraten und erst dadurch herauszukommen. Es gibt Märchen, in denen solche Fehler begangen werden, wo deutlich wird, daß es ohne diese Fehler keinen guten Ausgang gegeben hätte. Aber hier könnte man sich vorstellen, daß sie den Zwerg eines Tages doch noch mit seinen Schätzen zum Freund gemacht hätten. Hier wird es zumindest nicht ausdrücklich gesagt wie in manchen anderen Märchen.

Ich bin sicher, daß die Mädchen, wenn der Bär sie gefragt hätte, ob er den Zwerg töten solle, gesagt hätten: »Oh, nein, der arme Zwerg! Töte ihn nicht! Gib ihm noch eine Chance!« Gott sei Dank fragte er sie nicht, sondern schlug ihn schweigend nieder. Danach gab es nichts mehr zu sagen. Das war gleichsam eine Handlung des Selbst. Die reine Natur nahm ihren Lauf in der stimmigen Weise, ohne menschliche Intervention. Es gab kein Planen, sondern die Dinge ereigneten sich einfach. Das führt nahe an eine gefährliche Borderline-Situation heran, denn sobald Ich-Reflexion einen solchen Stil erfordert, geht es schief. Darum muß man so etwas merken und sich dann abwenden und nicht nachdenken. Hier ist Reflexion zerstörerisch, weil es sich um ein ethisches Problem handelt, d. h. eine Gefühlserfahrung, bei der der Verstand nichts zu sagen hat. Daß ich über ein solches Problem spreche, ist ein anderes Paradox oder ein Widerspruch, aber wirklich darüber sprechen kann man gar nicht. Mit dem Verstand kann man das

nicht kommentieren oder nur, wenn das Fühlen in seinem eigenen Bereich anerkannt bleibt.
Diese Art von Zwerg ist eine Form des Animus, wie viele Frauen sie kennen. Frauen üben oft ihrem eigenen Animus gegenüber solche Art von Nächstenliebe. Es ist eine Schwäche der Ichpersönlichkeit, die nicht zu sich selbst sagen kann: »Das ist alles Unsinn, darauf höre ich nicht!« Statt dessen sagt man: »Oh, das ist vielleicht sehr wichtig, vielleicht sollte ich es niederschreiben und nächstes Mal meinem Analytiker erzählen«, und dann verwickelt man sich immer mehr in die Sache. Aus diesem Grund geht es einem bei Analysanden, die in solche Stimmung geraten, so, daß man nicht weiß, was man tun soll, denn wenn man näherkommt, werden Leine, Angelhaken und Bart einen ebenso verwickeln.
Bei Männern ist das anders. Bei Frauen gibt es noch diese argumentative Nuance: »Ja, aber...« Es spielt keine Rolle, *was* man ihnen sagt, immer kommt ein: »Ja, aber sagten Sie nicht letztes Mal...« Auf diese Weise wird man in die Angelschnur verwickelt. Auch Männer sagen: »Ja, aber...«, aber es ist eher eine depressive Stimmung, die sich erst sekundär so ausspricht.
Die Ungeduld des Zwerges entspricht typisch dem Animus! Ungeduld bei Männern dagegen ist im allgemeinen eine Schattenreaktion. Man sieht sie oft bei intuitiven Männern, die nicht warten können, bis die Dinge sich ereignen. In Verwicklungen geraten dagegen, ist bei den Männern animahaft, bei den Frauen animushaft. Dann sind sie nicht mehr fähig, sich daraus zu befreien. Man muß die Situation irgendwie umschalten, entweder tut man es selbst, so man kann, oder muß es einen anderen für sich tun lassen.
Auf einer anderen Stufe ist es das gleiche wie wenn ein Analysand in eine psychotische Episode gerät. Dann kann man, wie Jung sagt, das Kommen der Katastrophe manchmal unterbrechen, indem man die äußere Situation umschaltet, z. B. indem man den Analysanden plötzlich seinen Beruf wechseln läßt oder ihn aus der Analyse hinauswirft, ihn zu einem anderen Therapeu-

ten gehen läßt, usw. – in jedem Fall eine starke Umschaltung der Gesamtsituation, so daß er aus der Episode herauskommt. Das ist wie ein Stein, der den Berg hinunterzurollen beginnt. Wenn man die Bewegung nicht unterbricht, wird sie immer schlimmer, wie eine Lawine, kann man es am Anfang anhalten, dann läßt sich eine zerstörerische Emotion verhindern. Dasselbe trifft auch auf Nicht-Psychotiker zu bzw. auf jene, die zu animus- oder animabesessen sind.

Ich kenne eine Familie mit verschiedenen Brüdern und einer Schwester, die – wie alle Frauen – dem Animus zu viel Raum gab. Die Brüder hatten keine Ahnung von Psychologie, erkannten aber vom Gefühl her, was da los war, und immer wenn ihre Schwester animushaft reagierte, sagten sie: »Ach komm, laß es sein!« Es wurde zur Familiengewohnheit, ihr das zu sagen. Ohne Jungsche Psychologie hatten sie erkannt: Wenn Frauen in einer bestimmten Weise zu argumentieren beginnen, muß man das Rad des Wagens völlig wenden und in eine andere Richtung fahren. Dann auch zu argumentieren oder darauf einzusteigen, ist für die Frau selbst wie für die anderen eine hoffnungslose Sache, denn dann muß sie weiterargumentieren. Man kann nur eines tun: sie unterbrechen, was eine gewisse Ichstärke und instinktive Reaktion erfordert. Das also tut der »heiße« Zorn des Bären.

Auf einer wesentlicheren Ebene finden wir das Problem der Nächstenliebe in einem skandinavischen Märchen mit dem Titel: »Von dem Riesen, der sein Herz nicht bei sich hatte.« Dies ist zugleich ein Beispiel für das »kalte« Böse, das noch viel schlimmer ist als der Zwerg.

Von dem Riesen, der sein Herz nicht bei sich hatte

Es war einmal ein König, der hatte sieben Söhne, und die liebte er so sehr, daß er sie niemals alle auf einmal entbehren konnte, einer mußte immer bei ihm bleiben. Als sie erwachsen waren, sollten sechs von ihnen ausziehen und sich Frauen suchen; den jüngsten wollte der Vater zu Hause behalten, und für ihn sollten die anderen eine Braut mitbringen. Der König gab den sechsen die schönsten Kleider, die weithin glänzten, und jeder bekam ein Pferd, das viele hundert Taler gekostet hatte, und so zogen sie davon. Als sie nun an vielen Königshöfen gewesen waren und viele Prinzessinnen gesehen hatten, kamen sie schließlich zu einem König, der sechs Töchter hatte. Solche schöne Königstöchter hatten sie noch nicht gesehen, und so warb jeder um eine von ihnen und vergaß ganz und gar, daß sie für den Jüngsten, der daheimgeblieben war, auch eine Prinzessin mitbringen sollten – so verliebt waren sie in ihre Bräute.

Als sie schon ein schönes Stück des Heimwegs zurückgelegt hatten, kamen sie dicht an einer steilen Felswand vorbei, wo die Riesen hausten. Da kam einer der Riesen heraus, und nur indem er sie ansah, verwandelte er sie alle in Stein, Prinzen und Prinzessinnen. Der König wartete und wartete auf die sechs Söhne, aber sie kamen nicht. Da wurde er sehr traurig. »Wenn ich dich nicht hätte«, sagte er zum Jüngsten, »so bliebe ich nicht am Leben, so traurig bin ich, daß ich deine Brüder verloren habe.« Der jüngste Sohn aber sagte, er hätte schon den Vater um Erlaubnis bitten wollen, auszuziehen, um die Brüder wiederzufinden. »Nein, das erlaube ich dir auf keinen Fall«, sagte der Vater, »sonst gehst du mir auch noch verloren.« Aber der Junge wollte durchaus fort und bat so lange, bis der König ihn schließlich ziehen lassen mußte. Nun hatte der König aber nur mehr ein altes elendes Pferd für ihn; aber darum kümmerte sich der jüngste Sohn nicht. Er bestieg das alte schäbige Pferd und sagte zum König: »Lebewohl, Vater! Ich werde gewiß wiederkommen, und vielleicht bringe ich dann auch meine sechs Brüder mit.«

Als er nun ein Stück weit geritten war, traf er einen Raben, der sich nicht bewegen konnte. Er konnte nur mehr mit den Flügeln schlagen, so verhungert war er. Er bat um etwas zu essen, und der Königssohn sagte, daß er zwar auch nicht viel habe, aber dem Raben sicher ein bißchen geben könne, und er gab ihm von seinem Mundvorrat. Als er wieder ein Stück weit geritten war, kam er an einen Bach, da lag ein großer Lachs, der aufs Trockene gekommen war und zappelte und konnte nicht mehr ins Wasser zurück. Der Königssohn schob den Fisch wieder ins Wasser. Beide, Rabe und Lachs, hatten versprochen, ihm dafür in seiner größten Not zu helfen, und beiden hatte er geantwortet, er könne sich nicht vorstellen, daß ihre Hilfe groß sein könne. Nun ritt er ein langes Stück weiter. Da begegnete er einem Wolf, der war so verhungert, daß er mitten auf der Straße lag und sich vor Hunger krümmte. »Lieber Freund, laß mich dein Pferd fressen«, sagte der Wolf, »ich habe solchen Hunger, weil ich seit zwei Jahren nichts mehr zu essen bekommen habe.« Der Prinz antwortete, das könne er nicht. Zuerst habe er einen Raben getroffen, dem er seinen Mundvorrat geben, dann einen Lachs, dem er wieder ins Wasser helfen mußte: »und nun willst du mein Pferd haben«. Da meinte der Wolf: »Ja, lieber Freund, du mußt mir helfen. Dafür kannst du auf mir reiten, und ich werde dir wieder helfen in deiner größten Not.« Der Prinz sagte darauf, er glaube nicht, daß der Wolf ihm viel helfen könne, aber das Pferd dürfe er fressen, weil er so elend sei. Als nun der Wolf das Pferd aufgefressen hatte, nahm der Prinz den Zaum und legte ihn dem Wolf an, der vom Fressen so stark geworden war, daß er in größter Schnelligkeit mit dem Königssohn davontrabte.

Der Wolf sagte, daß er ihm den Hof der Riesen zeigen werde. Er brachte ihn dahin und zeigte ihm seine sechs Bruder und ihre Bräute, die alle zu Stein geworden waren, und die Tür, durch die der Königssohn hineingehen sollte. Aber der Prinz sagte, er wage es nicht, der Riese würde ihn umbringen. »Ach nein«, gab der Wolf zur Antwort, »wenn du hineinkommst, findest du eine Prinzessin, die sagt dir schon, wie du es anfangen sollst, den Riesen zu töten. Tu nur, was sie dir sagt.« Der Prinz ging hinein, aber er fürchtete sich. Als er ins Haus kam, war der Riese nicht da; aber in der einen Kammer saß eine Prinzessin, wie der Wolf gesagt hatte. »Ach, Gott helfe dir, wie bist du hierhergekommen?« rief die Königstochter, als sie ihn erblickte. »Das ist dein sicherer Tod; den Riesen, der hier haust, kann niemand töten, weil er sein Herz nicht bei sich hat.« – »Ja, aber da ich nun doch einmal hier bin, will ich doch versuchen, meine Brüder, die als Steine da draußen stehen, zu befreien.« »Dann müssen wir also sehen, was sich tun läßt«, sagte die Prinzessin darauf. »Nun mußt du hier unter das Bett kriechen und scharf aufpassen, was ich mit dem Riesen spreche. Aber du mußt ganz still liegen.« Der Prinz schlüpfte unter das Bett, und kaum war er unten, so kam schon der Riese nach Hause. »Hu, hier riechts nach Christenfleisch!« schrie er. »Ja«, sagte die Prinzessin, »es ist eine Elster vorbeigeflogen mit einem Menschenknochen, und hat ihn durch den Schornstein hinunterfallen lassen, daher der Geruch.« Als es Abend wurde, gingen sie zu Bett, und als sie eine Weile lagen, sagte die Königstochter: »Es gibt ein Ding, danach möchte ich dich schon lange gern fragen, wenn ich es nur wagte.« – »Was ist das für ein Ding?« fragte der Riese darauf. »Ich möchte wissen, wo du dein Herz hast, da du es nicht bei dir trägst?« sagte die Prinzessin. »Ach, danach brauchst du doch nicht zu fragen; übrigens liegt es unter der Türschwelle«, gab der Riese zur Antwort. »Aha, da werden wirs schon finden«, dachte der Prinz unter dem Bett.

Am folgenden Morgen ging der Riese sehr früh weg, und kaum war er fort, machten sich der Prinz und die Königstochter daran, unter der Schwelle nach seinem Herzen zu suchen; aber so viel sie auch graben und suchen mochten – sie fanden nichts. »Diesmal hat er uns zum Narren gehabt!« sagte die Prinzessin, »wir müssen es eben noch einmal versuchen.« Und sie pflückte die schönsten Blumen, die sie finden konnte, und streute sie auf die Türschwelle.

Als der Riese heimkam war es wieder dasselbe: er roch Menschenfleisch, und die Königstochter erzählte als Ausrede die Geschichte mit dem Vogel. Aber nach einer Weile fragte er, wer denn Blumen auf die Türschwelle gestreut hätte. »Ach, das war ich«, sagte die Prinzessin. »Ich habe dich so gern, daß ich das tun mußte, weil ich weiß, daß dein Herz dort liegt.« – »Ja so«, meinte der Riese, »aber es liegt gar nicht dort.«

Als sie sich am Abend ins Bett gelegt hatten, fragte die Prinzessin den Riesen wieder, wo sein Herz sei, denn sie habe ihn so gern, sagte sie, daß sie es durchaus wissen wolle. »Ach, es liegt im Schrank, dort an der Wand«, sagte der Riese. Die zwei machten sich wieder auf die Suche, konnten das Herz nicht finden und verzierten den Schrank wieder mit Blumen und Kränzen. Ein drittes Mal sagte der Riese, daß er Menchenfleisch rieche, und die Prinzessin erklärte das wieder mit dem Vogel und sagte auch, warum sie den Schrank geschmückt hatte. »Bist du wirklich so dumm und glaubst das?« rief der Riese. »Da, wo mein Herz liegt, kommst du niemals hin. Weit, weit fort in einem Wasser liegt eine Insel«, sagte er, »und auf der Insel steht eine Kirche, in der Kirche ist ein Brunnen, in dem Brunnen schwimmt eine Ente, in der Ente ist ein Ei, und in dem Ei – da ist mein Herz!«

Früh am Morgen, als es noch nicht hell war, ging der Riese wieder in den Wald. Der Prinz nahm Abschied von der Prinzessin und ging zum Wolf. Er erzählte ihm, daß er das Herz suchen wolle. Der Wolf ließ ihn aufsitzen. Als sie an das Wasser kamen, schwamm der Wolf mit dem Prinzen auf dem Rücken hinüber nach der Insel. Sie kamen nun zu der Kirche. Aber der Kirchenschlüssel hing hoch oben am Turm, und sie konnten ihn nicht herunterbekommen. Sie riefen nach dem Raben, der holte den Schlüssel, und sie gingen in die Kirche, wo sie den Brunnen fanden, auf dem die Ente schwamm, wie der Riese gesagt hatte. Sie lockten die Ente und bekamen sie zu fassen. Aber in dem Augenblick, wo der Prinz zugriff und die Ente aus dem Wasser hob, ließ sie das Ei in den Brunnen fallen, und nun wußte der Prinz nicht, wie er es herausholen sollte. Der Wolf sagte, er müsse den Lachs rufen. Das tat der Königssohn auch, und gleich kam der Lachs und holte das Ei vom Grund des Brunnens herauf. Nun sagte der Wolf, er solle ein bißchen auf das Ei drücken. Und als der Prinz drückte, schrie der Riese. »Drück noch einmal!« sagte der Wolf, und als der Prinz das tat, schrie der Riese noch viel jämmerlicher und flehte um sein Leben. Er wolle alles tun, was der Königssohn verlange, sagte er, nur möge er ihm nicht das Herz zerdrücken. »Sag, er solle deine sechs Brüder, die er zu Stein gemacht hat, wieder in Menschen verwandeln und ihre Bräute auch, dann wolltest du ihm das Leben schenken«, sagte der Wolf, und der Prinz tat dies. Der Troll (offensichtlich identisch mit dem Riesen) verwandelte die sechs Brüder wieder in Königssöhne und ihre Bräute in Königstöchter. »Zerdrücke jetzt das Ei!« sagte der Wolf. Da drückte der Prinz das Ei in Stücke, und der Riese zersprang.

Nachdem der jüngste Königssohn so dem Riesen den Garaus gemacht hatte, ritten alle sieben Brüder mit ihren Bräuten nach Hause. Da war die Freude bei dem alten König groß, als alle seine sieben Söhne heimkehrten, jeder mit seiner Braut. »Aber die schönste von allen ist doch des Jüngsten Braut, und er soll mit ihr zuoberst am Tisch sitzen«, sagte der König. Da wurde tagelang ein großes Fest gefeiert, und wenn sie nicht fertig sind, so feiern sie heute noch.

12 Die Suche nach dem geheimen Herzen

Es ist stets nützlich, die in einem Märchen auftauchenden Personen zu zählen. Hier haben wir den König und sieben Söhne, d. h. acht Männer, aber keine einzige Frau. Da die Königin nie erwähnt wird, müssen wir annehmen, daß sie nicht mehr lebt.
Ohne ins Detail zu gehen, möchte ich darauf hinweisen, daß in Jungscher Terminologie die Acht das Doppelte der vier Eckpunkte der inneren Ganzheit meint, einer psychischen Vollständigkeit. Wir haben also zu Beginn ein Symbol der Ganzheit, wobei jedoch die weibliche Entsprechung fehlt. Praktisch würde das heißen, daß diese acht Menschen eine Lebenseinstellung, vielleicht eine vorherrschende religiöse Haltung ausdrücken, die das Symbol der Ganzheit verwirklicht, aber nur in bezug auf den Logosaspekt. Das Weibliche, der Eros- oder Anima-Aspekt fehlt. Es ist dann ein Ganzheitssymbol, das zu verstandesmäßig ist, nur im Bereich der Vernunft angesiedelt und von männlicher Aktivität, ein Symbol des Selbst, das dem psychischen pattern des Selbst bei Männern, nicht bei Frauen, entsprechen würde. So besteht eine große Mangelsituation.
Da der Riese der Feind ist und da am Ende der Geschichte eine Kirche erwähnt wird, müssen wir annehmen, daß dieses Märchen nicht älter ist als die Christianisierung Norwegens, d. h. im 2. Jahrtausend des Christentums. Vorher hatten die Skandinavischen Länder eine eher männliche Religion, beherrscht von einer patriarchalen Sozialordnung, auch als sie christianisiert wurden, übernahmen sie eine rein patriarchal geistig-religiöse Einstellung. Das weibliche Element verblieb in unentwickeltem primitivem Zustand.
Sechs Söhne zogen aus auf die Suche nach dem weiblichen Element, den jüngsten läßt der König nicht ziehen, sondern überredet ihn, zu Hause zu bleiben. Doch auf dem Heimweg

kommen die sechs Söhne mit ihren Bräuten an einem steilen Felsen vorbei, wo die Riesen hausen, von denen einer herauskommt und sie versteinert. Was meint die Symbolik des Riesen? Zunächst stellt er das übriggebliebene heidnische Element dar, das unterdrückt worden war und sich daher in den Felsen festgesetzt hatte. In der germanischen Mythologie sind Riesen besonders durch ihre enorme Kraft und meist eine hervorstechende Dummheit gekennzeichnet. Es gibt eine Anzahl von Geschichten, in denen Riesen von kleinen oder schwachen Menschen zum Narren gehalten werden, weil ihren Körpern zuviel und ihren Gehirnen zu wenig Kraft zugekommen ist. In der älteren, vorchristlichen nordischen Mythologie sind Riesen auch sehr klug, sie wurden also hauptsächlich verdummt als Inhalte, die seit der Christianisierung unterdrückt wurden. Meist sind Riesen verantwortlich fürs Wetter. Sie machen Nebel, und oft sagt man ihnen auch nach, daß Donner daher rührt, daß sie in den himmlischen Regionen ihre Kegel stoßen. Es gibt Donner-Riesen, Blitz-Riesen und Riesen, die für Erdbeben und Felsstürze verantwortlich sind. Wenn Riesinnen ihren großen Waschtag haben, dann ist das ganze Land in Nebel eingehüllt. Aus diesen Assoziationen läßt sich leicht erkennen, daß Riesen die rohe, ungezähmte Naturkraft symbolisieren, eine psychologische Dynamik hauptsächlich emotionalen Charakters, die stärker ist als der Mensch. Wir könnten sie also mit überwältigenden emotionalen Impulsen vergleichen, die die Menschlichkeit des Menschen überrollen.

Die Verbindung von Riesen mit Emotion und Affekt ist praktisch sichtbar in der Tatsache, daß jemand immer dann, wenn er emotional wird, zu übertreiben beginnt: wir machen dann »aus einer Mücke einen Elefanten«. Eine kleine Bemerkung eines anderen, ein kleines Detail wird eine riesige Tragödie, sobald wir von unserer Emotion überrannt werden. Die Emotion selbst ist jenes Mächtige, das alle Dinge in unserer Umgebung vergrößert. In den Apokryphen des Alten Testaments, im Buch Henoch, finden sich Geschichten von Riesen, die menschliche Frauen begehrten, mit ihnen schliefen und so eine Generation ver Halb-Riesen hervorbrachten, die alles auf der E ten. Jung interpretierte dies in einem seiner Kommentare als eine überstürzte Invasion durch Inhalte des Unbewußten in den Bereich des kollektiven Bewußtseins.

In der germanischen Mythologie sind Riesen die Zwischenfiguren zwischen Göttern und Menschen. In vielen Schöpfungsmythen der ganzen Welt wurden Riesen vor den Menschen geschaffen und waren ein verunglückter, nicht erfolgreicher Versuch der Götter, menschliche Wesen zu erschaffen. Dann kam die Erschaffung des Menschen, die zumindest dem Anschein nach eine etwas erfolgreichere Erfindung war.

In bestimmten Versionen der nordischen Mythologie gab es die Riesen sogar vor den Göttern. Sie waren die ältesten Wesen in der Natur. Es gibt in jener Mythologie Eis- und Feuerriesen. Auch hier ist der Riese mit Symbolen der Emotion assoziiert, einerseits mit dem Feuer, einem Symbol der Emotionalität, andererseits mit dem Eis, der Gegenseite, die damit identisch ist. Nur Menschen, die enorm überemotional sind, können ebenso schrecklich eiskalt sein. Eis charakterisiert den Höhepunkt eines emotionalen Zustands, wo es umschlägt in Kälte oder Starre. Wir haben wahrscheinlich alle schon erfahren, daß man in einen Zustand heißer Wut geraten kann. Wenn man das intensiviert, fühlt man plötzlich nichts mehr, die Emotion läßt nach. Man wird absolut eiskalt vor Zorn, erfroren und starr. Anstelle der heißen emotionalen Reaktion wird man in seiner Wut versteinert, in seinem Schock oder welcher ursprünglichen Reaktion auch immer. Man bekommt buchstäblich kalte Hände und schüttelt sich, weil sich die Blutgefäße zusammenziehen, und man ist kalt, statt ein heißes rotes Herz zu haben und Gefühle einer feurigen Emotion. Eis ist eine weitere Stufe, wenn die Emotionalität ins Extrem fällt. Von daher stimmt es, daß die Riesen der Mythologie die Beherrscher von Eis und Feuer sind, da beide Zustände unmenschlich sind und völlig aus dem Gleichgewicht.

In der griechischen Mythologie würde die gleiche Rolle den Titanen zufallen, den Kindern der Erde, die diese Zwischenstellung zwischen Göttern und Menschen innehaben. In der Mythologie des Mittelmeerraumes zeichnen sie verantwortlich für Erdbeben. Einer befindet sich gebunden unter dem Ätna in Sizilien. Ab und an dreht er sich etwas um, und dann findet wieder ein Vulkanausbruch statt. Auch hier haben wir die Verbindung mit der ungezähmten emotionalen Natur, denn ein Vulkanausbruch ist ein wohlbekanntes Symbol für einen emotionalen Ausbruch. Wenn wir die Stellung der Riesen zwischen Göttern und Menschen betrachten, so sehen wir die Göttergestalten als Symbole oder archetypische Bilder. Das bedeutet, daß sie Erscheinungsweisen der Archetypen sind, die die Grundstruktur unseres Unbewußten und vermutlich des gesamten Universums darstellen. In unserer Seele gibt es Kerne mit enormer dynamischer Ladung, die aber, solange sie sich als archetypische Bilder kundtun, eine gewisse Ordnung besitzen. Jeder Gott hat innerhalb der Mythologie seine Funktion. Er beherrscht eine bestimmte Lebensdomäne, er fordert von den Menschen bestimmte Verhaltensregeln, Opfer usw. Man kann also sagen, daß jedes archetypisches Bild auch eine bestimmte Ordnung hat, die es dem Menschenwesen überträgt. In einer polytheistischen Religion können die Götter miteinander kämpfen, und dann kollidieren die verschiedenen Ordnungen miteinander, aber zumindest hat jeder Archetyp einen bestimmten Aspekt der Ordnung.

Wenn sich ein archetypischer Inhalt dem menschlichen Bewußtsein nähert, kann es geschehen, daß nur die emotionale Ladung erfahren, der Ordnungsaspekt aber nicht wahrgenommen wird. Das wäre dann der Riese statt des Gottes. Man leidet unter dem Einbrechen eines überwältigenden emotionalen Affekts, verursacht durch die Ladung archetypischen Inhalts, ohne dessen ordnenden und bedeutungsvollen Aspekt sehen zu können. Daher sind die Riesen zwischen den Göttern und Menschen im allgemeinen zerstörerisch. Ihre Dummheit wird leicht verständlich, wenn wir sie aus diesem Blickwinkel anschauen, denn jeder wird automatisch dumm, sobald er einem Affekt anheimfällt. Wahrscheinlich haben Sie schon selbst erfahren, wie das ist, von einem Affekt fortgerissen zu werden und die idiotischst[en Dinge] zu tun, die man bei ruhiger und kühler Überlegu[ng]

Da sie reine emotionale Energie sind, können Riesen allerdings auch nützlich sein, denn wenn sie von menschlicher Intelligenz gelenkt werden, können sie die größten Taten vollbringen. Es gibt in ganz Europa unzählige mittelalterliche Legenden, in denen irgendein Heiliger einen großen Riesen dazu bringt, ihm zu Diensten zu sein. Dann bauen die Riesen die schönsten Kirchen und Kapellen für ihn. Sobald ein Riese der menschlichen Intelligenz unterworfen oder in eine geistige Ordnung eingefügt ist, schenkt er uns einen enormen Betrag an machtvoller und hilfreicher psychischer Energie.

Als Jung sein Buch über die »Psychologischen Typen« zu schreiben begann, korrespondierte er mit einem Freund über seine Probleme und sammelte den enormen Reichtum an historischem Material, der in diesem Buch zusammengetragen ist, und dann wollte er anfangen zu schreiben, da er merkte, er müsse jetzt über die Stufe der reinen Materialsammlung hinausgehen. Er wollte jedoch in einer klaren, logisch genauen Form schreiben und dachte an etwas wie den »Discours de la Méthode« von Descartes, aber es gelang ihm nicht, denn mit einem so feinen geistigen Instrument ließ sich der riesige Reichtum an Material nicht erfassen. Als er diesen Punkt seiner Schwierigkeiten erreichte, hatte er einen Traum, in dem ein riesiges Schiff vor dem Hafen lag, beladen mit wunderbaren Gütern für die Menschen, das in den Hafen gezogen und dessen Güter unter die Leute verteilt werden sollten. An das Riesenschiff war ein sehr elegantes, weißes arabisches Pferd angeschirrt, ein wunderschönes, feines, überempfindliches Tier, das dafür bestimmt war, das Schiff in den Hafen zu ziehen. Aber das Pferd war absolut unfähig dazu. In diesem Augenblick kam ein enormer, rothaariger, rotbärtiger Riese durch die Menschenmenge, stieß jeden beiseite, nahm eine Axt, tötete das weiße Pferd, nahm dann das Seil und zog mit einem Ruck das ganze Schiff in den Hafen. Da wurde Jung klar, daß er mit dem emotionalen Feuer, das er bei der ganzen Angelegenheit empfand, schreiben mußte und nicht mit diesem eleganten weißen Pferd. Dann wurde er von einem enormen Arbeitsimpuls oder einer Emotion getrieben, und er schrieb, indem er jeden Morgen um drei Uhr aufstand, das ganze Buch praktisch in einem Streich.

Hier wird deutlich, daß der Riese, wenn er kooperativ und nicht autonom ist, diese enorme Energie verkörpert, die einen Menschen fähig machen kann, gleichsam übernatürliche Dinge zu tun, etwas zu erreichen, wozu man in normalem Zustand nicht den Mut hätte. Man könnte sagen, daß ein gewisser Betrag an ekstatischer Emotion und Inflation, eine Art heroischer Enthusiasmus notwendig ist, um etwas zu erreichen, und das wäre der Riese in Zusammenarbeit mit dem menschlichen Bewußtsein. Aber wenn man ihn außer Kontrolle läßt, tut er all die oben genannten unheilvollen Dinge.

In unserem Märchen trat der Riese aus den Felsen und ohne weitere Umstände – man hat das Gefühl: aus reiner Bosheit – versteinert er die sechs Prinzen und ihre Bräute. Versteinerung ist noch ein Schritt weiter als die Stufe des Eises. Wenn die Emotion zu groß wird, wird man kalt, und geht man noch ein wenig weiter, dann ist man versteinert. Das entspricht der Katatonie im psychiatrischen Sinn. Man könnte einen katatonen Patienten als von unbewußten Emotionen versteinert ansehen. Wenn er aus ihnen herauskommt, ist die erste Stufe Kälte, und dann folgt ein schrecklicher emotionaler Ausbruch. Um diesen tragischen Zustand zurückzudrehen, muß man durch alle Stufen hin bis zur Versteinerung hindurchgehen. In der griechischen Mythologie ist es die Gorgonische Medusa, deren mit Schlangen bedecktes Haupt und Gesicht so schrecklich anzusehen ist, daß sie den Helden, der sie anschaut, versteinern kann. Perseus muß sie töten, wobei er sie nicht direkt anschaut, sondern durch einen Spiegel. Er muß das Element einer objektiven Reflexion zwischen sich und den emotionalen Schock stellen, den er bei ihrem direkten Anblick erhalten würde. Diese Weisheit kennen unsere Prinzen nicht. Sie schauen den Riesen direkt an und werden versteinert.

Man könnte nun sagen, daß sie ja die Braut für den Jüngsten vergessen hatten. Zwar zeugt das von großem, naivem Egoismus, scheint aber nicht ein so böser Streich zu sein, als daß sie dafür versteinert würden. Vielmehr paßt ihr Egoismus zu der Art, wie sie dann – aus mangelnder Reflexion oder Bedachtsamkeit – in die Falle des Riesen tappen.

Als der jüngste Bruder sich aufmachen möchte, um seine Brüder zu suchen, gibt es nur noch ein schäbiges, elendes Pferd, aber er macht sich dennoch mit ihm auf den Weg, und das hat einen bedeutungsvollen Zusammenhang. Man bedauert weniger, daß der Wolf es frißt, gegen den er es austauscht. Ins Psychologische übersetzt sagt uns das, daß der König als herrschender Inhalt des kollektiven Bewußtseins nicht mehr viel instinktive Energie besitzt. Er hat seine Frau vermutlich vor langer Zeit verloren, seine sechs Söhne und Pferde sind tot. Es entsteht eine zunehmende Verarmung am Königshof, was selbstverständlich die Position der unbewußten Mächte auflädt.

Der jüngste Sohn reitet daher in einem bedrückten Gemütszustand weg, ohne auch nur im geringsten zu ahnen, daß er auf dem Weg ist, eine große Tat zu vollbringen und seine Aufgabe wie ein großer Held zu erledigen. Von Anfang an bestand die Not in der Überbetonung des männlichen Prinzips, und daher wäre es falsch, gleich als Held daherzukommen, denn das läge wiederum auf der Linie des herrschenden Prinzips und würde abermals Männlichkeit gegenüber Instinkt, Liebe und dem weiblichen Prinzip hervorheben. Der Jüngste hat also größere Chancen mit einem so schäbigen Pferd, das ihn der Möglichkeit einer männlich-heroischen Verhaltensweise beraubt. Dann trifft er den Raben, der am Verhungern ist und gibt ihm von seiner kärglichen Nahrung ab.

In der nordischen Mythologie sind die beiden Raben Wotans, Hugin und Munin, bekannt, die auf Wotans rechter und linker Schulter sitzen und ihm alles berichten, was im Universum vor sich geht. Wir könnten sagen, daß sie seine außersinnliche Wahrnehmung darstellen, sein absolutes Wissen. Raben scheinen zu wissen, wenn es Leichen gibt, von denen sie sich ernähren können. Früher begleiteten sie immer Armeen und hofften auf Futter. Als Boten Wotans zeigte die Richtung ihres Fluges Sieg oder Niederlage an. Sie überbrachten nicht nur dem Gott, was

sich auf Erden ereignete. Wenn jemand Zeichen lesen, Augur sein konnte, vermochte er aus dem Verhalten der Raben die Absichten des Gottes zu erkennen.
In der christlichen Mythologie spielt der Rabe eine zweideutige Rolle. Als Noah nach der Flut in der Arche dahintrieb, sandte er zuerst einen Raben aus, um herauszufinden, ob wieder Land erscheine, aber der Rabe war so eifrig damit beschäftigt, all die Leichen zu fressen, daß er den Rückflug vergaß. Die Taube, die Noah dann schickte, brachte ihm einen Ölzweig, so daß Noah wußte, daß wieder Land in Sicht war. Von daher sahen die Kirchenväter des Mittelalters den Raben als Repräsentanten des Teufels und des bösen Prinzips an, die Taube dagegen als Symbol des Heiligen Geistes und des guten Prinzips in der Gottheit. Andererseits wurde der hl. Johannes auf Patmos von einem Raben ernährt, der vom Himmel kam, ihm übernatürliches Brot brachte und ihn in seiner Einsiedelei fütterte. Für die Kirchenväter war es schwierig, diese beiden Aspekte zu vereinigen, aber schließlich sagten sie, der Rabe symbolisiere die tiefen, dunklen und unsichtbaren Gedanken über Gott, jene »inoffiziellen« Gedanken des hl. Johannes über Gott in der Apokalypse. Auch Elias wurde von einem Raben ernährt. Im Mittelalter wurde also der Rabe, wie es auch in manch anderen mythologischen Bereichen geschah, in einen dunklen und einen hellen Aspekt aufgespalten. Er ist beides: ein Symbol des Teufels wie auch einer dunklen, mystisch-geistigen Verbundenheit mit Gott. Erstaunlicherweise gehört der Rabe in der griechischen Mythologie zum Sonnengott Apoll, stellt aber dort auch wieder die dunkle Winterseite dieses Gottes dar.
Der Rabe ist auf diese Weise ein Bote der mehr unbewußten, dunkleren, weniger leuchtenden und mehr unsichtbaren Seite des großen Gottes. Melancholie, tiefe und böse Gedanken liegen sehr nah beieinander. Die Wirkung der Einsamkeit ist ebenso eine Vorbedingung für Besessenheit durch das Böse wie – bei außergewöhnlichen Menschen, die mit ihr umgehen können – für den Weg zu ihrem inneren Zentrum. Der Rabe könnte ebensogut zu Besessenheit durch das Böse wie zu wesentlichen inneren Erfah-

rungen führen, die immer die dunkle Seite des Sonnengottes sind, d. h. Gedanken, die zur gleichen Zeit im herrschenden kollektiven Bewußtsein nicht aktuell sind und von ihm als böse angesehen werden. Immer wenn jemand das Kollektiv verläßt, um allein in seine eigenen Tiefen hinabzusteigen, bringt er neue Inhalte ans Tageslicht, die die lichte, träge Haltung der herrschenden Bewußtseinseinstellung stören. Dann taucht die Frage auf, ob sie wirklich böse sind oder gerade die dunklen Realisationen bringen, die jetzt an der Reihe sind. Hier stellt der Rabe diese hilfreiche Seite der menschlichen Psyche dar, die jetzt völlig am Verhungern ist, mit anderen Worten: die vernachlässigte Seite, die der jüngste Sohn jetzt füttert.

Dann trifft er einen Lachs, der aufs trockene Land und in Verzweiflung geraten ist. Er trägt ihn ins Wasser zurück. In keltischer und nordischer Mythologie symbolisiert der Lachs etwas dem Raben Ähnliches, nämlich Weisheit und Kenntnis der Zukunft. In der keltlichen Mythologie gibt es einen Lachs in einem Brunnen, den die Helden befragen und von dem sie Auskunft erhalten über die andere Welt und das Jenseits. Aber der Lachs hat auch noch eine andere Qualität. Früher war er eine Hauptnahrung in diesen Ländern und stellt daher ein nährendes Element dar. Er gibt Vitalität und nicht nur dunkle Kunde von unbekannten Tatsachen des Hintergrunds der Psyche, sondern auch einen Zufluß an nährender Einsicht. Er zeigt ja auch ein erstaunliches Verhalten: Im Frühjahr schwimmt er flußaufwärts zu ganz bestimmten Paarungsorten, viele sterben unterwegs. Das ist gleichsam eine unglaublich heroische Leistung, die der Lachs in jedem Jahr vollbringt. Das gab Anlaß zu der Vorstellung, daß der Lachs, da er gegen den Strom schwimmen und vom Nützlichkeitsstandpunkt aus etwas Unvernünftiges tun kann, ein Symbol für »contra naturam«-Anstrengungen des Menschen gegen den Fluß der Natur ist. Er symbolisiert die heroische Anstrengung gegen die Neigung zur Faulheit und zum bequemeren Weg, die gewiß einen Lachs davon überzeugen würde, nie mehr bergauf zu schwimmen. Lachse versuchen das Gefälle eines Flusses zehn bis zwanzig Male zu überspringen. Sie sind dann völlig

erschöpft, schwimmen herum und versuchen es dann aufs neue. Es scheint ganz natürlich, daß sie uns die Vorstellung nahelegen: ein Mensch müsse, um Weisheit und eine Ebene höheren Bewußtseins zu erlangen, die gleiche Anstrengung machen.
Der Lachs hat diese wichtige Bedeutung, aber er besitzt ebenso einen erotischen Zug. Er macht sich ja so viel Mühe, um zu den Paarungsplätzen zu kommen. Er stellt also im Frühling Vitalität dar und das Liebesprinzip in der gleichen Form, eine Weisheit, die Liebe einschließt.
Unser Lachs muß ins Wasser zurückgestoßen werden. Sein Gestrandetsein ist typisch für den Zustand des ganzen Reiches, denn bevor der junge Prinz die Sache in die Hand nimmt, ging alles im Königreich daneben, sogar der Lachs der Weisheit verlor seinen Kontakt zum Wasser.
Verglichen mit dem Lachs, steht das nächste Tier dem Menschen näher. Der Wolf ist ein Warmblüter und ein naher Bruder für uns. Er ist hier so hungrig, daß er kaum gehen kann. Seit zwei Jahren bekam er nichts zu essen, und er bittet den Prinzen, ihn das Pferd fressen zu lassen. In der nordischen Mythologie ist der Wolf wie der Rabe eines von Wotans Tieren. Er ist ebenfalls ein Begleiter auf dem Schlachtfeld, denn damals folgten jeder Armee der Rabe in der Luft und Wölfe hinterher in den Wäldern. Sie stellten die dunkle Todesbedrohung dar, die damals die Armeen begleitete. Vielleicht rührt es von einer Verwandtschaft mit dem Hund her, der so anhänglich an Menschen ist, daß der Wolf nicht nur die Projektion eines dunklen bedrohlichen Tieres trägt, sondern ebenso oft von einer erstaunlichen natürlichen Intelligenz ist. In der griechischen Mythologie gehört auch der Wolf zum Sonnengott Apoll, dem Bewußtseinsprinzip. Das griechische Wort für Wolf ist »lykos«, das dem lateinischen »lux« verwandt ist, zu deutsch »Licht«. Vielleicht hat das mit seinen in der Dunkelheit leuchtenden Augen zu tun. Der wirkliche Wolf hat eine erstaunlich entwickelte Intelligenz. Vielleicht ist das der Grund dafür, daß er die Projektion auf sich zog, ein Licht der Natur zu sein.
In seinem negativen Aspekt ist der Wolf gefährlich zerstörerisch

und verkörpert das Prinzip des Bösen in höchster Form. In der alten germanischen Mythologie ist das Ende der Welt und aller Götter im Universum dann gekommen, wenn am Ende der Tage der Fenriswolf sich losmacht. Er wird dann Sonne und Mond verschlingen, und das wird der beginnende Untergang und das Ende der Welt sein. Da erscheint der Wolf als der Dämon äußerster Zerstörung. Es gibt einen Ausspruch, daß der Wolf erscheint, sobald man von ihm spricht, genauso wie man das vom Teufel sagt. Um die Nennung seines Namens zu vermeiden, wurde er »Isegrimm« genannt, d. h. Eisen-Grimm, wobei Grimm der Zustand einer Wut oder eines Zornes ist, der sich in kalte Verbissenheit gewandelt hat. Etwas mit Ingrimm sagen, heißt: es mit kalter, harter Bestimmtheit sagen, die aus einer verborgenen Wut oder einem Affekt stammt. Wenn es angewandt wird in einem Augenblick, wo jemand eine gnadenlose Bestimmtheit braucht, die aus »heiligem« Zorn kommt, kann es auch positiv sein.

Der Wolf gehört auch zu den Tieren des Teufels und zu denen der Kriegsgötter. In Rom ist er z. B. dem Mars zugehörig, einem der Hauptgötter des römischen Kaiserreichs. Das hat bekanntlich damit zu tun, daß ein weiblicher Wolf Romulus und Remus großgezogen hat. Dieses Tier hat eine geheime Verwandtschaft nicht nur zur dunklen Seite des Kriegsgottes und des lichten Gottes, sondern auch zum weiblichen Prinzip. Bei »Rotkäppchen« z. B. verwandelt sich die Großmutter, die Große Mutter, in einen Wolf und droht Rotkäppchen aufzufressen, bevor der Jäger, auch ein Aspekt Wotans, kommt und sie tötet. Dort wird der Wolf zu einem Attribut einer dunklen weiblichen Gottheit und der dunklen Natur. In den Träumen moderner Frauen verkörpert er oft den Animus oder jene seltsame verschlingende Haltung, die animusbesessene Frauen haben können. In manchen mythologischen Kontexten verkörpert er nur einfach Hunger und Gier. Englisch sagt man: die Nahrung »wolfen«, wenn jemand mit leidenschaftlicher Gier ißt.

In Brehms Tierleben heißt es, daß der Wolf ebenso intelligent und schlau ist wie der Fuchs, aber dann hungrig wird und alles verliert. Daher überlistet in vielen Märchen der Fuchs den Wolf aufgrund von dessen Gier, denn das ist genau der Augenblick, in dem der Wolf seine kluge Überlegung verliert und man ihn packen kann. Gier oder Hunger bringen seine Niederlage herbei. Dies ist der Punkt, an dem er – aus unserer Sicht – von seiner Destruktivität überwältigt wird. Im Märchen »Der Wolf und die sieben Geißlein« ist er sehr gierig, und sie legen Steine in seinen Bauch und werfen ihn ins Wasser. Auch dort wird er aufgrund seiner Gier überlistet.

Im Menschen verkörpert der Wolf ein undifferenziertes Begehren, jeden und alles aufzufressen, alles zu haben, sichtbar bei manchen Neurosen, bei denen das Hauptproblem darin besteht, daß der Mensch aufgrund einer unglücklichen Kindheit infantil blieb. Solche autistischen Menschen entwickeln gleichsam einen hungrigen Wolf. Bei allem, was sie sehen, sagen sie: »Ich auch.« Wenn man freundlich zu ihnen ist, verlangen sie immer mehr. Jung nennt dies eine Getriebenheit, die sich nicht einfach mit Macht erklären läßt oder mit Sex. Sie ist noch primitiver. Es geht darum, alles und jedes zu haben. Gibt man solchen Leuten eine Stunde pro Woche, wollen sie zwei, gibt man ihnen zwei, wollen sie drei. Sie möchten einen in der Freizeit sehen, geht man darauf ein, möchten sie einen heiraten, würde man sie heiraten, wollten sie einen fressen usw. Sie sind völlig getrieben. Nicht *sie* wollen etwas, sondern *Es* will es. Ihr Es ist nie zufrieden, d. h. der Wolf bewirkt eine beständige grollende Unzufriedenheit in ihnen. Das steht als ein Symbol für bitteren, kalten, stetigen Groll über das, was es nie bekam. Es möchte wirklich die ganze Welt auffressen.

Wenn diese Gier bewältigt oder auf ihr eigentliches Ziel gerichtet wird, dann ist das *die* Sache, denn dann verwandelt sie sich in den Lichtaspekt des Wolfes. In unserem Märchen werden seine negativen Züge nicht entfaltet, vielleicht, weil die Aspekte von Gier und Verlust der Selbstkontrolle bereits im Riesen untergebracht sind. Der Wolf ist hier von Anfang an ein positives und hilfreiches Tier. Im Gegensatz zu seiner sonstigen Natur frißt er nur das Pferd. Dann ist er in der Lage, seine Gier zu bremsen, kann gesattelt und an die Zügel genommen werden, um dem jüngsten Sohn als Tragtier zu dienen. Nun ist der Träger ein ungestümer Wunsch geworden, der seine ihm eigenen Grenzen nicht überschreitet. Das schäbige Pferd gab keinen heroischen Elan, aber jetzt wird der Prinz von dem entschlossenen Wunsch getragen, sein Ziel zu erreichen, die Brüder und ihre Bräute zu erlösen. Der Wolf, im Besitz geheimen Naturwissens, bringt ihn schnurstracks zum Schloß des Riesen und sagt ihm einfach, er solle der Prinzessin gehorchen. Dann nimmt diese das gesamte Problem in die Hand. Der Prinz muß sich nur unter dem Bett verstecken.

Der Wolf bedeutet also Unersättlichkeit. Das erinnert an all jene mythologischen Versionen, die Kipling so unsterblich werden ließen mit seiner Mowgli-Geschichte, von dem Kind, das ausgesetzt und von Wölfen aufgezogen wurde, bis es später in die menschliche Gesellschaft zurückkehrte. Wenn ich mich recht erinnere, geschah vor Jahren eine solche Begebenheit tatsächlich in Indien, oder man vermutete es jedenfalls. Ein Junge lebte eine lange Zeit unter Wölfen. In der Realität sind solche Ereignisse nicht häufig, aber ich glaube, daß dieser Mythos Millionen von Kindern in einer symbolischen Weise geschieht. Kinder sind in ihrem Zuhause unglücklich und werden entmenschlicht, oder sie dürfen nicht menschlich sein, weil ihre Eltern ein unmenschliches Unbewußtes haben. Darum verfallen sie in die Rolle des »einsamen Wolfes«. Tausende von Kindern werden einsame Wölfe, indem sie unter Isolation, Gier und der Unfähigkeit zu menschlichem Kontakt leiden. Darum beeindrucken die wenigen Geschichten, wo es in der Realität geschieht, überall so stark. Und in der ganzen Welt gibt es Geschichten von Werwölfen, Menschen, die durch Hexerei über Nacht zu Wölfen werden und zerstörerische Tätigkeiten ausüben.

Schauen wir uns das Verhalten unseres Prinzen an, so ist er in einer seltsamen Doppelstellung. Der Wolf, der sich satteln und zügeln läßt und nicht die maßlose Gier wie in anderen Märchen besitzt, rät ihm, völlig passiv zu sein. Am Schluß der Erzählung wird der entscheidende Schritt zur Vernichtung des Riesen nicht vom Prinzen, sondern vom Wolf getan, der ihm rät, das Ei zu zerschmettern. Es gibt also eine seltsame Verdoppelung des Verhaltens: Der Prinz ist völlig passiv, versteckt sich unter dem Bett der Prinzessin und tut nichts anderes, als dem zu lauschen, was gesagt wird. Der Wolf führt die gesamte Handlung durch, und als am Schluß der Riese überwunden wird, tut es der Wolf. Der Prinz funktioniert als Instrument, er nimmt an der Geschichte teil, damit der Wolf den Riesen überwältigen kann.

Das Motiv, unter dem Bett der Prinzessin zu liegen und ein Liebesgespräch zu belauschen, wird sich in einer anderen Geschichte wiederholen, weshalb ich hier nur kurz etwas dazu sagen will. Der Platz unter dem Bett trägt die Projektion des persönlichen Unbewußten. Wenn Menschen nicht sehr sauber sind, schaue man unter ihre Betten und sehe die kleinen wollenen Staubwolken, die sich dort mit dem Nachttopf, alten Schuhen und mehr sammeln. Es ist der Ort, wohin man Dinge wegfegt, und das gibt einen idealen Aufhänger für das persönliche Unbewußte ab.

Im chinesischen Weisheitsbuch des I Ging, Hexagramm 23 »Zersplitterung« – dem Todesverfall, aus dem die Auferstehung stammt – kommt das Bild des unterminierten Bettes vor. Seine Füße geben nach, bis schließlich das ganze Bett zusammenbricht. So werden die Mächte des Bösen beschrieben, die nicht den Mut haben, offen gegen die Kräfte des Guten aufzutreten, sondern sie heimlich unterminieren, bis das Bett zusammenbricht. Auch dort ist »unter dem Bett« der verborgene Platz, wo unterdrückte Komplexe und Probleme leben, die allmählich die Bewußtseinslage und schließlich auch die Seelenruhe unterminieren. Aus diesem Grund stören ein schlechtes Gewissen, kummervolle Gedanken und unterdrückte Angelegenheiten wirklich den Schlaf. Sie alle sind böse Kräfte, die unterm Bett leben.

Hier ist der Prinz die geheime gefährliche Kraft, die unterm Bett verborgen ist, aber um den herrschenden Riesen zu unterminieren, übernimmt er die andere Rolle. Er versteckt sich und wird völlig passiv. Dabei lernt er allmählich, wie er den Riesen entmachten kann. Er kann ihn nur schwächen und überwältigen, indem er nicht offen gegen ihn kämpft, sondern zum Herz seines Wesens gelangt, von wo er all seine geheime Energie schöpft.

Genau das gleiche ist es, wenn jemand mit einem Menschen konfrontiert ist, der sich in einem überschwemmten emotionalen Zustand befindet. Es hat keinen Sinn, offen gegen die Emotionen des anderen zu kämpfen. Der Versuch, jemanden aus seinem Zorn herauszureden, jagt ihn nur höher in die Luft. Aber wenn man das geheime »Herz« dahinter erwischt, das Grundmotiv, das der Betreffende meist selber nicht kennt, dann kann man an etwas herankommen. Bei einem selbst ist es genauso. Wenn man übertrieben emotional auf etwas reagiert, geschieht das gewöhnlich, weil die unbewußte Vitalität und Energie nicht in die Richtung oder an den Ort fließen, wohin sie gehören.

Menschen mit einer kreativen Seite, die sie nicht leben, sind deshalb sehr unangenehme Klienten. Sie machen aus einer Mücke einen Elefanten, regen sich über unnötige Dinge auf, haben sich zu sehr in jemanden verliebt, der so vieler Aufmerksamkeit nicht wert ist usw. Es gibt in ihnen eine Ladung freier Energie, die nicht an das stimmige Objekt angebunden ist und deshalb dazu neigt, der falschen Situation eine übertriebene Dynamik zukommen zu lassen. Man kann sie fragen, warum sie so übertreiben, warum es so wichtig ist, aber die Überbetonung wird nicht bewußt gemacht. In dem Augenblick, wo solche Leute sich dem, was wirklich wichtig ist, hingeben, fließt die ganze Über-Ladung in die richtige Richtung und hört damit auf, Dinge aufzuheizen, die einer so emotionalen Aufmerksamkeit nicht wert sind. Unterdrückte Kreativität ist einer der häufigsten Gründe für eine solche Haltung, aber ebenso bewirkt die Verdrängung der religiösen Funktion in der Psyche eine Neigung zu solch einseitiger Übertreibung.

Die religiöse Funktion ist wahrscheinlich der stärkste Trieb in der menschlichen Psyche. Wenn sie nicht auf ihr natürliches Ziel gerichtet ist, lädt sie andere Lebensgebiete auf und verleiht ihnen eine unverdiente Emotionalität. Laurens van der Post zeigt in seiner »Reise nach Rußland«, daß diese religiöse Funktion, weil von einem herrschenden atheistischen System zum Verstummen gebracht, in der Übertreibung manchmal eine höchst lächerliche Form annimmt: in gewissen Regionen haben die Bauern die Elektrizität zu ihrem Gott gemacht und nennen ihren Sohn »Volt« und ihre Tochter »Elektra«. Sie sprechen von neuen Talsperren, Strömen oder Dynamos mit der gleichen Ehrfurcht, wie sie früher von religiösen Dingen gesprochen hätten.

Immer wenn ein Haupt-Energiestrom in der psychischen Entwicklung eines Menschen blockiert ist, kann man gleichnishaft sagen, daß das Wasser dann in Nebenarme fließt und sie auffüllt, oder es füllt, wenn es total blockiert ist, einen Sumpf in der menschlichen Psyche mit Schnaken und Moskitos an, da der Fluß nicht seinem richtigen Ziel zugeleitet wird. Aus diesem Grund muß die Prinzessin zur Überwindung der destruktiven Emotion herausfinden, wo der Riese sein Herz hat. Nach zwei mißlungenen Versuchen findet sie heraus, daß es »weit weg« über dem Meer ist, in dem sich eine Insel befindet, auf ihr eine Kirche, in dieser ein Brunnen, darin eine Ente, in ihr ein Ei, und in diesem Ei sei das Herz.

In manchen anderen Parallelen zu dieser Geschichte wird das Wort Herz durch »Tod« ersetzt. Das ist irgendwie das gleiche, denn wenn man das Ei in der Hand hat, hat man die Todesmöglichkeit des Riesen in der Hand, und vermutlich ist das die Verbindung. Das Herz trägt hier das Symbol der Fühlfunktion, als dem verwundbaren Punkt, der Achillesferse, durch die diese unverwundbare dämonische Gestalt zu treffen ist.

Und nun zu der aufregenden Sache, die mir unendlich zu schaffen gemacht hat: die Symbolik von Wasser, Insel, Kirche, Brunnen, Ente, Herz. Kenner der Jungschen Psychologie wissen, daß all diese Dinge *Symbole des Selbst* sind, eins im anderen. In der Mythologie trägt die weit entfernte Insel gewöhnlich die Projektion des verlorenen Paradieses. Der Garten der Hesperiden befindet sich auf einer weit entfernten Insel, und in der keltischen Mythologie gibt es alle Arten von solchen Märcheninseln. Im späten Mittelalter wurde die Insel von Thule mit den entfernten utopischen Inseln identifiziert als ein Ort, wohin sich die Götter,

Feen oder Meergötter zurückzögen. In der griechischen Mythologie zog sich Kronos, der von Zeus entthronte alte Gott, auf eine einsame nordische Insel zurück. Meistens existiert auf dieser noch ein vergangener Idealzustand. Das Goldene Zeitalter z. B. geht auf der Insel des Kronos weiter.

Im späten Mittelalter gab es eine Menge Seefahrergeschichten, in denen Matrosen in einem Sturm den Kurs verloren und auf eine fremde Insel verschlagen wurden, wo sich wunderbare magische Abenteuer ereigneten. Dort meint die Insel einfach das Symbol für einen weit entfernten Bereich des Unbewußten, der nicht mehr mit dem Bewußtsein in Verbindung steht. Das Wort »Isolation« rührt vom lateinischen »insula« her. In psychologischer Sprache meint eine Insel einen autonomen Komplex, der ein Eigenleben führt, der keine oder fast keine Beziehung zur übrigen bewußten Persönlichkeit besitzt. Es ist wörtlich ein isolierter Bereich, von dem der Mensch manchmal ein bestimmtes Maß an Wissen besitzt, aber aus einer Art »Schubladenpsychologie« heraus bindet er ihn nicht an oder weiß überhaupt nichts von ihm.

Ich erinnere mich an einen Mann mit einer schleichenden chronischen Schizophrenie. Er lebte im Gefängnis seiner Mutter, die ihm nicht erlaubte zu heiraten, bis er weit über vierzig war und unfähig, je Kontakt mit Frauen anzuknüpfen. Er konnte seine Büroarbeit tun, mußte aber unmittelbar danach nach Hause kommen. Er war unfähig, aus der Tyrannei dieser alten und völlig destruktiven Mutter herauszukommen. Er brachte mir schreckliche Träume, in denen deutlich wurde, daß er Selbstmord begehen oder jeden Moment eine schizophrene Episode haben könnte. Es gab darin Szenen, in denen er sich selbst in Stücken sah usw., aber immer wieder kam darin eine Insel mit verschwenderischer tropischer Vegetation vor. Frauen waren dort, aber von dieser Insel kam jedesmal eine Giftschlange, die ihn bedrohte. Ich vermutete geradeheraus, daß er wahrscheinlich mit üppigen Phantasien masturbiere und dort ein geheimes erotisches Leben unterhalte, im wahrsten Sinn des Wortes isoliert. Das war in einer Weise positiv. Es gab wenigstens einen gewissen Betrag an normalem Leben – er hatte keine andere Form sexuellen Lebens, bis er 45 war – andererseits war es negativ, weil er seinen Wunsch, von der Mutter wegzukommen, eliminierte, der sonst stärker gewesen wäre. Daher besaß dieses Paradies auch seine Giftschlange. Ich sagte seiner Analytikerin, dies sei die Bedeutung des Traumes, aber es brauchte ein ganzes Jahr, bis es aus ihm heraus war. Eines Tages träumte er, er sei wieder von einer Giftschlange dieser Insel gebissen worden und sei ernstlich krank. Er sah auf dem Fußboden ein Stück vom Kopf der Schlange und einen Teil ihres Rückens und sagte: »Das muß ich zum Arzt bringen, um ein Serum gegen den giftigen Biß zu bekommen.« Nach diesem Traum war er endlich bereit, über die tropische Insel zu sprechen, auf der er nachts lebte.

Hier läßt sich deutlich sehen, wie sehr die Insel ein abgespaltener psychischer Bereich ist. Hier war die normale Sexualität vom negativen Mutterkomplex isoliert worden. Der Träumer wußte davon, hatte sich aber vorgenommen, davon in der Analyse nie zu sprechen. Er hielt es streng getrennt vom Rest seiner Lebensprobleme. Die Insel ist also manchmal dem Ich bekannt, aber es befindet sich ein großes Wasser des Unbewußten zwischen ihr und dem bewußten Bereich. Manchmal ist sie unbekannt, d. h. daß es einen autonomen Komplex gibt, der irgendwie in einer Phantasieecke steht, aber das Bewußtsein weiß nicht genug davon, um darüber zu berichten.

In diesem abgespaltenen, weit entfernten und isolierten Bereich der Seele gibt es eine Kirche. Insel, Wasser, Kirche und Brunnen sind alle weiblich. Hier befinden sich also in *einem* Punkt all die weiblichen und Mutterprinzipien, die im Königreich fehlten, aber sie sind völlig isoliert und vom übrigen Leben abgeschnitten. Interessant ist, daß die Kirche sich in diesem abgespaltenen Bereich befinden soll. Sogar dieser Bereich christlicher Religiosität, die Kirche als weibliches Gefäß, worin Gottesdienst gehalten wird, ist auf diese Insel verbannt, die zusammen mit dem Brunnen ein System wäre, durch das man Verbindung zum Unbewußten aufnehmen kann. Der Brunnen könnte für einen ummauerten Ort stehen, an dem Wasser aus der Tiefe hochgeholt wird. Ein Brunnen in diesem Sinn stellt eine menschliche Konstruktion dar, die den Menschen dauernd und ohne Gefahr erlaubt, mit den Tiefen des Unbewußten Kontakt aufzunehmen. Wenn wir beide zusammen sehen: die Kirche, die den Brunnen enthält, zeigt das, daß das, was im Aspekt der Kirche unterdrückt wird, die lebendige Funktion der ursprünglichen Kirche ist.

In den ersten Jahrhunderten der Christianisierung nordischer Länder brachte die Kirche die Möglichkeit einer mystischen religiösen Erfahrung. In späteren Jahrhunderten wurde sie mehr und mehr zu einer sozialen Formalität. Wenn ich so unbefangen sein darf, könnte ich sagen, daß mein Eindruck von der christlichen Kirche in Skandinavien oft wie bei uns der einer völlig leblosen Angelegenheit ist, eines konventionellen sozialen Unsinns, die völlig die ursprüngliche Funktion eines Vermittlers zwischen dem Bewußtsein und den inneren Tiefen der Seele verloren hat.

Im Bereich des Riesen würde das bedeuten: Als die nordischen Völker bekehrt wurden, war es für sie anfangs – soweit sie nicht von militärischen Unternehmungen dazu gezwungen wurden – eine echte religiöse Erfahrung und ein Bewußtseinsfortschritt. Man sieht das in alten Chroniken. Aber dann verblich der psychologisch wahre Aspekt des Christentums und ließ nur eine konventionelle Kruste zurück, eine soziale Angelegenheit ohne tiefere religiöse Bedeutung. Die religiöse Funktion der Psyche fiel ins Heidentum zurück, aber seit das Heidentum selbst längst überholt ist, ist es sowohl damit verbunden als auch davon getrennt. Daß es immer mehr Konversionen zum Katholizismus in Skandinavien gibt, weist in die gleiche Richtung: Die Leute schauen aus nach neuen Symbolen. Ferner machte die katholische Kirche einen weniger scharfen Strich zwischen Heidentum und ihrer neuen Botschaft als der Protestantismus. Sie haben auch, zu meines Herzens Freude, sogar einen hl. Priapus unter ihren vielen Heiligen; ist das nicht ein großer Weg, das Heidentum zu retten und zu bewahren? Die weibliche Seite ist im Katholizismus mehr einbezogen, und die gesamte heidnische Vergangenheit kann mehr in die reiche katholische Symbolik einfließen, während der Protestantismus diese Seite der Psyche verstümmelt oder verzerrt. Darum sind alle Symbole, die fehlen, weiblich.

Im Brunnen ist eine Ente und in der Ente ein Ei. Nun taucht die Ente – ein seltsames Phänomen, vor allem in Märchen, die sich mit dem Problem des Bösen befassen – als Heilfaktor auf. Zumindest in unseren Ländern scheint die Ente in gewisser Hinsicht mit dem Prinzip des Bösen in Verbindung zu stehen, in anderer Hinsicht mit jenem, das vom Bösen befreit. In der indischen Mythologie steht sie mit der Sonne in Verbindung. Wenn die Sonne am Abend untergeht, schwimmt sie als goldene Ente in den Teich im Westen und kommt am Morgen im Osten zurück.

In unseren Ländern haben Enten und Gänse eine festgelegte Beziehung zu Teufeln und Hexen, die oft Enten- oder Gänsefüße haben. Es gibt eine Reihe von Volkserzählungen, in denen alle Arten schöner Frauen und Wesen daherkommen, aber wenn man ihre Füße anschaut, sieht man Enten- oder Gänsefüße, und dann weiß man, daß man es mit einer Art böser Märchenfigur zu tun hat.

Die Ente ist ein bemerkenswerter Vogel. Sie kann sich auf dem Land, im Wasser und in der Luft bewegen. Auf dem Land kann sie es weniger gut als im Wasser, aber dennoch besser als die schweren Schwäne, so daß sie ein Prinzip verkörpert, das in allen Bereichen der Natur zu Hause ist und oft als Symbol des Selbst funktioniert. Sie kann überwinden, was für Menschen ein natürliches Hindernis ist. Menschen können nicht fliegen, und zum längeren Schwimmen brauchen sie technische Hilfsmittel, aber die Ente kann das alles von selbst. Von daher symbolisiert sie *die transzendente Funktion*, jene seltsame Fähigkeit der unbewußten Psyche, den Menschen, der in einer Situation steckengeblieben ist, zu verwandeln und in eine neue hinüberzuführen. Immer wenn das Leben steckenbleibt und an einer Grenze ankommt, von der aus es nicht weitergehen kann, bringt die transzendente Funktion heilende Träume und Phantasien, die auf der symbolischen Ebene einen neuen

Lebensweg skizzieren, der dann plötzlich Gestalt annimmt und den Zugang zu einer neuen Situation öffnet.
In der Ente gibt es ein Ei, und darin soll nach den Worten des Riesen sein Herz sein. Ein Ei enthält einen neuen Keim, eine neue Lebensmöglichkeit. Wenn man an die vielen kosmogonischen Mythen denkt, wo das Ei am Beginn der Welt steht, so erreicht es dort die Würde eines kosmischen Prinzips. Es steht ganz am Anfang, aus ihm wurde das gesamte Universum geboren. Entsprechend vielen Schöpfungsmythen schlüpfte die Welt aus einem Ei, das entzweisprang, wie in indischen Schöpfungsmythen, den orphischen bei den Griechen und vielen anderen.
In der Alchemie spielt das Ei eine ungeheure Rolle. Es wird mit dem Stein des Weisen verglichen, da es, wie die Alchemisten sagen, alles in sich enthält und nichts Zusätzliches benötigt außer ein wenig vitaler Wärme. Es kann alles aus sich selbst heraus gebären, ohne daß zusätzlich etwas hinzukommen muß – das macht es in der Symbolik zum innersten Kern des Individuums, dem Selbst, dem wir weder etwas hinzufügen noch wegnehmen können. Wenn wir ihm täglich Aufmerksamkeit schenken, entwickelt es sich von allein.
Die erstaunliche Serie religiöser Symbole mit wesentlich weiblicher Prägung – das also ist das geheime Herz des Riesen.
Der Held findet Ente und Ei im Brunnen der Kirche auf der Insel. Während er das Ei in Händen hält, erpreßt er den Riesen, seine Brüder und künftigen Schwägerinnen ins Leben zurückzurufen. Als der Riese das getan hat, kommt der Augenblick der Entscheidung: soll er fair sein und ihn laufen lassen, da er jetzt das Böse, das er getan hatte, ungeschehen gemacht hat? Da greift der Wolf ein und sagt: »Zerdrücke das Ei!« Der Held tut es, so daß der Riese stirbt. Das ist ein kompliziertes Problem, zu dem ich noch eine Gegengeschichte anführen möchte.
Im Gegensatz zu dem Märchen, wo das Ei zerdrückt wird, steht eines aus Litauen mit dem Titel »Wie der Holzhauer den Teufel überlistet und die Prinzessin gewinnt«. Dort wird nämlich der Diamant, der dem Ei entspricht, an die Weltoberfläche gebracht und nicht vernichtet.

Wie der Holzhauer den Teufel überlistet und die Königstochter gewinnt

Ein Holzhauer sah, während er im Wald beschäftigt war, einen Marder laufen. Gleich setzte er ihm mit seiner Axt nach. Aber er konnte ihn nicht fangen, so sehr er auch rannte, und verirrte sich noch dazu. Es wurde dunkel, und so mußte er auf einen Baum klettern und dort oben übernachten. Nun mochte es kurz vor Tagesanbruch sein, da hörte er unter sich ein heftiges Gezänke. Er schaute hin und sah: ein Löwe, ein Windhund, eine Katze, ein Adler, eine Ameise, ein Hahn, ein Sperling und eine Fliege (acht Tiere) sind auf einen gefallenen Elch gestoßen und jeder will ihm den Grabgesang singen. Sie stritten den ganzen Tag, bis einer von ihnen den Holzhauer erspähte und vorschlug, daß er entscheiden solle.

Der Holzhauer kletterte hinunter, besann sich eine Weile, und dann sagte er: »Was kann ich euch da sagen, ich selbst muß singen, sonst bekommen wir den Elch nicht unter die Erde.« Die anderen waren entzückt und wollten ihn für seinen klugen Schiedsspruch belohnen: er bekam die Fähigkeit, die Gestalt eines jeden von ihnen anzunehmen, er brauchte dazu nur an das entsprechende Tier zu denken.

So sang der Holzhauer dem Elch das Grablied, daß der ganze Wald erklang, dann verwandelte er sich in einen Löwen und machte sich schnell davon. Am Waldesrand begegnete er einem Schweinehirten, der weinte bitterlich, weil der Teufel binnen kürzester Zeit alle seine Schweine auffressen würde. Der König sei schuld daran: er hatte sich vor einigen Tagen hier im Walde verirrt. Da habe sich, Gott weiß woher, ein fremder Herr eingefunden und habe sich erboten, ihn aus dem Walde zu führen; aber zuvor mußte er ihm versprechen, ihm jeden Tag ein Schwein zu geben, und wenn es mit den Schweinen zu Ende wäre, die Königstochter, sein eigenes Kind. Der König habe versprochen, jedem, wer es auch sei, seine Tochter zum Weibe zu geben, wenn er nur den Unhold umbrächte.

Dann werde man wohl versuchen müssen, den Schweinefresser in die Hände zu bekommen, sagte der Holzhauer. Er selbst sei ja zum Schwiegersohn des Königs geradezu geschaffen. So hütete nun der Holzhauer die Schweine, und gegen Abend war auch der Teufel zur Stelle, packte ein Schwein und verschwand mit ihm in den Wald. Da führte der Holzhauer ganz schnell die übrigen Schweine nach Hause, verwandelte sich in einen Windhund und lief dem Teufel nach. Und

er erzählte ihm, daß im achten Wald sich eben jemand aufhängen wolle, es ihm aber an Mut fehle. Der Teufel solle laufen und versuchen, den zu erwischen und das dumme Schwein lassen. Der Teufel lief davon, der Windhund aber verwandelte sich wieder in einen Holzhauer und führte sein Schwein unversehrt heim.
Am nächsten Abend packte der Teufel sich wieder ein Schwein. Diesmal nahm der Holzhauer die Gestalt eines Adlers an und verspottete den Teufel, weil er vorhatte, Schweinefleisch zu essen. Er erzählte ihm, daß in einem anderen Wald eine Mutter ihr Kind ertränkt hätte, und er solle lieber dieses nehmen, als das Schwein zu fressen. Der Teufel wollte, bevor er sich um das Kind kümmerte, das Schwein sicher verwahren. In aller Eile riß er eine Eiche mitten auseinander, zwängte das Schwein hinein und entschwand in die andere Welt. Der Holzhauer aber holte sich das Schwein aus der Eiche und ging heim.
Am dritten Tage trieb der Holzhauer seine Schweine in den Stall ein und dachte: »Ich muß als Hahn auf der Stange bleiben und ihn erwarten.« Und wirklich, um Mitternacht erschien der Teufel ganz ausgehungert und machte sich an der Stalltür zu schaffen. Aber da stimmte der Hahn seinen Gesang an, und der Teufel stob davon, ohne auch nur einen Laut von sich zu geben. Er merkte, daß er überlistet worden war und wurde sehr zornig. Als er am Königsschloß vorbeikam, zerrte er die Königstochter mir nichts, dir nichts aus dem Bett.
Der König war verzweifelt. Aber der Holzhauer tröstete ihn und sagte ihm, er solle ihn nur machen lassen. Und dann begab sich der Holzhauer auf den Berg (dort war der Teufel mit dem Mädchen hineingefahren), fand ein winzig kleines Loch, nahm die Gestalt einer Ameise an, setzte sich rittlings auf ein Sandkörnchen und fuhr in die Tiefe. Unten angelangt, kam er auf eine große Fläche. Schnell entschlossen, verwandelte er sich in eine Fliege und flog geradewegs ans jenseitige Ende. Dort angekommen, sah er ein kristallenes Schloß, und die Königstochter saß am Fenster und weinte. Er nahm wieder die Gestalt des Holzhauers an und gab sich zu erkennen. Aber das Mädchen, in tausend Ängsten, klagte: »Ach Gott, ach Gott, wie bist du hierher geraten? Kommt mein Herr heim, so zerreißt er dich.«
Und wirklich, bald war der Teufel leibhaftig da. Aber der Holzhauer verwandelte sich in einen Löwen und fiel über den Teufel her. Hei, das gab einen Kampf! Haut- und Fleischfetzen flogen nur so durch die Luft, aber der Löwe fraß den Teufel mit Haut und Haaren auf.
Da freute sich die Königstochter und der Holzhauer natürlich auch. Nur eine Schwierigkeit blieb noch übrig: wie sollten sie an die

Oberwelt gelangen? Sie dachten her und hin, da kam der Königstochter in den Sinn, sie habe, als sie in den Büchern des Teufels blätterte, gefunden, daß sich in dem und dem Baume ein diamentenes Ei befände, wenn man das an die Oberwelt brächte, würde dies ganze kristallene Schloß emporsteigen.
Sogleich verwandelte sich der Holzhauer in einen Sperrling, flog auf den Baum, nahm das Diamantei aus dem Nest und brachte es herunter. Soweit war es wieder gut, aber wie nun mit dem Ei aus der Unterwelt hinaufkommen?
Da fiel dem Mädchen ein, daß der Teufel einen Türhüter habe, der keine Katzen leiden mag; finde er eine, so werfe er sie auf die Oberwelt.
Sogleich verwandelte sich der Holzhauer in eine Katze, nahm das Ei in den Mund und kroch vor die Füße des Türhüters. Kaum hatte der sie gesehen, da packte er sie am Schwanz und trug sie eine große, lange Treppe hinauf. Nach langer Zeit kamen sie an ein großes eisernes Tor, das schloß der Türhüter auf, gab der Katze noch einen Fußtritt und warf sie hinaus, genau auf den Berg, auf dem der Holzhauer als Ameise hereingeschlüpft war.
Aber kaum hatte die Katze sich wieder in den Holzhauer verwandelt und das Ei auf den Boden gelegt, da hob sich das kristallene Schloß mitsamt der Königstochter empor und kam auf dem Gipfel des Berges zum Vorschein. Danach heiratete der Holzhauer die Königstochter und verlebte in seinem kristallenen Schloß glückliche Tage.

Das ist eine hübsche Trickster-Geschichte, an der ich zeigen möchte, daß es nicht immer unbedingt notwendig ist, den Schatz des Teufels oder der bösen Macht zu zertrümmern. Hier geschieht etwas Natürlicheres – zumindest aus der Sicht der Jungschen Psychologie: Das Symbol des Selbst wird gerettet, hervorgeholt und in die Realität integriert. Es wird an die Oberfläche, ins Bewußtsein gebracht, und nur die böse Macht, die von ihm Besitz genommen hatte, wird zerstört. Das fällt zusammen mit unserem natürlichen Gefühl: Wenn das Böse vom Zentrum, vom größten Schatz des Selbst, Besitz ergriffen hat, dann besteht das Problem darin, es dort wieder hinauszuwerfen. Das entspricht dem bekannten Motiv, daß man dem Drachen die Perle wegnimmt oder den bösen Mächten den schwer erreichbaren Schatz.

Wir haben hier das gleiche Motiv, aber mit entgegengesetzten ethischen Verhaltensregeln. In den skandinavischen Ländern wurde das christlich-religiöse Leben zum Teil ins Unbewußte zurückgeschluckt. Hätten der Riese und die Ente näher beieinander gelebt, hätten sie sich bekämpft. Die christliche Kirche mit dem Symbol des Selbst darin ist eigentlich unvereinbar mit dem Riesen und seinen Taten. Der Riese ist also mit etwas in Beziehung gebracht, mit dem er nur auf weite Entfernung eine Verbindung haben kann. Er ähnelt Menschen, die ihr eigentliches Lebensgeheimnis, ihre Kraft und Lebensmöglichkeit, von etwas beziehen, womit ihre Handlungen nicht übereinstimmen. Im täglichen Leben gibt es Menschen, die an der Spitze von Kirchen oder Gesellschaften stehen können und die ihre ganze Lebensmöglichkeit aus dieser Position beziehen, während sie in ihren täglichen Handlungen ein damit nicht zu vereinbarendes, völlig anderes Leben führen. Man kann das Schubladen-Psychologie nennen.

Bei vielen Massenbewegungen fällt ähnliches auf. Menschen werden von irgendeinem hohen religiösen Ideal aufgerüttelt, einem symbolischen Ideal des Selbst und seiner Anziehungskraft, während die tatsächliche Absicht und die Handlungen derer, die das dirigieren, in völlig andere Richtung gehen. Das traf z. B. – in den Augen der Idealisten unter ihren Anhängern – für die Nazi-Bewegung zu mit ihrem archetypischen Traum, ein fragwürdiges »Paradies« auf Erden zu errichten. Aus dieser Sicht war das Dritte Reich eine Art utopischer Idealstaat, in dem Frieden herrschen, die richtigen Leute regieren, alle Symptome von Verfall und Degeneration überwunden werden sollten. Was dann geschah, lag hingegen im Bereich des herzlosen Riesen.

Die gleiche Idee eines Utopia oder Himmlischen Jerusalem hat man in der Sowjetunion und in anderen kommunistischen Ländern zu verwirklichen versucht – ebenfalls mit Mitteln, die mit Idee und Ziel unvereinbar sind. Das Versprechen eines Friedens und des Himmels auf Erden ist immer noch einer der größten Propagandatricks, mit denen naive Menschen verführt werden. Der kommunistischen Idee wird eine religiöse Verehrung entgegengebracht wegen des anziehenden archetypischen Bilds, während jene, die das Ganze beherrschen, kurzsichtige und weltliche Zwecke im Sinn haben. Im praktischen Leben ist dies eine der unglücklichsten Verbindungen; kriminelle Handlung und destruktive Aktivität sind oft insgeheim verbunden mit einem unwirklichen, nicht durchschauten religiösen Ideal. Das sieht man in kollektiven Bewegungen ebenso wie in psychotischen Ausbrüchen. Psychotische Menschen haben oft in den innersten Winkeln ihrer Seele einen kindischen Paradiesestraum, der sie dem Leben entfremdet. Aber von dorther beziehen sie all ihre leidenschaftliche Impulse. Es ist wirklich das Geheimnis hinter ihrem selbstdestruktiven emotionalen Verhalten. Das befähigt sie sogar, schreckliche Verbrechen mit scheinbar völlig klarem Bewußtsein zu begehen.

Vor Jahren las ich in der Zeitung von einem Schizophrenen, der sich in der Klinik so gut entwickelt hatte, daß er sich relativ frei bewegen konnte und als Gärtner beschäftigt wurde. Er freundete sich mit dem kleinen Mädchen des Klinikleiters an. Eines Tages nahm er das Kind an den Haaren und schnitt ihm langsam den Kopf ab. Als er vor Gericht befragt wurde, gab er an, der Heilige Geist habe ihn beauftragt, dieses Menschenopfer zu bringen. Hinterher hatte er nicht die geringste emotionale Reaktion. Er war überzeugt, ein religiöses Opfer gebracht zu haben, eine heroische Tat, um seine eigene Sentimentalität, die das kleine Mädchen darstellte, zu überwinden. Man konnte nichts anderes tun als ihn aufs neue zu internieren, da er offensichtlich unzurechnungsfähig war. Da haben wir die gleiche Verbindung von hohem religiösem Ideal und krimineller Handlung. Denn man kann sagen, daß ein Mann, der der Stimme des Heiligen Geistes zu gehorchen glaubt, von kindischer Religiosität ist, jedoch nicht zu sehen vermag, daß es mit dem Heiligen Geist unverträglich ist, so etwas anzuordnen.

Die Kombination von Riese und Kirche ist ein Modell für solche Verrücktheit. Bei psychotischen Dissoziationen sieht man, daß es nichts zu tun gibt, als den kindischen Idealkern zu vernichten, der die geheime Quelle der Zerstörung bildet. Der Prinz in unserer norwegischen Geschichte wird nicht darum ersucht, selbst zu entscheiden, was zu tun ist, und er dazu offensichtlich auch nicht fähig. Es ist der Wolf, der diese Aufgabe übernimmt und ihm befiehlt, das Ei zu zerstören. Wir sprachen davon, daß der Wolf auch grimmige Bestimmtheit, kalte Wut repräsentiert, im Gegensatz zu unmenschlicher Herzlosigkeit, die der Riese verkörpert. Der Wolf symbolisiert dunkle, gefährliche Festigkeit, die – im rechten Moment eingesetzt – im Individuationsprozeß absolut notwendig sein kann, um die richtigen Werte gegen das Böse an die Oberfläche zu bringen. Wenn man jedoch mit einer Situation konfrontiert ist, wo die Gegensätze nicht so weit voneinander entfernt und nicht so völlig unverträglich sind, dann besteht die Möglichkeit, den Teufel zu zerstören und das Ei des Riesen an die Oberfläche zu bringen, wie in der Holzfällergeschichte.

In den schamanistischen Ritualen der Polargegend sagen einige Stämme, daß nur ein potentieller Mörder ein guter Schamane werden kann; es ist jene Art eiserner Festigkeit vonnöten, welche manchmal mit dem Wendepunkt innerhalb einer individuellen oder kollektiven Krankheitsart zusammenfällt. Aber das liegt auf des Messers Schneide, denn ein Schritt weiter würde Mord oder Zerstörung bedeuten. Ein Schamane, der diese Fähigkeit nicht integriert hat, ist dem Problem des Bösen nicht gewachsen.

In der analytischen Arbeit begegnet man diesem Problem oft in der Endphase der Behandlung einer schweren neurotischen Dissoziation ebenso wie in unserem Märchen. Wenn Menschen eine enorme Besserung erreicht haben, treibt das ganze Problem, wie bei physischer Krankheit, einem Höhepunkt zu. Der Patient, der an der Dissoziation des Problems der Gegensätze leidet, kann sie nicht zusammenbringen, aber da er allmählich bewußter wird über die wirklichen Gründe der neurotischen Symptome, wird die Möglichkeit weiterer Bewußtheit und Heilung allmählich konstelliert. Es gibt nur wenige Menschen – das sind solche von reiner und unschuldiger Natur –, die in diesem Augenblick einfach nur ihre neurotischen Symptome wie eine alte Haut abwerfen und geheilt sind. Dort ist die Analyse sehr kurz, denn in dem Moment, wo der Analysand merkt, was mit ihm los ist, fällt die ganze Krankheit von ihm ab. Der Analytiker ist glücklich und würde am liebsten den Fall publizieren und ein großes Freudengeheul anstimmen, wie wunderbar die Dinge laufen. Aber in der Realität sind sie nur selten so. Nur mit der Gnade Gottes können die Dinge so verlaufen. Im allgemeinen findet zugleich mit zunehmender Besserung auch eine zunehmende Anklammerung an das neurotische Gehabe statt, bis zu dem Ausmaß, daß genau dann, wenn man glaubt, man hätte einen psychotischen, zwangsneurotischen oder schizoiden Menschen aus den größten Schwierigkeiten heraus und könnte sagen, jetzt sei er praktisch gerettet – der Augenblick da ist, in dem man sehr wachsam sein muß, damit er keinen Suizid begeht. Denn mit einer Art wachsendem Schrecken wird der Analysand jetzt realisieren, daß er in Zukunft ein normales Leben leben muß. Das ekelt ihn oft so an, daß er im letzten Moment vorzieht, aus dem Fenster zu fallen oder im See zu ertrinken. Das ist der Augenblick des Höhepunkts, wo die Umstände dadurch, daß sie besserwerden, auch gefährlicher werden. Beobachten Sie die Blasen auf Ihrem Kaffee: sie ziehen sich gegenseitig an und tanzen umeinander, kommen sich immer näher, können sich noch nicht ganz treffen, und dann werden sie plötzlich zu einer einzigen Blase. So verhalten sich auch die Gegensätze innerhalb der Psyche. Sie sind voneinander angezogen, umkreisen sich gegenseitig und nähern sich einander, aber in dem Moment, wo sie zu einem werden, ist es immer ein Moment des Schocks, sogar eines großen Schocks, wenn eine Neurose vorher lang gedauert hat.

Jung berichtete einmal von einem Patienten, daß er in genau diesem Moment einen schrecklichen Widerstand gegen die Behandlung entwickelte, weil er nicht zulassen konnte, daß er 25 Jahre seines Lebens vertan hatte. Es ist hart, sich einzugestehen, daß alles nur ein neurotischer Tanz war, daß man sich 25 Jahre dahingeschleppt hat, indem man sich selbst entfloh. Darum können manche Menschen den eigentlichen Schritt zur Heilung nicht tun, sondern wollen um jeden Preis in ihre frühere Krankheit zurückschnappen. In diesem Moment braucht man jene gnadenlose Wolf-Bestimmtheit, die Grausamkeit des chirurgischen Messers. »Wenn 25 Jahre des Lebens verloren sind, wollen Sie nun auch noch die übrigen, die Ihnen zur Verfügung stehen, vertun?« Eine Art Gnadenlosigkeit mit der Krankheit in einem Menschen, der die Neigung hat, der Krankheit nachzugeben, ist absolut nötig. Manchmal ist das jedoch nicht möglich, und das bedeutet eine schreckliche Entscheidung darüber, was jetzt zu tun ist.

Manchmal ist eine grausame Bestimmtheit vonnöten, wenn der Mensch eine latente Psychose hat. Wenn ein relativ kleiner Bereich seiner Psyche so psychotisch ist und die bewußte Persönlichkeit ethisch stark ist, kann man vorgehen, als wäre es eine Neurose, und versuchen, den kranken und autonomen Teil der Psyche zu integrieren. Das führt zu großen Krisen, aber auch zu völliger Heilung oder Ganzwerdung. Aber in den Fällen, wo der kranke Bereich groß und die bewußte Persönlichkeit klein und schwach ist, würde das Zusammenbringen der Gegensätze bedeuten, daß der kranke Teil den gesunden assimiliert, und dann würde aus der latenten Psychose eine manifeste.

In solchen Fällen ist von unserem Standpunkt aus eine Behandlung der sogenannten regressiven Wiederherstellung der Persona angezeigt: man muß den Betreffenden vom Unbewußten wegholen, weg von der Psychologie, ihm helfen, sich an die sozialen kollektiven Normen anzupassen in einer rein äußerlichen Persona-Weise. Schlafende Hunde soll man ruhen lassen. Gewöhnlich wird man dabei unterstützt durch die Tatsache, daß solche Menschen das selbst spüren und fragen: »Glauben Sie nicht, daß die Analyse krank macht? Glauben Sie nicht, daß die Beschäftigung mit dem eigenen Inneren Unsinn ungesund ist?« In dem Fall muß man den Mut haben, zu sagen: »Sie haben völlig recht. Was wir hier in der Psychologie tun, ist alles Unsinn und nur für neurotische Leute. Gesunde Leute wie Sie sollten in die Welt zurückkehren, einen Beruf suchen oder etwas Ähnliches tun«, und sie von einer Annäherung ans Unbewußte weglocken.

In einem Seminar berichtete Jung einmal von einem Fall, in dem er von einem Mediziner konsultiert wurde, der seine Allgemeinpraxis aufgeben und Psychiater werden wollte. Er wollte eine Lehranalyse, und in einem der für Jungs Entscheidung wichtigen Träume ging er in ein leeres Haus, wo er einen Raum nach dem anderen durchquerte, wo eine unheimliche dunkle Atmosphäre herrschte und es weder Menschen noch Tiere, Bilder oder Möbel gab. Er ging durch einen perfekten Irrgarten leerer Räume, bis er in einem Schlußzimmer ankam. Als er dessen Tür öffnete, saß in der Mitte des Raumes ein winziges Kind auf einem Nachttopf und beschmierte sich selbst mit den Faezes. Da wurde Jung klar, daß der Kern dieses 45 Jahre alten Arztes in diesem infantilen Zustand verblieben war und daß die Distanz zwischen seinem pseudo-erwachsenen Bewußtsein und diesem innersten Kind-Kern seiner Persönlichkeit zu groß war. Diese Gegensätze konnten nicht zusammengebracht werden, und, was noch schlimmer war: zwischen dem Kind und seinem Bewußtsein war nichts, keine Gestalten, keine Bilder, nichts – nur ein Pol und der andere. Jung überzeugte diesen Mann davon, daß er in seinen Beruf zurückkehren solle als Allgemeinarzt und das Unbewußte alleinlassen solle. Er gehorchte und vermied so eine Katastrophe.

In einem solchen Augenblick braucht man eine grimmige Bestimmtheit, die Entscheidung des Chirurgen, der ein Glied wegschneiden muß, um die übrige Persönlichkeit zu retten. Das stellt hier der Wolf dar, diese chirurgische Bestimmtheit, etwas wegzuschneiden, wo keine Entwicklungsmöglichkeit mehr besteht. Die Verbindung von Ei und Riese muß als Ganze zerstört werden, und dann beginnt fern von diesem Bereich, neues Leben.

Dies wäre ein zerquetschtes Ei, in der litauischen Parallele dagegen haben wir ein Diamantei. Dieses ist unzerstörbar. Es ist ein Symbol des Selbst in seiner letztthinnigen Unzerstörbarkeit, sowohl in der östlichen wie auch westlichen Philosophie und Alchemie. Deshalb muß es hervorgeholt werden in die Welt des Bewußtseins.

Wenn wir die beiden Märchen etwas genauer anschauen, sehen wir, daß sie einander nicht widersprechen. Gemeinsam ist ihnen das Symbol des Selbst, das sich in den Händen der destruktiven

Unterwelt befindet. Im einen Märchen muß es, aufgrund seines reifen Zustandes als Diamant, heraufgebracht werden, im anderen dagegen ist es ein schlammiges, weiches Ding, das zerstört werden muß. Einen Unterschied zwischen beiden gibt es an anderen Stellen: der Holzfäller hat zu Beginn acht Tiere bei sich und damit in instinkthafter Form, ein Symbol der Ganzheit. Das Problem besteht darin, den mehr geistigen Teil, der durch den Diamant dargestellt wird, ins Bewußtsein zu bringen. In beiden Fällen ist es die Prinzessin, die hilft, die Lösung zu finden. Im norwegischen Märchen findet sie in einer intimen Situation heraus, wo das Herz des Riesen ist. In der Holzfällergeschichte hat sie das Buch des Teufels über Magie gelesen und weiß, wo sich das Diamantei befindet und wie man es zur Erdoberfläche bringen kann. Sie hat auch die Idee, daß der Holzfäller sich in eine Katze verwandeln sollte, um an die Oberfläche gebracht zu werden. In beiden Geschichten ist die Anima, das weibliche Prinzip, der entscheidende Faktor im Kampf mit dem Bösen. Nur Helden, die die Tiere und die Anima auf ihrer Seite haben, haben eine Chance zu überleben. Auch tut der Held in den entscheidenden Augenblicken nicht viel, sondern die Tiere und die Anima übernehmen die Handlung.

Diese Märchen gehören alle zum christlichen Bereich, zu europäischen Ländern. Darum müssen wir sie in Relation zum Bewußtsein betrachten. Hier zeigt sich Kompensation eines zu aktiven, männlichen Nach-außen-Schauen des Bewußtseins. Kompensiert wird in diesen Geschichten die bewußte Einstellung christlich-europäischer Tradition, das heroische Ritterideal, daß der Mann das Böse bekämpfen und aktiv in den Kampf dagegen verwickelt sein muß. Was wir auch an Negativem oder Destruktivem in unserem sozialen Leben oder im Bereich der Natur haben, man kann in den Zeitungen lesen: »Was beschließt die Regierung mit A, B, C oder D zu tun?« Etwas muß immer damit »getan« werden!

Daß man solche destruktiven Faktoren zuerst sehen und studieren, bis an ihr Herz vordringen sollte, bevor man etwas tut, ist uns fremd und kommt uns erst in zweiter Linie in den Sinn. Die erste

Idee ist immer, daß man etwas tun muß, und das vermehrt die dunkle Macht, weil es ihr mehr Energie zuführt. Die Weise, schreckliche Dinge geschehen zu lassen, ohne in extravertierte Handlung hinein verführt zu werden, ist etwas, was wir noch nicht gelernt haben. Die Krankheit des weißen Mannes ist sein Wunsch, böse Situationen zu heilen, indem er aktiv eingreift. Das ist wieder ein Paradox, denn es gibt Zeiten im inneren wie äußeren Leben, wo es richtig ist, nichts zu tun und zu warten und zu beobachten, während man bei anderen eingreifen muß. Aber zu wissen, wann man handeln und wann man die Dinge geschehen lassen muß, wann man zuwarten muß, bis sie reifen und sich einem möglichen Wendepunkt zubewegen, ist eine Weisheit, über die uns Märchen eine Menge sagen können.

Um hier noch einmal auf das Motiv des Frevels zurückzukommen: auch dieser muß, nach den Regeln der Paradoxie, manchmal richtig sein. Dieser Holzfäller ist ein wunderbares Beispiel für jemand, der sorglos unverschämt ist, überall dazwischenfährt, kühn und taktlos in jede Situation hineinstapft und schließlich noch dafür belohnt wird. Hier zeigt sich wunderbar, wie das unbefugte Betreten des Bereichs des Bösen, ohne innere Notwendigkeit, nur aus kühner Frechheit heraus, auch belohnt wird.

13 Der Zauberwettkampf

Das führt uns zur nächsten Stufe, die sich in der gleichen Geschichte findet. Wenn die Prinzessin nicht das Buch des Teufels über Magie gelesen hätte und der Holzfäller nicht zuerst die Fähigkeit gewonnen hätte, sich in verschiedene Tiere zu verwandeln, hätten sie nie das Böse überwunden. Darum müssen wir uns jetzt mit dem Problem des Zauberwettkampfes beschäftigen. Sollte man dem Bösen auf der Ebene des Magischen begegnen, und wenn nicht – wie sonst? Dies ist ein beliebtes Thema in vielen internationalen Märchen, wo es um die Frage geht, wer am Schluß gewinnt. Es ist nicht ein Kampf von brutaler Gewalt und Affekt, wie beim Holzfäller, der in der Gestalt eines Löwen den Teufel frißt. Der Löwe ist nebenbei selber ein Symbol des Teufels. In den nächsten Märchen wird das Problem des Bösen auf einer spirituellen Ebene bekämpft, wie z. B. im magischen Wettstreit zwischen dem Teufel als Zauberer und dem Helden als Gegenzauberer. Man möchte an schwarze und weiße Magie denken, aber das ist eine Zuordnung der Farben nach Gutdünken. Ich würde eher sagen: ein Magier gegen den anderen und nicht im vorhinein den einen als schwarz und den anderen als weiß bezeichnen.

Wir schauen und zunächst ein russisches Märchen an und dann ein irisches, wobei letzteres im Detail besprochen, das russische nur zum Vergleich herangezogen werden soll. Es heißt »Der Schwarzkünstler Zar«.

Der Schwarzkünstler-Zar

Es war einmal ein Zar, ein mächtiger Herr, der lebte in einer Gegend, die war so flach wie ein Tischtuch. Er hatte Weib und Kind und viel Hausgesinde, und er war ein Schwarzkünstler. Einst rüstete er ein Gastmahl für die ganze Welt, für alle Edelleute, alle Bauern und alle Bürger aus der Stadt. Nach einem mächtigen Mahl rief der Zar: »Wer vor mir zu entfliehen und sich zu verstecken vermag, dem gebe ich die Hälfte des Reiches und meine Tochter zur Frau; nach meinem Tod aber soll er auf dem Zarenthron sitzen.« Alle, die da beim Mahle saßen, verstummten und erblaßten. Doch ein kühner junger Mann wagte es und sagte zum Zaren: »Zar, mächtiger Herr! Ich kann vor dir entfliehen und mich verstecken.« Und der Zar antwortete: »So geh, kühner junger Mann, und verbirg dich, morgen werde ich dich suchen. Gelingt es dir aber nicht, dich zu verstecken, muß dein Kopf herunter.«

Der kühne Jüngling verließ den Palast und ging aus der Stadt hinaus. Er beschloß, sich in der Badestube des Popen zu verstecken.

Am Morgen früh stand der Schwarzkünstler-Zar auf, heizte den Ofen, setzte sich auf den geflochtenen Stuhl und begann, in seinem Zauberbuch zu lesen, um herauszufinden, wohin der kühne junge Mann gegangen war. »Der Jüngling«, so fand er, »hat meine weißsteinernen Gemächer verlassen und ist an der Stadt vorbei bis zur Badestube des Popen gegangen und hat beschlossen, sich dort zu verstecken.« Er schickte seine Diener und befahl ihnen, den jungen Mann aus der Badestube des Popen zu holen. Sie fanden ihn in der Ecke unter der Bank und brachten ihn vor das Angesicht des Zaren. Der sprach: »Weil du nicht vermochtest, vor mir zu entfliehen und dich zu verstecken, muß dein Kopf herunter.« Er nahm seinen scharfen Säbel und hieb ihm den Kopf ab.

Der Zar hatte Gefallen am bösen Spiel. (Und dies ist ein wichtiger Satz.) Am nächsten Tage gab er wieder ein Gastmahl und lud alle ein. Wieder sagte er, daß er dem, dem es gelänge, sich vor ihm zu verbergen, sein Reich und seine Tochter gebe. Und wieder wagte ein kühner Jüngling zu behaupten, er könne dies, und wieder warnte der Zar, daß es seinen Kopf koste, wenn es ihm mißlinge.

Der kühne Jüngling verließ die weißsteinernen Gemächer, ging zur Stadt hinaus, ging weiter und weiter, bis er an eine riesengroße Scheuer kam. Der junge Mann dachte bei sich: »Ich will mich ins Stroh verkriechen und in die Spreu, wie soll der Zar mich dort finden!« Er verkroch sich und lag still.

Der Schwarzkünstler-Zar ging wieder auf dieselbe Art vor und befragte sein Zauberbuch. Er fand den Jüngling und enthauptete ihn.

257

Am dritten Tage ließ er nochmals ein Gastmahl rüsten, und wiederum fand sich ein kühner Mann: »Ich kann vor dir entfliehen und mich verstecken, aber erst beim dritten Mal.« Der Jüngling verließ die weißsteinernen Gemächer, ging zur Stadt hinaus und verwandelte sich in ein Wiesel mit schwarzem Schwanz. Und es kroch unter jede Wurzel und jeden Haufen Holz, lief auf der Erde umher, lief weiter und weiter und kam zu den Fenstern des Zarenpalastes, verwandelte sich in einen goldenen kleinen Bohrer und tanzte unter den Fenstern umher. Dann verwandelte er sich in einen Falken und flog vor das Fenster vom Gemach der Zarentochter. Diese erblickte den Falken, öffnete ihr Fenster, und er flog hinein. Drinnen verwandelte er sich in den kühnen Jüngling. Sie tranken, bankettierten und tafelten, und taten, was nötig war. Dann verwandelte sich der kühne Jüngling in einen goldenen Ring, den steckte die Zarentochter an den Finger.

Der Schwarzkünstler-Zar stand am Morgen früh auf, wusch sich mit Quellwasser, trocknete sich mit dem Handtuch, heizte seinen Ofen und befragte sein Zauberbuch. Und er befahl seinen Dienern: »Geht hin, führt meine Tochter herbei oder bringt mir ihren Ring.« Die Zarentochter nahm den Ring ab und gab ihn den Dienern. Sie brachten ihn hin und gaben ihm dem Zaren. Der Zar nahm ihn entgegen und warf ihn über die linke Schulter, da ward er zum schönen kühnen Jüngling. »Nun, da ich dich gefunden habe, muß dein Kopf herunter.« Der junge Mann antwortete: »Nein, mächtiger Zar, noch zweimal kann ich mich verstecken, so war es zwischen uns abgemacht.« »Nun, dann geh.«

Der kühne Jüngling verließ die Gemächer des Zaren, ging hinaus auf das freie Feld und verwandelte sich in einen grauen Wolf. Er rannte und rannte über die ganze Erde und verwandelte sich in einen Bären. Er stapfte durch die dunklen Wälder und verwandelte sich dann in ein Wiesel mit schwarzem Schwanz. Und wieder lief er und kroch unter die Wurzeln und Haufen von Holz, kam zu den Gemächern des Zaren, verwandelte sich erst in einen kleinen Bohrer, dann in einen Falken und flog in das Gemach der Zarentochter. Sie erblickte den Falken und öffnete ihr Fenster. Drinnen ward er zum schönen kühnen Jüngling.

Wieder hatten sie eine schöne Feier und verbrachten sie die Nacht zusammen, und sie dachten mit Fleiß nach, wohin man dem Zaren entfliehen könnte. Am Morgen verwandelte er sich in einen Falken und flog weit, weit und auf das freie Feld, wo er sich in einen Grashalm zwischen siebenundsiebzig anderen Grashalmen verwandelte.

Aber der Schwarzkünstler-Zar befragte wieder sein Buch und befahl seinen Dienern dann, ihm mehrere Arme voll Gras zu bringen. Die Diener brachten das Gras, und der Zar saß auf dem Stuhl und suchte das eine Gras; er fand es und warf es über die linke Schulter, da wurde es zu dem schönen Jüngling. »Nun, ich hab dich abermals gefunden, jetzt muß dein Kopf herunter.« Der junge Mann antwortete: »Nein, noch einmal kann ich mich verstecken, zum letztenmal.« »Schon gut, morgen werde ich dich suchen.«

Der kühne Jüngling verließ die Gemächer des Zaren, ging die Straße hinab, kam auf das freie Feld, verwandelte sich in einen grauen Wolf und lief davon; er lief und lief und lief und kam zum blauen Meer, verwandelte sich in einen Hecht und sprang ins Wasser. Er schwamm hinüber über das blaue Meer, stieg ans Ufer, verwandelte sich in einen lichten Falken, schwang sich hoch in die Luft und flog über Berg und Kluft; er flog und flog über das flache Feld, erblickte auf grüner Eiche das Nest des Vogels Magovej (in russischen Märchen ein Zaubervogel) und fiel dort ein. Der Vogel Magovej war zu der Zeit nicht da, hernach aber kam er geflogen und sah den kühnen Jüngling in seinem Neste liegen. Da rief der Vogel Magovej: »Ach, welch ein Frechling!« Er packte ihn mit den Krallen und trug ihn fort aus seinem Nest, trug ihn über das blaue Meer und legte ihn dem Schwarzkünstler-Zaren unter das Fenster. Der Jüngling verwandelte sich in eine Fliege, flog in die Gemächer des Zaren, verwandelte sich dann in einen Feuerstein und legte sich auf den Stahl.

Der Schwarzkünstler-Zar hatte die Nacht über geschlafen, stand am Morgen früh auf, begann zu lesen und zu forschen, wohin der Jüngling gegangen sei... Und er befahl seinen Dienern: »Geht hin über das freie Feld, fahrt auf Schiffen über das blaue Meer und sucht die grüne Eiche; fällt die Eiche, sucht das Nest, führt den Burschen hierher.« Die Diener gingen und fällten die Eiche und fanden das Nest, aber kein Jüngling war darin. Sie kamen zum Zaren: »Wir fanden die grüne Eiche, das Nest war da, der Junge aber nicht.« Der Zar schaut in sein Buch und findet: dort, ganz gewiß, ist der Jüngling. (Dies ist sehr interessant: solange der Held selbst aktiv war, konnte der andere ihn finden, aber diesmal wurde der Heimweg ja vom Vogel Magovej gemacht.)

Der Zar machte sich bereit, ging selbst auf die Suche. Er spähte und wühlte. Er ließ die grüne Eiche klein hacken, auf ein Feuer legen und verbrennen. Nicht ein einziger Span blieb nach, und der Zar dachte nun: »Wenn ich den Jüngling auch nicht gefunden hab, lebendig soll er nicht länger auf der Erde weilen.«

Sie kehrten in das Zarenreich zurück, und der Zar lebte so dahin einen Tag und den zweiten und den dritten. Und eines Morgens stand

die Magd auf und machte Feuer. Sie schlug den Stahl gegen den Stein, der Stein flog ihr aus der Hand über die linke Schulter weg, da ward er zum schönen Jüngling.
»Guten Tag, mächtiger Zar!« – »Guten Tag, kühner Jüngling! Nun muß dein Kopf herunter.« Der junge Mann antwortete: »Nein, mächtiger Zar, du hast mich drei Tage lang gesucht und es dann aufgegeben, ich bin jetzt von selber gekommen. Mir gebührt nun die Hälfte des Reichs und die Zarentochter als Frau.«
Da konnte der Zar nichts dagegen machen. Mit fröhlichem Schmaus und rascher Hochzeit gab man die Tochter dem kühnen jungen Mann zur Frau. Er wurde des Zaren Schwiegersohn und bekam die Hälfte des Reiches, aber nach dem Tode des Zaren sollte er den Thron haben.

Das irische Märchen desselben Typs, aber etwas komplizierter, heißt »Der Königssohn und der Vogel mit dem lieblichen Gesang«:

Der Königssohn und der Vogel mit dem lieblichen Gesang

In alten Zeiten, ehe die verwünschten Fremden ins Land kamen (wie die Iren seit jeher sagen), lebte ein König, der eine wunderschöne Frau heiratete, als er einundzwanzig war, und sie hatten einen Sohn, Ceart genannt. Doch nicht lange nach seiner Geburt befiel eine fremdartige Krankheit die Königin, und sie starb.
Etwa ein Jahr nach dem Tode der Königin heiratete der König wieder. Die neue Königin war freundlich zu ihrem Stiefsohn, bis sie selbst zwei Söhne hatte. Es waren Zwillinge. Von dem Tage an haßte sie den Stiefsohn heftig, denn sie dachte daran, daß ihm nach seines Vaters Tode das Königreich zufiel. Die Zwillinge waren recht boshaft. Was sie aber auch an Unrecht taten, allemal wurde Ceart dafür bestraft.
Eines Tages töteten sie einen jungen Hund des Königs und behaupteten, Ceart hätte es getan, obwohl dieser es abstritt. »Komm du mir noch mit Lügen«, rief der König. »Art und Neart und auch deine Stiefmutter sahen es mit an, wie du ihn getötet hast.«
Ceart sagte, daß er den Hund weder mit Hand noch Fuß angerührt hätte. Der König schenkte ihm keinen Glauben, sondern schlug ihn grausam.
Aber Nuala, eine alte Frau, die der ersten Königin versprochen

hatte, nach ihrem Sohn zu schauen, ging zum König hin und sagte ihm, er hätte dem Sohn Unrecht getan, denn Ceart hätte den Hund nicht getötet. »Ich sah, wie Art und Neart es taten, und die Königin sah aus dem Fenster zu.« Dem König tat dies sehr leid. Er besah sich die Kleidung der Zwillinge und fand, sie waren mit dem Blut des Hundes befleckt. Er entschuldigte sich bei Ceart und gab ihm Gold und Silber für Nuala. Aber für Ceart änderte sich nichts, er hatte viel zu leiden.

Eines Tages nun, als alle drei Söhne fast im Mannesalter waren, nahm sie der König mit in den Wald, um zu jagen. Sie waren nicht weit hineingegangen, als sie die lieblichste Musik vernahmen, die je ein Mensch gehört hat. Sie folgten dem Gesang und kamen an einen großen Baum, der mitten im Wald stand. Auf dem Baum entdeckten sie einen großen Vogel, und der machte die schöne Musik. Der König war hingerissen von dem Vogel und rief: »Wer mir den Vogel bringt, der soll mein Königreich haben. Ich will ohne den Vogel nicht leben.«

Die drei Söhne machten sich auf und verfolgten den Vogel. Er flog von Baum zu Baum, bis sie zuletzt sahen, wie er in einem Loch unter dem Fuß einer Rieseneiche verschwand. Sie erzählten dies dem König, und er sagte, er wolle ohne ihn nicht leben. Sein Königreich gebe er dem, der ihm den Vogel verschaffe. »Hätte ich Geräte bei der Hand, ich stiege ihm nach in die Tiefe«, sagte Art. Da befahl der König ihnen, sich die Geräte zu beschaffen. Er wollte unterdessen hierbleiben und das Loch bewachen.

Die drei Söhne gingen fort und kamen bald wieder mit einem großen Bottich und einem langen Strick. Sie befestigten das Gefäß am Strick, und Art stieg hinein. »Bemerke ich irgendeine Gefahr«, sagte Art, dann rufe ich, daß ihr mich heraufziehen sollt.«

Es dauerte nicht lange, da schrie er, sie sollten ihn schnell hochziehen. Sobald er reden konnte, sagte er, er habe einen riesigen Menschen auf sich zustürzen sehen, der habe ihn mit einer blutigroten Lanze durchbohren wollen. Nie wieder würde er hinabsteigen, und wenn er ganz Irland ungeteilt bekäme! Neart zog sein Schwert und wollte hinabgelassen werden, aber ihm geschah es ebenso. Da sagte der König, er wolle selbst hinabsteigen. Ohne diesen Vogel möge er nicht leben.

»Du wirst nicht eher hinabsteigen, als bis ich es zuerst versucht habe«, sagte Ceart. »Und ich kehre ohne den Vogel nicht zurück.« Damit zog er sein Schwert und sagte: »Wenn ich lebe, werde ich nach Ablauf von neun Tagen zurück sein, und ihr werdet von mir hören. Haltet dann die Geräte bereit, um sie zu mir hinunterzulassen.«

Ceart stieg in das Gefäß und wurde hinabgesenkt. Er kann nicht weit, da bemerkte er unten im Loch einen kleinen Mann mit einem Spieß. Ceart sprang aus dem Gefäß heraus und packte den Kleinen an der Kehle.

»Laß los, Königssohn! Ich bin kein Feind, sondern jedem tapferen Manne hold. Vor dir kamen zwei Männer ohne Mut.«

Ceart ließ los und sprach: »Bist du ein Freund, so sage mir, wo ist der Vogel, der vor kurzer Zeit herabgeflogen kam. Mein Vater kann ohne ihn nicht leben.«

»Jener Vogel ist jetzt weit fort von dir. Es ist die Königstochter des Landes hier und die heißt ›der Vogel mit dem lieblichen Gesang‹. Sie und ihr Vater besitzen Zauberkraft. Viele Königssöhne büßten ihr Leben ein auf der Jagd nach dem ›Vogel mit dem lieblichen Gesang‹. Doch wenn du meinen Rat befolgst, wirst du ihn fangen, ohne dein Leben zu verlieren.«

»Ich will deinen Rat befolgen und werde dir dankbar sein.«

»Gut,« sagte der Kleine. »Hier ist ein Schwert und ein Mantel für dich. Nun verfolge jenen Weg, bis du zur Linken ein großes Haus erblickst. Geh hinein, die Frau des Hauses wird dich willkommen heißen und dir ein kleines weißes Pferd geben. Das bringt dich zum Königsschloß hin. Tu alles, was das Pferd dir sagt, und du wirst nicht gefährdet sein. Nachdem du die Tochter des Königs, den ›Vogel mit dem lieblichen Gesang‹, erworben hast, kehrst du zu der Frau des großen Hauses zurück.«

Und so geschah es auch. Die Frau gab ihm das kleine weiße Pferd. Sie sagte ihm, er sollte den Ratschlägen des Tierchens in jeder Weise folgen. Das Pferd lief schnell, und als die Sonne am Abend niederstieg, erreichten sie ein großes Schloß.

»Nun«, sagte das weiße Pferd, »hier ist das Schloß des Königs. Er wird bald zu einer Unterredung mit dir herkommen. Tu so, als ob du große Zauberkraft hast, und genieße nichts von Speise und Trank im Königsschloß.«

Ceart sagte, wer er war und daß er gekommen sei, seine Tochter zu suchen, den »Vogel mit dem lieblichen Gesang«. Der König antwortete, daß er besser zu Hause geblieben wäre, aber wenn er sie verdiene, solle er sie haben. Er sagte: »Nun höre mich an. Ich werde mich drei Morgen hintereinander verstecken; und du sollst dich die drei folgenden Morgen verstecken. Findest du mich, ohne daß ich dich entdecke, sollst du meine Tochter haben. Doch findest du mich nicht, ich aber finde dich, so verlierst du deinen Kopf.«

»Ich bin mit der Bedingung einverstanden«, sagte Ceart. Der König bat ihn herein und wollte ihm zu essen geben, aber Ceart

antwortete, daß er nur einmal alle neun Tage esse. Er brachte das kleine Pferd in den Stall und gab ihm Hafer, Heu und Wasser.
Da sprach das Pferd zu ihm: »Stecke deine Hand in mein rechtes Ohr und ziehe das Tischtuch heraus, das darin ist. Breite es auf den Boden.« Er tat es, und im Augenblick hatte er auf dem Tischtuch Speise und Trank.
»Nun«, sagte das Pferd, »stecke das Tischtuch wieder zurück in mein Ohr und lege dich bei meinem Kopfende nieder. Ich werde bis morgen über dich wachen.« Er gehorchte und schlief behaglich, wie auf einem Daunenbett und ohne aufzuwachen bis zum anderen Morgen.
Als er aufgestanden war, gab er dem Pferd Hafer, Heu und Wasser, zog das Tischtuch heraus und aß und trank, bis er genug hatte. Als er das Tischtuch zurücksteckte, sagte das kleine weiße Pferd: »Der König hat sich versteckt. Aber es eilt nicht damit, daß du ihn ausfindig machst. Ich weiß, wo er ist. Warte ein Weilchen und gehe dann in den Garten hinaus, der hinter dem Schloß ist. Dort wirst du einen Baum sehen, der zwei Äpfel trägt. Der König steckt mitten im Apfel, der am höchsten hängt. Nimm den Apfel und teile ihn mit deinem Messer in zwei Hälften. Der König wird dann zu dir heraustreten.«
So geschah es auch, und der König sagte, »diesmal habe der Prinz gewonnen, doch morgen wird es nicht so sein.« Ceart erwiderte, man werde sehen.
Am Abend fütterte er wieder das Pferd, bekam von ihm Speis und Trank und konnte gut bewacht schlafen. Früh am Morgen stand er auf, fütterte wieder das Pferd, und auch er selbst aß und trank.
»Der König hat sich versteckt,« begann das Pferd, »aber ich weiß, wo. Sorge dich deshalb nicht, wenn er auch bis zur Mittagszeit verborgen bleibt. Er steckt im Bauche einer kleinen Forelle im See hinter dem Schloß. Wenn du an das Seeufer kommst, wirf ein Schwanzhaar von mir hinein, und die Forelle schwimmt dann ans Ufer. Fasse sie mit festem Griff, ziehe dein Messer heraus und schneide sie auf. Der König wird dann zu dir herauskommen.«
Etwa um die Mittagszeit ging Ceart zum See, fand dort die Forelle und zog sein Messer. Er war drauf und dran, sie aufzuschlitzen, als der König heraussprang und sagte: »Du hast das zweitemal gewonnen. Doch morgen bekommst du mich nicht.«
Das dritte Mal versteckte sich der König im Ring seiner Tochter. Um die Mittagszeit ging Ceart ins Schloß. Die Königstochter bewillkommnete ihn. Er begann, ihr Liebeserklärungen zu machen. Als sich Gelegenheit dazu fand, entwand er ihr den Ring. Sie war sehr zornig und sagte, wenn ihr Vater zu Hause wäre, wagte er so etwas

nicht. Aber Ceart antwortete: »Je nun, wirklich, da du so zornig wirst, sieh, da werfe ich deinen Ring ins Feuer« – da sprang der König zu ihm heraus.
Der König mußte zugeben, daß Ceart nochmals gewonnen hatte. Doch sagte er, morgen und die folgenden Tage würde er den Prinzen finden. Dann stünden sie gleich, aber er müsse sagen, daß Ceart ein kluger, geschickter Mann sei.
In der Nacht darauf besorgte Ceart das Pferd, aß und trank und legte sich beim Kopf des Pferdes nieder, um zu schlafen. Am Morgen mit der Dämmerung stand er auf, besorgte das Tier und stärkte sich selbst an Trank und Speise.
»Nun«, sagte das Pferdchen, »es wird Zeit für dich, daß du dich versteckst. Zieh ein Haar aus meinem Schwanz, schlüpfe an die Stelle des Haares und zieh dieses hinter dich.«
Er tat es und blieb bis Sonnenuntergang in dem Versteck. Dann kam er heraus, trat hin vor den König und sagte, die Sonne sei untergegangen, und er hat ihn nicht gefunden. »So wird es morgen nicht sein«, antwortete der König.
Am nächsten Morgen sagte das kleine weiße Pferd, er solle seine Hand in sein Maul stecken und seinen Backenzahn herausziehen, dann in dieses Loch kriechen und den Backenzahn hinter sich nachziehen.
Er tat es und blieb dort, bis die Sonne unterging, und das Pferd ihn aufforderte, herauszukommen. Er trat vor den König hin und sagte, der zweite Tag sei vergangen, und er habe ihn nicht gefunden.
»Warte bis morgen, und ich will dich schon finden! Und wenn du zur Hölle hinabsteigst! Ich weiß den Ort, an dem du zu sein pflegst.«
Am nächsten Morgen sagte das kleine Pferd: »Es wird Zeit, daß du dich versteckst. Zieh einen Nagel aus meinem linken Hinterhuf, klettere an seine Stelle hinein und zieh den Nagel hinter dir zu. Der König wird unverweilt erscheinen und mich töten; denn ein blinder Seher, den er hat, sagte, du seist in meinem Bauche versteckt. Aber ich werde wieder ins Leben zurückkehren. Tu du unterdessen, was ich dir jetzt sage. Wenn die Sonne am Abend sinkt, verlaß dein Versteck, fasse mit der Hand in mein rechtes Ohr und ziehe ein Fläschchen hervor, das dort steckt. Reibe meine Zunge mit der Flüssigkeit in der Flasche, und ich werde so heil aufstehen, wie ich jetzt bin.«
Ceart tat, was ihm das kleine Pferd gesagt hatte, und war gar nicht lange in seinem Versteck, als der König mit dem blinden Seher eintrat. Sie töteten das Pferd und schlitzten es auf. Jeden Zoll durchsuchten sie in ihm. Aber sie fanden Ceart nicht. Der König war sehr ergrimmt und sagte zu dem blinden Seher: »Ich zahle dir schon

mehr als zweimal zwanzig Jahre Gold, und nun kannst du mir nicht einmal sagen, wo der Mann versteckt ist. Auf deinen Rat hin tötete ich das Pferd jenes Menschen. Ich glaubte, ich könnte ihm das Haupt abschlagen, und er hat statt dessen meine Tochter gewonnen.«
(Zu ergänzen habe ich hier: Man erwartet vom Seher immer, daß er Sachen in einem Zauberbuch nachschlägt. Er sagte dem König nun, daß der junge Mann seine Tochter verdient habe, denn er besitze viel mehr Zauberkraft.)
An jenem Abend nun, als die Sonne unterging, kam Ceart heraus, fand das Öl, rieb dem Pferd damit die Zunge ein, und es stand auf, so heil, wie es vorher gewesen war.
»Nun«, sagte das kleine weiße Pferd, »gehe hin zum König und sage ihm, er solle dir den ›Vogel mit dem lieblichen Gesang‹ herausgeben, oder du schlügst ihm das Schloß ein.«
Ceart ging zum König und überschüttete ihn mit Vorwürfen, weil er sein Pferd getötet hatte, welches er, Ceart, wieder ins Leben befördert habe. Der König fürchtete sich sehr. Er führte die Tochter heraus und dagte: »Geh' aus meinem Lande!«
Das Pferd brachte sie an das Haus, in dem Ceart es empfangen hatte. Die Frau in dem Haus schickte sie zu ihrem Bruder, der am Fuße des Loches war. Er begrüßte den Königssohn und den »Vogel mit dem lieblichen Gesang«.
Ceart rief nach oben, wo Art und Heart standen. »Laßt das Faß herab«, sagte er, »ich habe hier den ›Vogel mit dem lieblichen Gesang‹ hinaufzubefördern. Es ist eine Königstochter und das hübscheste Weib in der Welt.«
So wurde die Königstochter nach oben gezogen, und als die beiden Brüder sie sahen, wollten beide sie haben. Statt das Gefäß nochmals zu Ceart hinabzulassen, begannen beide zu kämpfen, bis sie vor dem »Vogel mit dem lieblichen Gesang« tot dalagen. Sie wußte nicht, was sie anfangen sollte. Seit sie den Boden Irlands betrat, war ihre Zauberkraft von ihr gewichen. Sie rief zu Ceart hinab und erzählte ihm, was geschehen war.
Der König sorgte sich um Ceart. Die alte Frau kam zu ihm und sprach: »Geh' hin in den Wald. Du wirst von deinem Sohne Ceart Nachricht erhalten.« Er ging hin an das Loch und fand seine beiden Söhne dort tot vor, und eine schöne Frau stand dabei »Wer bist du? Und wer tötete meine beiden Söhne?« fragte er.
»Ich bin ›der Vogel mit dem lieblichen Gesang‹. Deine beiden Söhne töteten sich gegenseitig im Kampfe um mich. Dein Sohn Ceart, der mich von meinem Vater gewann, ist dort unten am Fuße des Loches.«
Der König ließ das Faß hinab und zog Ceart hoch, und der erzählte

ihm alles, was er erlebt hatte. Der König führte Ceart und den »Vogel mit dem lieblichen Gesang« in sein Schloß und schickte Leute aus, die beiden andern zu begraben. Als die Königin hörte, ihre zwei Söhne wären tot, wurde sie wahnsinnig und ertränkte sich selbst.

Kurze Zeit darauf heiratete Ceart die Prinzessin. Sie feierten eine große Hochzeit. Als der König starb, wurde Ceart gekrönt, und er und der »Vogel mit dem lieblichen Gesang« lebten lange, froh und glücklich.

Das irische Märchen ist differenzierter als das russische und hat mehr Nuancen. Auch hier verbergen sich beide Parteien voreinander, der König vor dem Helden und der Held vor dem König, jeder drei Male. Der gemeinsame Faktor besteht darin, daß eine Art inzestuöser Situation zwischen Vater und Tochter in der Unterwelt existiert. Der Zar möchte seine Tochter nicht hergeben, und der irische unterirdische Märchenkönig möchte seine Tochter ebenfalls nicht hergeben, ausgenommen jenem Schwiegersohn, der ihn durch schwarze Magie zu überwinden vermag. Der Zar scheint böser zu sein als der irische Märchenkönig. Dieser möchte sich nicht von seiner Tochter trennen, sondern sie in der Unterwelt behalten, während der schwarzmagische Zar Freude daran hat, Menschen zu köpfen.

Der Ring der Tochter ist ein beliebtes Versteck. Es ist interessant, daß im russischen Märchen sich der Held im Ring verbirgt, im irischen der Vater. In beiden Erzählungen hilft ein Tier, die Frage zu entscheiden. Ohne sein kleines weißes Pferd hätte der irische Held nie gesiegt, und wenn im russischen Märchen der Vogel Magovej nicht eingegriffen und den Helden nicht von dort, wo er sich verbergen wollte, hinweg- und an einen anderen Ort getragen hätte, wäre er gefunden worden. Einen Unterschied gibt es darin, daß Mogovej wütend ist und seinen frechen Eindringling aus dem Nest haben möchte, während in der irischen Geschichte das Pferd wirklich das mitwirkende hilfreiche Tier ist, das wir aus anderen Märchen kennen. In der russischen Geschichte verwandelt sich der Held in verschiedene Tiergestalten, wird aber schließlich in Gestalt eines Feuersteins gerettet. Im irischen Märchen ist es der König, der sich in Symbole des Selbst verwandelt, z. B. in einen Apfel, eine Forelle und den Stein im Ring. Der Held verbirgt sich einfach an einem freien Platz, einem sehr kleinen, im Körper seines Pferdes.

Wenn wir beide Geschichten miteinander vergleichen, liegt der entscheidende Faktor in der russischen Geschichte wirklich darin, daß der Held schließlich als Feuerstein gerettet wird, d. h. in einer Gestalt, in der der Zar ihn nicht finden kann und aus der er am Schluß der Geschichte freiwillig herauskommt. Der Feuerstein hat für eine primitive Auffassung magische Qualitäten, weil aus ihm Feuer kommen kann. Er ist ein weitverbreitetes Symbol des Selbst. Die westliche Alchemie nennt ihn einen Stein, »der einen Geist in sich trägt«. Er ist eine Variante des »Stein des Weisen« in der Alchemie. Da der Feuerstein so etwas wie einen Geist des Feuers aus sich selbst hervorbringt, trägt er schon von jeher die Projektion einer Vereinigung der Gegensätze. Die tote Materie trägt den Funken des göttlichen Feuers in sich. In vielen Erzählungen nordamerikanischer Mythen z. B. ist er das Symbol verschiedener Erlösergestalten und stellt die auf Erden erscheinende Gottheit dar.

In einem irokesischen Mythos nehmen zwei göttliche Mächte, die auf Erden erscheinen, die Gestalt eines Erlösers und eines Gegenspielers an, dessen Name »Feuerstein« ist. Wenn man sich vorstellen kann, welch gewaltige Bedeutung ein Stein zum Feuer-Entzünden für einsame Jäger in den Wäldern hat und für Menschen, die noch keine Elektrizität besitzen, dann versteht man, daß der Feuerstein für sie ein Lebensretter ist, gleichsam der göttliche Helfer des Menschen. Darum können wir sagen: Jeder, der im Selbst leben, seine Ichpersönlichkeit loslassen und sich gleichsam in den innersten Kern seiner Psyche zurückziehen kann, der kann sich in das unsichtbare Schloß des Selbst in seinem Innern begeben, wo er für die Angriffe des Bösen nicht zugänglich ist. Das Selbst ist aufgrund der Möglichkeit, daß man sich dorthin zurückziehen kann, das einzige sichere Versteck, wenn das Böse versucht, einen in seine Machenschaften zu verwickeln. Das Märchen sieht aus wie ein Zauberwettstreit, in dem es entscheidend darauf ankommt, wer für den anderen

unsichtbar werden kann. Diese Geschichte ist deutlich kompensatorisch in Kulturen und Ländern, wo das vorherrschende und kollektive Ideal das einer heroischen Handlung ist.
Da ist eine starke Analogie zu östlichen buddhistischen Ideen. Buddha bekämpfte auch das Böse nicht. Er zog sich vor ihm zurück und machte sich durch Unsichtbarkeit unverletzlich. Es gibt eine berühmte indische Legende, in der Mara, der Herrscher der Dämonen, schließlich genug von Buddha und seiner Lehre hatte, die seine Macht über die Menschen schwächte. Er plante einen Generalangriff aller bösen Mächte und mobilisierte eine ganze Million Teufel, die er in der Unterwelt hatte. Als sie alle bewaffnet und wohl organisiert waren, gingen sie los, um Buddha zu vernichten. Aber Buddha ließ sich nicht ans Kreuz schlagen wie Christus, noch kämpfte er wie ein Sonnenheld. Er war einfach nicht da. In Tempeln kann man berühmte Skulpturen sehen mit dem leeren Lotusthron Buddhas und allen zwanzigtausend Dämonen, die ihre Waffen schwingen und sehr enttäuscht dreinschauen, weil Buddha nicht zu Hause ist und sie ihn nicht finden können. Diese introvertierte Weise, nicht gegen das Böse zu kämpfen oder sich in dessen emotionale oder sonstige Affekte verwickeln zu lassen, sondern sich einfach in die innere Leere des Selbst zurückzuziehen, ist im Osten zu einer bewußten kollektiven Lehre geworden. In westlichen Erzählungen finden wir sie hauptsächlich im Bereich der Märchen als eine Art Kompensation gegenüber unseren allzu aktiven Heldenidealen.
Die irische Geschichte finde ich interessanter, weil sowohl König als auch Held sich verbergen und es aufschlußreich ist, die Unterschiede zu vergleichen. Der Märchen-Unterweltkönig erhält sein Wissen durch technische Mittel, der schwarzmagische Zar hat ein Buch. Beide haben als Helfer einen blinden Seher, gleichsam einen Druiden, eine Priesterpersönlichkeit. Solche Seher, Dichter und Medien waren oft blind, denken wir an Homer oder Teiresias. Der Held im russischen Märchen hat seine eigenen magischen Fähigkeiten, die ihm aber auch nicht weit helfen, da er keinen anderen Ratgeber hat. Er kann sich in alle magischen Gestalten verwandeln, während im irischen Märchen

die ganze Gegenmagie von dem kleinen weißen Pferd geleistet wird, das Ceart in der Unterwelt von einer weiblichen Gestalt erhält. Er besitzt also die Unterstützung eines weiblichen Prinzips gegen ein männliches, eines Tieres gegen magisches Wissen. Hier stellt das Märchen instinkthafte Spontaneität, das Wissen eines Pferdes auf eine höhere Ebene als das magische Buchwissen des Königs. Buchwissen bedeutet eine Art Tradition, ein Wissen um psychische Gesetze und Ereignisse, die bereits niedergelegt und durch die Generationen hindurch weitergegeben wurden. Lange vor der Einführung des Schreibens hatten die verschiedenen Kulturen in unseren Ländern eine Sammlung traditionellen Wissens, und wir müssen annehmen, daß der blinde Seher seine keltischen Druiden- und Medizinmann-Lehren der Vergangenheit besaß. Denn obwohl wir uns hier in der irischen Unterwelt befinden, in einer völlig vorchristlichen Schicht des kollektiven Unbewußten, gibt es schon kulturelles Wissen. Sogar bei sogenannten primitiven Stämmen, in Polynesien oder bei den Buschmännern in Afrika, gibt es eine mündliche Überlieferung von Geschichten und Wissen, das über Generationen hin weitergegeben wird.

Dieses Wissen scheint uns von höchstem Wert zu sein, die höchste Weisheit, die dem Wesen alles psychologischen Funktionierens nahesteht. Je primitiver ein solches Wissen ist, um so bedeutsamer und aufschlußreicher ist es, um so mehr der Untersuchung wert, weil es ja der Funktion der unbewußten Psyche eines modernen Menschen so nahe ist. Jedoch auch es ist schon formuliert, und man geht in einer gewissen Tradition damit um. Deshalb ist es teilweise angepaßt an das bewußte Leben solcher Nationen. Im Vergleich dazu sind das Pferd und sein magisches Wissen unmittelbarer und persönlicher. Es ist eine spontane Reaktion aus der tiefsten instinkthaften Schicht der individuellen Persönlichkeit – jedesmal einzigartig, da es immer improvisiert ist und in neuer Form aus der spontanen Lebensgrundstruktur der Psyche aufsteigt. Aus diesem Grund erweist sich der Rat des Pferdes als überlegen im Vergleich zur großen Weisheit, die vom blinden Seher, seinen Büchern und Traditionen kommt. Er ist überlegen, weil er nicht von irgend jemandem berechnet werden kann. Sobald man traditionelles, festgelegtes Wissen irgendwelcher Art besitzt, kann es auch mißbraucht werden. Böse Mächte können davon Besitz ergreifen und es für eigene Zwecke benutzen. Kreative, instinkthafte Spontaneität ist jedoch nicht voraussehbar, und der andere kann nie sagen, was sich ereignen wird. Sie ist völlig kreativ, wesentlich unvorhersehbar und insofern allem anderen Wissen überlegen.

Oft erlebten wir, die wir Jung persönlich kannten, untereinander, daß man seine Reaktionen nie im voraus abschätzen konnte. Nie wußte man, wenn er zu einer Situation hinzukam oder beabsichtigte, etwas zu sagen oder einzugreifen, was er sagen oder tun würde. Jedesmal war es eine völlige Überraschung, manchmal sogar für ihn selbst, wie er schmunzelnd bemerkte. Daher plante er sein Handeln auch selten bewußt. Er beantwortete Fragen und Situationen aus dem Augenblick heraus. Er ließ das »Pferd« seine Weisheit hergeben, und deshalb wußte niemand, was gesagt werden könnte oder sollte. Ich versuchte mir oft vorzustellen, was er in dieser oder jener Situation sagen könnte, fiel jedoch immer aus allen Wolken, wenn ich mit der Realität konfrontiert wurde. Sie war immer anders als sogar diejenigen, die ihn schon lange kannten, sich vorstellen konnten.

Diese kreative Spontaneität, die aus den wesenhaften Tiefen oder dem Zentrum der Persönlichkeit entspringt, ist hier von einem Pferd dargestellt, da es eine Art halbbewußte Reaktion ist. Doch ist das einzige, was den Angriff des Bösen überwinden kann, sogar wenn er sich mit einer gewissen Intelligenz und mit der Tradition der Vergangenheit verbündet hat. Heute sind wir meiner Meinung nach in einer solchen Situation. Die Menschheit ist nicht von starken mörderischen Impulsen bedroht, obwohl sie hier und dort durchbrechen, wie es vermutlich immer geschieht, wenn der Pöbel wild wird und die animalischen Kräfte losgelassen werden. Die wirkliche Gefahr für uns besteht dann, wenn diese Kräfte sich mit wissenschaftlicher Intelligenz verbinden. In der Atomphysik verbünden sie sich mit den höchsten Errungenschaften naturwissenschaftlicher Erkenntnis. Diese Kombination kann praktisch mit nichts verglichen werden, aber unser Märchen hier sagt, daß dennoch etwas ihr überlegen ist: eine Rückkehr in die innerste Ursprünglichkeit der Tiefen unserer eigenen Psyche mit ihrer unbesiegbaren Klarsicht und Naturweisheit. Mit ihr können wir möglicherweise sogar diese teuflischen Kräfte überwinden.

14 Der Kern der Psyche

Der Archetyp des Zauberwettkampfes ist in nahezu allen Gesellschaften und auf allen Kulturstufen zu finden. In primitiven Kulturen gibt es ihn in Gestalt verschiedener Medizinmänner, größerer und kleiner, die miteinander wetteifern, wobei jeder von ihnen einen Macht- und Einflußbereich über eine bestimmte Gruppe im Stamm oder über einen Nachbarstamm sich schafft, während er seinen Rivalen zu eliminieren versucht. Größere und kleinere Schamanen fordern einander oft heraus, wer sich in der Magie besser auskennt, und sie versuchen einander dabei auszustechen.

Spuren davon gibt es sogar in christlichen Legenden. Der Gnostiker Simon Magus erhob den Anspruch, das Göttliche auf Erden darzustellen. Er war nicht nur ein Rivale Christi, sondern ebenso von Petrus. Beide trafen sich angeblich in Rom, um das miteinander auszutragen. Simon Magus versuchte zu demonstrieren, daß er fliegen könne, und Petrus benutzte Magie gegen ihn, so daß jener, als er mit ausgebreiteten Flügeln über eine Klippe ging, herunterfiel und tot war. Es gibt spätere Geschichten von Heiligen, die auf ähnliche Weise mit Zauberern oder mit Hexen kämpften. Wir haben hier, so könnte man sagen, den Archetypus des Verfahrens, das Böse mit Witz, Intelligenz und Wissen zu überlisten, statt mit brutaler Gewalt zu eliminieren. Wenn Wissen mit einem höheren Bewußtseinszustand verbunden ist, ist es vielleicht das größte Mittel, um das Böse zu bekämpfen; ist es aber vom Bewußtsein getrennt, dann steht nur ein magischer Trick gegen den anderen.

Der Rivale, dessen Wissen tieferes oder weiteres Bewußtsein bedeutet, wird vermutlich gegen den gewinnen, der traditionelles Wissen nur benutzt, ohne dessen Bedeutung zu kennen, da er nicht wesenhaft mit ihm verbunden ist. In diesem Sinn kann alles und jedes als schwarze Magie benutzt werden, denn jeder Rivale wird behaupten, daß er der weiße und der andere der schwarze Magier sei.

Aus diesem Grund benutze ich die Worte »weiße und schwarze Magie« nicht, weil sogar die Bibel oder der Text der Messe zu schwarzer Magie gegen dunkle Mächte benutzt werden kann. Ob Magie weiß oder schwarz ist, hängt davon ab, wie und mit welcher Einstellung man sie benutzt.

Ich war oft verblüfft über die Tatsache, daß sogar im Zen Buddhismus in Unterhaltungen zwischen erleuchteten Meistern oder in jenen, wo Meister unbekannte Mönche testen, um zu sehen, ob sie Satori erlangt haben, manchmal ein unangenehmer Unterton eines Macht- oder Zauberwettstreits vorkommt. Als ich das Jung gegenüber erwähnte, sagte er lächelnd, daß sich vom Machtkampf alter Schamanen viel in Zen-Wettstreite eingeschlichen habe. Das ist selbstverständlich keine allgemeine Feststellung. Sie bezieht sich auf gewisse Einzelfälle und trifft nicht alles, aber es ist eine Gefahr, die im Hintergrund lauert. Und nicht zuletzt findet man das gleiche in der Psychologie in der unangenehmen Art und Weise, in der die meisten Analytiker sich zu ihren Kollegen in eine rivalisierende Beziehung setzen. Sogar mit der Beziehung zum Unbewußten kann man rivalisieren.

Oft nähern sich Menschen dem Unbewußten mit einem inneren Nützlichkeits- oder Machtstandpunkt. Sie möchten das Unbewußte erforschen, um mächtiger, stärker zu werden oder ihre Umgebung zu beherrschen. Oder sie nähern sich ihm mit dem geheimen Ehrgeiz, eine Manapersönlichkeit, ein »Meister« zu werden. Das ist besonders eine Krankheit von Psychologiestudenten. Wenn jemand in Alleinarbeit an sich selbst eine gewisse höhere Stufe erlangt hat, möchte der Student es in der gleichen Weise haben. Wenn er intelligent ist, denkt er: »Oh, ich folge genau der gleichen Methode und tue genau das gleiche wie mein Meister, dann werde ich die gleichen Ergebnisse erzielen.« Ein solcher Mensch bemerkt nicht, daß er sich selbst täuscht. Seine Annäherung ans Unbewußte ist nicht ursprünglich, sondern mit einem Trick entstellt oder durch eine intellektuelle Forscherhaltung verbogen. Das Unbewußte ist so etwas wie ein wunderbarer Wald, dessen Tiere er fangen möchte, oder ein Acker, den er in Besitz nehmen möchte.

Wenn das Bewußtsein eine solche Haltung annimmt, wird auch das Unbewußte tricksterhaft. Die Träume werden widersprüchlich, sagen erst ja, dann nein, links und dann rechts, und man merkt, daß der Archetyp des Trickstergottes Merkur am Werk ist, der das Bewußtsein auf tausend Wegen in die Irre leitet. Solche Menschen geben meist nach längerer Zeit eines ehrlichen und verzweifelten Kampfes mit ihrem Unbewußten auf und sagen: »Das Unbewußte ist ein hoffnungsloser Abgrund und führt in die Irre, man kommt nie an sein Ende, denn die Träume sagen sowohl dies als auch das Gegenteil.«

Solche Menschen realisieren nicht, daß sie diese Tricksterqualität in ihrem eigenen Unbewußten konstellieren – durch die Trickster-Einstellung ihres Ichs gegenüber dem Unbewußten. Sie möchten das Unbewußte betrügen und aushorchen, sie möchten es, mit Hilfe einer leichten, sehr fein gesponnenen Machthaltung, in ihre Tasche stecken, und das Unbewußte antwortet mit einer Spiegelreaktion. Es gibt sogar Menschen, die nach der Lektüre Jungs versuchen, ihre Individuation auf diese Weise zu forcieren, indem sie sagen: »Wenn ich tue, was Jung tat: jeden Traum aufschreiben, aktive Imagination machen usw., dann werde ich ES erlangen.« Mit forcierender, unterdrückender Ichhaltung begeben sie sich in solches Unterfangen, das von Anfang an unehrlich ist und sie dann in endlose Schwierigkeiten bringt. Das wäre eine moderne Variation des uralten archetypischen Motivs vom Zauberwettstreit.

Sowohl im russischen wie im irischen Märchen ist derjenige der Held, der mit der Tochter des Magiers in Kontakt treten kann. Es ist also in beiden Fällen das weibliche Element, das das Problem entscheidet. Das muß man als kompensatorischen Faktor ansehen, denn immer dort, wo sich das Bewußtsein in einen magischen Wettstreit verloren hat, bedeutet das, daß es von hinten her durch eine Machthaltung besessen wurde. Die Prinzessin verkörpert das Gegenprinzip zur Macht: Liebe oder Eros. Darum gewinnt derjenige, der Liebe oder Eros besitzt, gegenüber der anderen Partei.

Als in der russischen Geschichte der Zar sein Königreich verspricht, wird klar ersichtlich, wie sehr er in einer Machthaltung gefangen ist. Die ersten beiden Jungen, die aufstehen und sagen, sie wollen es tun, tappen in die gleiche Falle, so daß es ihnen in gewisser Weise recht geschieht, daß sie geköpft werden. Sie hätten mit den Achseln zucken und sehen sollen, daß der Zar Unsinn von sich gab.

Der dritte Held dagegen kennt einen Weg, sich dem weiblichen Prinzip zu nähern, das sich in der Gefangenschaft des Zars befindet. Durch den Kontakt mit ihr und dem Vogel Magovej (der weiblich sein muß, weil er auf Eiern sitzt) gewinnt er. Dreimal hilft ihm das weibliche Prinzip: die Zarentochter, Magovej und das Mädchen, das den Feuerstein vom Feuerplatz nimmt und aus Versehen über ihre Schulter wirft und ihm damit erlaubt, in menschliche Form zurückzukehren. So entkommt er dem Feind, ebenso wie im irischen Märchen. Irgendwie kann der Zar den Wegen der verborgenen weiblichen Geistigkeit nicht folgen, denn jemand, der machtbesessen ist, kann die Haltung der Liebe nicht verstehen. Er wird sie stets falsch interpretieren, nach einem verborgenen Trick Ausschau halten und so auf den falschen Pfad gelangen.

In der irischen Geschichte besitzt der Feind verborgenes, schwarzmagisches Wissen aus alten Traditionen, die seit der Steinzeit unter den Menschen weitergegeben wurden. Magie ist wahrscheinlich eine der ältesten geistigen Aktivitäten des Menschen. Bei jedem Aufkommen einer neuen Bewußtseinshaltung sinkt die vorhergehende auf die Stufe der Magie herab. Daher ist Magie die ältere Form geistigen und religiösen Wissens und Tuns, überwunden von einer neuen religiösen Einstellung und daher ins Unbewußte abgesunken.

Hier gewinnt die Magie des Pferdes gegen die des blinden Sehers. Das ist eine keltische Geschichte, und das Unterwelt-Land ist offensichtlich das berühmte keltische Jenseits, wo Feen und Elfen leben, wohin die Toten gehen, woher die wunderschönen Seejungfrauen kommen und wo die Ritter des Mittelalters sich verloren. Dort wurde auch Merlin, der große Zauberer, behext. Das Land des Jenseits in der keltischen Mythologie hat einen romantischen Charakter und stellt das in der Oberwelt Verlorene dar.

Zuerst hatte der König eine positive Frau, die Mutter des Helden. Aber nach ihrem Tod heiratet er ein zweites Mal, und die Stiefmutter mit ihren beiden Söhnen versucht, den Helden zu verdrängen. Sie verkörpert eine giftige Machthaltung, möchte den ersten Sohn ausschalten und ihre Söhne auf den Thron von Irland setzen. Daher verschwindet die gesamte Welt des Gefühls, der Liebe und damit der Kunst, des Gesanges und der Schönheit im Unbewußten. Der Held ist derjenige, der es wieder heraufholen kann. Während in der Oberwelt eine destruktive Stiefmutter herrscht, findet er in der Unterwelt eine positive Mutterfigur, die ihm das weiße Roß schenkt, das ihm weiterhilft. Der Ausgleich wird also im Unbewußten, in der Welt des Eros, gefunden. Der Held, der keine Furcht kennt, hinabzusteigen, kann es von dort heraufholen.

Der übrige Kampf spielt sich im Unbewußten selbst ab, denn es ist tatsächlich ein Kampf zwischen dem weißen Pferd und dem magischen König der Unterwelt. Der Held kann sich ganz auf das Pferd verlassen, da es die ursprüngliche Instinktreaktion des Unbewußten verkörpert. Der Held versteckt sich im Loch eines ausgezogenen Haares, eines ausgezogenen Zahnes und schließlich eines dem Pferd ausgezogenen Hufnagels. Er muß Haar, Zahn und Nagel wieder an seine Stelle setzen und sich in diesem praktisch nicht-existenten kleinen Raum verbergen. Psychologisch betrachtet, zeigt dies, daß das Ich und sein bewußtes Planen und Tun praktisch ausgelöscht werden müssen. Nur bei einem völligen Verzicht auf jeglichen Eigenwillen kann das Pferd und seine göttliche Spontaneität hervortreten.

Das Pferd ist weiß, d. h. ein instinktiver Impuls mit der naturgegebenen Richtung auf das Bewußtsein hin. Der Wagen des Sonnengottes in Griechenland und Rom wurde von weißen Pferden gezogen, die Wagen von Nacht und Mond von schwarzen Pferden. Weiße Tiere wurden den olympischen Göttern geopfert, schwarze Tiere denen der Unterwelt. Das irische Märchen zeigt, daß gewisse instinkthafte positive Impulse von Natur aus in Richtung Bewußtsein drängen. Darum kann das Ich ihnen bis zum Ausmaß des völligen Nichtstuns trauen, indem es sich nur einfach ziehen läßt. Bei schwarzen Pferden würde das Problem weit schwieriger aussehen. In der Mythologie tragen schwarz und weiß keinen ethischen Charakter, sondern er entstand erst durch die spätere christliche Allegorie als eine künstliche Interpretation. In der vergleichenden Mythologie steht schwarz einfach für das Nächtliche, Chthonische, Unterwelthafte, das man bewußt nicht wissen kann, weiß dagegen für das Tageslicht, für Klarheit und Ordnung, aber je nach Situation können beide negativ oder positiv sein. Was hier ins Bewußtsein gebracht werden soll, ist der »Vogel mit dem wunderschönen Gesang«. In diesem Fall hat das Bewußtsein nichts anderes zu tun, als nicht im Weg zu stehen.

Huf, Zahn und Haar sind alte Mittel, sich gegen den Teufel zu verteidigen. Der Pferdehuf gilt als glückbringendes Symbol und trat an die Stelle des älteren Symbols der eisernen Nägel. Eisen hat in allen Ackerbaugebieten Europas magische Kräfte und die Fähigkeit, Teufel und Hexen zu vertreiben. Da der Held sich im Huf verbirgt, kann der Magier der Unterwelt ihn nicht erwischen, weil der Huf dämonenabwehrenden Charakter hat. Wenn der Teufel manchmal selbst mit Pferdefuß dargestellt wird, weist dies hin auf das »similia similibus curentur«.

Enttäuschend erscheint mir, daß das weiße Pferd am Schluß in der Unterwelt verschwindet, als Ceart aus dem Brunnen auftaucht. Es kehrt zur Muttergestalt zurück, von der es kam. Nur der Vogel mit dem wunderschönen Gesang kommt mit in die Oberwelt. Das bedeutet, daß der Heilungsprozeß stattgefunden hat, ohne daß das Bewußtsein völlig realisiert hat, was geschehen ist. Man kann das vergleichen mit jemandem, der durch eine kurze Analyse von gewissen Symptomen geheilt wurde und dann davongeht, ohne darüber nachzudenken, was geschehen ist, nur einfach glücklich über die Heilung. Das ereignet sich oft und ganz legitim unter jungen Leuten, die mit einem kleineren Symptom kommen und relativ schnell aus ihrer Schwierigkeit herauskommen. Sie bedanken sich, gehen wieder und kommen erst nach einigen Jahren wieder: »Ich möchte gern besser verstehen, was damals geschah.« Die natürlichen Aufgaben des Lebens wie Heirat, Beruf, usw. zogen sie in die Außenwelt, sie hatten noch keine Zeit, sich den inneren Prozessen zuzuwenden. Barbara Hannah hatte einmal einen solchen jungen Menschen, den sie dann zu einer glücklichen Heirat entließ, ihr Blumen und einen Glückwunschbrief schickte. Die junge Frau beantwortete ihn dankend und sagte, sie hoffe, daß dies nur das erste Kapitel gewesen sei und daß sie eines Tages zurückkommen werde. Zu dieser Zeit mußte sie ins Leben zurückkehren, zur Heirat und zum Kinderkriegen, aber sie wußte, daß sehr viel mehr geschehen war und daß es sie irgendwo berührte.

Heilungsprozesse können mehr oder weniger stattfinden, aber hier blieb etwas unerkannt in den Tiefen zurück, in diesem Fall das Pferd. Eine persische Geschichte berichtet uns etwas mehr über dieses weiße Pferd. Sie stammt aus Turkestan und heißt »Das Zauberroß«.

Das Zauberroß

Es lebte einst ein König, der eine schöne Tochter hatte. Als sie mannbar wurde, ersann der König ein listiges Rätsel. Er fütterte einen Floh so lange, bis er so groß und dick wie ein Kamel wurde. Dann schlachtete er den Floh, zog ihm die Haut ab und ließ in seinem ganzen Reiche verkünden: »Wer erkennt, von wem diese Haut ist, dem gebe ich meine Tochter zur Frau.« (Auch hier haben wir wieder einen sehr besitzergreifenden Vater, wie beim »Schwarzkünstler-Zar« und in dem irischen Märchen.)

Natürlich erriet niemand, daß dies die Haut eines Flohs war. Aber eines Tages kam ein armer, grindiger Bettler und sagte, er wolle das Rätsel lösen. Sie wollten ihn nicht in das Schloß lassen, aber er bestand darauf, daß er ein Recht habe, zu raten.

Als der König ihm die Haut des Flohs zeigte, sagte der Grindige:

»Aber natürlich! Dies ist die Haut eines Flohs.« Der König wurde wütend, aber er mußte seine Tochter diesem schrecklichen Mann geben.

Der Bettler entpuppte sich als Div, ein zerstörerischer Dämon, ein menschenfressendes Ungeheuer. Er nahm die Königstochter, und sie war ganz verzweifelt. Sie ging in den Stall hinab, schlang die Arme um ihr kleines Lieblingspferd und weinte. Das Pferd sagte, daß es ihr helfen werde; sie solle es mitnehmen, außerdem einen Spiegel, einen Kamm, etwas Salz und eine Nelke.

Als sie an die Höhle des Div kamen, war sie voll mit den Knochen von Menschen, die der Div schon gefressen hatte. Das Pferd sagte, daß sie fliehen müßten. Der Div kam aus der Höhle und folgte ihnen in einem Schneesturm, den er selbst herbeigeblasen hatte. Das Pferd wies die Prinzessin an, zuerst die Nelke, dann das Salz, dann den Kamm und zuletzt den Spiegel hinter sich zu werfen. Jedesmal entstand etwas Wundersames daraus, einmal etwa ein Dorngebüsch, das den Div aufhielt, aber am Ende holte er sie immer wieder ein. Der Spiegel (ihn warf sie zuletzt weg) verwandelte sich in einen breiten und reißenden Fluß. Der Div kam an den Fluß und fragte die Prinzessin, wie sie hinübergekommen sei. Die Prinzessin antwortete, daß sie sich einen großen Stein um den Hals gebunden hätte und ins Wasser gesprungen sei. Schnell machte der Div es ihr nach, aber auch dies half nicht.

Schließlich meinte das Pferd, daß alles nichts helfe, daß man mit dem Div kämpfen müsse. Und so sprang es ins Wasser. Die Prinzessin stand am Ufer und sah, wie das Wasser schäumte und sich rot färbte, und sie dachte, daß ihr geliebter Helfer, das Pferd, getötet worden sei. Aber nach einiger Zeit kam es an die Oberfläche und sagte: »Nun bist du für immer gerettet. Ich habe den Div erwürgt. Jetzt schlachte mich, wirf dann meinen Kopf zur Seite, stelle die Beine in vier Richtungen auf, meine Eingeweide wirf seitwärts und setz dich mit deinen Kindern unter die Rippen!« Die Prinzessin aber rief: »wie kann ich denn das tun? Dich, meinen Retter, zu töten!« Aber das Pferd sagte: »Es muß sein. So wie ich es sage, mußt du es tun.« So führte die Prinzessin alles aus, was das Pferd verlangt hatte. Da wuchsen aus den Beinen goldene Pappeln mit smaragdenen Blättern hervor, aus den Eingeweiden Dörfer, Felder und Wiesen und aus den Rippen ein goldenes Schloß. Aber aus dem Kopf entsprang ein silberhelles Bächlein. Mit einem Wort, die ganze Gegend wurde zu einem wahren Paradies. Hier fand die Prinzessin auch ihren Mann.

Auch hier gewinnt das Pferd den Kampf mit dem schwarzen Magier, der diesmal ein Div ist, ein destruktiver Dämon. Zuerst benutzt auch das Pferd Magie, indem es die Prinzessin Nelke, Salz, Kamm und Spiegel hinter sich werfen läßt. Aber die Magie allein hilft nicht. Dann kommt es zu einer richtigen Schlacht. Wir finden also hier eine Kombination beider Verhaltensweisen vor: Zauberwettstreit und direkter Kampf. Zuerst sollte man nicht kämpfen, dann soll man es; einmal soll man seinen Witz einsetzen, ein andermal nicht, einmal seine Kraft, ein andermal nicht. Das alles hat mit der zu Beginn erwähnten Paradoxie zu tun, die jeder, aus dem Unbewußten abgeleiteten Verhaltensregel anhängt.

Hier aber erfahren wir auch, was das Pferd wirklich bedeutet. Nach seiner Tötung wird es zu einem Mandala. Da die Geschichte aus Persien stammt, müssen wir mit indischem Einfluß rechnen. Die Häutung des Pferdes erinnert an das alte indische Pferdeopfer, das bei der Erschaffung der Welt das zentrale Ritual war. Man könnte also sagen, daß die Prinzessin das alte Hindu-Pferdeopfer wiederholt und dadurch eine neue Welt geschaffen wird. Was heißt das psychologisch? Das Pferd ist eines der reinsten Symbole unseres Instinktes, da es uns trägt, es ist jene Energie, von der das bewußte Ich dauernd unterstützt wird, ohne es zu bemerken. Sie bewirkt den Fluß des Lebens, wendet unsere Aufmerksamkeit Dingen zu und beeinflußt unsere Handlungen durch unbewußte Motivation. Es ist das Gesamtgefühl des Lebendigseins, der Fluß des Lebens, den wir nicht machen, sondern auf dem wir dahinfahren. Die meisten Menschen nehmen diese tragende Kraft ohne Frage hin. Sie lassen sich von ihren Impulsen, Bedürfnissen und Motivationen durchs Leben tragen und versuchen nur, nicht von ihren bewußten Plänen abgebracht zu werden. Die Kraft des Pferdes bewirkt eine Art unbewußter Gesundheit, d.h. wir folgen unbewußt dem eigenen animalischen pattern, ohne es in irgendeiner Weise zu befragen. Das Pferdeopfer bedeutet daher einen totalen Verzicht auf allen Energiefluß nach außen; mit anderen Worten: einen künstlichen, völligen Zustand der Introversion. Daß die Prinzes-

sin auf die Bitte des Pferdes mit so großer Traurigkeit reagiert, zeigt, wie schwierig ein solches Opfer ist, denn es bedeutet ja, alles abzuschneiden, was besonders naturhaft ist. Der spontane, unschuldige Lebensimpuls wird an seiner Basis scheinbar zerstört. Aber dadurch tritt das Selbst hervor, das dahinter verborgen war. Als moderne Analogie dazu soll der Traum eines Analysanden dienen.
Der Träumer war ein starker Alkoholiker. Aber er besaß eine Art einfacher Echtheit. Aufgrund seines Trinkens wurde er krank, und ein Freund riet ihm, in Analyse zu gehen. Er kam, sagte, er trinke und wolle geheilt werden. Man weiß, wie »ehrlich« das gewöhnlich ist. Für solche Leute gilt im allgemeinen das Sprichwort: »Wasch mir den Pelz, aber mach mich nicht naß!« Aber dieser Mann wollte wirklich den Pelz gewaschen haben. Seine Träume zeigten sehr deutlich, wo seine Schwierigkeit lag. Er lebte mit einer alten Hexe zusammen, die all seine Lebensfreude zerstörte. Trinken war nur ein Ersatz für das Leben, das sie von ihm fernhielt. Als ein Traum dies deutlich zeigte, brauchte ich ihm nicht einmal etwas zu sagen: er ging zurück, gab sein Zimmer auf, hatte einen schrecklichen Kampf mit der Hexe auszufechten und nahm irgendwoanders ein Zimmer. Naiv und echt, ohne jedes Argument, tat er alles, was seine Träume anzeigten und erfuhr auf diese Weise so etwas wie eine Wunderheilung. Monatelang rührte er keinen Alkohol an und fühlte sich weit besser. Außerdem heiratete er, sein Leben verlief in jeder Hinsicht geordnet, und es schien nichts weiter nötig. Ich vermutete, er würde die Anlayse beenden, denn es gab keinen weiteren Grund mehr für sie. Er war ein fröhlicher, gutherziger Extravertierter, und ich stellte mir vor, wie er ins Leben hinausgehen würde und nicht mehr an das denken, was ihm widerfahren war. Aber in diesem Augenblick hatte er folgenden Traum: Er war in einem Boot auf einem Fluß. Es war Sonntag, und auf dem Boot gab es Musik. Die Atmosphäre war gut, die Sonne schien, und er ging unter den Menschen umher, schaute auf den Fluß und freute sich. Von Zeit zu Zeit hielt das Schiff an einer Landestelle und fuhr dann weiter. Obwohl er weiterfahren wollte, dachte er an

einer der Landungsstellen, er könnte einmal aussteigen und das Schiff von außen anschauen, um seine treibende Kraft zu sehen. Also stieg er an der nächsten Station aus, stand am Ufer und schaute zurück. Zu seinem maßlosen Erstaunen sah er, daß das Schiff von einem riesigen Drachen getragen wurde, der darunter im Wasser war, und der war die Triebkraft des Schiffes. Der Drache war ein sehr wohlwollendes Geschöpf mit einem kleinen Kopf, und als der Träumer am Ufer stand, kam er und zwickte ihn am Ärmel, als wollte er sagen: »He, du!« Voller Erstaunen wachte er auf.

Aufgrund dieses Traumes entschied er sich, in der Analyse zu bleiben, um herauszufinden, was unterhalb seiner Wunderheilung sich befand, was wirklich das Lebensgeheimnis war. Zu meiner Überraschung stieg er dann in große Tiefen hinab und weit hinein in den Individuationsprozeß. Dadurch wurde er eine bemerkenswerte Persönlichkeit. Er starb aber relativ jung an einem Krebs.

Hier kann man gut den Wendepunkt sehen. Die Frage tauchte auf: »Soll ich weitersegeln, von der unbewußten Lebenskraft getragen, oder soll ich eine tiefere Frage stellen?« Dann zwickte der Drache ihn in den Ärmel und fragte: »Willst du nicht sehen, wer ich bin? Willst du nicht tieferen Kontakt aufnehmen?« Das tat der Mann auch.

Es zeigt sich, daß der tiefste Kern der Psyche, das Selbst, hinter dieser Lebenskraft des Pferdes steckt; es ist das verkleidete Selbst, das als ein unbewußter Drang erscheint. Der Drang nach Individuation ist aus unserer Sicht ein echter Instinkt, wahrscheinlich der stärkste von allen. Daher erscheint er zunächst als Tier, weil er eine spontane instinktive Kraft im Unbewußten ist. Aber es bedarf des Opfers oder des Kämpfens mit dieser Kraft, um seine tieferen Formen zu entdecken und hinter die Erfahrung zu gelangen, die es als eine Art göttlichen tragenden Impuls zeigt.

Das deutsche Märchen »Der Königssohn und die Teufelstochter« illustriert dieses Problem noch tiefergehend.

Der Königssohn und die Teufelstochter

Es war einmal ein König, der hatte in einem großen Krieg alle Schlachten nacheinander verloren, seine Heere waren alle vernichtet, und jetzt war er in großer Verzweiflung und im Begriff, sich umzubringen. In dem Augenblick erschien vor ihm ein Mann, der sagte zum König: »Ich weiß, was dir fehlt. Fasse Mut, ich will dir helfen, wenn du mir *en noa Sil* aus deinem Hause versprichst. Nach dreimal sieben Jahren will ich dann kommen und mir das Versprochene abholen.« Der König wußte nicht, wie ihm geschah; er dachte, der fremde Mann meine ein neues Seil (en noa Sil = eine neue Seele, und e noa Sil = ein neues Seil, klingen im Siebenbürgischen gleich), und einen so geringfügigen Preis versprach er ohne weiteres.

Sowie der König das Versprechen gegeben hatte, nahm der Fremde eine eiserne Geißel mit vier Schwänzen und knallte damit nach den vier Winden. Da strömte auf einmal von allen Seiten zahlreiches Kriegsvolk herbei. Mit dessen Hilfe gewann der König bald eine Schlacht nach der andern, so daß in kurzem sein Feind um Frieden bitten mußte.

Darauf zog er heim in sein Reich, und seine Freude über den Sieg ward noch größer, als er hörte, daß ihm ein Sohn geboren sei. Dreimal sieben Jahre waren bald zu Ende seit dem großen Kriege, sein Sohn war nun einundzwanzig und kraftvoll und schön, und der König hatte sein Versprechen schon ganz vergessen; da erschien plötzlich eines Tages der fremde Mann, der aber in Wahrheit der Teufel war, und verlangte die *noa Sil*. Der König ließ aus seiner Gerätekammer das längste neue Seil holen. Der Fremde aber wies es hohnlächelnd zurück und rief: »*eine neue Seele* habe ich gemeint, und das ist dein Sohn, der damals geboren war.«

Da entsetzte sich der König, raufte sich die Haare, zerriß seine Kleider, rang die Hände und wollte vor Schmerz fast vergehen. Das half aber alles nichts. Der Königssohn mit seinem unschuldigen, kindlichen Herzen tröstete den Vater und sagte: »Laßt es gut sein, Vater, dieser abscheuliche Höllenfürst wird mir doch nichts tun können!« Der Teufel fuhr zornig auf: »Warte, du junger Tugendspiegel, das sollst du mir schwer büßen!« damit faßte er ihn und führte ihn durch die Luft in die Hölle.

Dort zeigte er ihm das höllische Feuer und sagte, in dieses Feuer solle er morgen früh geworfen werden, wenn er in der kommenden Nacht nicht tun könne, was er ihm auftrage. Er zeigte ihm einen ungeheuren Teich. Diesen sollte er in der Nacht trockenlegen, in eine Wiese verwandeln, die Wiese mähen, Heu machen, das Heu in

283

Schober bringen, daß man es am Morgen nur gleich einfahren könne. Darauf schloß der Teufel den Königssohn ein. Da ward dieser sehr traurig und verzagt und nahm Abschied vom Leben. Auf einmal öffnete sich die Tür, und herein trat die Teufelstochter und brachte zu essen. Als sie den schönen Königssohn mit den verweinten Augen sah, da regte sich etwas in ihrem Herzen und sie sagte: »Iß und trink und sei guten Mutes, ich will schon dafür sorgen, daß alles geschieht, was mein Vater dir aufgetragen hat.« In der Nacht, als alles schlief, stand die Teufelstochter leise auf, ging an ihres Vaters Bett, verstopfte ihm die Ohren, nahm dann dessen eiserne Geißel mit den vier Schwänzen und ging hinaus vor den Palast und peitschte nach allen vier Weltecken. Da kamen von allen Seiten die Höllengeister herbei und taten die Arbeit.

Als am frühen Morgen der Königssohn zum Fenster hinausschaute, sah er zu seiner Verwunderung und Freude an der Stelle des Sees eine Menge Heuschober. Die Teufelstochter hatte, sobald alles vollendet war, ihrem Vater die Stopfen wieder aus den Ohren genommen und die Geißel neben ihn gelegt. Als der am Morgen erwachte, freute er sich in seiner Bosheit, daß er den Königssohn nun bald im höllischen Feuer sehen solle. Wie erstaunt war er aber, als er hinauskam und sah, daß sein Auftrag ausgeführt war! Da wurde er noch grimmiger und ging zum Königssohn und gab ihm eine neue Aufgabe. Er sollte über Nacht den großen Wald hauen und das Holz in Klaftern legen, so daß man es am Morgen einfahren könne. An die Stelle, wo der Wald war, sollte er einen Weingarten hinsetzen, in dem die Trauben so reif sein sollten, daß man morgen früh Weinlese halten könne. Und wieder erledigte die Teufelstochter die Arbeit für den Königssohn, indem sie ihrem Vater die Peitsche stahl.

Das dritte Mal wurde der Teufel mißtrauisch. Aber er sagte, er würde ihn freilassen, wenn es ihm gelänge, in der kommenden Nacht aus purem Sand eine Kirche zu bauen, mit Kuppel und Kreuz. Die Teufelstochter versuchte denselben Trick, aber die Diener des Teufels konnten diesen Auftrag nicht ausführen, sie konnten keine Kirche bauen, selbst nicht aus Steinen oder Eisen, geschweige denn aus purem Sand.

Die Teufelstochter befahl ihnen jedoch strikt, sogleich ans Werk zu gehen. Mehrmals brachten sie die Kirche bis zur Hälfte, da stürzte sie wieder zusammen; einmal war sie fast ganz fertig, die Kuppel gewölbt, es fehlte nur das Kreuz an der Spitze, als die Teufel es aber aufsetzen wollten, sank die ganze Kirche wieder zusammen.

Am Morgen war die Arbeit nicht getan. Da verwandelte die Teufelstochter sich schnell in ein weißes Pferd (wieder das weiße Pferd).

Sie sagte zum Königssohn, daß sie schnell fliehen müßten und daß sie ihn nach Hause bringen würde, und fort ging es im ärgsten Galopp.
Als am Morgen der alte Teufel erwachte, schien ihm alles so still; er suchte seine Geißel, sie lag aber nicht an ihrer Stelle. Da tat er seinen Mund auf und schrie, daß die ganze Hölle erzitterte; dadurch fielen ihm auch die Stöpsel aus den Ohren, und nun hörte er, daß draußen alles Hausgesinde schon an der Arbeit war. Er dachte jetzt an den Königssohn und ging zu dessen Zimmer. Als er aber hinkam, sah er die Türe offen, und der Königssohn war nicht da; er fand aber seine Geißel in einer Ecke liegen. Er knallte damit, und alle Teufel aus seinem Reich kamen herbei und fragten, was er denn jetzt schon wieder getan haben wolle. Sie hätten die ganze Nacht gearbeitet und wären müde. Er fragte, wer ihnen denn befohlen habe, und sie sagten, es sei seine Tochter gewesen. »Meine Tochter!« schrie der Höllenfürst wütend, »die Menschengefühlige! Jetzt ist mir alles klar.« (Dies ist ein wichtiger Satz!) Damit erhob er sich geradeauf in die Luft, verwandelte sich in eine schwarze Wolke und wollte die zwei zurückholen. Er erblickte sogleich das weiße Pferd und den Reiter. Er rief seinen Teufeln zu: »Auf, eilet fort dort hinaus, das weiße Pferd, das ihr antrefft, und seinen Reiter bringt mir tot oder lebendig hierher!« Da wurde der Himmel schwarz von den Scharen, die dahinflogen. Das weiße Pferd rief seinem Reiter zu, daß die schwarze Wolke, die ihnen folgte, das Heer ihres Vaters sei. Sie verwandelte sich in eine Kirche und den Prinzen in einen Pfarrer und sagte ihm, er solle sich an den Altar stellen und singen und auf Fragen nicht antworten. Das Heer nahte heran und wunderte sich über die große Kirche; die Türen standen alle offen; es konnte jedoch niemand über die Schwelle.
Der Königssohn stand als Pfarrer am Altar und sang immerfort: »Herr, sei mit uns! Herr behüte uns!« Er hörte die Fragen, ob er ein weißes Pferd mit einem Reiter darauf gesehen hätte, gar nicht.
Da gingen sie weiter und zogen bis an das Ende des Höllenreiches, und als sie unverrichteter Dinge am Abend heimkehrten, da sprühte der alte Teufel Zornesflammen. Am andern Morgen erhob er sich wieder gerade aufwärts in die Luft und sah in weiter Ferne die Kirche und hörte leise den Gesang. »Das sind sie!« sagte er bei sich, »nun wartet, ihr werdet mich nicht überlisten!« Er versammelte noch eine größere Schar als die frühere und rief: »Flugs auf, eilt hin zur Kirche, zerstört sie von Grund aus und bringt mir einen Stein mit und den Pfarrer tot oder lebendig.«
Aber dieses Mal hatte die Teufelstochter sich in einen Erlenbaum und den Königssohn in einen goldenen Vogel verwandelt, der immer

nur singen und sich vor nichts fürchten sollte. Als das Teufelsheer angekommen war, fand es keine Kirche, nur einen Erlenbaum mit einem goldenen Vogel, der immerzu sang und sich nicht fürchtete. Da kehrten sie wieder unverrichteter Sache zurück.
Der alte Teufel sprühte wiederum Zornesflammen. Am andern Morgen erhob er sich wieder geradeauf in die Luft und erblickte zweimal siebenhundert Meilen weit den hohen Erlenbaum. Sogleich versammelte er eine noch viel größere Schar als früher und rief: »Auf, eilt fort und haut den Erlenbaum um, und bringt mir einen Span davon, das goldene Vöglein aber fangt und bringt es tot oder lebendig!« Der Erlenbaum und der goldene Vogel darauf waren aber inzwischen wieder zu Roß und Reiter geworden und schon bald weitere siebenhundert Meilen entfernt.
Als der Prinz im Zurückschauen das Teufelsheer sah, verwandelte die Teufelstochter sich in ein Reisfeld und ihn in eine Wachtel. Er sollte immerfort durch das Feld laufen und in einem fort »Gott mit uns« singen und sich durch keine Fragen beirren lassen. Am nächsten Morgen flog der Teufel zornentbrannt über das Reisfeld und hörte leise den Ruf der Wachtel. Er dachte, daß er sie nun hätte. Er wies seine Diener an, das Reisfeld zu mähen, doch dann überlegte er es anders: »Jetzt muß ich selbst ihnen nach; denn kommen sie über die viermal siebenhundert Meilen hinaus, so können sie meiner spotten; da hat meine Macht ein Ende!« Damit erhob er sich in die Luft und fuhr ihnen nach. Die Teufelstochter und der Königssohn waren aber schon wieder ein gutes Stück weiter geflohen, nur sieben Meilen fehlten ihnen noch bis zum irdischen Königreich. Da hörten sie hinter sich ein so heftiges Stürmen und Brausen, wie noch nie bisher. Der Prinz sah hinter sich einen schwarzen Punkt am Himmel, daraus zuckten feurige Blitze. Da sagte die Teufelstochter: »Wehe, wehe! Das ist mein Vater; wenn du jetzt nicht getreu befolgst, was ich dir sage, so sind wir verloren. Ich verwandle mich in einen großen Milchweiher und dich in eine Ente. Schwimme immer nur in der Mitte herum und halte den Kopf untergetaucht; laß dich nur ja durch keine Lockungen verleiten, den Kopf aus der Milch herauszuziehen oder ans Ufer zu schwimmen!« Bald stand der alte Teufel am Ufer; aber er konnte nichts tun, wenn er nicht zuvor die Ente in seine Gewalt bekam. Die aber schwamm in der Mitte des Weihers, und er konnte sie nicht erreichen. Es war zu weit und hinzuschwimmen getraute er sich nicht, denn in der reinen Milch müssen Teufel ertrinken. So blieb ihm denn nichts übrig, als die Ente zu locken: »Liebes Entlein, warum irrst du immer in der Mitte herum, schaue um dich; wo ich bin, ist es so wunderschön!« Die Ente sah und hörte lange nicht, aber im Innern regte sich allmählich die Lust, wenig-

stens einmal hinauszublicken. So blickte sie denn einmal rasch auf; da hatte ihr der Böse sogleich das Gesicht geraubt, daß es stockblind war. Der Milchweiher wurde gleich etwas trüb und fing an zu gären, und eine klagende Stimme drang zu der Ente: »Wehe, wehe! was hast du getan!« Der Teufel aber tanzte am Ufer vor boshafter Freude und rief: »Aha, bald habe ich euch!« und versuchte nun, in der getrübten Milch zu schwimmen; allein da er noch untersank, kehrte er gleich um. Lange lockte und reizte er wieder die Ente, sie möchte doch ans Ufer kommen; sie aber blieb ruhig. Da wurde der Teufel zornig und ungeduldig; er verwandelte sich in eine große Kropfgans und schlürfte den ganzen Milchweiher samt der Ente ein. Dann wackelte er langsam heimwärts. »Jetzt ist alles gut!« sagte eine Stimme aus der Milch zur Ente, und die Milch fing an zu gären und zu sieden. Dem Teufel wurde immer übler und bänger, nur mit Mühe konnte er sich fortbewegen. Noch einige Schritte wankte er, dann krachte es: Der Teufel war zerplatzt, und es standen da in jugendlicher Schönheit und Herrlichkeit der Königssohn und die Teufelstochter.
Nun zog der Königssohn mit der Teufelstochter in seines Vaters Reich. Es war gerade der siebente Tag, seitdem der Teufel den Königssohn entführt hatte, als sie ankamen. Großer Jubel war im ganzen Land. Es wurde eine glänzende Hochzeit gefeiert, und der alte König übertrug seinem Sohne die Regierung, und er herrschte weise und gerecht wie sein Vater und herrscht heute noch, wenn er nicht gestorben ist.

Diese Geschichte beginnt auf die übliche Weise: ein König, der in Schwierigkeiten geraten ist und, ohne zu wissen, was er tut, dem Teufel sein Kind verspricht, das in seiner Abwesenheit geboren wird. Dann ist es Aufgabe des Kindes, ob Junge oder Mädchen, sich aus den Klauen des Teufels zu befreien.
Wenn wir das mit persönlichen Problemen vergleichen und es zunächst einmal nicht auf der archetypischen Ebene sehen, läßt es sich am einfachsten so verdeutlichen, daß Eltern oft ihre Kinder in die eigenen ungelösten Probleme verwickeln, sie also an den Teufel verkaufen.
Auf einer mehr kollektiven Ebene verkörpert der König die herrschende Einstellung und die dem kollektiven Bewußtsein zugrunde liegende Vorstellung, die ebenso das zu einer bestimmten Zeit herrschende Gottesbild meint. Wie fast in allen Mythen, ist dieser König schwach geworden und nicht mehr in der Lage,

die destruktiven Mächte in Schach zu halten. Die herrschende religiöse und soziologische Ordnung, ihre Ideale und Bilder sind psychologisch nicht mehr stark genug, um ein attraktives Ziel für das menschliche Verhalten abzugeben. Der Prozeß der Auflösung ist schon weit fortgeschritten, denn wie wir später sehen werden, besitzt der Teufel bereits das Symbol des Selbst, die Peitsche mit den vier Riemen, die – sobald er sie schlägt – jede Wirkung hervorbringt, die er haben möchte.

Diese Peitsche mit den vier Riemen ist ein primitives Königszepter. Man findet es in den Händen der Unterweltskönige auf ägyptischen Grabbildern. Osiris hat eine solche Peitsche. Das Szepter war ursprünglich der Stab eines Viehhirten. Die Peitsche ist ein ähnliches Symbol und stellt die Macht des Königs, sowie seine Fähigkeit, zu herrschen, dar. Die vier Riemen beziehen sich hier auf die Ganzheit. Da diese Macht in die Hände des Unterweltherrschers gefallen ist, ist der Oberweltkönig verloren und hat keine Chance mehr. Das einzige, was er tun kann, ist: abdanken zugunsten seines Sohnes oder sich töten lassen. Das gehört zur archetypischen Königsgestalt, die rituell getötet werden und nach einiger Zeit wiederbelebt werden muß, eine Ehrfurchtsgebärde gegenüber dem unvermeidlichen Altern aller bewußten Prinzipien, die zerstört und erneuert werden müssen, um psychisches Leben und Entwicklung nicht zu blockieren.

Hier tut der König das gleiche, was Eltern oft persönlich ihren Kindern antun: unbewußt verkauft er seinen Sohn an den Teufel, in diesem Fall dadurch, daß er die Forderung des Teufels mißversteht. Aber Unbewußtheit ist keine Entschuldigung in der grausamen Welt psychologischer Tatsachen. Daher kommt der Teufel zurück und fragt nach dem Sohn, als er einundzwanzig Jahre alt und ein unschuldiger Einfaltspinsel ist, völlig ungeeignet, sich mit dem Problem auseinanderzusetzen. Die Erlösungstat kommt auch nicht durch ihn, sondern durch die Teufelstochter, von der wir erfahren, daß sie menschlichem Fühlen zugänglich ist.

Die Teufelstochter ist eine Parallele zu anderen weiblichen Gestalten, die manchmal mit dem Teufel leben – er ist nämlich kein Zölibatär. Im Brauchtum hat er immer eine Frau bei sich, meist seine eigene Großmutter. Dieses Wort »Großmutter« drückt keine Verwandtschaftsbeziehung aus, sondern bedeutet, daß er mit der Großen Mutter zusammenlebt. In der Märchenwelt lebt er tatsächlich in einer Ehe mit ihr, was man an dem Märchen »Der Teufel mit den drei goldenen Haaren« erkennen kann, wo er mit ihr zu Bett geht und sie nachts ihm drei goldene Haare aus seinem Haupt rupft, um sie dem Helden zu geben, den sie unter ihrem Rock verborgen hat.

Diese Mutter- oder Tochterfigur, die im Volksglauben mit dem Teufel verbunden ist, ist im allgemeinen freundlicher gegenüber den Menschen als der Teufel selbst. Sie spielt gewöhnlich eine Vermittlerrolle. Im vorliegenden Märchen verläßt sie ihren Vater und will an der Oberwelt leben, wo sie Königin der nächsten Generation wird. Das ist eine typische Kompensation für die allzu patriarchale Ordnung der christlichen Religion, die in der oberen Welt herrscht. Ein Teil des weiblichen Prinzips ist unterdrückt und lebt, zusammen mit dem ebenfalls unterdrückten Teufel, in der Unterwelt. Es wartet nur auf eine Gelegenheit, wieder heraufzukommen und seinen Platz an der Oberfläche einzunehmen. Im sumerisch-babylonischen Gilgamesch-Epos wird der Held nicht hauptsächlich von weiblichen Gestalten unterstützt, sondern vom Sonnengott Shamash, und im Jenseits vom uralten Flutenbewältiger Utnapischtim. Die weibliche Göttin Ischtar ist sein größter Feind. Wir sehen daran, daß sich diese Konstellationen mit dem kulturellen Rahmen, dem sie zugehören, ändern. Im sumerischen Reich bestand eine Kultur, in der die Verstärkung des männlichen Prinzips durch das Unbewußte beabsichtigt war. Wenn der Held hier hauptsächlich von einem chthonisch-weiblichen Prinzip unterstützt wird, muß das als ein besonders spätes europäisches Problem verstanden werden, als die männliche Lebensform so einseitig überhandgenommen hatte, daß sie eine destruktive Gegenposition konstellierte. Dieses Ausschließende der hellen und dunklen männlichen Kräfte, wie es im Christentum existiert, kann wirklich nur durch die unerwartete Vermittlung des weiblichen Prinzips geheilt werden, wie es in diesen Geschichten zum Ausdruck kommt.

Die Teufelstochter ist nicht nur »menschengefühlig«, sie stellt auch das weibliche Prinzip par excellence dar, den Eros. Das Liebesprinzip hebt die starre Einstellung der männlichen Welt auf, und sie löst für den Königssohn alle Aufgaben. Es ist interessant, einmal genau hinzuschauen, was sie tatsächlich tut. Zuerst stellt der Teufel dem Königssohn enorme herakleische Aufgaben, die nur ein sehr starker und mächtiger Mann bewältigen könnte oder jemand mit einer ungeheuren magischen Kraft. Er fordert die Kraft des Königssohnes heraus, und wir können Gott danken, daß er der Herausforderung nicht begegnen kann, denn das würde nichts bringen. Die Teufelstochter hingegen nutzt nicht ihre eigene Kraft, sondern die magische Peitsche ihres Vaters. Sie erledigt alle Aufgaben mit der dem Vater zugehörigen Macht. Durch ihr Gefühl kehrt sie seine Macht, die magische Peitsche mit vier Riemen, gegen ihn selbst, und das gelingt ihr dreimal. Aber eine Kirche kann sie nicht bauen.

Die erste und zweite Aufgabe betreffen eine Art Kultivierung der Natur: einen See in eine Wiese verwandeln und Heu machen, dann einen Wald in einen Weinberg verwandeln und die Trauben für den Wein lesen. Das ist ein tiefes und erstaunliches Bild, denn in vielen primitiven Kulturen ist es der positive Held, der solche Kultivierungsaufgaben vollbringt. Hier jedoch wurde diese Tätigkeit negativ, denn der Teufel will sie getan haben.

Im Licht dieses Märchens kann man nicht umhin, unsere technische Ausbeutung der Natur in Frage zu stellen und sich zu überlegen, wer der Inspirator für eine solche Art der Aktivität ist. Einst war es eine Aufgabe der Zivilisierung, aber heute, nachdem wir damit zu weit gegangen sind, fiel sie in die autonomen Hände einer teuflischen unbewußten Aktivität, einer extravertierten Ruhelosigkeit, die mehr und mehr ein natürliches Maß überschreitet. Hier geht es so weit, daß der Teufel eine Gegenkirche gebaut haben will. Gott und die Trinität haben Kirchen auf der Erdoberfläche, darum muß der Teufel eine Kirche in der Hölle haben, eine richtige Kirche mit einem Kreuz. Aber das gelingt sogar mit der vierstriemigen Peitsche nicht. Hier ist man auf eine unheimliche Weise an gewisse totalitäre Bewegungen erinnert, die die Kirche in ihrem Idealismus und in verschiedenen Formen ihrer Tätigkeit und Organisation imitieren und diese in einer Antiform zu nutzen versuchen!

Hitler studierte ja tatsächlich die Regeln des Jesuitenordens, um sein System von Aktivitäten und Vorgehensweisen aufzubauen. Der kommunistische Staat ist praktisch ein Versuch einer Kopie der katholischen Kirche. So wurde wahr, daß der Teufel in der Hölle eine christliche Kirche als Gegenprinzip aufzubauen versucht. Aber sie ist nicht auf solidem Grund erbaut. Sie wird zusammenbrechen, da sie auf Sand gebaut ist. Sand besteht aus einer unendlichen Menge winziger Teilchen. Man kann nicht etwas aufbauen aus menschlichen Wesen, die man auf Massenpartikel reduziert hat. Wenn man das menschliche Individuum zu Sandkörnern zermahlt und daraus etwas bauen will, was hält, dann ist das keine verheißungsvolle Aussicht.

Die beiden Protagonisten müssen dann vor den Angriffen des Teufels davonlaufen. Hier taucht wieder das Motiv der Verwandlungsflucht mit einer Art Zauberwettstreit auf, in dem sich das Paar dreimal in ein Mandala ganz besonderer Art verwandelt. Das erste Mandala steht dem kollektiven Bewußtsein am nächsten, es ist eine Kirche, in der ein Pfarrer die Messe liest. Das stellt die mehr traditionelle Form dar, durch die der Teufel in unserer Kultur in Schach gehalten wurde. Das hat Erfolg, soweit sie hält, aber sie hält nicht sehr lange. Das nächste Bild reicht tiefer in die Natur, und wir haben hier keine Kultursymbolik mehr: es ist eine Erle, auf der ein goldener Vogel sitzt.

Die Erle ist ein berühmter alter magischer Baum, der gegen Hexerei und Teufel Schutz bietet. Seine Zweige werden von Bauern auf Felder und in Ställe gelegt zur Abwehr des Teufels. Der Baum selbst ist teuflisch. Ein teuflischer Baum gegen den Teufel, das ist wie der Wolf gegen den Riesen. Er ist deshalb teuflisch, weil er im allgemeinen an dunklen Orten wächst, in Wäldern oder im Marschland. Da sein Holz für Menschen unbrauchbar ist, nimmt man an, daß es Hexen und Dämonen zugehört. Erlenholz wird schnell rot, und man sagt, das komme daher, daß der Teufel seine Großmutter schlage, d. h. seine Frau. Daher ist es rot. Wie das aber immer mit dem seltsamen Doppelaspekt apotropäischer Symbole ist, kann man andererseits auch mit Erlenzweigen den Teufel schlagen. Er schlägt seine Frau damit, darum kann man auch ihn damit schlagen. Das Holz ist unbrauchbar und verwandt mit dem Dunklen und Nutzlosen in der Natur. Wegen seiner Nähe zum teuflischen Prinzip selbst kann es den Helden retten, der, wie ein goldener Vogel in der Erle, singt: »Ich fürchte mich nicht.« Aber auch so entkommen die beiden nicht. Das dritte Symbol ist das Reisfeld, in dem eine Wachtel auf und ab geht und ruft: »Gott mit uns!« Das Reisfeld ist wieder ein Natursymbol, aber diesmal hauptsächlich eines der Fruchtbarkeit. In vielen Ländern ist Reis eines der fruchtbarsten Erdprodukte und bildet die Grundnahrung des Volkes. Hier ist also die Fruchtbarkeit der Mutter Erde, die weder zum Teufel noch zum christlichen Gott gehört, sondern ein weiblich-göttlicher Bereich eigenen Rechtes ist, der Erlösungsfaktor. Dort geht der Prinz, der immer derjenige ist, der sich eigentlich in der Gefahr befindet, auf und ab und singt: »Gott mit uns!« Das deutsche Wort »Wachtel« ist in der Populäretymologie mit dem Wort »wachen« verknüpft, d. h. wach bleiben. Es gibt einen alten indogermanischen Glauben, nach dem die Wachtel immer wach sein soll und der ihre Gegenwart mit ihrer Ruhelosigkeit und ihrem Schrei in der Nacht erklärt, speziell bei Neumond. Wenn die Wachtel oft schreit, sollen die Ernten gut werden und umgekehrt. Hier besteht der entscheidende Faktor in der inneren Wachsamkeit. Es braucht diese konzentrierte innere Wachsamkeit, um den Angriffen des Teufels zu entkommen. Sogar wenn man seinen eigenen Schatten oder seinen Animus beobachtet, aber nicht beständig auf der Hut ist, erwischen sie einen im Augenblick einer Müdigkeit oder eines »abaissement du niveau mental«.

Wenn man einen Kampf mit dem Teufel kämpft, merkt man oft, wie man emotional und dadurch leicht unbewußt wird und dadurch seine eigenen Argumente verliert. Ich ging einmal zu einer Sitzung, in der ich das Beste gegen einige Gegner herausholen wollte und hatte alle Dokumente auf einem Papier neben mir, die meine Punkte beweisen sollten. Im letzten Augenblick, als ich aus der Wohnung ging, ließ ich sie zu Hause und mußte ohne geschriebenen Beweis sprechen. Das ist ein typisches Beispiel dafür, was einem passiert, wenn man mit einem Problem des projizierten Bösen involviert ist. Wo man projiziert, wird man leicht emotional, und schon hat man ein abaissement und verteidigt deshalb, ohne es zu wollen, seine eigene Sache nicht mehr. Und auf diese Weise verliert man in solchen Fällen die Schlacht. Das ist jedesmal ein Zeichen des eigenen Bösen, das man in die Situation hineinprojiziert hat und hat einen Seelenverlust zur Folge. Man spielt gegen sich selbst. Daher ist die Wachsamkeit der Wachtel wichtig. Aber auch das hilft hier nicht genug, und darum gibt es eine vierte Aufgabe: Die Teufelstochter verwandelt sich in einen Milchsee und der Prinz in eine Ente. Und jetzt kommt der entscheidende Schritt: er muß in der Mitte schwimmen und seinen Kopf unter der Oberfläche des Sees halten.

Milch war aufgrund ihrer unschuldigen weißen Qualität immer eines der am weitesten verbreiteten apotropäischen Mittel gegen das Böse. Andererseits wird sie sehr leicht von Hexen und Teufeln verzaubert. Wenn jemand Hexerei auf einen Bauer ausüben will, kann fast jeder mit dem bösen Blick oder »malocchio« die Kuh eines Bauern behexen, so daß sie bläuliche oder wäßrige Milch gibt, oder der Rahm beim Schlagen nicht zu Butter wird. Milch ist ferner im Unterschied zu Wein ein »nüchterner« Trank. Im alten Griechenland und Rom wurde sie häufig für Opfer an die Götter der Unterwelt benutzt, die befriedet werden sollten. Wenn man ihnen Wein geopfert hätte, wären sie unternehmungslustig und aktiv geworden, durch Milch wurden sie sanft und mild. Darum müssen die Götter der Toten und der Unterwelt Milch haben, die Himmelsgötter dagegen Wein.

Der Prinz mußte nicht nur in der Mitte des Milchteiches schwimmen, sondern auch seinen Kopf verbergen und nicht auf den Teufel schauen, was immer dieser auch zu ihm sagen würde. Das ist eine wunderbare Erläuterung für das, was nach meiner Vorstellung die einzige mögliche Haltung ist, wenn man mit Bösem von außen her konfrontiert wird. Wenn man es anschaut, entsteht sofort eine Projektion, d. h. unbewußt wird etwas aus einem

»hinausgeworfen« auf das äußere Objekt. Wenn man auf etwas Böses schaut, fällt etwas Böses in die eigene Seele, wie Plato einst sagte. Man kann Böses nicht anschauen, ohne daß etwas in einem selbst als Antwort darauf sich erhebt, denn das Böse ist ein Archetyp, und jeder Archetyp übt eine ansteckende Wirkung auf den Menschen aus. Aus diesem Grund sollte der Prinz seinen Kopf unter die Milch halten. Er mußte in der Nähe des innersten Zentrums schwimmen, welches jenseits des Problems von Gut und Böse liegt, jenseits der Spaltung und daher jenseits der Gegensätze. Ohne einen einzigen Augenblick des Abweichens sollte er dort schwimmen und eine Verwicklung ins Böse vermeiden. Das ist eine Lösung, die schon lange im Buddhismus und anderen östlichen Philosophien praktiziert wurde. Sie bedeutet, daß man sich aus dem Problem des Bösen befreit, wenn man sich nahe dem inneren Zentrum aufhält, jenseits des Problems der Gegensätze, der Kämpfe und des Dualismus von Gut und Böse. Aber hier wird trotzdem ein Kampf ausgefochten, nicht vom Bewußtsein, nicht vom Prinzen, sondern von der Teufelstochter, die ihren eigenen Vater zerstört, als er sie verschlingt.

Es gibt ein berühmtes alchemistisches Sprichwort, das Jung gern gebrauchte: »Alle Hast ist vom Teufel.« Das Wunderbare hier ist, daß der Teufel selbst in eine Hast kommt. Er ist von Natur aus hastig, weshalb »alle Hast vom Teufel ist«. Wenn wir hastig sind, sind wir im Teufel und sagen: »alles muß heute entschieden werden«, »heute abend muß ich den Brief wegschicken«, oder »ich muß mit einem Taxi kommen, damit du ihn unterschreiben kannst, morgen früh wäre es zu spät«, usw. Wenn man einen Anruf dieser Art erhält, weiß man, wer am anderen Ende ist. Jung hatte eine wunderbare Art, solche Dokumente auf seinem Schreibtisch zu vergessen, er warf sie nicht absichtlich weg, sondern verlor sie auf seinem Schreibtisch. Auch in unserem Märchen kann der Teufel nicht warten, er wird zur Gans, die unter anderem dumm ist und im griechischen Altertum einen besonderen Aspekt der Naturgöttin Nemesis verkörperte.

Nemesis kommt von »nemo«, d. h. jedem das rechte Los zuteilen. Nemesis ist ein Prinzip der Naturgerechtigkeit, durch die

jeder erhält, was er verdient. Wir können nicht umhin, ein solches Prinzip im Unbewußten wirksam zu sehen, das eifrig darauf bedacht ist, den Menschen das zuzuteilen, wovon man das Gefühl hat, sie verdienen es. Es ist keine Gerechtigkeit im menschlichen Sinn des Wortes, sondern eine eher unheimliche regulierende Macht, die wie eine Person handelt und einem sehr bedeutungsvoll erscheint, als richte der Teufel sich selbst: er trinkt die Milch, und sie beginnt in ihm zu kochen. Milch hat die unangenehme Eigenschaft, überzukochen, sogar wenn man dabeisteht; daher ist das Überkochen der Milch ein allgemeiner und bekannter Ausdruck für unkontrolliertes In-Wut-Geraten. In Frankreich sagt man: »Er kocht über wie eine Milchsuppe.«
Die Teufelstochter ist jetzt des Teufels eigene Anima, die Emotionalität und das Gefühl, von dem er sich abgespalten hat. Hier können wir wieder eine Verbindung zum Herzen des Riesen sehen: die Teufelstochter ist sein Herz, ist seine Gefühlsseite. In seinem hastigen Moment verleibt er sich seine Gefühlsseite, seine Emotionalität, die er kaltblütig abgespalten hatte, ein, und er wird dadurch animabesessen. Er explodiert, d. h. er wird überwältigt. Es geht ihm wie einem Mann, wenn er seinen Animalaunen verfällt. Er wird in seiner innersten Natur getrennt. So kommt das Paar ungeschoren davon – das neugeborene Bewußtseinsprinzip, das jetzt auf der Erdoberfläche zu herrschen beginnt. Wenn das weibliche Prinzip aus der Hölle ins Bewußtsein heraufgeholt wird, überwältigt es das Böse, das hier als Teufel erscheint. Das neue Bewußtseinsprinzip lebt dann im Zentrum der Ganzheit, jenseits der Dualität in Gut und Böse.

In diesem Sinn könnte man entsprechend der Wahrheit des Märchens sagen, daß der göttliche Kern der menschlichen Psyche das ist, was jenseits von Gut und Böse ist und darum ein absoluter Faktor, der uns aus der Situation, mit der uns dieses Problem konfrontiert, herausführen kann. Die hier angebotene Lösung reicht sehr tief. Aber Märchen scheinen oft solche unschuldigen Geschichten zu sein, die verlangen, daß man in tiefe Wasser hinabtaucht.

Register

Abraham/Isaak 104
Acht 224, 254
Adonis 19
Affekt, als Riese 225
Afrikanische Märchen 192f.
Aggression 101, 138
Aigremont, Fuß- und Schuhsymbolik 30
»Aion«, C. G. Jung (GW 9, Teil II) 197
Aktive Imagination 67, 70, 86ff.
– bei der Begegnung mit Teufeln 173
– bei der Überwindung von Affekten 203
»Alchemistische Studien«, C. G. Jung (GW 13) 49, 57f.
Amplifikation 37
Analysand
– intellektueller 164
– krank vom Trinken 281f.
– mit negativem Animus 194f.
– sein plötzlicher Tod 150
– zwanghafter 187
Analyse
– älterer Menschen 123
– der Anima 99
– durch brutalen Eingriff 99
– einer Putzfrau oder eines Schwachsinnigen 37
– entgegen allen Regeln der 209
– entscheidender Faktor 206, 250ff.
– Entwicklung des Analysanden 93
– Gefahr 73
– Schwindel-Analyse 187f.
– Traum, der zur Individuation führt 281f.
Analytiker
– aufgefressen vom Schatten des Analysanden 184f.
– den Dämon fütternd 195
– Frau als 209
– und schwarze Magie 273f.
– vom Patienten überwachsen 191
Anima 59
– und aktive Imagination 70
– als große Verwirrerin 123
– als hysterische Lügnerin 83

– als lebendige Wirklichkeit 96
– als religiöse Haltung 106f.
– als Traum 92f.
– als weibliches Prinzip 254
– Beenden der Zerstörungssucht der 123ff.
– Besessenheit 73
– die Pole 97ff.
– geheime Überlieferungen der 69ff.
– Göttin 67
– Keim-Ideen 82
– Launen 295
– und Protestantismus 83f., 90ff.
– und Religion 81
– schöpferische 67
– und Sexualität 99
– unterdrückte 83f.
– und unterdrückte Sexualität 131
– vergiftende 80f.
Anima/Animus 10
Animus 11
– als Wolf 234
– arbeitet gegen das Leben 195
– Besessenheit 218
Anrufungen der Schwarzen Magie 150
Anthropos, als Baum 49
»Antwort auf Hiob«, C. G. Jung (GW 11) 186
Apokryphen 225
Apollo, und die Vögel 53, 231
Archetypen 39f., 227
– des Zauberwettkampfes 272ff.
archetypisches Funktionieren 57
archetypisches Muster 103, 187
Assisi, Orden des hl. Franz von 35
Attis 19, 46, 50
außersinnliche Wahrnehmung 230

Baba-Yaga 179ff.
– als Naturgöttin 182
– ihre Gefahr in der Analyse 184f.
– positive Seite 188f.
Bär 216
Baldur 19
Barmherzigkeit, gegenüber dem Zwerg 215
Bauer, und Ungeheuer 140f.

Baum/Galgen/Kreuz 46 ff.
Behandlung des negativen Mutterkomplexes 121
Berggeister 162 f.
Besessenheit 48
- als größtes Problem der Gesellschaft 145 f.
- herbeigelockt durch Einsamkeit 170 ff.
- in isländischen Märchen 159
- im Tierverhalten 169
- und Selbstmord 153 ff.
- und Veränderung 147
- vom Wolf 236 f.
- von archetypischen Bildern 145
Bett 237
Bewußtsein
- aus der Sicht des Unbewußten 92
- in Märchen 92
- kollektives 92, 226
- neugeborenes 295
- unrealisiertes 191, 242
- versteinernde Wirkung des 102
Bibel 273
Bienenkönigin 23, 24, 56 f.
Blockade 103
Blut, menschliches 155 f.
Böhme, Jakob 38 f.
böse/gut 53 f.
Böses
- Abwendung durch Introversion 268
- als Einseitigkeit 167 ff.
- als Fluch 119
- als Hexe 118 ff.
- als Skelett 196
- als technische Ausbeutung 290 f.
- als totalitäres 291
- als ungenutzte Energie 149
- als verbotenes Zimmer 198
- als Verlust der Seele 293
- als Versprechen an den Teufel 283, 287
- ansteckende Wirkung des 294
- archetypische Erfahrung des 166 ff.
- Assimilierung 160
- Bedingungen für 161
- behandelt mit Güte 195 ff.
- behandelt mit Naturweisheit 196
- bekämpft durch Intelligenz 272
- bekämpft durch Unschuld 205 f.
- und Christentum 41 f.
- complexio oppositorum 135
- dämonisches, mörderisches 47 f.
- und Einsamkeit 161

- und Enten/Gänse 243
- Eskimozeichnungen des Bösen 165
- und fremde Länder 161
- Geist des Bösen 197
- Haltung gegenüber dem 188 f.
- heißes (als unterdrückter Affekt) 200 ff.
- hinter der Anima 123
- Hintergrund des 119
- im primitiven Menschen 137 ff.
- in der Analyse 195 ff.
- in schizophrenen Zeichnungen 166 f.
- intellektuelle Haltung 165
- kaltes 219 ff.
- Kettenreaktion 192
- magischer Wettstreit mit dem Bösen 183 f., 256
- natürliches gegenüber dem theologischen Bösen 178 f.
- und parapsychologische Gaben 147
- persönliche Antwort auf das Böse 135
- Personifikation des Bösen 142 f., 165 f.
- psychotische Episode 166
- und Schutz 293 f.
- taktvolles Lügen über das Böse 185 f.
- und Trinken 161
- Typen und Kategorien 160 f.
- überwinden durch Kampf 278 ff.
- überwinden durch Spontaneität 270
- überwinden vom Wolf 236 f.
- unbewußtes Böses 188
- verbunden mit Intelligenz und Tradition 270
- und Verhalten 135 f., 188 f.
- Vermeidung des 202 ff., 292 f.
- von einem Geist verursacht 145
Bösewicht 200
Borderline-Fälle, psychotische 147
Brüder, Anub und Bata 123, 143 f., 219 ff.
Brunnen 241 f.
Buddha 33, 268

Christentum
- Christianisierung nordischer Länder 224 f., 242
- und das Böse 196 f.
- König als Symbol des 39
- und männliche Kräfte 289 f.
- unter Sklaven 39

- und unterdrücktes weibliches Prinzip 83f.
christlich
- Ära 103
- extravertierte Kultur 123f.
- Infantilität 214f.
- Kultur 102, 122
- Legende (und magischer Wettstreit) 272
- Schatten 12
- Symbolik 94
- Weltanschauung 29
Christus
- König der Könige 33, 39, 46, 51
- mit der Kirche verheiratet 125
- und Petrus 64f.
- und Wotan 63f.
chthonisch, männlich 19

Dach 83f.
Dämonen
- und Anima 80f.
- »Es« 163f., 173f.
- gefüttert vom Analytiker 194f.
- Natur 152f.
- tierische 165f.
das Dritte, Individualität 135
»Das Gewissen«, C. G. Jung, 127, 190
Demeter, Tod und Auferstehung 183
»Der treue Johannes«
- und Paare 107f.
- und Schatten 119
Dionysos 51f., 206
Dissoziation (Auflösung) 151, 250, 288
Djin 171
Drache 282
Drei 55
Drei und Vier 178, 184
Dreieck, doppeltes 90f.
Druide 269
Dualität 56
- des archetypischen Kindes 104f.
Dummling, als Unversehrtheit der Persönlichkeit 204ff.

Eber 19
Ecclesia-Luna 124
Ei 243
- in der Alchemie 244
Eichhörnchen 145
Einheit 57, 102ff.
Einhorn, aggressives 29

Einsamkeit 161, 170ff.
Einstellungen, die das Böse anlocken 177
Eisen, unheilabwehrend 277
Elias 231
Eltern 158
- Kinder verkaufend 287
Emotionen, Kontrolle der 200ff.
Energie 56, 171, 229
Engel, Beschützer der Kinder 216f.
Ente(n) 23
- als helles und dunkles Prinzip 243
- als Selbst 243f.
Erle, apotropäisch 285f., 291f.
Erneuerung, des kollektiven Bewußtseins 36
Eros
- als Gegenprinzip zur Macht 274f.
- als Selbst 224
Esel 156
Eskimo-Sagen 165
Ethik 128ff.
Exorzismus 147
Extraversion, christliche 41f.
extravertiert 40f.

Falke 149
Familie 219
Feuer 190f.
Feuer/Eis 226
Fisch 115ff., 167
Fluch 102
Fohlen 23
Frau, und die Gegensätze 107
Freud 99, 102f., 128
Freude, als Einssein 57
Frösche 143, 157
Fuchs 16f., 234f.
Fünf 66, 75
Fußsymbolik 30

Galgen 22, 25, 78
Gans 287, 295
Ganzheit 224, 254, 288
Gefühl 187, 209, 239
Gegensätze
- als Blasen im Kaffee 251
- ethische 59ff.
- im magischen Wettstreit 183f.
- in analytischer Behandlung 250ff.
- und König 43f.
- schaukeln zwischen 132
Geist(er) 51f., 86, 140ff., 154ff.
Geschlechter 103

Gewissen
- als Erfahrung der Stimme Gottes 130
- Auge als 189f.
- schlechtes 178, 187

Gift 80, 91
Gilgamesch 18, 289
Gnade, als Tau 54
gnostischer Logos 84f.
Gold 75f.
goldener Ring 173ff.
Gorgonische Medusa 229
Gott, Götter 63f., 65f.
- als Gewissen 130f.
- Stimme 128f., 190

Gottheit, dunkle Seite 184f.
Große Göttin Natur 182f.
Große Mutter 40, 102ff.
- als Hexe oder vernachlässigter Archetyp 119ff.
- als negativer Mutterkomplex 121
- als schwarze Madonna 121
- der christlichen Kultur 120f.
- indirekt das Bewußtsein angreifend 121f.
- in Märchen 120f.
- zwei Aspekte 120f.

Großmutter des Teufels 289
Gruppenschatten 14f.
gut/böse 53f.

Hahn 156
Hannah, Barbara 194
Heidentum 90f.
Heilandskomplex 69
Heiliger Geist 206, 231, 249
Heiliger Gral 69
Heilung
- junger Menschen 277f.
- Ort der 122

Hel 182
Held 254f., 266
Hemd 91
Hermes, in Jungs Haus 206
Herz
- als psychische Blockade 239
- als Teufelstochter 295
- als Tod 239

Hesperiden 239f.
Hexe 17
- Baba Yaga 179ff.
- Geheimnis der 183f.
- Verfolgung durch 185, 236
- versteinernde transzendente Funktion 118f., 123, 158f.

Himmelfahrt Mariä 36, 38
Hinrichtung
- durch eine dunkle Gottheit 48f.
- eines Verbrechers 46, 52

Hiob 186
Hitler 13, 291
Hl. Antonius, und der Schuhmacher 31
Hl. Johannes, auf Patmos 231
Hl. Petrus 272
- als Schatten Christus 64f.

Hl. Priapus 242
Humor, und Böses 201
Ich
- Auslöschung des 276
- die Infantilität opfernd 106
- und Gegensätze 44
- Intrigen 73
- und König 43f.
- Komplex 7, 20
- und Magie 274
- und Selbst 207f.
- vom Traum aus gesehen 92f.

Identifikation, mit einem Archetyp 147ff.
I Ging 237
Individualität, jenes Dritte 135
Individuation
- Drang zur Individuation und Verstümmelung von 123
- Geheimnis der 206
- und Opfer 100
- zerstört in der christlichen Kultur 122

Inflation
- durch gutes Glück 177
- notwendige 229
- Unbewußtheit psychischer Realitäten 186

Insel 239ff.
Instinkt 130, 146, 217
- Pferd als Symbol für 280f.

instinktiver sexueller Trieb 100f.
Integration 11, 252
Interpretation von Märchen 27, 32ff.
Introversion
- als Vermeidung des Bösen 268
- in der Analyse 93
- und Pferdeopfer 280f.

introvertiert 40f.
- und extravertiert 40f., 45

Inzest 266
Ischtar 289
Isis, als Magierin und Hexe 120

Janus, und Petrus 65
jüdisch-christlich ethischer Konflikt 40
jüdische Legenden 80
Jung, C. G.
- als Kontrollanalytiker 194f.
- und das Forcieren der Individuation 251f., 274
- »Erinnerungen« 206
- persönliche Verweise der Autorin auf 18, 100, 120, 128, 187, 206ff., 214, 218f., 235, 252f., 294
- über Zen-Wettstreite 273
Jungfrau Maria 54, 83f., 120, 242f.
Jungianer, eine Sekte von 124f.
Jungsche Begriffe 27

Kali 120
katatoner Zustand 229
keltisches Jenseits 275f.
Kern 253, 295f.
Khidr 84f., 90
Kind(er) 18, 141f.
- als einsame Wölfe 236
- als Selbst und als Schatten 104f.
- des Königs 104
- goldene 115ff., 122f., 126
- werden wie die 214f.
kindlicher Frevel, als Öffnung für das Böse 161ff., 183
Kirche
- in der Hölle 284, 290f.
- katholisch 35f., 242f.
Kleidung, und Persona 28
König 23ff., 27ff., 219ff., 266
- als herrschendes Gottesbild 287f.
- als instinktive Energie 230
- alter 63, 74, 92, 94
- in »Mysterium Coniunctionis« 32f.
- in Schwierigkeiten 283, 287
- neu/jung 32f., 74f., 92
- rituell getötet 288
- Söhne des Königs 219ff.
König Arthur 207
König/Königin 102
- in der Alchemie 124
Königin 224
Kompensation, im Märchen 136ff.
Komplexe
- als Insel 240f.
- als verbotenes Zimmer 83f.
- autonome 240f.
- Mutter 19
- Polarisierung 40f.

- unterdrückte 237
Koran 84
Korn 180f., 183, 186
Kot 148
Krähen 22, 26, 54
Kreativität, unterdrückte 238
Kreuz/Galgen/Baum 46
Krone 24, 56
Kronos 240
Künstler, und Analyse 97

Lachs 232f.
Lamm 124, 213f.
Lebensbaum 154
Leiden 44, 52, 54f.
Licht 193f.
Liebe 230, 276
Löwe 256
Logos 224
Lorenz, Konrad 138f.

Macht, und Mißverstehen der Liebe 275
Madonna, schwarze, in Einsiedeln 121
männlich/weiblich 289f.
Märchen
- und ethische Probleme 127
- ihr Umgang mit dem Bösen 178f.
- in verschiedenen Kulturen 93f.
- Kompensation in Märchen 136ff.
- Lösung anbietend 295f.
- Ursprung 16ff.
- Verbreitung 17f.
Märchentitel
- Böse werden 198ff.
- Das Zauberroß 278f.
- Die beiden Wanderer 21ff.
- Die Geister der Erhängten 154ff.
- Die Goldkinder 115ff.
- Die Jungfrau Zar 188
- Die schöne Wassilissa 179ff.
- Die schwarze Frau 185
- Die Speerbeine 143ff.
- Die zwei Brüder 108ff.
- Der Königssohn und die Teufelstochter 283ff.
- Der Königssohn und der Vogel mit dem lieblichen Gesang 260ff.
- Der rollende Totenschädel 147ff.
- Der Roßberg-Geist 140f.
- Der Schwarzkünstler-Zar 257ff.
- Der Teufel mit den drei goldenen Haaren 289
- Der treue Johannes 74ff.

- Der überlistete Waldgeist 157f.
- Der Wolf und die sieben Geißlein 235
- Frau Trude 158f.
- Ferenand getrü und Ferenand ungetrü 59ff.
- Rotkäppchen und der Wolf 234
- Schneeweißchen und Rosenrot 211ff.
- Trunt, Trunt und die Trolle in den Bergen 159
- Von dem Riesen, der sein Herz nicht bei sich hatte 219ff.
- Vun'n Mannl Sponnelang 210f.
- Wie der Holzhauer den Teufel überlistet und die Königstochter gewinnt 245ff.

Magie 70, 88f.
- im Wettstreit 183, 254f.
- schwarze 88f., 150, 204, 272ff.

magische Kräfte als Schutz 183
Mandala 173f., 280, 291
Mars 234
Masturbation 240f.
Maya 123
Medizinmann 35, 149, 272
Mensch, primitiver 137f.
Merkur 28, 86, 274
Merlin 276
Milch 286f., 293f.
Mörder, Träume von 132
Mohnsamen 183, 186
Moralkodex, kollektiver 128f.
Mord 47, 54, 132
Moses 85, 90
Müller 16f.

Mutter
- destruktive 240
- positive 276

»Mysterium Coniunctionis«, C. G. Jung, 32, 43, 124

Mythologie 192f., 224ff., 239f., 243

Nachfolge Christi 69
Nächstenliebe 195ff
- gegenüber dem Bösen 209ff., 215, 219

Narr 204f.
Nase, und Intuition 63
Natur 142f., 189
Naturgeist »Es« 163f.
Nemesis, als Gans 295
Nerval, Gerard de, Vorlesung Jungs über 98

Neurose/Psychose
- als ungenutzte schöpferische Kraft 191
- und Wolfsbegehren 235

neurotisches Verhalten 248ff.

Odyssee 18
Opfer
- und das Ich 106
- das Selbst enthüllend 281
- des Königs 104ff.
- durch Erhängen 46ff.
- Hindu-Pferdeopfer 280
- schwarzer und weißer Tiere 277

Paar 107f.
Panik, in der Einsamkeit 172
Paradox 209, 255, 280
participation mystique 206f.
Pegasus 99
Peitsche 290
pesönlich/kollektiv 13f.
persönliches Unbewußtes 237
Persona 28, 201, 252
Personifizierung 9
- des Bösen in der Natur 142
- des Bösen in Zeichnungen 165f.
- tierische 165f.

Pferd 25, 63, 91
- als hilfreiches Tier 266f.
- als kreative Spontaneität 270
- als sexueller Ausbruch 99f.
- als verkleidetes Selbst 282
- rotes 91, 99
- und Schwarzmagier 280ff.
- Verwandlung des Pferdes 279
- weißes 67, 74, 228, 276ff.

Pferdehuf 277
Polarisation, der Komplexe 40
Prinzessin 219ff., 236f.
- als Anima 289f.
- als fünfte und entscheidende Figur 66
- vergiftet 77f., 119

Projektion 150, 175, 233
Prometheus und Epimetheus 45
Psyche, Kern der 272ff., 295f.
psychische Energie 150f., 191
»Psychologische Typen«, C. G. Jung, 228f.
Psychose 164f., 249ff.
psychotische Episode, und Böses 166f.
Pubertät 66

»Puer aeternus«, Attis 50
Puppe, als magische Beschützerin 179ff.

Raben 77, 90f., 230ff.
Rache, und Hexe 190f.
Raub 99
Reflexion 229
Regeln, therapeutische 209f.
Reh 144
Reis 286, 292
religiöse Funktion
- und Emotionalität 238f.
- Verdrängung der 238
religiöses Ideal 248
Riese(n) 29, 219ff., 224ff., 242
Riesin 159
Ring, goldener
- als Schutz 173f.
- der Tochter 266
Ripley, ein Alchemist 124
Romulus und Remus 234
Rückkehr, in Märchen 91ff.
Rumpelstilzchen 215

Saturn 39
Schädel
- als magische Rächermacht 191f.
- dämonisch besessen 147ff., 180
Schätze
- und Bart des Zwerges 214, 217
- verborgene 137
Schamane 166, 250, 272
Schatten
- als Personifizierung des Unbewußten 9f.
- als Ungeduld 218
- als untergeordnete Haltung 45f.
- Annehmen des Schattens 19
- Definition des 9f.
- des Analysanden 134
- Geschlecht des 10
- Gottes 186
- in Märchen 32
- kollektiver 13, 20
- persönlicher und kollektiver 10
- relativ in den Märchen 79
- Schattenproblem 70ff.
- sein Fehlen im Märchen 39f.
- sich ändernde Haltung gegenüber dem 70
- und zwei Männer 62
- weißer 136
Schizophrenie 82, 240f., 249
Schlange, und Masturbation 240f.
Schloß 57f., 66f.
Schlüssel, Janus und Petrus 65
Schneider 21ff., 27ff., 43, 45
schöpferisch
- Lösung des Schattenkonflikts 72f.
- ungenutzte schöpferische Möglichkeiten 191
Schöpfungsmythen 226, 244
»Schubladen-Psychologie« 240, 248
Schuh 30
- Schuhsymbolik 30
Schuhmacher 21ff., 27ff., 31, 43
Schuld 128
Schutzengel 216
schwarz/weiß, in der Mythologie 277
Schwert, zwischen Bruder und Frau des Bruders 114, 126
Schwester 219
Segen 179, 181
Selbst 33, 104f., 126, 130, 224, 281
- als alter Mann 63
- als Diamantei 253
- als kollektiver Faktor 207
- als Schatz 247
- als sicheres Versteck 267
- als Teufelspeitsche 288
- Dualität 119
- und Integrität 261f.
- Kan 244, 282
- und Symbole 43f., 239f., 266f.
Selbstmord 154ff., 251
Sexualität in der Natur 100
sexueller Instinkt 121
Sieben 224
Skelett
- als »ohne Leben und Liebe« 196
- als Tod 192
Sleipnir 64
Sonne 243
Sonnengott 276
Spiegelreaktion, des Unbewußten 274
Spontaneität, instinkthafte 269ff.
Stein 77f., 266f.
Stein der Weisen 124, 244
Stiefmutter 179ff., 276
Storch 23, 25, 32, 55, 57f.
Sünde, nicht bewußt zu werden 191
Sündenbock 151
Symbol(e) 33f., 39, 57, 90, 242f.
»Symbole der Wandlung«, C. G. Jung 100
Symbolik, katholische 242
Szepter 288

Tao 209
Tau 22, 52ff.
Taube 213, 231
Termiten 56
Teufel 13f., 90
– als Griff des Bösen 283, 287
– als Löwe 256
– und Große Mutter 288f.
– Großmutter des 120
– und Introversion 171f., 201f.
– Schatten und 131
Teufelstochter 284ff., 288ff.
– als Eros 284, 290, 295
Tier
– geistartiges 150
– gejagtes 178
– hilfreiches 135f.
tierisches Verhalten 18f., 138f.
Tod
– als Feind 193
– Feindlichkeit nach dem Tod 149ff.
– plötzlicher 150
– Todeswunsch 194
»Todessog« 150
Töchter 25, 157, 179ff., 287
– inzestuöse Situation 266
Träume
– als heilender Tau 55
– in der Analyse 94f.
transzendente Funktion 84, 102, 243
Triade 90f.
Trickster 28, 247, 274
Trinität 90
Troll 159

Über-Ich, jüdisch-christliches 128
Ufo 38
Unbewußtes
– als grausame Natur 133f.
– als Zwischenreich 96
– der Eltern 109
– des Bauern 36f.
– des Papstes 36
– und die Insel 240f.
– entstellte Annäherung an das 273ff.
– in der Analyse 94f.
– kollektives 38, 102, 127
– moralische Reaktion des 133
– Schichten des 91ff.
– selbstregulierendes 99f.
– Verlust des Kontaktes mit 106
Ungeheuer 140ff.
– Personifikation des 142
Unschuld 205f.

unterdrückte Eigenschaften 11
Unterwelt 266
Upanishaden 125f.

van der Post, Laurens 193, 238f.
Vater, inzestuöse Situation 266
Venus 97
Verhalten, das Besessenheit anzieht 158, 160f.
Versteinerung, katatone 229
Vier 55
Vierheit (Quaternität) 62f., 182
Visionen 36
Vögel
– goldene 108ff., 119, 292
– Weissagung 53
– zwei untrennbare 125

Wachtel 286, 292
Wahrheit, des Unbewußten 53
Waldgeist, als Töter 148
Weibliche, das 224, 230, 295
weiser alter Mann, zwei Seiten 40
Weisheit
– des Unbewußten 85f.
– Naturweisheit 196
Weltanschauungen, Männer/Frauen 81f.
Wettstreit, das Ich gegen das Unbewußte 274
Widerstand, gegen die Therapie 147
Wiedergeburt 58
Wind, Geister ankündigend 154
Wolf
– grimmige Wolf-Bestimmtheit 252
– und Individuation 250
– positive und negative Eigenschaften 233ff.
Wotan 46, 50, 64
– Gott des unkontrollierten Zorns 202, 233f.
– heidnische Dreiheit 91
– und Vögel 53

Zen 207f., 273
Zen-Buddhismus 57, 171, 207, 273
Zeus 240
Zorn 198ff., 214
– Gewehr als Symbol für 202f.
– und psychische Energie 151
Zwei 56
Zwerg 141f., 214ff.
– Animus-Aspekt 218f.
Zwillinge 40, 78, 123, 125

KÖSEL

Schöpfungsmythen aus psychologischer Sicht

Marie-Louise von Franz
Schöpfungsmythen
Bilder der schöpferischen Kräfte
im Menschen
288 Seiten. Gebunden

Schöpfungsmythen können als die wichtigsten aller Mythen betrachtet werden: Die Motive, die in ihnen vorkommen, betreffen die grundlegenden Probleme des menschlichen Lebens. In diesem Buch deutet die bekannte Autorin Schöpfungsmythen aus psychologischer Sicht.

Das oft wenig bekannte mythologische Material verschiedenster Kulturkreise, das Marie-Louise von Franz hier in so großer Fülle zusammengetragen hat und sehr lebendig nacherzählt, macht dieses Buch zu einer äußerst anregenden Lektüre.

Kösel-Verlag